Beat Imhof

Warum und wozu sind wir auf der Erde?

Beat Imhof

Warum und wozu sind wir auf der Erde?

Eine Antwort auf die Frage nach dem Lebenssinn

Aquamarin Verlag

Deutsche Originalausgabe:
1. Auflage 2015

Voglherd 1
85567 Grafing
www.aquamarin-verlag.de

Umschlaggestaltung: Annette Wagner

Druck: C.H. Beck • Nördlingen

ISBN 978-3-89427-752-9

Wir verlangen, das Leben müsse einen Sinn haben;
aber es hat nur so viel Sinn,
als wir selber ihm zu geben imstande sind.
HERMANN HESSE

Inhalt

Jene, die nicht nach dem Sinn des Lebens fragen,
vergeuden ihr Leben.
RAMANA MAHARSHI, YOGI

Ein sinnloses Leben ist ein wertloses, ein
unvernünftiges Leben.
ELISABETH LUKAS, PSYCHOLOGIN

Der Mensch braucht nicht nur etwas, wovon er lebt,
sondern auch etwas, wofür er lebt.
VIKTOR FRANKL, PSYCHIATER

Religiös sein heißt, ernsthaft die Frage nach dem Sinn
unserer Existenz stellen.
PAUL TILLICH, THEOLOGE

An Gott glauben heißt einsehen, dass das Leben einen
Sinn hat.
LUDWIG WITTGENSTEIN, PHILOSOPH

Die Aufgabe des Menschen ist es, seinem Leben einen
Sinn zu geben.
FRIEDRICH DÜRRENMATT, SCHRIFTSTELLER

Wer ein Warum hat zum Leben, erträgt fast jedes Wie.
FRIEDRICH NIETZSCHE, PHILOSOPH

Vorwort

Im Jahr 1942 schrieb der französische Schriftsteller *Albert Camus* (1913-1960) in seinem Buch „Der Mythos des Sisyphos“: „Ob die Erde sich um die Sonne dreht oder die Sonne um die Erde ist im Grunde eine gleichgültige Frage. Dagegen sehe ich zahlreiche Menschen sterben, weil sie das Leben nicht für lebenswert halten. Also schließe ich, dass die Frage nach dem Sinn des Lebens die dringlichste aller Fragen ist. Wie sie beantworten? Darüber urteilen, ob das Leben der Mühe wert ist, gelebt zu werden oder nicht, heißt auf die fundamentalste Frage der Philosophie antworten.“ (1)

Wer sich nur ein wenig in unserer Welt umsieht, dem fällt auf, dass die Glücksgüter des Lebens recht unterschiedlich verteilt sind. Der Mensch ist das einzige Lebewesen auf unserer Erde, das über diese Ungleichheit und über sich selber nachzudenken vermag. Daher kommt es ihm allein zu, nach dem Sinn seines Lebens zu fragen. Pflanzen und Tiere können dies nicht. Sie ertragen fraglos ihr Schicksal und wissen nicht, warum und wozu sie da sind.

Nach den Worten von Kardinal *Hans Urs von Balthasar* (1905-1988) vermag allein der Mensch „die Frage nach dem Sinn des eigenen und allen Daseins zu stellen und seinen ganzen stofflichen und organischen Unterbau in den Dienst des von ihm eingesehenen oder entworfenen Sinnes zu nehmen“. (2) Der tschechische Schriftsteller und frühere Staatspräsident *Vaclav Havel* (1936-2011) ergänzte: „Der Mensch stellt sich als Einziger die Frage nach dem Sinn, zugleich jedoch kann er niemals eine erschöpfende Antwort auf sie erlangen. Er als Einziger erfährt die Welt als das, in das er geworfen ist; als Einziger aber weiß er zugleich von sich, dass er in den Verfall an dieses Dasein unwiederbringlich sich selbst verliert.“ (3) In ähnlicher Weise vertrat der Psychologe *C.G. Jung* (1875-1961) die Ansicht, dass die menschliche Seele von Natur aus darauf angelegt ist, ihren Daseinssinn zu suchen. Seine Erfahrungen lehrten ihn: „Ein Leben ohne Sinn kann der Mensch nicht ertragen.“ (4) In gleicher Weise sah der Wiener Arzt *Viktor Frankl* (1905-1997), der Begründer der Logotherapie, den Menschen als „ein Wesen auf der Suche nach dem Sinn“. (5) Abschließend sei noch der Theologieprofessor *Hans Küng* (*1928) erwähnt: „Wir Menschen und wir Menschen allein, sind sinnsuchende Wesen. Einen tieferen Lebenssinn gewinnen wir aber nur dadurch, dass wir bei allem Leben und Erleben und bei allem Arbeiten und Verarbeiten in erster Linie und letzter Instanz uns doch auf etwas verlassen, dessen Quelle nicht wir selber sind.“ (6) Stellen wir also fest: Das Bedürfnis des Menschen, ein sinnvolles Leben zu führen, ist sein natürliches Lebensrecht.

Es gibt in jedem Menschenleben kleine und große Sinngehalte. Diese müssen nicht *er*funden, sondern von uns *ge*funden werden. Bei dieser Sinnsuche entdecken wir auf die Frage nach unserem Wozu zahlreiche *kleine* Sinngebungen, die das Leben lebenswert machen: Nämlich unsere alltäglichen Freuden und Sorgen, unsere Aufgaben und Verpflichtungen, unsere Wünsche und Sehnsüchte. Daneben verlangt die Frage nach dem Warum auch *große* Sinn-Antworten. Diese betreffen unser menschliches Sein und Dasein. Dabei geht es um die Fragen: Was ist der Mensch? Woher kommt er? Wohin geht er? Warum lebt er hier auf unserer Erde? Diese sind nur zu beantworten, wenn wir uns unseres wahren Wesens als Menschen bewusst werden. Dann werden wir erfahren, dass wir nicht zu unserem Vergnügen hier sind, um vom Leben verwöhnt zu werden, um es möglichst schön und gut zu haben. Wenn dies der alleinige Sinn des Menschseins wäre, würden all die benachteiligten, verfemten und verfolgten Menschen am Sinn ihres Lebens vorbeigehen und ein mehr oder weniger sinnloses Dasein fristen. Dies würde aber auch für jene gelten, die gedankenlos in den Tag hineinleben, um ihr Leben zu genießen.

Wir sind hier, um einzusehen, dass in jedem Wesen eine ihm gemäße Bestimmung liegt, die wir das Schicksal nennen. Nirgends auf dieser Welt wird sinnlos geboren und gestorben. Selbst das einfachste Leben hat seinen Sinn, weil es in der Gesamtordnung der Schöpfung seinen ihm zugedachten Platz hat, in dem es seinen Existenzsinn verwirklichen kann. (7) Vor rund 2000 Jahren erklärte der indische Philosoph *Kalidasa*: „Gott schrieb dem Menschen an die Stirn, was er sein und haben soll, an Gütern wenig oder viel. Und dieses Maß bekommt er voll, auch wenn er in der Wüste lebt, doch mehr wird ihm nicht zugeteilt. Vergebens wirf dich nicht um Unterhalt den Reichen vor. Im Brunnen schöpfe, schöpf im Meer, dein Krug fasst hier nicht mehr als dort!"

Das menschliche Leben beruht von Anfang an auf einem intelligenten Entwurf zu einem sinnerfüllten Dasein. Keineswegs gleicht es einem blinden Geworfensein in ein unerwünschtes, sinnloses Dasein, wie manche Existenzphilosophen meinen. Einleuchtende Antworten auf die Frage nach dem Sinn des Lebens finden wir auf dem Weg der Selbstbesinnung. Wo der Unwissende vor einem Berg ungelöster Probleme steht, da erhält der Wissende gültige Antworten auf das Warum und Wozu seines menschlichen Hierseins und Soseins. Dies ermöglicht es ihm, seinem Leben einen rechten Sinn zu geben.

Im Verlauf der Jahrtausende haben uns die Naturwissenschaften erstaunliche Entdeckungen und Erkenntnisse gebracht. Sie vermochten uns zu erklären, wie die uns umgebende Natur beschaffen ist, welche Gesetzmäßigkeiten ihr zugrunde liegen und wie sie sich über Millionen von Jahren entwickelt hat. Was aber der Sinn und die Absicht dieser Schöpfung ist, vermag die Naturwissenschaft nicht anzugeben. Sie weiß auch nicht, aus welchem Grund und zu welchem Zweck das Ganze in Szene gesetzt wurde. (8) Diese Fragen zu beantworten, muss die Aufgabe der Geisteswissenschaften, insbesondere der Philosophie sein. Daher hält der Psychologe *Max Lüscher* die Frage nach dem Sinn des Lebens für das erste philosophische Problem, das jeden angeht. Er schreibt: „Die Antwort, die wir darauf geben, entspringt der Überzeugung, die wir als inneren Kompass brauchen. Was wir als Sinn unseres persönlichen Lebens sehen, das wird zur Philosophie und Überzeugung, nach der wir unser Leben und unser Schicksal gestalten." (9) Zu diesem Thema gibt es wohl eine Menge von Theorien, aber für den praktischen Alltag ist da wenig herauszuholen. Daher haben die meisten Menschen hierzu keine gefestigte Meinung, obwohl sie sich als religiös bezeichnen und vielleicht sogar regelmäßig in die Kirche gehen. Ich erinnere mich an einen Handwerker, der mir erzählte, sein Lehrling hätte ihn aufgefordert: „Meister, sagen Sie mir, was ist der Sinn des Lebens? Bringen Sie mir aber keine frommen Bibelsprüche!" Jener Mann gestand mir: „Ich wusste nicht, was ich ihm sagen sollte."

Ausführliche und einleuchtende Antworten auf diese grundlegenden Menschheitsfragen habe ich in meinem Buch „Woher wir kommen, wohin wir gehen“ (10) zu beantworten versucht. In zahlreichen Gesprächstherapien, die ich im Verlauf von vierzig Jahren an hilfesuchenden Menschen durchgeführt habe, musste ich erfahren, dass ich keinem Menschen wirklich helfen konnte, wenn ich ihn nicht dazu brachte, in seinem Leben einen Sinn zu sehen. Folgen wir der Weisung der „weisen Frau“ *Elision*: „Es bleibt am Ende nur die Gewissheit: Alles SEIN ist ein gewordenes. Alles entspringt dem ANFANG. Ihm gebührt aller Dank und alle Verehrung.“ (11)

Es kommt die Zeit, wo man Kindern erklären muss,
warum sie auf der Welt sind, und es ist etwas Wunderbares,
wenn man den Grund dann weiß.
HAZEL SCOTT

Einleitung

Würden wir Frauen und Männer auf der Straße wahllos ansprechen, um diese nach dem Sinn ihres Lebens zu fragen, bekämen wir neben verständnislosen Blicken und verlegenem Achselzucken vermutlich zu hören: Der Sinn besteht in Arbeit und Pflichterfüllung, im Lebensgenuss und in der Erfüllung unserer alltäglichen Wünsche und Bedürfnisse. Das Institut für Demoskopie *Allensbach* stellt in regelmäßigen Abständen an die deutschen Bundesbürger die Frage: „Worin liegt ihrer Meinung nach der Sinn des Lebens?" In den Jahren 1974 bis 2001 hat sich das Meinungsbild hierzu in einigen Punkten deutlich verändert. Im Zeitraum von siebenundzwanzig Jahren ist das „persönliche Glück" immer wichtiger geworden. „Sahen im Jahr 1974 erst 49% der Westdeutschen ihren Lebenssinn darin, ‚glücklich zu sein' und ‚möglichst viel Freude zu haben', so bekannten sich im Jahr 2001 schon 64% dazu. In Ostdeutschland ist diese Zahl im Lauf der letzten zehn Jahre von 60 auf 68% angestiegen. Dass Lebensgenuss auch Lebenssinn ergibt, glaubten 1974 erst 26% der Westdeutschen. Inzwischen äußerten sich im Jahr 2001 rund 52% in dieser Weise. Auch in Ostdeutschland ist die Zahl derer, die ihren Lebenssinn im Lebensgenuss suchen, seit 1992 von 34 auf 45% gestiegen." Der Wunsch, von anderen beachtet und geliebt zu werden, stieg von 36% im Jahr 1974 auf 47% im Jahr 2001. Dagegen traten die ethischen und religiösen Motive zunehmend in den Hintergrund. Äußerungen wie „Mithelfen, eine bessere Gesellschaft zu schaffen" oder „Das tun, was Gott von mir erwartet", haben deutlich an Attraktivität verloren. Demgegenüber nahmen die sozialen Beweggründe bei der jüngeren Generation leicht zu. Von den Befragten unter dreißig Jahren meinten 1992 nur 13%: „Ganz für andere da sein, darin sehe ich vor allem den Sinn meines Lebens." 1997 antworteten in diesem Sinn 16%, in der jüngsten Umfrage von 2001 sogar 22%." (1)

Im Jahr 1981 wurden in Deutschland die Ergebnisse einer weiteren Umfrage zu derselben Sinnfrage veröffentlicht. Dabei waren Mehrfachantworten zulässig. Die häufigsten Antworten auf die Frage nach dem Sinn des Lebens lauteten: „Dass ich glücklich bin und viel Freude habe" (62%); „dafür zu sorgen, dass es meine Kinder einmal gut haben" (61%); „dass ich vor mir selber bestehen kann" (55%); „dass ich im Leben etwas leisten und es zu etwas bringen kann" (47%); „das tun, zu was mir mein Gewissen rät" (45%); „das Leben zu genießen" (44%); „die Welt zu bereisen und kennen zu lernen" (41%); „dass ich von meinen Mitmenschen geachtet werde und angesehen bin" (40%); „dass ich bei anderen beliebt bin" (36%); „dass ich an meinem Platz mithelfe, eine bessere Gesellschaft zu schaffen" (25%); „dass ich mich in meinem irdischen Leben bewähre, um vor meinem Schöpfer bestehen zu können" (23%); „dass ich mich mit allen Kräften für eine bestimmte Idee einsetze" (23%); „dass ich ganz für andere da bin, um anderen zu helfen" (21%); „dass ich es zu einem eigenen Haus bringe" (19%). Lediglich 2% der Befragten vermochten keinen Sinn für ihr Leben anzugeben. (2)

Neuere Untersuchungen beweisen, dass es heute als besonders sinnvoll angesehen wird, das Leben mit der eigenen Familie, in einer guten Partnerschaft oder mit den eigenen Kindern zu verbringen. Auch persönliche Erfahrungen zur Förderung der eigenen Persönlichkeitsentwicklung erachten heute immer mehr als sinngebend. Hierzu gehören die berufliche Arbeit, die tägliche Pflichterfüllung und das Einlösen eines bestimmten Lebensauftrags. Es gibt auch jene, die angeben, der Sinn ihres Lebens bestehe für sie darin, anderen hilfreich beizustehen. Bei einer wissenschaftlichen Studie wurden fünfundsechzig Frauen und Männer im Alter zwischen dreißig und neunzig Jahren, die sich um einen schwerkranken Menschen kümmerten, befragt. Es zeigte sich, dass sich diese nicht nur selber gesünder fühlten, sondern dass sie durch ihre helfende Tätigkeit in ihrem Leben einen tieferen Sinn fanden. (3) Eine Erhebung bei Jugendlichen in der Schweiz aus den Jahren 1982-1984 ergab ein ähnliches Bild. An achtundvierzig Hochschulen der USA wollen im Jahr 1985 rund 78% der befragten Studenten ihrem Leben einen Sinn geben, und 16% wünschen sich hierzu Lebenserfolg und wollen viel Geld verdienen. (4)

Die Psychotherapeutin *Elisabeth Lukas* hat im Jahr 1986 einen Test zur „Messung von Sinnerfüllung und Existenzieller Frustration" entwickelt, mit dem sie 1000 zufällig auf der Straße angetroffene Personen nach ihrem Lebenssinn befragte. Hierzu erhielt sie folgende Ergebnisse: 51,5% fanden, dass ihr Leben sinnvoll sei. 20% gaben zu, auf der Suche nach Ihrem Lebenssinn zu sein. 19,7% wichen dieser Frage aus. 11,9% vermochten keinen Sinn in ihrem Leben zu sehen. 6,5% lehnten es ab, auf diese Frage einzugehen, und 1,5% machten sich über diese Fragestellung lustig und nahmen sie nicht ernst. Aus diesen Zahlen kann geschlossen werden, dass damals rund 20%, nämlich ein Fünftel der Befragten, in irgendeiner Form existenziell frustriert waren und keinen rechten Sinn in ihrem Leben sahen. (5)

In ähnlicher Weise hat der Psychologe *Willy Köhler* in den 1990er Jahren während eines Jahres Männer und Frauen unterschiedlichen Alters aus allen Bevölkerungsschichten und Berufsgruppen nach ihrem persönlichen Lebenssinn befragt. Dabei fand er heraus, dass sich viele Leute nur einbilden, sie hätten einen Sinn für ihr Leben. Ohne weiter darüber nachzudenken, sahen die meisten im rastlosen Tätigsein ihre alltägliche Lebensaufgabe. Eine größere Gruppe orientierte sich bei dieser Sinnfrage nach gängigem Klischee und antwortete weitschweifig, aber wenig aussagekräftig mit Worten wie: Freude haben am Leben, das Leben genießen; für seine Lieben da sein; anderen helfen. Eine kleine Minderheit begründete ihren persönlichen Lebenssinn mit ihrer religiösen Einstellung oder mit weltanschaulichen Überlegungen. (6)

Im Jahr 2003 hat der Schweizer Psychologe *Werner Schaeppi* eine Befragung bei Studenten der Universität Zürich durchgeführt. Seine Fragestellung lautete: „Was ist für Sie persönlich der Sinn des Lebens?" Die Auswertung von 299 erhaltenen Antworten ergab folgendes Bild: Das Leben genießen: 47, Verantwortung übernehmen für Familie, Kinder, Gesellschaft: 36, Suche nach Selbstverwirklichung: 24, Erhaltung der eigenen Gesundheit: 11, Unterstützung der Mitmenschen: 13, Bewahrung der Mitwelt und Umwelt: 10, Pflichterfüllung in Arbeit und Beruf: 13, Verwirklichung ethischer Werte: 16, Streben nach religiöser Erfüllung: 14. 7 Befragte gaben hierzu keine Antwort und 2 waren der Ansicht, das Leben habe keinen Sinn. (7) Je besser es in wirtschaftlicher und finanzieller Hinsicht den Menschen heute geht, desto mehr streben sie nach persönlichem Wohlergehen und Lebensgenuss. „Have fun!“ ist heute das oft gehörte Losungswort für viele Jugendliche. „Spaß haben“ scheint ihr einziges Lebensmotiv zu sein.

Wer ernsthaft nach dem Sinn des Lebens fragt, für den können nicht allein äußere Erfolge und auch nicht Macht, Geld und Luxus das Maß aller Dinge sein. Das eigentliche Problem, das sich uns stellt, ist doch die Frage nach dem Warum und Wozu unseres Lebens. Das Warum führt uns zurück zu unserer ursprünglichen geistigen Herkunft. Das Wozu verweist uns auf unsere spirituelle Zukunft. Für die Zeit und den Raum dazwischen stellt sich die Frage nach dem Sinn des irdischen Lebens.

Teil I
Sinngebung im Leben

Alle Dinge verdanken ihr Dasein einem Sinn.
Der Sinn ist Ursprung und Heimat aller Dinge.
Lao Tse

1. Im Anfang war der Sinn

Wir stellen in der ganzen Natur und überall im Weltall eine großartige Sinnordnung fest. Daher lässt sich sagen: Am Anfang war nicht das sinnlose Chaos, sondern der sinnerfüllte Kosmos. Das Sinnlose hat keinen Seinsgrund. Auf die Frage „Was war am Anfang?" antwortete vor nahezu zweieinhalbtausend Jahren der chinesische Philosoph *Lao Tse* (395-305 v. Chr.), dass erst der Sinn die Dinge bewirkte. In seiner Schrift „Tao te King" heißt es:

> Der Sinn, der sich ersinnen lässt, ist nicht der ewige Sinn.
> Der Name, der sich nennen lässt, ist nicht der wahre Name.
> Das ‚Nichtsein' ist der Anfang von Himmel und Erde.
> Das ‚Sein' ist die Mutter aller Dinge und Wesen. (1)

Der Anbeginn des Seins wird in vielen Religionen als das Namenlose und Unnennbare bezeichnet. So hat auch der alttestamentliche Gott *Jehova* dem Propheten *Moses* gegenüber seinen Namen verschwiegen und lediglich gesagt: „Ich bin, der ich bin" oder „Ich werde sein, der ich sein werde." (2 Mo 3,14) Ähnlich wie das chinesische Wort „Tao" weist auch das griechische Wort „Logos" auf den Urgrund des Seins hin. In diesem Sinne ist auch die Aussage des Apostels Johannes zu verstehen: „Im Anfang war das Wort." (Jh 1-5) In der biblischen Offenbarung bekundet die göttliche Stimme: „Ich bin der Anfang und das Ende." (Off 1,8). In der christlichen Kunst wird diese Bezeichnung für Gott (Off 21,6) und für Christus (Off 22,13) als Anfang und Ende allen Seins mit den griechischen Buchstaben Alpha und Omega symbolisch dargestellt.

Das Phänomen *Leben* ist zweifellos die intelligenteste Erfindung und die erstaunlichste Errungenschaft der gesamten Weltgeschichte.

Ohne Leben wäre unsere Erde nur ein toter Trabant unseres Tagesgestirns, gleich den anderen Planeten unseres Sonnensystems. Die ganze Natur und Kreatur ist ein Wunder der Schöpfung. Überall breiten sich seit Jahrmillionen auf unserer grünen Welteninsel die verschiedensten Lebensformen in erstaunlicher Vielfalt aus. Diese sind nicht aus einem blinden, ziellosen Zufall entstanden. Vielmehr verdanken sie ihr Dasein der kreativen Absicht, sich in abertausend Gestalten zu entfalten, sich höher zu entwickeln und im Menschen zum Selbst-Bewusstsein zu erwachen.

Schon das Phänomen Leben an sich hat einen bestimmten Wert. Dass etwas lebt, unterscheidet dieses wesentlich von allem Leblosen. Der französische Philosoph *René Descartes* (1596-1650) hat seine ganze Philosophie auf diesem Unterschied aufgebaut, indem er die Welt aufteilte zwischen den ausgedehnten Dingen (*res extensa*) und den denkenden Dingen (*res cogitans*). Zu den denkenden Dingen zählte er allein den Menschen, während er allen anderen Dingen, selbst Pflanzen und Tieren, nur einen Sachwert zugestand. Das war natürlich sehr einseitig gesehen. Heute anerkennen wir, dass jede Lebensart ihren Eigenwert und ihr Daseinsrecht besitzt. Dies gilt auch für die sogenannte „stumme Kreatur". Vor Jahren fuhren zwei Autofahrer in allzu engem Abstand eine steile Straße hinunter. Weil eine kleine Maus die Straße überqueren wollte, stoppte das erste Fahrzeug unerwartet. Das hintere prallte ungebremst in dessen Heckfront. Nun entstand zwischen den beiden Fahrern wegen der Schuldfrage ein heftiger Rechtsstreit, der bis zu den obersten Instanzen fortgesetzt wurde. Schließlich hat das Schweizer Bundesgericht dem vorderen Fahrzeuglenker Recht gegeben mit der Begründung: „Auch eine Maus hat ein Recht auf Leben."

Noch keinem Forscher ist es bis heute gelungen, eine einzige lebende Zelle künstlich herzustellen. Leben ist demnach nicht von Menschen gemacht. Leben ist mehr als eine bloße Anhäufung von chemischen Elementen, so wie ein Haus auch mehr ist als ein Haufen von Bauziegeln, die auf einem Baugrund abgeladen werden. Leben kann auch nicht aus sich selber entstehen, wie die Urzeugungstheorie während Jahrhunderten behauptete. Der Chemiker *Louis Pasteur* (1822-1895) hat diese Annahme durch seine Experimente klar widerlegt. Weil Leben immer nur von Lebendem abstammen kann, müssen wir daraus schließen, dass die ersten Lebensfunken nicht irgendwo auf erdfernen

Planeten gezündet wurden, sondern aus einer überirdischen geistigen Welt zu uns gekommen sind, nachdem unsere Erde mehrere Milliarden von Jahren nach dem Urknall sich zu einem lebensfreundlichen Himmelskörper entwickelt hat. Leben hat demnach einen göttlichen Ursprung und ist deshalb schützenswert. Aus diesem Grund haben wir Menschen kein Recht, ohne Not Leben zu vernichten.

Darin liegt also der Sinn des Lebens, dass wir als geistige Wesen hier auf unserem grünen Schulungsplaneten Erde die Gelegenheit erhalten, wichtige Lernerfahrungen zu machen, um so in vielen Leben nach unserer geistigen Heimat zu streben. Der indische Weise *Ramana Maharshi* (1879-1950) lehrte seine Jünger: „Jene, die nicht nach dem Sinn des Lebens fragen, vergeuden das Leben." (2) Als den Sinn des menschlichen Lebens bezeichnet der indische Philosoph *Sri Aurobindo* (1872-1950) das Streben nach Wahrheit, nach dem Tun des Guten und nach dem Verwirklichen des Schönen. (3)

In der klassischen Philosophie kennt man den Lehrsatz: „Jeder Handelnde verfolgt ein Ziel. Aus dieser Zielstrebigkeit einer Handlung kann ihr Sinn abgeleitet werden. Unter diesem Gesichtspunkt erscheint eine Tätigkeit, die kein Ziel anstrebt, als sinnlos. Wer ohne Ziel tätig ist, dessen Tun ist ohne Sinn. Die allermeisten Menschen stellen sich bei ihrem alltäglichen Tätigsein nicht dauernd die Frage nach dessen Ziel und Sinn, obwohl sie sich mehr oder weniger sinnvoll betätigen wollen. Ernsthaft und bewusst stellt sich die Sinnfrage erst dann, wenn sich unerwartet eine schwerwiegende Notlage, eine Ungereimtheit oder Schwierigkeit einstellt. So kann eine existenzielle Erschütterung den Menschen zur Frage aufrütteln: Was soll das? Was hat das für einen Sinn? Von der Psychotherapeutin *Elisabeth Lukas* stammt der Satz: „Die Welt ist von Sinn durchdrungen, ist voller Sinnzusammenhänge und deswegen hat auch das Leben des Menschen einen unabdingbaren Sinn. Und jede einzelne Lebenssituation birgt in sich ihre Sinnesmöglichkeiten." (4) Je nachdem ob der Mensch sein Leben verwirklicht oder nicht verwirklicht, ist sein Leben sinnvoll oder sinnleer.

1.1 Vom Sinn des Seins

Ein alter philosophischer Lehrsatz lautet: „Alles, was ist, ist wahr, gut und schön." Daher ist es auch sinnvoll. Wir dürfen annehmen, dass in der ganzen Schöpfung von Anfang an ein großer Sinnentwurf vorhanden ist. Mit dem spanischen Philosophen *Ortega y Gasset* (1883-1955) können wir sagen: „Alles in der Welt ist sinnvoll und wunderbar für ein Paar offene Augen." Das Verstehen eines Wesens in seinem Dasein und Sosein heißt, dessen Sinn zu erkennen. Es liegt daher an unserem eigenen menschlichen Unvermögen, wenn wir in manchem Sein keinen Sinn sehen.

Die Frage nach dem Wesen des Seins gehört zu den Grundproblemen unseres Nachdenkens überhaupt. Dies hat die großen Denker seit Jahrtausenden beschäftigt. Warum gibt es etwas und warum gibt es nicht das Nichts? Bereits im Altertum hat der griechische Philosoph *Parmenides* (um 515-451 v. Chr.) tiefsinnig darüber nachgedacht. Er gelangte angeblich mittels göttlicher Offenbarungen zu folgender Einsicht über das wahre Wesen des Seienden, dem er folgende Merkmale zuerkannte:

- Das Sein kann nicht mit unseren Sinnen wahrgenommen, sondern nur gedacht werden.
- Das Sein kennt kein Entstehen und Vergehen; es ist.
- Das Sein ist unveränderbar und ewig.
- Allein das Sein ist wirklich und wesentlich.
- Das Sein ist nicht aus Teilen zusammengesetzt.
- Das Sein kennt keine Gegensätze.
- Das Sein ist in allem und alles ist eines.
- Die Vielheit der Dinge ist aufgehoben in der Einheit des Seienden.
- Das einzig Wirkliche ist das Sein. Das Nichtsein ist nicht denkbar. (5)

Daraus folgt: Jedes Sein ist sinnvoll, weil es *ist*. Nur einem Seienden kann ein Sinn zugesprochen werden. Sinnlos ist daher nur das Nicht-Sein. So gesehen, gehören die beiden Begriffe Sein und Sinn inhaltlich zusammen, denn ein Sein ohne Sinn und ein Sinn ohne Sein sind unsinnig und sinnlos. Von *C.G. Jung* stammt der Satz: „Der höchste

Sinn des Seins kann für mich nur darin bestehen, dass es ist, und nicht darin, dass es nicht oder nicht mehr ist." (6)

Wir können das Sosein vom Dasein unterscheiden. Das *Sosein* meint das Sein an sich (*ens a se*), nämlich das Wesen eines als Idee gedachten Seins. Ein Sein ist das, was es ist, so wie es in sich selbst besteht, ohne eines anderen Seins zu bedürfen. Es handelt sich beim „Sein an sich" lediglich um etwas Gedachtes, um eine Idee oder um eine Abstraktion, ähnlich dem „geometrischen Punkt" ohne Ausdehnung, den wir nur denken, aber nicht zeichnerisch darstellen können; denn jeder mit einem Bleistift auf ein Papier angebrachter Punkt erweist sich unter einem Vergrößerungsglas als ausgedehnte Fläche. Das Sosein muss dem Wesen eines Dinges entsprechen. Ist dies nicht der Fall, kann es auch nicht sein. So gehört es zum Wesen eines Kreises, dass er rund ist, und zur Eigenart eines Vierecks, dass es viereckig ist. Ein Kreis mit vier Ecken ist in sich ebenso ein Widerspruch wie ein rundes Viereck. Daher kann es diese geometrischen Formen in der realen Wirklichkeit nicht geben. Ebenso gilt dies für hölzernes Eisen oder eisernes Holz.

Unter dem *Dasein* verstehen wir die Verwirklichung in der materiellen Welt. Eine der grundlegenden Aussagen des logischen Überlegens lautet daher: Jedes Sein hat seinen Ursprung nicht im Nichts, sondern in einem früheren Sein. Wenn wir die aufeinanderfolgende Kette aller Seinszustände zurückverfolgen bis zum Anfang, stoßen wir nicht auf ein Nichts, sondern auf ein Sein, das jedem späteren Sein vorangegangen ist. Daraus folgt der zwingende Schluss, dass es ein uranfängliches Sein als erste Ursache immer schon gegeben hat. Eine andere Denkmöglichkeit haben wir nicht, wollen wir den Ursprung der ersten Dinge nicht dem reinen Zufall überlassen. Diese Überlegung führt uns zu einer ersten Ur-Sache, welche die Ursache aller späteren Verursachungen ist. Wir nennen dies das „ewige Sein", das Tao oder Gott.

Das Dasein hat seinen Grund in sich selber. In *Hermann Hesses* Dichtung „Siddhartha" lesen wir: „Sinn und Wesen waren nicht irgendwo hinter den Dingen, sie sind in ihnen, in allem." (7)

Wer hätte zum Beispiel vor 200 Jahren gedacht, dass der Planet Saturn von mehreren Ringen umgeben ist und mindestens zwölf Monde hat? Diese haben wahrscheinlich seit Jahrhunderttausenden bereits existiert, ohne dass ein Mensch sich dessen bewusst gewesen wäre.

Als Bewusstsein bezeichnen wir die Fähigkeit eines Seins, sich selbst bewusst zu werden. Diese Bewusstseinsfähigkeit besitzt nur ein geistbegabtes Wesen, weil dieses über sich selbst nachdenken kann. Auf unserer Erde ist es allein dem Menschen vorbehalten, den Wert und Sinn seines Daseins zu erkennen. Daraus entstehen das Selbstbewusstsein und das Selbstwertgefühl. Den Pflanzen und den Tieren fehlt diese Möglichkeit, weil sie zwar eine unbewusste Vitalseele, nicht aber eine bewusstseinsfähige Geistseele besitzen.

Ein weiterer Lehrsatz der klassischen Philosophie lautet: „Alles, was ist, ist gut, wahr und schön." Das Gute, Wahre und Schöne bildet eine Einheit. Insofern ein Sein mit seinem Wesen übereinstimmt, ist es nicht nur gut, sondern auch wahr und schön. Was wir als wahr und schön anerkennen, ist auch sinnvoll. Es ist daher sinnvoll, einem Seienden – sei es Stein, Pflanze, Tier oder Mensch – zuzugestehen: „Es ist schön, dass es dich gibt." Damit verleihen wir jedem Wesen den Mut zum eigenen Sein. (8) Es gehört zum Auftrag des Menschen, seinem Leben einen Sinn zu geben, um dadurch zu einer vertieften Sinnerkenntnis zu gelangen. So wie der Körper der Nahrung bedarf, um überleben zu können, so verlangt die Seele nach dem Sinn ihres Seins.

In seiner mystischen Philosophie dehnt *Meister Eckhart* (um 1260-1327) seinen Seinsbegriff letztlich auf die Gottheit aus. Für ihn ist Gott als der Anfang aller Dinge das „ewige Sein", das SEIN in allem Seienden, in dem alles Sein seinen Sinn findet.

1.2 Die Lehre vom Sinn

Das Wort *Sinn* wird abgeleitet vom althochdeutschen Wort „sinnan" für gehen, reisen, unterwegs sein. Wer sich auf einen Weg begibt, der hat etwas im Sinn. Er verfolgt eine Absicht und strebt nach einem Ziel. Das verleiht seinem Bemühen einen Sinn. Dieses Wort führte uns zu folgenden Denktätigkeiten: Besinnen, entsinnen, sinnieren sowie zu den Eigenschaftswörtern leichtsinnig, scharfsinnig und tiefsinnig. Das mittelhochdeutsche Wort „sin" steht für Weg, Fährte und Richtung. Wir begegnen dieser Wortbedeutung noch heute in Ausdrücken wie Uhrzeigersinn oder Gegensinn. Im erweiterten Sprachgebrauch heißt „sin" auch Wahrnehmung, Fähigkeit und Empfänglichkeit. In dieser Bedeutung sprechen wir von Spürsinn, Scharfsinn, Schönheitssinn,

Eigensinn, Frohsinn, Orientierungssinn und Gerechtigkeitssinn. Dieses Stammwort finden wir auch in den Begriffen Sinnbild, Sinnspruch und Gesinnung. Es steht auch für Gedächtnis und Erinnerung in den Aussagen: „Ich habe keinen Sinn mehr", „Es ist mir in den Sinn gekommen" oder „Sich etwas aus dem Sinn schlagen". Schließlich wird das Wort Sinn auch gleichgesetzt mit klarem Bewusstsein, wenn von einer Person gesagt wird, sie sei nicht mehr bei Sinnen oder sie leide unter Wahnsinn.

Wir können einen objektiven und einen subjektiv Sinn unterscheiden. Unter *objektivem* Sinn verstehen wir jenen Sinngehalt, der etwas Seiendem von Natur aus zukommt, weil es dieses gibt. Unter diesem Gesichtspunkt hat jedes Ding in unserer Welt seinen bestimmten Seinsgrund und seinen eigenen Daseinswert, ob wir diesen erkennen oder nicht. Beim *subjektiven* Sinn handelt es sich um einen Seinswert, der einem Ding von außen zugemessen wird. So kann ein Gegenstand für den einen wertlos, für den anderen aber wertvoll sein. Zum Beispiel ein Erinnerungsstück oder ein Talisman. Den Unterschied zwischen objektiver und subjektiver Sinnbedeutung können wir an einer Perle veranschaulichen. Als Objekt hat eine echte Perle den Sinn, dass sie im See- oder Meerwasser das dort lebende Muscheltier vor dem Schmerz schützt, den ein Sandkorn ihm zufügen kann. Als verarbeitetes Schmuckstück kann die gleiche Perle zum Symbol für Schönheit und Reinheit werden und durch unsere Wertschätzung einen subjektiven Sinn bekommen. So kann der eine im Leben einen höheren Sinn erkennen, während der andere es als sinnlos empfindet. Daher schreibt der Psychoanalytiker *Peter Kutter*: „Für mich ganz persönlich gilt Folgendes: Sinnvoll ist es, etwas Gutes für einen anderen zu tun, mir täglich Zeit für mich selbst zu gönnen, einen ganz persönlichen Beitrag gegenüber der Gesellschaft zu leisten." (9)

Ein eindrückliches Beispiel für eine subjektive Sinngebung begegnet uns in den Lebenserinnerungen von *C.G. Jung*: Als der große Psychologe beim Indianerstamm der Pueblos in Neu Mexiko lebte, um die menschliche Seele von einem außereuropäischen Standpunkt aus zu studieren, beteuerte ihm der alte Chef der religiösen Zeremonien: „Wir sind doch die Söhne der Sonne, nämlich des Sonnengottes. Die Sonne ist unser Vater. Und wir helfen der Sonne täglich, über den Himmel zu gehen. Und da stören uns die Amerikaner in unserer Religionsausübung und wollen uns bekehren. Ich kann sagen, dass in zehn Jahren die Sonne nicht mehr aufgehen wird, wenn uns die Amerikaner immer wieder stören." (10)

Der Individualpsychologe *Alfred Adler* (1870-1937) hat vorgeschlagen, den persönlichen Sinn vom allgemeinen Sinn zu unterscheiden. Der erste betrifft die Einzelperson, weil dieser von der Wertung und Bedeutung für einen einzelnen Menschen abhängt. Der Sinn im Allgemeinen bezieht sich auf das Gesamtwohl einer ganzen Personengruppe, letzten Endes aber auf das der ganzen Menschheit, ja auf die Bewahrung der Schöpfung insgesamt. (11) Der Sinngehalt im Leben vieler einzelnen Menschen ergibt noch nicht den Gesamtsinn. Dies meint der Psychologe *Henning von der Osten*: „Unser Leben hat einen Sinn, wenn das, was wir tun, einen Bezug hat, etwas zum Ganzen beiträgt. Sinn vermittelt uns das Gefühl, dass wir, ganz gleich wie groß oder klein unser Beitrag ist, uns bewusst werden, dass wir gebraucht werden, dass wir einen Platz haben, dass es einen Unterschied macht, ob wir da sind oder nicht." (12) Eine ähnliche Einstellung vertritt der Sozialpsychologe *Kenneth Gergen*: „Sinn und Ziel sind nur als Ergebnis von Beziehungen denkbar. Die Herausforderung besteht darin, nicht in uns selbst nach eigenen Werten zu forschen, sondern sie in produktiven und bereichernden Formen von Beziehungen zu anderen Menschen zu finden." (13)

Über allen partiellen Sinngebungen steht allumfassend der große Sinnentwurf der kosmischen Weltordnung. Alles steht im Dienst einer allgemeinen Absicht im universellen Weltganzen, das auf ein letztes gemeinsames Ziel ausgerichtet ist, nämlich auf Einheit, Frieden, Harmonie in allem. Mit dem Dichter *Paul Mühsam* lässt sich fragen: „Scheint uns, die wir in das All eingegliedert sind, vieles vielleicht nur deshalb als sinnwidrig, weil wir den über uns hinausgreifenden großen Sinn nicht zu fassen vermögen?" (14) Den letzten und endgültigen Sinn unseres Seins und Daseins erfahren wir erst nach dem Abschluss unserer irdischen Existenz hinter den Kulissen jenes Schauspiels, das wir das Leben nennen. Dann werden wir erfahren, dass dort nicht jenes Sinnenfällige zählt, das unsere äußeren Sinnesfreuden bewirkt, sondern allein jene geistigen Errungenschaften, die wir lebenslang tatsächlich im Sinn hatten und die unsere wahre Gesinnung ausmachten. Dann wird die Welt des äußeren Scheins mit jener des inneren Seins abgeglichen und beurteilt. Trotz all unseres Sinnens und Besinnens bleibt für uns das Sein letztlich nie ganz fassbar. *C.G. Jung* gelangte in seinen letzten Lebensjahren zur Einsicht: „Wahrscheinlich ist, wie bei allen metaphysischen Fragen, beides wahr: Das Leben ist Sinn und Unsinn oder es hat Sinn und Unsinn. Ich habe die ängstliche Hoffnung, der Sinn werde überwiegen und die Schlacht gewinnen." (15)

1.3 Leben ist sinnvoll

Jede Art von Leben ist sinnvoll, weil es sich nach sinnvollen Gesetzen entwickelt. Das Leben will nicht nur leben, sondern auch überleben. In der ganzen belebten Natur beobachten wir eine gesetzmäßig vorgegebene Strategie, die dafür sorgt, dass das Leben sich nicht nur erhält, sondern sich auch weiterentwickelt und immer höhere Ausdrucksformen hervorbringt. Dies lehrt uns die moderne Evolutionstheorie.

Aus biologischer Sicht ist das Leben eine Form von Energie. Wir nennen sie Lebensenergie oder Bioenergie. Diese durchströmt jedes Lebewesen und ermöglicht es ihm, zu leben und zu überleben. Die hierzu erforderlichen natürlichen Antriebskräfte sind der Selbsterhaltungstrieb und der Arterhaltungstrieb. Unter einem Trieb ist eine innere Lebenskraft zu verstehen, die das Lebewesen veranlasst, einem vorgegebenen Triebziel zu dienen. Auf diesem Weg hat sich über Jahrmillionen aus bescheidenen Anfängen bis heute eine enorme Lebensvielfalt entwickelt. Jedes einzelne Lebewesen ist ein Lebensträger. Es verdankt seine Existenz vorangegangenen Lebensformen. Daher erkennt der ungarische Psychologe *Mihaly Csikszentmihalyi* den „Sinn des Lebens im ständigen Fortführen der Evolution, in der Weiterentwicklung vielfältiger Lebensformen". (16)

Wir können annehmen, dass jedes Lebewesen nach Daseinsfreude, Lustgewinn und Selbstverwirklichung strebt. Niederen Lebensformen ist dieses Streben wohl kaum bewusst. Die Pflanzen kennen weder ein Warum noch ein Wozu für ihr Daseins. Von diesen sagte *Heinrich Waggerl* (1897-1973), sie seien „Helden der Geduld", die ihr gnadenloses Schicksal unwissend ertragen. (17) Auch den Tieren fehlt das klare Bewusstsein um ihre eigene Existenz. Während seines Aufenthalts in einem großen Wildreservat in Kenia hatte *C.G. Jung* ein eindrückliches Erlebnis: „Bis an den fernsten Horizont sahen wir riesige

Tierherden: Gazellen, Antilopen, Gnus, Zebras, Warzenschweine usw. Langsam strömend, grasend, die Köpfe nickend bewegten sich die Herden – kaum dass man den melancholischen Laut eines Raubvogels vernahm. Es war die Stille des ewigen Anfangs, die Welt, wie sie immer schon gewesen, im Zustand des Nicht-Seins, denn bis vor kurzem war niemand vorhanden, der wusste, dass es ‚diese Welt' gab… Hier wurde mir die kosmische Bedeutung des Bewusstseins überwältigend klar. Der Mensch, ich, gab der Welt in unsichtbarem Schöpferakt erst die Vollendung, das objektive Sein." Hier erkannte er, dass der Mensch der Welt erst das objektive Sein gibt, „ohne das sie ungehört, ungesehen, lautlos fressend, gebärend, sterbend, kopfnickend durch Hunderte von Jahrmillionen in der tiefsten Nacht des Nicht-Seins zu einem unbestimmten Ende hin ablaufen würde". (18)

Die Naturwissenschaften beschreiben uns jene Eigenschaften und Fähigkeiten, die Lebendiges von Leblosem unterscheiden. Damit erklären sie uns, was Leben ist und wie es sich im Verlauf von Jahrmillionen auf unserer Erde entwickelt hat. Aber *warum* und *wozu* es Leben auf unserem Planeten gibt, durch welche Absicht es angetrieben wird und welches Ziel es verfolgt; all dies vermag die Biologie uns nicht zu erklären. Dies ist Sache der Geisteswissenschaften. Vom spirituellen Gesichtspunkt aus betrachtet, lässt sich sagen: Der Sinn des Lebens ist die Weiter- und Höherentwicklung des Lebens, um die Inkarnation des Menschen in der materiellen Welt zu ermöglichen. So sah es *Goethe*, als er in seiner Faust-Dichtung über die lebendige Natur schrieb: „Da regst du dich nach ewigen Normen / über tausend abertausend Formen / und bis zum Menschen hast du Zeit." (19) Aus dieser Sicht ist jedes Leben schützenswert. Seitdem sich der Mensch berechtigt fühlt, selbst über Sinn und Unsinn des Lebens zu urteilen, hat er angefangen, zwischen lebenswertem und lebensunwertem Leben und damit über Leben und Tod selbstherrlich zu bestimmen. So hat er der einen Lebensart ein Lebensrecht zugebilligt, einer anderen aber nicht. Deshalb unterscheidet er heute zwischen Kraut und Unkraut, zwischen Nützlingen und Schädlingen in der Pflanzen- und Tierwelt. Selbst beim Menschen nimmt er heute das Recht in Anspruch, über „lebenswert" und „lebensunwert", ja über Leben und Tod zu entscheiden. Viel zu wenig bedenkt er, dass Pflanzen und Tiere in vielfältiger Form bereits auf Erden existierten, ehe der Mensch auf unserem Planeten in Erscheinung trat. Diese sind unsere Vorkämpfer und Wegbereiter gewesen, denn ohne sie wären wir jetzt nicht hier.

1.4 Vom Sinn des Menschen

Die Frage nach dem Sinn des menschlichen Lebens ist so alt wie die Menschheit selbst. Es handelt sich hier um das uralte Problem unserer menschlichen Existenz, dem sich jeder stellen muss, wenn er sich seiner Stellung und Aufgabe in dieser Welt bewusst werden will. Der Philosoph *Jean Guitton* (1901-1999) bekennt: „Mein Leben lang hat sich mein Denken mit einem einzigen Problem befasst, das sich uns allen stellt: Mit dem Sinn des Lebens und des Todes. Im Grunde ist dies die einzige Frage, auf die das höchstentwickelte, einzig denkfähige Lebewesen auf Erden von Anfang an stößt." (20)

Wir können zwei Arten von Lebenssinn unterscheiden: 1. Der kleine Sinn und der große Sinn des Lebens. Unter dem *kleinen* Sinn verstehen wir die Ausgestaltung unserer gegenwärtigen Daseinsmöglichkeiten, welche unserem Alltagsleben einen Sinn verleihen können. Diese kleine Sinngebung hängt ab von unseren persönlichen Lebensfähigkeiten wie Vitalität, Konstitution und Veranlagung, die wir in einer vorgegebenen Umwelt verwirklichen können. Für den Logotherapeuten *Alfred Längle* (geb. 1951) heißt sinnvoll zu leben, sich selbst zu verwirklichen. (21) Es handelt sich also um die Möglichkeit, Entscheidungen zu treffen, Werte zu verwirklichen und Werke zu schaffen. Daneben stellen sich für einen jeden von uns die *großen* Sinnfragen des Lebens, nämlich: Wer bin ich? Woher komme ich? Wozu lebe ich? Was ist der Sinn meines Menschseins? Wo werde ich sein, wenn ich nicht mehr hier bin? Was zählt dann noch? (22) Hier geht es um das Erkennen unseres ehemals gewählten Lebensplanes, zu dessen Verwirklichung wir die Menschwerdung auf uns genommen haben. Um diese tiefsten Sinnfragen haben denkende Menschen seit Jahrtausenden gerungen und je nach ihrer Weltanschauung und Welterklärung Antworten vorgeschlagen.

Die *Philosophie* als älteste der Geisteswissenschaften ist am ehesten dazu berufen, sich hierüber Gedanken zu machen, ist sie doch die Wissenschaft vom Sein und Sinn. Ihre Vertreter nennen sich gerne „Freunde der Weisheit" (gr. *philos*: Freund, *sophia*: Weisheit). Fragt man nach deren Ansichten zum Sinn des Lebens, findet man recht unterschiedliche Erklärungen. Bereits im Altertum entstanden hierzu zwei grundlegend verschiedene Denkmodelle, die bis heute ihre Nacheiferer und Gefolgsleute haben. Während für den griechischen Philosophen *Platon* (427-347 v. Chr.) die Vergeistigungen der Seele als der Sinn des Lebens galt, sah sein berühmter Schüler *Aristoteles* (384-322 v. Chr.) den Lebenssinn in der Welt- und Naturerkenntnis. Damit wurden bereits vor über zweitausend Jahren die beiden Hauptrichtungen des abendländischen Denkens festgelegt. Der eine Weg prägte die geisteswissenschaftlichen Erkenntnisse, der andere Weg führte zu großartigen naturwissenschaftlichen Entdeckungen und Erfindungen.

In neuerer Zeit sah der Königsberger Philosoph *Immanuel Kant* (1724-1804) den Sinn des Lebens im Befolgen des moralischen Gesetzes: „Sittlich gut und sinnvoll ist eine Handlung nur, wenn sie das Gute um seiner selbst willen aus Pflicht und nicht aus Neigung tut." (23) Dem gegenüber behauptetet der Philosoph *Arthur Schopenhauer* (1788-1860): „Als Sinn unseres Lebens ist in der Tat nichts anderes anzugeben, als die Erkenntnis, dass wir besser nicht da wären. Das Leben ist sinnlos und zwecklos." An anderer Stelle seines Hauptwerkes „Die Welt als Wille und Vorstellung" fragt er sich: „Woher denn anders hat *Dante* den Stoff zu seiner Hölle genommen als aus dieser unserer wirklichen Welt? Und dennoch ist es eine recht ordentliche Hölle geworden. Hingegen als er an die Aufgabe kam, den Himmel und seine Freuden zu schildern, da hatte er eine unüberwindliche Schwierigkeit vor sich; weil eben unsere Welt gar keine Materialien zu so etwas darbietet." (24)

Einer der Ersten, der die menschliche Existenz zum Gegenstand seines Denkens machte, war der dänische Philosoph *Sören Kierkegaard* (1813-1855): Für ihn besteht der Sinn des Lebens im „Selbstsein, in der Selbstverwirklichung des Menschen, so wie Gott ihn gedacht hat". Von seinem Leben zeitweise angewidert, schrieb er als Sohn eines schwermütigen Vaters in einer melancholischen Stimmung: „Ich ekle mich am Dasein, es ist geschmacklos, ohne Salz und Sinn. Es riecht nach Nichts!" (25) Daher empfand er das Leben als angstbesetzte „Krankheit zum Tod". Der Existenzphilosoph *Martin Heidegger* (1889-1976) hielt die Lebensangst, die viele Menschen befällt, für verursacht durch ein Gefühl der Sinnlosigkeit. Er beschreibt die Grundbefindlichkeit des Menschen in dieser Welt als wenig sinnvoll. In seinem Werk „Sein und Zeit“ sieht er den Menschen „aus dem Nichts stammend, über das Nichts gehalten, dem Nichts verfallen“. Seiner Ansicht nach trägt der Mensch den Sinn seines Seins in sich selber. Die Frage, was nach dem Tode kommt, lässt er offen, was letzten Endes zur Todesangst führen muss. (26). Die Frage nach dem Sinn unseres Daseins hielt der Philosoph *Friedrich Nietzsche* (1844-1900) sogar für die Folge einer körperlichen oder seelischen Schwäche, weil ein gesunder Mensch nicht danach fragt, ebenso wenig wie ein Glücklicher, ob er glücklich sei.

In der Existenzphilosophie von *Karl Jaspers* (1883-1969) zeigt sich die Fragwürdigkeit unseres Daseins letztlich im ausweglosen Scheitern des Menschen. Dieses trifft seiner Meinung nach zu in den „Grenzsituationen“ von Schuld, Kampf, Bedrohung, Leiden und Tod. (27) Für den französischen Existenzialisten *Jean Paul Sartre* (1905-1980) hat das Leben von vornherein keinen Sinn. In seinem Buch „Das Sein und das Nichts“, aus dem Jahr 1943, stellt er enttäuscht fest, dass „der Mensch, einer zufälligen Laune der Natur entsprungen, sinnlos zu Bewusstheit und Freiheit verdammt, ins Dasein geworfen, sich selbst zum Ekel geworden und letztlich völlig überflüssig in dieser Welt nicht mehr ist als ein sinnloses Zuviel“. Seine Schlussfolgerung lautet: „Es ist unsinnig, dass wir leben, es ist sinnlos, dass wir sterben.“ (28)

Zu einem ganz anderen Ergebnis kommt der Philosoph *Ludwig Wittgenstein* (1899-1951). Er macht den Lebenssinn vom religiösen Glauben abhängig. Daher ist er der Auffassung: „An einen Gott glauben heißt, die Frage nach dem Sinn verstehen.“ Er hält die Antworten mancher Philosophen für unsinnig, insofern deren Antworten weder wahr noch falsch, sondern sinnleer und sinnlos sind, denn sie beruhen lediglich auf Missverständnissen. An die Stelle des Philosophierens muss seiner Meinung nach der religiöse Glaube treten, der allein zur Wahrheit führen könne. So schreibt er: „An einen Gott glauben heißt, die Frage nach dem Sinn verstehen.“ Und: „An Gott glauben heißt, sehen, dass das Leben einen Sinn hat.“ (29) Der indische Philosoph *Sri Aurobindo* (1872-1950) bezeichnete das Streben des Menschen nach Wahrheit, nach Gutsein und nach Schönheit als den wahren Sinn des Lebens. (30)

Für die *Naturwissenschaften* stellt sich die Frage nach dem Sinn des Lebens eigentlich nicht. Sie beschreibt die Dinge, ohne nach deren Sinn und Absicht zu fragen. Dennoch haben sich einige wenige Forscher aufgrund ihres philosophischen Weltbildes zu diesem Thema geäußert.

Viele unter ihnen waren ihr Leben lang Sucher und Zweifler. So klagte der Mathematiker *Blaise Pascal* (1623-1662): „Ich sehe das stumme All und den Menschen ohne Licht, ohne Wissen, wer ihn hineingestellt, wozu er da ist, was er im Tode wird, aller Erkenntnis bar. Und ich erschrecke wie ein Mensch, den man im Schlaf auf eine öde einsame Insel versetzt, und er erwacht, ohne zu wissen, wo er ist, ohne Macht zu entweichen. Und ich frage mich, wie man ob diesem sinnlosen Zustand nicht wahnsinnig wird." (31) Der Naturforscher *Alexander von Humboldt* (1769-1859) gelangte zur zweifelhaften Einsicht: „Das ganze Leben ist der größte Unsinn. Wüssten wir wenigstens, warum wir auf der Welt sind. Aber das bleibt dem Denker ein Rätsel, und das größte Glück wäre noch, als Flachkopf geboren zu werden." Selbst der große Physiker *Albert Einstein* (1879-1955), dem religiöse Vorstellungen durchaus nicht fremd waren, gesteht in seinen Lebenserinnerungen: „Seltsam ist unsere Lage hier auf dieser Erde. Ein jeder kommt hierher, ungebeten und ungerufen zu kurzem Aufenthalt, ohne zu wissen warum und wozu." In seinen späten Jahren sah er ein: „Wer sein eigenes Leben und das seiner Mitmenschen als sinnlos empfindet, der ist nicht nur unglücklich, sondern auch kaum lebensfähig." (32) Der Engländer *Bertrand Russel* (1872-1970), der von der Mathematik ausging, hielt nur das für wirklich, was naturwissenschaftlich einwandfrei zu beweisen ist. Nach ihm gibt es weder Materie noch Geist an sich, noch ein Ich, sondern nur Sinnesdaten aufgrund unserer Erfahrungen in der Welt und sonst nichts. Für einen Gottesglauben oder für einen Glauben an ein Jenseits oder an die Unsterblichkeit der Seele gibt es für ihn als Atheisten keinerlei wirkliche Anhaltspunkte. Die Frage nach dem Sinn des Lebens hält er für unsinnig. Auch Religion ist für ihn überflüssig und höchstens Ausdruck eines kindlichen Weltbildes und somit schädlich. Als er einmal gefragt wurde, was er sagen würde, wenn er nach seinem Tod im Jenseits auf Gott treffen würde, soll er geantwortet haben, er würde Gott fragen, warum er sich so viel Mühe gebe, sich zu verstecken. „Ich würde die Begegnung wohl nutzen, um ein paar wissenschaftliche Fragen zu klären. Zum Beispiel, wie das Universum denn nun wirklich begonnen hat, und solche Sachen." (33)

Der Theologe und Urwalddoktor *Albert Schweitzer* (1875-1955) sah die einzige Möglichkeit, dem Leben einen Sinn zu geben, darin, „dass sich der Mensch in seinem Unterworfensein unter das Weltgeschehen zur innerlichen Freiheit vom Schicksalszwang hindurchringt". (34) Für den Paläontologen und Jesuiten *Pierre Teilhard de Chardin* (1881-1965) liegt der Sinn des menschlichen Lebens in der Vergeistigung der Materie. (35) Und der Hirnforscher und Nobelpreisträger *Sir John C. Eccles* (1903-1997) glaubt, dass sich in unserem persönlichen Leben ein Sinn erkennen lässt, indem er überlegt: „Dieses ganze Weltall läuft nicht, ohne dass irgendwie ein Sinn dahinter steckt, bloß immer nur weiter und weiter. Ich bin überzeugt, dass wir Geschöpfe sind, die irgendeine übernatürliche Bedeutung haben, die aber bis jetzt nicht genau bezeichnet ist." (36)

Als wenig sinnvoll hält dagegen der französische Biochemiker und Nobelpreisträger *Jacques Monod* (1910-1976) das menschliche Leben, wenn er in seinem Buch „Zufall und Notwendigkeit" behauptet: „Der Mensch weiß nun endlich, dass sein Schicksal und seine Verpflichtung in der gleichgültigen Weite des Weltalls, in dem er rein zufällig aufgetreten ist, nirgends festgeschrieben ist." (37) Der Biochemiker *Friedrich Cramer* (1923-2003), früherer Direktor des Max-Planck-Instituts für experimentelle Medizin in Göttingen, sieht den Sinn unseres Dasein darin, dass wir im offenen System des Lebendigen immer diejenigen Aufgaben zu lösen haben, die notwendig sind, um dieses System weiterzuentwickeln. (38) Der frühere Generaldirektor von „General Motors", *Jean Musard,* schreibt in seinem dreibändigen Werk „Gott und der Zufall". „Das Leben ist sinnlos, wenn wir selbst ihm nicht einen Sinn geben." (39)

Wenn die Naturwissenschaften als beschreibende Disziplinen schon nicht in der Lage sind, auf die Warum- und Wozu-Fragen des Lebens eine zufriedenstellende Antwort zu geben, wollen wir nachfragen, was *Dichter und Schriftsteller* hierzu zu sagen haben. Der französische Schriftsteller *Albert Camus* (1913-1960) empfand das Leben als sinnlos, weil Lebenslust und Lebenswille an „absurden Mauern" zerbrechen. Er sah den Menschen ohne Sinn ins Dasein geworfen, dem er fremd und unverständlich gegenübersteht. In seiner Gleichgültigkeit gegenüber seinem unerkennbaren Schicksal und ohne Hoffnung auf ein Jenseits muss er sich fragen, was er damit anfangen soll. Für ihn ist das Leben an sich sinnlos, und die Welt, in der wir leben, ist absurd, weil Wunsch und Wirklichkeit nicht übereinstimmen. Daher fragte er sich immer wieder, ob das Leben der Mühe wert sei, gelebt zu werden. Den

Ausweg in den Freitod zu wählen, schien ihm aber als feige Flucht. Dagegen sah er in der Auflehnung, im tapferen Protest gegen das „scheußliche Abenteuer" des Lebens, den eigentlichen Sinn der menschlichen Existenz. So glaubte er, in der Überwindung des unerkennbaren Sinnes einen Sinn im Leben zu finden. In der Bejahung dieser Sinnlosigkeit seines Lebens vermag der Mensch, dem griechischen Helden Sisyphos gleich, der Sinnlosigkeit einen Sinn abzuringen. „Es gilt zu leben, trotz der Absurdität unseres Daseins, einfach um des Lebens willen" und „Es gibt kein Schicksal, das nicht durch Verachtung überwunden werden kann." Dies ist die sinngebende Antwort, die *Camus* für sich offenhält, nämlich zu lernen, in dieser sich widersprechenden Unerklärbarkeit und Sinnlosigkeit seiner Existenz zu leben. (40) Auch *Oswald Spengler* (1880-1936), der Verfasser des bekannten Buches „Der Untergang des Abendlandes", glaubte erkannt zu haben: „Der Mensch hat keinen Sinn. Er wächst in einer erhabenen Zwecklosigkeit auf wie die Blumen auf den Feldern." Ebenso gesteht der russische Schriftsteller *Leon Tolstoi* (1828-1910) in seinen Tagebüchern, er könne keinen logischen Sinn in seinem Dasein erkennen. Sinnvoll ist für ihn nur ein Leben, das von echter Liebe geleitet und mit Hilfe des Wissens geführt wird. Der Satiriker *Erich Kästner* (1899-1974) wurde sicher von einer missmutigen Stimmung geleitetet, als er in seinem Gedicht „Misanthropologie" schrieb: „Diese Menschheit ist nichts weiter als / eine Hautkrankheit des Erdenballs." (41) In *Paul Bertoldys* Aphorismen lesen wir: „Rein verständlich betrachtet, erscheint das Leben nicht anders als eine sinnvolle Sinnlosigkeit." Lassen wir noch den französischen Schriftsteller *Antoine de Saint-Exupéry* (1900-1944) zu Wort kommen: „Es gibt nur ein Problem in der Welt, nämlich wie dem menschlichen Leben einen geistigen Sinn geben, damit die Menschen wieder anfangen, nach geistigen Werten zu suchen, damit einmal wieder so etwas auf sie niedertaue, das einem gregorianischen Gesang gleicht! Man kann nicht leben von Eiskühlschränken, Politik und Kreuzworträtseln, das ist unmöglich." Der russische Schriftsteller und Nobelpreisträger *Alexander Solschenizyin* (1918-2008) dachte: „Der Sinn des Lebens liegt darin, dass man es mit seiner Entwicklung akzeptiert, mit den Opfern, welche die jeweilige Entwicklungsstufe notwendig erfordert."

Die *Psychologie* hält das Suchen des Menschen nach dem Sinn seines Daseins für ein grundlegendes seelisches Bedürfnis. Sie bestätigt uns, dass der Mensch ohne Sinnfindung auf die Dauer nicht seelisch gesund bleiben kann. *Sigmund Freud* (1856-1939), der Vater der Psychoanalyse, war noch der Meinung: „In dem Moment, da man nach dem Sinn und Wert des Lebens fragt, ist man krank. Man hat nur eingestanden, dass man einen Vorrat an unbefriedigter Libido hat." (42) Ihm pflichtet der Psychologe *Paul Tiedemann* bei: „Die Sinnfrage setzt Enttäuschung voraus." (43) *Alfred Adler*, hat dem Problem der seelischen Sinnsuche ein eigenes Buch gewidmet. Darin hält er fest: „Es gibt so viele Vorstellungen vom Lebenssinn des Menschen wie es Menschen gibt. Und jede von ihnen ist mehr oder weniger falsch. Niemand besitzt den vollkommenen richtigen Lebenssinn". Ganz allgemein sieht er den Sinn des Lebens in der Mehrung des Gemeinwohls und in der Höherentwicklung der Menschheit. (44) Aufgrund seiner langjährigen ärztlichen Erfahrung ist *C.G. Jung* zur Überzeugung gelangt: „Wie der Körper der Nahrung bedarf, und zwar nicht irgendwelcher, sondern nur der ihm zusagenden; so benötigt die Psyche den Sinn ihres Seins." Er gab sich überzeugt, dass jeder einzelne Mensch dazu aufgerufen ist, ein sinnvolles Leben zu führen. Dabei kommt es auf jeden Einzelnen an. Jeder Mensch ist nicht nur ein Lebensträger, sondern auch ein Sinnträger. (45) In seinen Lebenserinnerungen kam der große Seelenforscher zur folgenden Einsicht: „Das Leben ist Sinn und Unsinn, oder es hat Sinn und Unsinn. Ich habe die ängstliche Hoffnung, der Sinn werde überwiegen und die Schlacht gewinnen." (46)

Vom Wiener Psychiater *Viktor Frankl* (1905-1997) stammt die Aussage: „Das Bestreben, im Leben einen Sinn zu finden, ist die vorrangige Triebkraft im Menschen. Ich wage zu sagen, dass es nichts in der Welt gibt, was jemandem sogar unter den schlimmsten Verhältnissen so viel Überlebenshilfe geben kann, dass es einen Sinn im Leben gibt." (47) Der amerikanische Psychologe *Arthur Janov* (geb. 1924), Begründer der Primärtherapie, behauptet: „Es gibt keinen Sinn des Lebens an sich, sondern nur einen Sinn des Erlebens, und das ist der Lernprozess selbst. Das Leben trägt den Sinn in sich selbst. Je tiefer man fühlt, umso tiefer ist der Sinn des eigenen Lebens. Nichts zu fühlen heißt, ohne Sinn sein. Roboter mögen besser denken können als Menschen, doch sie sind für immer zur Sinnlosigkeit verdammt, weil sie nicht fühlen." Anders sieht es der amerikanische Psychologe *Abraham Maslow* (1908-1970), Begründer der „Humanistischen Psychologie". Er hält die Befriedigung der menschlichen Grundbedürfnisse für den Sinn und Zweck des Lebens. Darin findet er die Antwort auf das zentrale Bedürfnis auf dem Weg der Selbstverwirklichung des Menschen. (48) Dagegen glaubt *Ken Wilber* (geb. 1949), der als neuzeitlicher Vordenker gilt, feststellen zu müssen, dass unsere Lebenswirklichkeit „ohne Zweck und Ziel, ohne Zukunft und Ergebnis, ohne Sinn und Wert ist. Sie läuft auf nichts als den gegenwärtigen Augenblick hinaus." (49) Auch der Arzt und Psychotherapeut *Stanislav Grof* (geb. 1931) vertritt die Ansicht: „Jemand, der aktiv am Leben teilnimmt und Lebensfreude empfindet, wird nie fragen, ob das Leben irgendeinen Sinn hat. Er wird die Existenz als etwas Kostbares und Wunderbares sehen und den Wert in ihr selber finden." (50) Die Psychologin und Schriftstellerin *Christa Meves* (geb. 1925) erkennt den Sinn darin, mitzuwirken, „dass die Schöpfung vorankommt und jeder Mensch an diesem Werk seinen besonderen Stellenwert, seinen besonderen Auftrag hat". (51) Auf einen einfachen Nenner bringt der Psychologe *Alfried Längle* (geb. 1951) die Frage nach dem Lebenssinn: „Sinnvoll leben heißt, den bestmöglichen Wert einer Situation zu entnehmen und zu verwirklichen, nämlich die Aufgabe, die sich uns gerade stellt, zu erfüllen." (52) Der Psychologe und Theologe *Eugen Drewermann* (geb. 1940) kommt auch nicht weiter, wenn er schreibt: „Der Mensch findet seinen Sinn in sich selber. Die Natur hat an sich keinen Sinn, da sie dem Zufall und der Sinnlosigkeit ausgeliefert ist." (53)

Einen anderen Zugang zur Sinnfrage empfehlen die *Theologen*, indem sie sich nach der geistigen Herkunft und Bestimmung des Menschen orientieren. Der Sinn des menschlichen Lebens ist nach der Ansicht der meisten Religionsvertreter nicht das irdische, sondern das ewige Glück und Heil. Da dieses in der zeitlichen Beschränkung unseres Erdenlebens nicht verwirklicht werden kann, werden die Gläubigen in ihrer Sinnsuche auf ein jenseitiges Leben vertröstet. Bei der Suche nach dem Lebenssinn wird auf die Weisung Jesu hingewiesen: „Suchet zuerst das Reich Gottes, alles andere wird euch dazu gegeben." (Mt 6,33)

Auf die alte Katechismusfrage: „Wozu sind wir auf Erden?" antwortet die christliche Glaubenslehre: „Wir sind auf Erden, um Gott zu erkennen, ihn zu lieben, ihm zu dienen und dadurch in den Himmel zu kommen." Es handelt sich hier um eine Erweiterung des Satzes von *Augustinus* (354-430): „Du hast uns, o Gott, auf dich hin erschaffen, und unser Herz ist unruhig, bis es ruhet in dir." In seinen „Bekenntnissen" schreibt er, dass alles, was wir aus echter Liebe tun, sinnvoll sei. Daher seine Empfehlung: „Liebe und im Übrigen tue, was du willst." (54) Auch Theologen unserer Zeit bleiben vielfach bei dieser Aussage. So der englische Kardinal *John Henri Newman*: „Der Sinn des Lebens ist die völlige Hingabe an Gott." (55) Nicht nur die Gottesliebe, sondern auch die Menschenliebe bezeichnet der Basler Kardinal *Hans-Urs von Balthasar* als den Sinn des Lebens. (56) Hierzu bemerkt der Theologe *Hans Küng* (geb. 1928): „Es ist heute unbestreitbar, dass der Sinn des Christseins nicht nur Gott und das Göttliche ist, sondern auch der Mensch selber... Nicht nur der Himmel, sondern auch die Erde, irdisches Glück. Nicht nur das ‚Gott erkennen', ‚Gott lieben' , ‚Gott dienen', sondern auch Selbstverwirklichung, Selbstentfaltung." (57)

Für den evangelischen Theologie-Professor *Helmut Gollwitzer* (1908-1993) ist die Sinnfrage allgegenwärtig und zentral. Doch auch er kann sie nicht beantworten. Seiner Meinung nach „entzieht sie sich, sobald wir sie direkt ansprechen... Meist wissen wir uns nicht anders zu helfen, als indem wir sie aufschieben" und offen lassen. (58) Auch gemäß der Theologin *Dorothee Sölle* (1929-2003) ist der „umfassende Sinn des Lebens nicht sichtbar oder feststellbar". Sie anerkennt jedoch das Verlangen des Menschen, Sinn zu erfahren und Sinn zu stiften. Für sie ist die Sinnfrage eine Angelegenheit der Hoffnung und des Glaubens, denn: „Es gibt keine Existenz ohne die Suche nach Sinn. Gerade weil ich den Sinn und das Ganzsein nicht finde, sondern mich immer wieder am Sinnlosen, am Absurden, am Nicht-Denkbaren verletze, darum kann es nicht genügen, mich als Objekt, das in deterministische Ketten gelegt ist, zu verstehen. Im religiösen Akt setzen Menschen den Sinn gegen die Sinnlosigkeit, das Ganze gegen die Zerstückelung, den Mut zu sein gegen die Angst." (59)

Schauen wir uns bei den nichtchristlichen Konfessionen um. Im Judentum finden wir die Antwort auf die Frage nach dem Sinn des Lebens in der Weisung, ein gottgefälliges Leben zu führen und nach den Gesetzen der Thora zu leben. Der Islam beantwortet diese Frage aufgrund des Koran, der jedem gläubigen Muslim die freiwillige Unterordnung unter Allahs Wille empfiehlt. Nach dem Hinduismus besteht der Sinn des Lebens im Abtragen von karmischen Belastungen und im Freiwerden von allen irdischen Bedürfnissen. Nach der Lehre des

Buddhismus besteht der Sinn des Lebens in der Befreiung von allem Leiden durch das Überwinden der Lebensgier, durch das Besiegen des Lebensdurstes und durch die Bedürfnis- und Wunschlosigkeit. (60)

Aus *geistchristlicher* Sicht liegt der Sinn der ganzen Schöpfung in der Vergeistigung der Materie und in der Rückkehr der gefallenen Natur in die uranfängliche Einheit mit der göttlichen Welt. Hierzu passt eine Aussage von *Rudolf Steiner* (1861-1925): „Es strebt nicht nur der Mensch, solange er lebt; es strebt jedes Wesen, die ganze Welt strebt, das ganze Universum strebt von Vollkommenheitsstufe zu Vollkommenheitsstufe." (61) Wir Menschen haben hierzu einen entscheidenden Beitrag zu leisten. Wir sind aufgerufen, diese Vergeistigung bereits in unseren verschiedenen Erdenleben immer bewusster anzustreben, indem wir danach trachten, immer mehr geistige, unverlierbare Werte zu verwirklichen, statt unser Herz an materielle, vergängliche Schätze zu hängen. Bei dieser Sinnerklärung spielt die Lehre vom Karma eine wichtige Rolle. Dieser aus der östlichen Weisheitslehre stammende Begriff bezeichnet das moralische Gesetz von Saat und Ernte, von Ursache und Wirkung, von der Gegenläufigkeit, von der ausgleichenden Gerechtigkeit und von der Wiedergutmachung. Aus dieser Sicht besteht der Sinn des Lebens darin, alle Belastungen aus früheren Existenzen im Verlauf einer langen Kette von aufeinanderfolgenden Erdenleben abzutragen, um dadurch die vollständige Reinigung der Geistseele zu erreichen. Aus jenseitiger Sicht liegt der Sinn des Lebens und auch der Sinn mehrerer Leben darin, der im Menschen inkarnierten Geistseele den Wiederaufstieg in die himmlische Welt zu ermöglichen, die sie einst wegen eines Fehlverhaltens im Engelreich verloren hat.

1.5 Sinnerfahrung als Lebensaufgabe

Die Frage nach dem Sinn ist allgegenwärtig. Dies ist vor allem dann der Fall, wenn in unserem Leben Unbegreifliches geschieht. Eine plötzliche Krankheit, ein unerklärlicher Unfall, der Verlust der Arbeitsstelle, eine Partnerschaft geht in die Brüche oder wir erleiden sonst einen tragischen Verlust – und plötzlich stellt sich die Sinnfrage mit aller Härte. Wenn es uns aber gut geht und alles nach unseren Wünschen läuft, kommen wir kaum dazu, nach dem Sinn des Lebens zu fragen. Ein erfolgreicher Schweizer Großunternehmer und mehrfacher Milliardär wurde im Jahr 1998 von einem Journalisten befragt: „Wo sehen Sie den Sinn in Ihrem Leben? Wo sind die tieferen Dinge, von denen Sie persönlich das Gefühl haben, deswegen lohne es sich zu leben?" Der Angesprochene antwortete: „Ich frage eigentlich nie, was der Sinn meines Lebens ist. Ich bin geboren, und darum lebe ich. Mir – wie allen Menschen – ist das eben geschenkt. Für die wesentlichen Dinge meines Lebens, angefangen bei der Geburt, kann ich nichts dafür. Ob es einen Sinn hat oder nicht, das ist mir gleichgültig. Ich konnte diese Frage nach dem Sinn des Lebens nie beantworten, glaube aber, dass ich dazu auch nicht verpflichtet bin."

Die wenigsten Menschen sind sich bewusst, dass wir nicht zufällig und ungerufen in diese Welt kommen. Sie ahnen nicht, dass ihr irdisches Dasein eine Absicht enthält, nämlich uns wieder heimzuführen in jenes geistige Reich, das wir vor aller irdischen Zeit selbstverschuldet verloren haben. Durch einen uns zugedachten Lebens- und Entwicklungsplan sind wir aufgerufen, den Wiederaufstieg in mehreren Etappen zu wagen. Das ist der Sinn der wiederholten Erdenleben. Was uns schicksalsmäßig *zufällt*, ist genau das, was wir nötig haben, um unserer Lebensaufgabe gerecht zu werden. Gemäß einer esoterischen Weisheit kommt uns jeweils das zu, was zu uns gehört. Dass uns das Leben gegeben ist, nicht um darin Spaß und Vergnügen zu genießen, sondern um eine Lektion zu lernen, um einen Auftrag zu erfüllen, um einen geistigen Fortschritt zu erzielen, geht klar hervor aus den Beweggründen jener, die sich vor ihrer Wiedergeburt bereit erklärten, ein neues Erdenleben auf sich zu nehmen. Die amerikanische Psychologie-Professorin *Helen Wambach* (62) hat 1955 angefangen, bei rund 850 Menschen Rückführungsexperimente durchzuführen. Unter anderem befragte sie ihre Versuchspersonen, warum sie sich vor diesem Leben bereit erklärt hatten, wieder Mensch zu werden. Unter diesen Befragten bestätigten 81%, dass sie sich selbst dafür entschieden, geboren zu werden, und dass sie dabei eine Wahl hatten. Hierzu einige typische Antworten, die unter Hypnose gegeben wurden:

- „Ich entschied mich dafür, geboren zu werden, und ich fühlte, dass man mir bei der Entscheidung half, weil ich die Arbeit meines letzten Lebens fortsetzen und korrigieren musste."
- „Bei der Aussicht, die kommende Lebenszeit zu durchleben, fühlte ich, dass es eine Lektion war, die ich gerne lernen wollte, und daher waren die Aussichten positiv."
- „In Erwartung auf die kommende Lebenszeit fühlte ich, dass ich mich für sie entschied, weil es darum ging, einen wichtigen Teil meiner Existenz zu vollenden."
- „Ich hatte vor meiner Geburt in der geistigen Welt eine Schulung und Beratung und wartete auf die Erfahrung dieser kommenden Lebenszeit."
- „Ich hatte gegenüber der kommenden Lebenszeit das Gefühl, dass sie ein Test sei, eine Herausforderung, und ich entwarf zielbewusst ein Szenario, um zu lernen, was ich wissen wollte."
- „Ich spürte, dass ich in einem neuen Leben etwas zu tun, etwas zu erledigen hatte. Ich wartete ungeduldig darauf, etwas zu vollenden, das ich begonnen hatte."
- „Ich war nicht allzu neugierig darauf, aber ich wusste, dass ich auf dieser irdischen Ebene etwas zu tun, etwas zu vollenden hatte."
- „Meine Empfindungen über das kommende Leben waren, dass ich nicht glücklich sein würde. Aber es wurde mir gesagt, dass das, was ich jetzt tun musste, für mich wichtig genug war."
- „Ja, ich entschied mich dafür, geboren zu werden. Meine Gefühle bei der Aussicht auf die kommende Lebenszeit waren etwa, an die Arbeit gehen zu müssen, mich für die Reise fertig machen zu müssen, meine Energien zusammenraffen zu müssen."
- „Es war mir, dass etwas getan werden musste, um die Sache zu erledigen, ohne die Gewissheit, dass dies sie auch beenden würde."

- „Ich dachte, die Zeit und der Ort würden mir die Gelegenheit geben, ein ganz anderes Leben zu führen als zuvor, wo ich eine ziemlich unangenehme Person war."
- „Mein Eindruck über das Leben in der kommenden Lebenszeit war, dass dort eine Menge Arbeit zu bewältigen sei, und ich wollte lieber bleiben, wo ich war. Ich war nicht scharf auf ein neues Leben."
- „Ich entschloss mich, geboren zu werden, obgleich ich fühlte, dass es eine zwiespältige Sache werden würde. Es war etwas, was getan werden musste, so wie man den Boden wischen muss, wenn er schmutzig ist."
- „Ich entschied mich selbst dafür, geboren zu werden. Ich war recht besorgt bei dem Gedanken an das kommende Leben, aber ich bemerkte auch, dass es eine große Möglichkeit war."
- „Ich war sehr niedergeschlagen bei der Aussicht, ein weiteres Leben leben zu müssen. Ich wollte nicht, aber ich wusste, dass ich diese Erfahrung brauchte."

Vom Hirnchirurgen *Harvey Cushing* stammt die Einsicht: „Die einzige Möglichkeit, das Leben auszuhalten, besteht darin, immer eine Aufgabe zu haben." Indem wir diese wahrnehmen, finden wir unseren Lebenssinn. Auf jeden Fall sind wir nicht hier, um das Leben bloß zu genießen. So sah es der indische Philosoph *Rabindranath Tagore* (1861-1941): „Ich schlief und träumte, das Leben wäre Freude. Ich erwachte und sah, das Leben war Pflicht. Ich arbeitete und siehe, die Pflicht ward mir Freude." Und der Theologe *Willigis Jäger* schrieb: „Die Auseinandersetzung mit dem Sinn seines Lebens ist die wichtigste Aufgabe, die der Mensch zu leisten hat."

Jedem Menschen ist von der himmlischen Regie ein bestimmter Lebensauftrag zugedacht, den er zu erfüllen hat, will er mit sich selber weiterkommen. Nur kleinmütige und zaghafte Gemüter kneifen vor den Anforderungen, die ihnen gestellt werden. In seinen Lebenserinnerungen gestand der 85-jährige *C.G. Jung*: „Es ist der Sinn meiner Existenz, dass das Leben eine Frage an mich hat. Oder umgekehrt: Ich selber bin eine Frage, die an die Welt gerichtet ist, und ich muss meine Antwort beibringen." (63) Ähnlich sah es der Begründer der Logotherapie und Psychiater *Viktor Frankl*: „Das Leben selbst ist es, das dem Menschen Fragen stellt. Er hat nicht zu fragen, er ist vielmehr der vom Leben Befragte, der dem Leben zu antworten – das Leben zu ver-antworten hat. Dabei geht es für jeden Einzelnen nicht darum, zu fragen, was bietet mir das Leben, sondern es geht um die Frage, was kann ich dem Leben bieten? Welche Forderung stellt das Leben an mich? Der Mensch ist also nicht da, um sich selbst zu beobachten und sich selbst zu bespiegeln; sondern er ist da, um sich auszuliefern, sich preiszugeben, erkennend und liebend sich hinzugeben." (64) In einem Interview fügte er hinzu: „Wir sind verantwortlich für die Erfüllung jenes Sinnes, der darauf wartet, von uns erfüllt zu werden." (65)

Seien wir uns bewusst, dass die uns vorgelegten Prüfungsaufgaben umso anspruchsvoller sind, je höher wir in den Klassen unserer irdischen Lebensschule aufsteigen. Dabei bekommen wir auch die Gelegenheit, in einem wiederholten Erdenleben jene Prüfungen zu wiederholen, die wir in früheren nicht bestanden haben. Aufgabe und Auftrag des Menschen ist es, im Verlauf seines Lebens eine sinngebende Antwort zu finden auf die Fragen, woher er kommt, wohin er geht und wozu er lebt. Vermag er hierzu eine sinnvolle Antwort zu finden, gewinnt er eine vertiefte Erkenntnis über sein Wesen und seine Bestimmung. Dies allein gibt ihm den rechten Mut, sein Leben sinnvoll zu gestalten.

Die meisten Menschen gönnen ihrem Dasein bloß einen vordergründigen Sinnanspruch, indem sie annehmen, es erschöpfe sich in Arbeit, Pflichterfüllung und Sorge für seine Lieben. Andere finden ihren Lebenssinn in ihrem Beruf, in einer sinnerfüllenden Tätigkeit und in ihrem Lebenswerk, das sie schaffen und ihrer Nachwelt hinterlassen. Darin sieht die psychotherapeutische Schule der Logotherapie (gr. *logos*: Sinn; *therapeia*: Heilung) ihre heilende Tätigkeit durch Sinngebung. In diesem Sinne fand der Psychologe *Hans Schmid*, der Sinn des Lebens liege in jedem einzelnen Menschen als Auftrag, sich selbst zu verwirklichen. (66) Einen praktischen und tätigen Sinn des Lebens findet der Psychoanalytiker *Peter Kutter*: „Sinnvoll ist für mich auch: Dort etwas wiedergutzumachen, wo ich versagt habe." (67) Wiederum anders sieht es der Sozialpsychologe *Kenneth Gergen*, indem er schreibt: „Sinn und Ziel des Lebens sind nur als Ergebnis von Beziehungen denkbar. Die Herausforderung besteht darin, nicht in uns selbst nach eigenen Werten zu forschen, sondern sie in produktiven und bereichernden Formen von Beziehungen zu anderen Menschen zu finden." (68) Aus der Warte des Psychotherapeuten beantwortet *Henning von der Osten* die Sinnfrage mit den Worten: „Unser Leben hat einen Sinn, wenn das, was wir tun, einen Bezug hat, etwas zum Ganzen beizutragen. Sinn vermittelt uns das Gefühl, dass wir, ganz gleich wie groß oder klein unser Beitrag ist, zu etwas gebraucht werden, dass wir einen Platz haben, dass es einen Unterschied macht, ob wir da sind oder nicht." (69)

Wer sich einer lebenswichtigen Aufgabe widmet, findet darin einen Sinn. Die Logotherapeutin *Elisabeth Lukas* erlebte in einem Heim für AIDS-Kranke, wie dort junge Patienten den Auftrag erhielten, eine Ikone zu malen, die sie jemandem widmen oder schenken könnten. Jene, die sich mit Begeisterung und Eifer ans Werk machten, brauchten deutlich weniger lebenserhaltende Medikamente, fühlten sich gesundheitlich besser und kein Einziger starb, bevor er nicht sein Bild vollendet hatte. So erwies sich: Sinn ist der belebende Nährstoff für ein begrenztes Leben. (70) Im Film „Moulin Rouge" von *Baz Luhrmann* aus dem Jahr 2001 wird gezeigt, wie der Maler *Henri de Toulouse-Lautrec* (1864-1901) in einer schweren Krise beabsichtigt, sich das Leben zu nehmen. Er dreht in seiner Wohnung den Gashahn auf. Da fällt sein Blick auf die Staffelei, auf der noch sein zuletzt gemaltes Bild steht. Da entdeckte er auf diesem einen unschönen Pinselstrich. Sogleich macht er sich daran, den Fehler auszubessern. Dann dreht er den Gashahn wieder zu und entschließt sich, weiter zu leben und weiter zu arbeiten. Vor Jahren erzählte mir eine Frau, dass sie unheilbar krebskrank sei. Da sie zu Hause drei kleine Kinder hatte, nahm sie sich fest vor, ihre Krankheit in Schach zu halten, bis die Kinder aus dem Gröbsten heraus seien. Auf diese Weise schaffte sie es, trotz ihrer tödlichen Krankheit noch zehn Jahre zu überleben.

Die umfassende Sinnaufgabe liegt meiner Meinung nach in der Verwirklichung dessen, was zu unserem eigentlichen Wesen gehört. Dazu zählt die Wiederherstellung dessen, was wir ursprünglich vor unserem Fall in die heimatlose Gottferne waren: Reine, engelgleiche Lichtwesen. Dies kann uns folgende Symbolgeschichte verdeutlichen: Lange bevor die materielle Welt entstand, waren wir gleichsam bewundernswerte Mosaikgemälde in der himmlischen Galerie. Zufolge eines schwerwiegenden Fehlverhaltens haben wir dort unseren angestammten Platz eingebüßt und sind unansehnlich und verunreinigt auf die Erde gefallen. Nach langer Zeit hat der himmlische Galerie-Besitzer vorgeschlagen, jedes Steinchen dieses Mosaiks wieder zu reinigen und aufzufrischen. Die meisten von uns gingen nun daran, zuerst den buntfarbigen Steinen wieder ihren ursprünglichen Glanz zu verleihen. Dadurch erhofften sie sich als Erstes baldige Anerkennung. Einige wenige dagegen arbeiteten an den grauen und schwarzen Steinen. Dies waren jene, welche sich an ihren allerletzten Mosaiksteinen abmühten und ihre gefälligen roten, gelben und hellgrünen bereits früher in ihren uranfänglichen Zustand gebracht hatten. Diese durften als Erste ihren ehemaligen Platz in der himmlischen Galerie wieder einnehmen. So bewahrheitet sich das Christus-Wort: „Die Ersten werden die Letzten und die Letzten werden die Ersten sein." (Mt 19.30)

1.6 Lust und Last des Lebens

Eine alte Spruchweisheit lautet: „Das Leben ist nicht eine Lust. Das Leben ist nicht eine Last. Das Leben ist eine Aufgabe." Für die einen gleicht das Leben einem Lustspiel, für andere ist es ein Trauerspiel. Manche sehen es als Posse oder Farce, wieder andere erfahren es als Drama und Tragödie. Der französische Filmemacher *Alain Resnais* nannte das Leben ein Chanson. Das menschliche Leben bietet uns Lust und Last, Freud und Leid, Wonne und Weh zugleich. Wie bei Licht und Schatten, wie bei Tag und Nacht ist die eine Seite ohne die andere nicht denkbar und nicht lebbar. Solange es uns gut geht, können wir im Daseinsgenuss und in der Sinnenfreude manche Lust erfahren. Dabei sollte der Lustgewinn nicht zum einzigen Lebenszweck werden. Jedoch stehen nicht wenige Menschen auf der Schattenseite des Lebens. In bedrückenden und leidvollen Grenzerfahrungen drängt sich die Sinnfrage mit Heftigkeit auf. Krankheiten, Schicksalsschläge und Katastrophen fordern eine sinngebende Antwort. Es ist angesichts von unsinnig erscheinenden Erschwernissen des Lebens nicht leicht, darin einen Sinn zu erkennen. Das kann wohl nur dem gelingen, der imstande ist, die vorprogrammierten Sinndeutungen zu erahnen und in einen größeren Sinnzusammenhang zu stellen.

„Alles geben die Götter, die Unendlichen,/Ihren Lieblingen ganz./ Alle Freuden, die unendlichen,/alle Schmerzen, die unendlichen, ganz" – lautet die Erkenntnis des vom Glück begünstigten Dichters *Goethe. Friedrich Schiller* lässt in seinem Gedicht „Der Ring des Polykrates" einen Freund zu Ägyptens König sprechen:

Des Lebens ungetrübte Freude
ward noch keinem Irdischen zu Teil.
Drum, willst du dich vor Leid bewahren,
So flehe zu den Unsichtbaren,
Dass sie zum Glück den Schmerz verleihn.
Noch keinen sah ich fröhlich enden,
Auf den mit immer vollen Händen
Die Götter ihre Gaben streun."

Die schwedische Schrifttellerin *Elle Key* (1849-1926) pflichtete bei: „Das Leben hält in der einen Hand den goldenen Königsreif des Glücks, in der anderen Hand die Krone des Leides. Seinen Lieblingen gibt es beides." Dem Lustprinzip stellt sich unweigerlich das Realitätsprinzip entgegen, das dafür sorgt, dass unserem Leben nicht nur eitler Sonnenschein beschieden ist. Über des Menschen Pein schreibt der Philosoph *Hanns Manfred Heuer,* wir seien unser Leben lang hin und her gerissen zwischen „Hoffnung und Enttäuschung, Erfüllung und Verzicht, Geborgenheit und Angst, Lachen und Weinen, Freude und Leid, zwischen Licht und Dunkelheit". (71)

Im griechischen Altertum vertrat die Philosophenschule der *Hedonisten* (gr. *hedoné*: Lust, Genuss) die Meinung, das höchste Lebensgut und der letzte Daseinssinn seien die Lebenslust und der Lebensgenuss bei größtmöglichem Verzicht auf Schmerzen und Leiden. Diese Lebenskünstler strebten schon damals nach einem sorglosen, bequemen und genussreichen Leben. Ihr Grundsatz lautete: „Die Lust ist Anfang und Ziel des Lebens." Der Hauptvertreter dieser Lebensanschauung war im alten Griechenland der Philosoph *Epikur* (341-270 v. Chr.). Er lehrte seine Schüler in einem üppigen Lustgarten in Athen. Nach ihm ist die Lust das höchste Gut des Lebens und der Schmerz dessen größtes Übel. Unter Lust verstand er freilich nicht das grobsinnliche Genießen bei ungezügelten Ess- und Trinkgelagen, sondern die feinsinnige Pflege des Schönen, Guten und Edlen bei völliger äußerer und innerer Ruhe. Dazu gehört nach ihm ein geistreiches Gespräch, das Hören von Musik, das Betrachten von Kunstwerken und nicht zuletzt das Nachdenken über den Sinn des Lebens. Weil sich seiner Meinung nach die Götter nicht um uns Menschen kümmern, brauchen wir uns auch um sie keine Gedanken zu machen. Erstrebenswert ist allein ein genügsames, sorgenfreies und vergnügliches Leben. Die Furcht vor dem Tod und vor dem, was nachher kommt, hält er für überflüssig, indem er überlegt: „Der Tod geht uns nichts an, denn solange wir leben, gibt es den Tod nicht. Wenn wir aber tot sind, gibt es uns nicht mehr. Daher lasst uns trinken und fröhlich sein, denn morgen sind wir tot." Das Lebensmotto der Hedonisten heißt daher: „Macht euch das Leben gut und schön; / kein Jenseits gibt's, kein Wiedersehen."

In ihrer „Lehre von der Lebenskunst" befolgten die Epikureer den klugen Rat, die Vernunft solle die zuträglichen Genüsse klug auswählen und zu deren vernünftigem Gebrauch anleiten, um die Seele bei heiterer Stimmung zu halten, denn „es ist nicht möglich, lustvoll zu leben, ohne dass man vernunftgemäß, schön und gerecht lebt". Wer diese Lebensregeln befolgt, dem versprachen sie die „Unerschütterlichkeit des Geistes", die „Windstille der Seele" und die „Meerestiefe des Gemütes". Als Ziel des Lebens nannte *Epikur*, in allen Dingen und Lebenslagen die „sanfte Lust der heiteren Seelenruhe durch Befreiung von Angst und Schmerz" zu wahren. Dies gelingt, indem man den „Wirbelsturm der Seele", verursacht von ungezügelten Leidenschaften, durch eine vernunftgesteuerte Selbstbeherrschung zum Schweigen bringt. Deshalb darf man nicht jeder Lust folgen und nicht jedem Schmerz entfliehen, sondern bei allem Wählen und Meiden stets deren Folgen bedenken und die „Eudaimonia", das Glücksgefühl, als einen Dauerzustand im Blickfeld behalten. Die besten Mittel hierzu sind die Genügsamkeit und die Gelassenheit. „Mit dem Genügenden sich begnügen", lautete seine Empfehlung. In seiner „Diät der Lüste" warnt er vor jeder Übertreibung und Überfülle und er rät zu einem maßvollen Genießen der Lebensfreuden, damit diese uns nicht zum Überdruss werden. Als einziges Lebensziel gilt ihm das irdische Glücklichsein in heiterer Geselligkeit im engen Freundeskreis. Dieses sinnenfreudige Dasein in maßvoller Sinneslust halten die Hedonisten noch heute für sinnvoll und lebenswert. Ihr moderner Werbeschlager lautet: „Nur die

Sinnlichkeit macht Sinn.“ Die europäische Vereinigung der Freidenker hat sich den Werbespruch zu eigen gemacht: „Da es wahrscheinlich keinen Gott gibt, sorge dich nicht und genieße das Leben!“ (72)

Im krassen Widerspruch zu diesem epikureischen Luststreben belehrte sein Zeitgenosse *Zenon* (336-264 v. Chr.), der Begründer des *Stoizismus*, seine Anhänger in einer kahlen Säulenhalle (gr. *stoa*: Halle) in Athen, die unausweichliche Last des Lebens tapfer zu ertragen. Für ihn, schmächtig von Gestalt und bescheiden in der Lebensführung, der immerhin zweiundneunzig Jahre alt wurde, war nicht die Lust das höchste Gut, sondern die stoische Haltung, die sich auszeichnet durch Sittenstrenge, Pflichterfüllung und Menschenliebe. Voraussetzung hierzu ist die „Apathia“, der Gleichmut und die Gelassenheit. Darunter verstand man die seelische Ausgeglichenheit und das Freisein von Begierden und Leidenschaften. Die Lebenskunst der Stoa-Lehre besteht also darin, sich dem Glück wie dem Unglück gegenüber gleichmütig, ja gleichgültig zu verhalten. Von den Widerwärtigkeiten des Lebens soll sich der Mensch nicht beeindrucken lassen. Wichtig allein ist ein vernünftiges und rechtschaffenes Leben. Erstrebenswert ist die Übereinstimmung der eigenen Absichten mit der Natur und ihren Gesetzmäßigkeiten. Das Wesen der Tugend besteht darin, dass der Mensch der inneren Stimme des Gewissens folgt, die ihn lehrt, das Gute vom Schlechten zu unterscheiden.

Berühmte Vertreter dieser stoischen Weisheitslehre waren im Altertum die Philosophen *Seneca, Epiktet* und der römische Kaiser *Marc Aurel*. Sie versuchten, der Denkweise des großen *Pythagoras* (570-496 v. Chr.) nachzuleben, dessen Ideal es war: Ehrfurcht vor dem Leben, Verzicht auf Fleischnahrung und Rauschmittel, Furchtlosigkeit vor dem Tod, Glaube an die Wiedergeburt.

Die negative Seite dieser strengen Lebenshaltung ist der *Fatalismus* (lat. *fatum*: Schicksal) der empfiehlt, die aufgebürdete Lebenslast schicksalsergeben und widerspruchslos auf sich zu nehmen. Der Fatalist meint, dass alles so kommt, wie es kommen muss, nämlich aufgrund einer geheimnisvollen Vorherbestimmung. Sich dagegen wehren oder sträuben zu wollen, hält er daher für sinnlos. Für die einen ist es eine unpersönliche Kraft im Universum, die alles bestimmt. Für andere sind es geheime Kräfte oder himmlische Mächte, die unser Schicksal lenken. So wurden bei den alten Griechen die „Moiren“, bei den Römern die „Horen" und „Parzen", bei den Germanen die „Nornen" gefürchtet, die mit unsichtbarer Hand das Schicksal jedes einzelnen Menschen lenken. Zumeist ist diese Vorstellung mit dem Gedanken von Zwang und Notwendigkeit verbunden und letztlich auch mit Leiden, Mühsal und Not. (73)

Die Ansicht vom unerbittlichen Schicksal begegnet uns in den antiken Tragödien und bei den tragischen Philosophen des Altertums. So war der griechische Dramendichter *Euripides* (480-405 v. Chr.) der Ansicht: „Vor des Schicksals Zwangsgebot gibt es kein Entfliehen." Beim weitgereisten Geschichtsschreiber *Herodot* (um 500 v. Chr.) finden wir den Hinweis: „Dem Menschen ist es nicht gegeben abzuwenden, was ihm durch das Schicksal bestimmt ist." In den großen Dramen der Klassik und Romantik taucht dieses Thema immer wieder auf. So schrieb der deutsche Geschichtsphilosoph *Gottfried Herder* (1744-1803):

Nenne nicht das Schicksal grausam.
Nenne seinen Schluss nicht Neid.
Sein Gesetz ist ew'ge Wahrheit,
Seine Güte Götterklarheit,
Seine Macht Notwendigkeit.

Ähnlich dichtete *Goethe* in seinem „Egmont": „Auf allen Pfaden des Lebens führen die Horen dich streng, wie das Schicksal gebeut." Warnend fragte der österreichische Tragödiendichter *Franz Grillparzer* (1791-1872) in seinem Drama „Die Ahnfrau": „Willst du mit Kinderhänden in des Schicksals Speichen greifen? Seines Donnerwagens Lauf hält kein sterblich Wesen auf." *Jean Paul* (1763-1825) war überzeugt: „Der Mensch steht allemal mit zugebundenen Augen vor deinem scharfen Schwert, du unbegreifliches Schicksal." In der modernen Tiefenpsychologie von *Leopold Szondi* und *Carl Gustav Jung* sind es vererbte Triebe, Antriebe und Bedürfnisse, die aus dem familiären und kollektiven Unbewussten die schicksalshaften Wahlhandlungen des Menschen beeinflussen.

In der Theosophie und Anthroposophie wird diese schicksalsprägende Rolle den jenseitigen „Herren des Karma" zugeschrieben. Danach ist das Schicksal jene Instanz, die dafür sorgt, dass der einzelne

Mensch seine vorgeschriebene Lebensbahn so vollzieht, wie sie nach göttlichem Ratschluss vorgezeichnet ist. (74) Diesem kann der Mensch in Freiheit folgen oder zuwiderhandeln, was sich gemäß dem Karma-Gesetz auf eine seiner späteren Existenzen auswirken wird. Ein eindrückliches Beispiel für diese Selbstbestimmung war der Nobelpreisträger *Nelson Mandela* (1918-2013), der erste schwarze Präsident von Südafrika. Nach siebenundzwanzig Jahren politischer Haft schrieb der ungebrochene Freiheitskämpfer: „Wie eng auch meine Gefängniszelle sein mag, wie viele Strafen ich auch auf mich nehmen muss, ich bleibe der Kapitän meiner Seele." Mit dieser Einstellung vermochte er schließlich sein Land aus der Apartheid in die Freiheit zu führen. Im Christentum und im Islam herrscht unter den Gläubigen häufig die Meinung vor, dass Gott persönlich durch seine Allwissenheit das Geschick jedes Menschen voraussieht. Es ist dies ein Unglaube, welcher die Entscheidungsfreiheit und die persönliche Verantwortung des Menschen erheblich einengt.

Wer die Waage von Lust und Leid im Gleichgewicht halten kann, der lebt ausgewogen. In neuer Zeit war der amerikanische Lebensberater und Erfolgsautor *Dale Carnegie* (1888-1955) mit seinem Bestseller „Sorge dich nicht – lebe!" ein bekannter Vertreter dieser heiteren Lebenskunst. (75) Eine ähnliche Lebenshaltung empfahl mit seinem „Management by Joy" *Reinhard Tomek*. Er meint: „Anstatt in ewiger Besorgnis um Besitz- und Ehrenstellen zu leben, sollten wir bei bescheidenen Ansprüchen jene ruhige Hochstimmung in uns erzeugen, die aus einem schuldlosen Gewissen, aus dem Bewusstsein, gerecht zu denken und zu handeln, erwächst und die uns jeden neuen Tag als ein beglückendes Geschenk erscheinen lässt." Wenn Lebenslust und Lebensdurst eines Tages gestillt sind, ist es sinnvoll, sein Herz nicht mehr an Menschen und vergängliche Dinge zu hängen, sondern sich bereit zu halten für die große Weiterreise in eine andere Welt.

Wir sind hier auf unserem Planeten Erde nicht in einer paradiesischen Situation, sondern in einem zerrissenen, gespaltenen Zustand als Folge unseres uranfänglichen Falls aus der Einheit in die Zweiheit. (76) Diesen Urzustand wiederherzustellen durch eigenes Bemühen, ist Sinn und Ziel unseres irdischen Daseins.

1.7 Einstellung zur Sinnfrage

Wenn *C.G. Jung* in einem Interview aus dem Jahr 1962 sich dahin äußerte, dass es eine Temperamentsache sei, zu glauben, was im Leben überwiege, die Sinnlosigkeit oder der Sinn, wies er damit auf die zwei Einstellungstypen des Optimisten und des Pessimisten hin. (77) Dabei handelt es sich um die gefühlsmäßige Grundstimmung und die vorherrschende Gemütslage des Menschen, mit der er seine Lebenssituation empfindet. (78) Diese ist zu vergleichen mit der allgemeinen Wetterlage, die zwischen Hochdruck und Tiefdruck wechseln kann. Die Erfahrung lehrt uns, dass die eine Gruppe von Menschen sich stimmungsmäßig meist im Hoch befindet, die andere vorwiegend im Tief.

Der *Optimist* (lat. *optimum*: das Beste) stellt sich grundsätzlich auf die Sonnenseite des Lebens. Seine Grundstimmung gleicht einem stabilen Hoch. Für alles Negative hat er eine Entschuldigung, und für alles Positive setzt er sich mit Begeisterung ein. Er glaubt stets an eine gute Wendung, selbst in einer misslichen Lebenslage, und betrachtet alles in einem günstigen, vorteilhaften Licht. So beurteilt er die tiefste Mitternacht als den Beginn des neuen Tages. Er glaubt an das Gute, Wahre und Edle im Menschen und in der Welt. Mit dem Philosophen *Gottfried Wilhelm Leibniz* (1646-1716) ist er der Ansicht, dass die Welt, in der wir leben, „die beste aller möglichen Welten" sei. Der Optimist behauptet nicht, dass ihm stets alles gelinge, aber er nimmt voller Zuversicht an, dass nicht alles schiefgehen müsse und am Ende das Gute siegte. Er ist nicht einfach ein vom Glück begünstigter „Liebling der Götter", sondern dank seiner lebensbejahenden Gesinnung ein Glückspilz und ein „Hans im Glück", der das Negative möglichst von sich fernhält. Für ihn ist der Glücksbecher nicht halb leer, sondern halb voll. Er ist nicht deshalb positiv eingestellt, weil es ihm gut geht, sondern es geht ihm gut, weil er an sein Glück glaubt. Wer optimistisch denkt, der ärgert sich nicht, dass der Rosenstrauch stachelige Dornen trägt. Vielmehr freut er sich an dessen wohlriechenden Blüten. Deshalb heißt seine Lebensweisheit: „Mache aus deinem Rosenstrauch nicht Streue für die Esel!"

Der *Pessimist* (lat. *pessimus*: der Schlechteste) dagegen ist ein Schwarzseher, der in allem das Üble, das Unheilvolle und Bedrohliche auf sich zukommen sieht. Er pflichtet *Arthur Schopenhauer* bei, wonach wir in der „schlechtesten aller Welten“ leben. Dieser empfahl in seinem Hauptwerk „Die Welt als Wille und Vorstellung“ (1819): „Die Menschen sollten ihr ewiges Unzufriedensein einsehen, ihr Leiden erkennen und ihren Willen zum Leben abtöten.“ (79) Während der Optimist in seiner Weltbetrachtung dem Idealismus zuneigt, verhält sich der Pessimist eher als Realist, der mit dem Schlechten rechnet, um nicht enttäuscht zu sein. Dieser kennt viele Gründe, um sich schlecht zu fühlen, jener nennt zahlreiche Ursachen, um sich gut zu fühlen. Für den Pessimisten ist der Becher des Glücks nicht halb voll, sondern halb leer. Gesinnungsmäßig stellt er sich auf die Schattenseite des Lebens. Sein Klagelied lautet: „Wo ich nicht bin, dort ist das Glück.“ Oder: „Das Schöne liegt immer am anderen Ufer.“ Und: „Bald fehlt uns der Becher, bald fehlt uns der Wein.“ Sowohl der Optimist als auch der Pessimist verursachen ihr Glück oder Unglück zumeist selber gemäß dem Leitspruch: „Was zu dir gehört, das kommt dir zu.“ Unser persönliches Geschick erfahren wir weitgehend als Spiegelung der eigenen Gedanken- und Gefühlswelt. So erleben wir unsere Außenwelt im Licht unserer eigenen Innenwelt gemäß dem Entsprechungsgesetz: „Wie innen – so außen.“ Der Griesgram sieht seinen Alltag freudlos, grau und düster. Dem Frohgemuten erscheint sie freudvoll, hell und heiter. Der Optimist will, was er bekommt, der Pessimist bekommt, was er nicht will. Der Pessimist ist nicht deshalb negativ eingestellt, weil es ihm schlecht geht, sondern es geht ihm schlecht, weil er negativ denkt. Er hält es mit dem Satiriker *Erich Kästner*, der einmal spottete: „Darin liegt das Verhängnis: Von der Empfängnis bis zur Leichenbegängnis nichts als Bedrängnis.“ Pechvögel und Unglücksraben sind häufig auch Egoisten. Die Ichsucht trübt ihren Blick für Freud und Leid der anderen. Weil sie den anderen ihr Glück vergönnen, kehrt dieses als Unglück zu ihnen zurück. Die ungarische Dichterin *Mascha Koleko* schrieb allen Pessimisten ins Stammbuch: „Wie glücklich ist der Pessimist, / wenn etwas schief gegangen ist. / Und geht es aller Welt auch schlecht, / Ihm bleibt der Trost. Er hatte Recht! / Ein Träger düsterer Unheilsbrillen / Glaubt er nicht einmal an den ‚freien Willen‘. “

Negativ eingestellte Pessimisten, die das Unheil geradezu anziehen und herbeidenken, gehören zu den ausgesprochen unfallgefährdeten

Pechvögeln. An der amerikanischen Cornell-Universität wurden vor Jahren rund 3000 Arbeiter und Angestellte der New Yorker Telefongesellschaft auf ihre Arbeitsausfälle untersucht. Dabei stellte sich heraus, dass ein Drittel von ihnen zu den ausgesprochenen Unglücksraben gehörte, auf die 75% der im Betrieb vorgekommenen Krankheiten und Unfällen entfielen. Bei diesem Drittel war der krankheits- und unfallbedingte Ausfall an Arbeitsstunden im Zeitraum von dreißig Jahren deutlich erhöht. Bei den Frauen betrug dieser im Durchschnitt drei Jahre gegenüber nur einem Monat bei den übrigen Arbeiterinnen. Bei den Männern war das Verhältnis 581 Tage bei den ausgesprochenen Pechvögeln gegenüber nur 19 Tagen bei den übrigen männlichen Arbeitnehmern. Die Psychologin *Flanders Dunbar* wertete bei anderer Gelegenheit die Unfallhäufigkeit von 2000 Lastwagenfahrern aus. Auf ihre Veranlassung zog man jene 5% der Chauffeure aus dem Verkehr, die in den vergangenen fünf Jahren besonders häufig an Verkehrsunfällen beteiligt waren. Danach konnte die Unfallziffer in diesem Unternehmen um 80% gesenkt werden. Nachdem man die Entlassenen weiterhin beobachtete, konnte man feststellen, dass diese ihrer Unfallbereitschaft treu blieben. Wenn es nicht gerade auf der Straße der Fall war, so doch im Treppenhaus, im Garten, an der Werkbank oder auf dem Sportplatz. Bei deren Verhaltensanalyse ergab sich folgendes Charakterbild: Sie kamen mit ihrer privaten und beruflichen Lebenssituation nicht zurecht. In der Arbeit fühlten sie sich bald überfordert. Auch benahmen sie sich in ihrem Alltag auffallend unbesonnen, nörglerisch, unzufrieden und legten eine ausgesprochen negative Denkweise an den Tag. In kritischen Situationen verloren sie leicht die Nerven. In einer Paralleluntersuchung konnte man feststellen, dass positiv eingestellte Optimisten, die sich privat und beruflich anerkannt und geliebt wussten, ihren Lebensaufgaben besser gewachsen fühlten. (80)

Glücksritter sind jene Menschen, denen das Glück der anderen am Herzen liegt. Ihr eigenes Glücksgefühl wächst in dem Maße, wie es andere glücklich macht. Es liegt viel Wahres in dem Satz: „Willst du glücklich sein im Leben, / trage bei zu der anderen Glück, / denn die Freude, die wir geben / kehrt ins eigene Herz zurück.“ Freilich sind es nicht nur die bewusst gesteuerten Denkgewohnheiten, die unser Wohlergehen oder Missgeschick verursachen. Sehr oft sind es die unbewussten und unkontrollierten Neigungen, Hoffnungen und Befürchtungen, die für unser Glück und Weh verantwortlich sind. Bezeichnend hierfür sind die Erwartungen. Dies zeigt sich etwa bei den Placebos (lat. *placebo*: ich werde gefallen). Es sind dies Scheinmedikamente ohne Wirkstoffe, die dennoch heilend wirken können, wenn der Kranke sich gedanklich darauf einstellt. Umgekehrt ist dies bei den Nocebos (lat. *nocebo*: ich werde schaden), wenn ein Patient sich einbildet, das betreffende Leermittel werde ihm schaden. So hat sich bereits der biblische Hiob beklagt: „Was ich befürchtet habe, ist zu mir gekommen." (Hi 3,25) Jede Einbildung beruht auf einer positiven oder negativen Erwartungshaltung.

Ob ein Mensch optimistisch oder pessimistisch denkt und fühlt, ob seine Tage einer Glückskette oder einer Pechsträhne gleichen, hängt weitgehend davon ab, ob er sich seelisch im harmonischen Gleichgewicht befindet und wie er zum Leben und zu den Dingen dieser Welt eingestellt ist. Bekanntlich hat alles seine zwei Seiten: Eine Lichtseite und eine Schattenseite. Der glücklose Pessimist starrt vorwiegend auf die dunkle Nachtseite, der glückreiche Optimist stellt sich unentwegt auf die helle Tagseite des Lebens. Je nach unserer Einstellung zu einem Problem werden wir gewinnen oder verlieren. Dies zeigt uns folgende Symbolgeschichte von den zwei Schuhverkäufern: Ein Schuhfabrikant in Indien schickte einen seiner Verkäufer auf eine benachbarte kleine Insel, wo er eine Marktlücke entdeckt hatte. Dort lebten nämlich die Eingeborenen noch unberührt von den Errungenschaften der modernen Zivilisation. Nach einer Weile kam dieser zurück und meldete seinem Arbeitgeber: „Ich konnte nichts ausrichten. Die Menschen dort brauchen kein Schuhwerk, denn sie laufen alle barfüßig herum." Darauf beorderte der Chef einen zweiten Verkäufer auf jene Insel. Nach kurzer Zeit kehrte dieser zurück und berichtete voll Begeisterung: „Ich konnte ein gutes Geschäft machen; denn die Leute da drüben wussten bis jetzt nicht, dass es sich mit Schuhen an den Füßen leichter herumlaufen lässt."

So ist es weitgehend eine Einstellungssache, wie wir die Welt sehen und wie sie uns erscheint. Mein Leben lang habe ich das kleine Gedicht nicht vergessen, das in frühen Jahren mein Vater mich gelehrt hat:

Wenn es regnet, lass es regnen,
scheint die Sonne, freue dich!
Was auch immer dir begegnet,
sieh, es kehrt und wendet sich.
Ob du es mit frohem
oder trübem Sinn beschaust,
helfen kann es dir zu Hohem,
wenn du hoher Kraft vertraust.

2. Suche nach Sinn

Der Mensch ist das einzige Lebewesen auf der Suche nach seinem Daseinssinn. Eine Blume weiß nicht, warum sie blüht. Ein Hund weiß nicht, dass er zur Säugetierart gehört. Nur der denkende Mensch ist sich seiner selbst bewusst. Daher kann er sich fragen, wozu er lebt und welchen Sinn dies für ihn hat. Das menschliche Leben kann nur gelingen, wenn wir darin einen Sinn finden. Daraus folgt, dass wir Menschen aufgerufen sind, nach dem Sinn des Lebens zu suchen. Wer dies versäumt, der verpasst sein Leben und muss es später wiederholen. Dieses Suchen ist der Versuch und die Sehnsucht, den Grund für unser Dasein und Hiersein zu ergründen. *Viktor Frankl* hat den Menschen als ein „Wesen auf der Suche nach dem Sinn" beschrieben. Die Sinnsuche ist nach ihm ein Wesenszug des Menschen. Ohne Sinn lässt sich das Leben nicht sinnvoll gestalten. Daher gehört die Suche nach dem Sinn des Lebens zu den wichtigsten Anliegen jedes Menschen. (1)

Für die meisten Menschen stellt sich die Frage nach dem Lebenssinn, nachdem sie einen schmerzlichen Verlust erlitten haben oder wenn Alter und Tod sie nachdenklich werden lassen. Zur Suche nach dem Sinn sind vor allem die Kranken und Leidenden gefordert oder jene, die um ein verlorenes Glück trauern. Aus langjähriger therapeutischer Erfahrung bestätigte *C.G. Jung*: „Wenn ich an meine Patienten denke, so sehe ich, wie sie alle auf der Suche nach ihrer Existenz sind und auf der Suche nach einem Schutz vor der totalen Vernichtung zu einem Nichts oder vor der Sinnlosigkeit." (2). Ein negatives Bild von der Sinnsuche vieler Menschen, die alles versucht und alles erlebt haben und doch auf die Frage „Warum sind wir hier" zu keiner sinnerfüllenden Antwort gekommen sind, zeichnet der Film „La Grande Bellezza" von *Paolo Sorrentino* aus dem Jahr 2013. Über den Dächern von Rom tanzen die Schönen und Reichen durch die Nacht. Der Held des rauschenden Festes ist Jep (Toni Servillo), ein reicher Genießer, der sich mit Leuten umgibt, die sich dem Nichts hingeben, weil sie schon alles haben. Er fühlt sich einsam und verlassen, weil die entscheidende Frage: „Warum sind wir hier?" für ihn unbeantwortet bleibt. (3)

Genau die gleiche Frage, aber mit einer positiven Antwort, wird im Film „La strada" von *Frederico Fellini* aus dem Jahr 1971 gestellt. Die kleine „Gelsomina" (Giulietta Masina), ein Mädchen aus einer ärmlichen Landfamilie, wird an den rüden, rohen, rauen Grobian „Zampano" (Anthony Quinn) verschachert, der als Straßengaukler mit ihr von einem Marktplatz zum anderen zieht. Die junge Frau wird von ihm misshandelt und gedemütigt. Ihr Leben kommt ihr völlig sinnlos und wertlos vor. In ihrer Verzweiflung begegnet sie auf einem Zeltplatz eines Zirkus einem Clown, dem sie ihr Leid klagt. Dieser hebt einen Kieselstein vom Boden auf und bedeutet dem Mädchen, dass auch so ein kleiner Stein seinen Sinn und seine Daseinsberechtigung habe; umso mehr komme auch ihrem Leben ein tieferer Sinn zu. Dieser Hinweis weckt in ihr wieder die Hoffnung zum Leben.

2.1 Das Wagnis des Lebens

Das Leben ist eine Risiko-Frage – man kann dabei gewinnen oder verlieren. Auf jeden Fall muss es mit persönlichem Einsatz gewagt werden. Schon der Eintritt ins Erdenleben verlangt von uns eine mutige Entscheidung, und es ist nicht so, wie die meisten glauben, dass wir zufällig hier sind oder ungefragt ins Leben treten. Unwissend geworden, nachdem die „Herren des Karma" den Schleier des Vergessens über das neugeborene Kind geworfen haben, bedauern nicht wenige ihr Dasein, dessen Grund sie nicht kennen. Auch ihr Hiersein bleibt ihnen zeitlebens ein ungelöstes Rätsel. Dieses Unausgesöhntsein mit der eigenen Existenz beruht auf dem Nichtwissen um die eigene Herkunft. Wer nicht weiß, woher er kommt, kann auch nicht wissen, wozu er lebt und wohin er geht.

Manch einer verweigert sich dem Leben und findet darin keinen Sinn. Bereits der biblische Hiob klagte: „Ausgelöscht sei der Tag, an dem ich geboren bin." (Hi 3,1) Und seinen Gott fragt er: „Warum ließest du, Herr, mich aus dem Mutterschoß kommen, warum verschied ich nicht, ehe mich ein Auge sah?" (Hi 10,18) Als der sagenhafte

König *Midas* von Phrygien den Weisen *Silen* fragte, was wohl das Allerbeste für den Menschen sei, gab dieser ihm zu verstehen: „Das Allerbeste wäre, nicht geboren zu sein; das Zweitbeste aber, bald zu sterben." Ein Philosoph im Alten Rom pflegte zu beteuern: „Schön ist es, in der Jugend zu sterben, schöner noch, überhaupt nicht geboren zu sein." Diesen Lebenspessimismus finden wir auch in den Worten des romantischen Dichters *Heinrich von Kleist* (1777-1811), der sein Leben stets als ein Rätsel empfand und sich eingestand: „Der Tod ist gut, doch besser wäre es, die Mutter hätte uns nie geboren." Der Philosoph *Friedrich Nietzsche* bezeichnete das Geborenwerden als: „Die größte Tragödie und den Urschmerz des Menschen." Eine junge Frau schrieb mir einmal: „Ich verfluche die Stunde meiner Geburt. Oh hätte meine Mutter mich doch nie zur Welt gebracht!"

Der Sinnanruf an uns ist allgegenwärtig, wie das Leben auch. Er begleitet uns von der Geburt bis zum Tod. Diesem zu folgen, ist ein Wagnis und verlangt Mut. Dabei geht es nicht nur darum, dass wir unser persönliches Leben für lebenswert halten und uns fragen, was uns das Leben bietet. Vielmehr ist es das Leben selbst, das an einen jeden von uns die Sinnfrage stellt, nämlich: Wie gebe ich meinem Leben einen Sinn. *C.G. Jung* ist sich in seinen „Lebenserinnerungen" bewusst geworden: „Es ist der Sinn meiner Existenz, dass das Leben eine Frage an mich hat. Oder umgekehrt: Ich selber bin eine Frage, die an die Welt gerichtet ist, und ich muss meine Antwort beibringen." (4) Ähnlich sieht es *Viktor Frankl*: „Das Leben selbst ist es, das dem Menschen Fragen stellt. Er hat nicht zu fragen, er ist vielmehr der vom Leben Befragte, der dem Leben zu antworten, das Leben zu verantworten hat." (5)

Im Verlauf des Lebens haben wir manche größere oder kleinere Durststrecken durchzustehen. Manchmal erscheinen uns gewisse Lebensabschnitte wie die Autofahrt durch einen langen, dunklen Straßentunnel. Je weiter wir darin vorankommen, desto beengter und beklemmter fühlen wir uns. Am liebsten möchte man umkehren. Nichts wäre gefährlicher! In einer solchen Situation bleibt uns nichts anderes übrig, als auf die stets kleiner werdenden Kilometerangaben zu achten und unbeirrt weiterzufahren, dem ersehnten Ausgang zu. Versuchen wir also nicht, dem Leben zu entfliehen, denn die einzige Chance, das Leben zu meistern, liegt darin, es mutig anzugehen. Nur kleinmütige und zaghafte Menschen kneifen mutlos vor dem Auftrag des Leben sund flüchten vor ihm in die Sinnlosigkeit oder gar in den vorzeitigen Tod.

Selbst ein hartes und schweres Leben, sofern es sinnerfüllt bewältigt wird, kann ertragreicher sein als ein leichtfertiges Dahinleben ohne Sinn und Ziel. Wer nur nach Spiel und Plausch Ausschau hält, der geht am Ende leer aus. Was dem Leben in hohem Maße zugemutet werden kann, ist eine Frage der Persönlichkeitsreife und der Seelenstärke. Was den einen fast umbringt, macht den anderen stärker. Der leidende *Friedrich Nietzsche* hat es an sich selbst erfahren: „Was mich nicht umbringt, macht mich stärker."

Sehr ergreifend zu lesen ist der Lebensbericht von *Martin Gray*. Er schildert seinen Kampf ums nackte Überleben im jüdischen Ghetto von Warschau und später seine Haft im Konzentrationslager von Treblinka. Dort sah er seine Eltern und Geschwister in den Gastod gehen. Schließlich gelang ihm die Flucht unter unglaublichen Gefahren. So verbrachte er lange Monate in Verstecken, bis er Anschluss fand bei einer Gruppe von polnischen Untergrundkämpfern. Nach dem Krieg baute er mit unbändigem Lebenswillen eine neue Existenz auf. Als ihn das Unheil erneut ereilte, verlor er bei einem Waldbrand in Frankreich seine Frau und seine vier Kinder. Auch damals verzweifelte er nicht. Ungebrochen kämpfte er weiter, um den Lebensauftrag, dem er sich gestellt hatte, zu erfüllen, nämlich Zeuge zu sein für die schreiende Ungerechtigkeit, die ihm und seinem jüdischen Volk angetan wurde. (6)

Oskar Reifer will uns Mut machen zum Leben, indem er schreibt:

Wer den Mut verliert im Leben,
der gibt sich selber auf,
Glück kann es nicht immer geben,
Schicksalsschläge nimm in Kauf.
Lass dich niemals unterkriegen,
denn es trügt sehr oft der Schein,
lerne dieses Leben lieben,
dann wirst du Sieger sein.

2.2 Sinnkrisen im Leben

Eine Krise ist der zu lösende Knoten im verworrenen Geflecht unseres Lebens. Beheben wir diesen, ergibt sich daraus eine Chance; bleibt er bestehen, geraten wir in Gefahr. Eine Krisensituation schafft die Möglichkeit, Veränderungen vorzunehmen oder einen Neuanfang zu wagen. Das Wort „Krise" stammt vom griechischen Wort *krisis* ab und bedeutet eine kritische Situation, die sowohl eine Gefahr als auch eine Chance beinhaltet, so wie man gleichsam die Stiege hinauf- oder hinunterfallen kann. Eine Krise verläuft ähnlich einer s-förmigen Sinuskurve. (gr. *sinus*: Bogen, Kurve), die mit einem Tiefpunkt beginnt, sich zu einem Höhepunkt steigert, am Scheitelpunkt eine Umkehr erfährt, um dann zum nächsten Tiefpunkt wieder abzufallen. Wir können diesen Verlauf mit einer Berg- und Talfahrt vergleichen. Auf dem Höhepunkt kommt es zu einer Kippsituation mit einer Umkehrneigung. Im griechischen Drama ist die Rede von der „Katharsis" (gr. *katharos*: rein) Im engeren Sinne ist damit eine Reinigung gemeint, im weiteren Sinne eine Entscheidung, eine Wandlung und eine Neuorientierung. In der Medizin spricht man von einem typischen Krankheitsverlauf. Denken wir an eine Fieberkurve. Auch eine Wirtschafts- und Finanzkrise gehorcht dieser Gesetzmäßigkeit.

Im menschlichen Leben stellen sich entwicklungsbedingt mehrere kleinere und größere Krisen ein. Diese gehören zum normalen Ablauf des Lebens. Wir können diese am Übergang von einer Entwicklungsphase zur nächsten deutlich beobachten. Das Leben verläuft nicht linear, sondern rhythmisch, wie die Gezeiten von Ebbe und Flut. Jede dieser Phasen besteht aus einer aktiven Bewegungsphase und einer passiven Beruhigungsphase. Wir können diese Abfolge vergleichen mit einem Menschen, der eine schwere Last über eine Treppe hochträgt. Bei jeder Stufe wechselt nacheinander eine Anstrengungsphase mit einer Erholungsphase. Jeder Stufen- und Phasenwechsel kann zu einem kritischen Übergang werden. Bezogen auf den menschlichen Lebenslauf sprechen wir von Lebenskrisen. (7)

Das menschliche Leben beginnt mit der *Geburtskrise*. Diese ist für die meisten Menschen die kritischste Zeit ihres Lebens. Vor seiner Geburt fühlt sich das ungeborene Kind beschützt und geborgen im mütterlichen Schoß, sozusagen im Warteraum des Lebens. Aus dieser

„Urhöhle“, wie der Psychologe *René Spitz* sie nannte (8), wird das Kind in die Welt hinausgeboren. Dieser Vorgang ist gewiss ein großes Wagnis und ein krisenanfälliges Ereignis. Die Psychologie des Neugeborenen (Neonatologie) bezeichnet den Geburtsvorgang als den „gefährlichsten Lebensabschnitt“. *C.G. Jung* bestätigte in einem Interview: „Ich würde sagen, es ist von großer Bedeutung für das Ich, dass es geboren wird: Es ist nämlich in hohem Maße traumatisch, aus dem Himmel herauszufallen.“ (9) Die meisten Fachleute in Medizin und Psychologie sehen in der Geburt ein körperliches und seelisches Schockerlebnis für das Neugeborene, das nicht selten zeitlebens im Unbewussten weiterwirkt und zur Quelle zahlreicher Lebens- und Daseinsängste werden kann. Aus der Sicht der heutigen Tiefenpsychologie nehmen die meisten neurotischen Ängste im späteren Jugend- und Erwachsenenalter ihren Anfang in einem bedrohlichen Geburtserlebnis. Bezeichnenderweise werden die deutschen Worte „Angst“ und „Angina“ vom lateinischen „angustus“ für eng abgeleitet, was auf das Beengungsgefühl des Kindes während des Geburtsvorgangs hindeutet. (10) Der Arzt *Friedrich Kruse* hat 1500 Neurose-Patienten nach der Schwere ihrer Geburt befragt und stellte fest, dass mehr als die Hälfte von ihnen, nämlich 63%, eine schwere oder komplizierte Geburt erlebten. (11) In jüngerer Zeit haben Primärtherapeuten wie *Leonard Orr, Arthur Janov und Stanislav Grof* mit Erfolg versucht, Geburtsängste bei ihren Patienten im Erwachsenenalter durch ein Bewusstmachen des Geburtserlebnisses in einer hypnotischen Rückführung zu verarbeiten.

Der *biologische* Sinn der Geburt ist die Befreiung des Kindes aus der vitalen Bindung an seine Mutter. Das Ereignis dieser Entbindung und Ablösung wird sich im späteren Leben auch auf der *seelischen* Ebene als Stirb- und Werdeprozess wiederholen. Aus *spiritueller* Sicht vollzieht sich mit der Geburt der Einstieg eines Geistwesens in das von ihm neugewählte Körperfahrzeug, um auf seinem geistigen Weg nach Hause eine nächste Etappe in Angriff zu nehmen. Es ist mir immer wieder aufgefallen, dass in der Zeit, da sich der Geburtstag jährt, die Geburtskrise als frühe Prägung sich in abgeschwächter Form wiederholt. Kinder wie Erwachsene sind um diese Zeit besonders anfällig für körperliche oder seelische Unpässlichkeiten oder für krisenhafte Geschehnisse. Die *Jugendkrise* um das 18. Lebensjahr bildet den Übergang von der Kindheit ins Erwachsenenalter und damit zur Volljährigkeit. In körperlicher Hinsicht ist der junge Mensch nun voll erwachsen. In seiner seelischen Entwicklung ist er aber meist im Rückstand. Diese Entwicklungs-Asynchronie (gr. *chronos*: die Zeit) führt mit ihrer zeitlichen Verschiebung dazu, dass in einem reifen Körper eine unreife Seele wohnt. Dieses Missverhältnis führt beim Jugendlichen zu Spannungen und kritischen Auseinandersetzungen mit sich und seiner Umwelt. Es ist die Zeit der Generationenkonflikte, der Ablösung vom Elternhaus und der Ich-Suchung, die zur Ich-Findung und Ich-Festigung und damit zur vollen Persönlichkeitsreife führen sollen. Der jugendliche Mensch fängt nun an, sich selber zu hinterfragen und so manches infrage zu stellen. Ein Jugendlicher dieses Alters hat seinem Tagebuch die folgenden kritischen Gedanken anvertraut: „Wer bin ich? Warum und wozu lebe ich? Wohin führt mein Weg? Solche Fragen kommen mir in den Sinn, wenn ich allein bin. Dann fühle ich mich oft recht verlassen. Was soll das ganze Leben? Wir werden geboren, wachsen heran, leben und sterben – tot, alles vorbei. Worin liegt der Sinn? Manchen Leuten ist es völlig egal, ob das Leben einen Sinn hat. Sie machen sich keine Gedanken, sie leben einfach. Solche Menschen sind wie Marionetten. Sie hängen an festen Fäden und zappeln, wie es andere wollen. Das genügt mir nicht.“ (12) Die Jugendkrise führt, wenn sie konfliktfrei bewältigt wird, in die Unabhängigkeit und Selbstständigkeit, in der Selbststeuerung und Selbstverantwortung zu erwarten sind. Die vagen Zukunftsträume der frühen Jahre verblassen, und die Ideale und Illusionen der Jugend lassen sich in der harten Alltagswelt kaum verwirklichen. Damit findet die unbeschwerte, sorglose Zeit meist ein abruptes Ende. Eine innere und äußere Unruhe befällt jetzt den jungen Menschen auf der Suche nach seiner Identität. Daher spricht man auch von *Identitätskrise*. Bei Misserfolgen in der schulischen oder beruflichen Ausbildung kommt es leicht zu Verstimmungen, manchmal zu einem depressiven Lebensüberdruss. Nicht selten wird versucht, diese kritischen Jahre mit Nikotin, Alkohol oder Drogen zu überbrücken. Die Eltern erfahren, dass sie von ihren Töchtern und Söhnen nicht mehr als allein maßgebende Ratgeber anerkannt werden. Beruflich und gesellschaftlich werden sie zunehmend von den Jüngeren überholt.

Eine weitere ernsthafte Krise ist die *Krise der Lebensmitte* (*midlife crisis*). Um das 36. bis 40. Lebensjahr erreicht der Zeiger der astrologischen Lebensuhr die Spitze des dritten Quadranten. Die Sonne als Symbol des Ichs taucht aus der unteren Nachthälfte des Unbewussten empor in die obere Tageshälfte des Lebenskreises und damit in den Bereich der bewussten Lebensgestaltung. In diesem mittleren Lebensabschnitt gelangt der erwachsene Mensch in eine deutliche Phase der Umstellung seines Lebensstils. Spätestens jetzt bietet sich die günstige Gelegenheit, bewusst eine gesunde Lebensweise anzustreben und sich ein solides Selbstbewusstsein zuzulegen. Auch sollte man den eigenen Lebensrhythmus vermehrt seiner inneren biologischen Uhr angleichen. (13) In diesen Jahren kann es zu tiefgreifenden Veränderungen in der persönlichen, familiären und gesellschaftlichen Situation kommen. An diesem krisenanfälligen Haltepunkt des Lebens fragt man sich: „Wie soll es jetzt weitergehen? Soll ich noch einmal neu anfangen oder soll ich mich mit dem Erreichten zufriedengeben?" Man gesteht sich vielleicht ein, Wesentliches im Leben versäumt oder vernachlässigt zu haben. Man sieht sich in der Routine der täglichen Abhängigkeiten gefangen und stellt einen Nachholbedarf fest. Es ist also eine Zeit der Selbstbesinnung und der Neuausrichtung, in der auch die Häufigkeit des Stellenwechsels, des Wohnungswechsels und des Partnerwechsels deutlich ansteigt. In vielen Fällen drängen sich geheime Wünsche nach einer tiefgreifenden Veränderung der eigenen Lebenssituation auf. Meist werden diese vom vernünftigen Realitätssinn wieder in die Schranken gewiesen, weil äußere Lebensumstände oder unlösbare Bindungen und Verpflichtungen sich dagegen stellen. Da mögen sich die ersten Anzeichen einer Torschlusspanik einstellen, die durch ein „Jetzt-erst-recht" verdrängt werden. Männer entdecken auf einmal ihre weiche, sentimentale Gemütsseite, um sich neu zu verlieben. Manche Frau lässt sich nicht mehr allein von ihren Gefühlen leiten, sondern kann recht vernunftbetont ihre eigene Zukunft planen und ihre persönlichen Lebensansprüche geltend machen. Oft kehrt sie in ihren angestammten Beruf zurück, widmet sich der Weiterbildung, orientiert sich weltanschaulich neu oder sucht in der Sozialarbeit oder in einer sinnvollen Freizeitbeschäftigung ein befriedigendes Betätigungsfeld. Der Mann widmet sich vermehrt einer Freizeitbeschäftigung und verpflichtet sich zur Mitarbeit in der Politik, in Vereinen, bei öffentlichen Tätigkeiten oder findet in einer nebenberuflichen Beschäftigung eine neue Sinnmöglichkeit.

Positiv fällt auf, dass um die Lebensmitte bei kreativ veranlagten Menschen eine neue Schaffensperiode anhebt. Die Lebensgeschichten vieler schöpferischer Menschen beweisen, dass diese in den mittleren Lebensjahren eine Neuausrichtung in ihrem Werk erfahren. Es kann aber auch sein, dass man um die Mitte des Lebens die Gewissheit gewinnt, auf dem richtigen Weg zu sein. So schrieb der französische Paläontologe und Theologe *Teilhard de Chardin* mit sechsunddreißig Jahren in einem Brief: „Ich bin entschlossen, meinen Weg geradeaus weiterzugehen, weil ich mir selbst treu sein muss, um wahr zu sein." (14) Zur Zeit der Lebensmitte sollte sich die Zuwendung zur Außenwelt mit der seelischen Innenwendung im Gleichgewicht halten. Wir können die zweite Lebenshälfte nicht auf die gleiche Weise einrichten wie die erste, so wie der Nachmittag auch anders zu leben ist als der Vormittag. *C.G. Jung* schreibt: „Die Mitte des Lebens ist der Moment größter Entfaltung, wo der Mensch mit seiner ganzen Kraft und seinem ganzen Wollen in seinem Werk steht. Aber in diesem Augenblick auch wird der Abend geboren, die zweite Lebenshälfte beginnt. Die Leidenschaft ändert ihr Gesicht und heißt jetzt Pflicht, das Wollen wird unerbittlich zum Muss und die Wendungen des Weges, die früher Überraschung und Entdeckung brachten, werden zur Gewohnheit." (15) Es ist jetzt auch die Zeit, wo einem beim Älterwerden die eigene Vergänglichkeit langsam bewusst wird. Daher nennt die amerikanische Psychologin *Gail Sheehy* „die Auseinandersetzung mit dem eigenen Tod das wesentlichste Problem der Lebensmitte zwischen fünfunddreißig und fünfundvierzig". (16) In recht vielen Fällen kommt es um das 44./45. Lebensjahr zu einem regelrechten Stirb- und Werdeprozess, wo Altes abstirbt und Neues geboren wird und damit zu einer Art seelischer Wiedergeburt führt.

Mit vierundfünfzig Jahren erreicht die Altersprogression den höchsten Punkt im Geburtshoroskop in der Himmelsmitte. Hier steht der Mensch am Zenit seines Wirkens. Jetzt müssten die äußeren Erwartungen, die er an sich gestellt hat, weitgehend erfüllt sein. Wo dies nicht der Fall ist, kommt es oft zu einer *Leistungskrise*. Was man bis dahin nicht geschafft hat, lässt sich kaum noch nachholen. Nun beginnt der Abstieg der Lebenskurve, die dem Herbst des Lebens entspricht. Die Verse im *Herbstgedicht* von *R. M. Rilke* treffen nun zu: „Wer jetzt kein Haus hat, baut sich keines mehr. / Wer jetzt allein ist, wird es lange bleiben." Die eigene Spannkraft und Leistungsfähigkeit lässt merklich nach. Es kommt zu einem Leistungsknick, weil die inneren Antriebskräfte altersbedingt erlahmen. Dies kann das Lebensgefühl spürbar beeinträchtigen, wenn nicht andere Qualitäten in die Bresche springen. Der alternde Mensch erfährt nun seine Grenzen. Sein beruflicher Erfahrungsgewinn wird von der nachkommenden Generation zunehmend infrage gestellt. Wer jetzt nicht durchhält, wird unbarmherzig vom Sockel gestoßen, um den Jüngeren Platz zu machen. Die Lebensuhr schlägt jetzt die Stunde der Wahrheit. Bestand hat nur, was zuverlässig und echt ist. Nur wer diesem Anspruch genügt, bleibt auf seinem Posten. Die anderen werden zurückgestuft oder ausgemustert. Zu der Leistungskrise gesellt sich nicht selten sogar die Arbeitslosigkeit. Prof. *Walter Pöldinger*, Direktor der Psychiatrischen Universitätsklinik in Basel, hat an vielen seiner Patienten erfahren: „Die Betroffenen reagieren auf den Verlust des Arbeitsplatzes mit Reizbarkeit, Angst und Depression. Diese Symptome gehen einher mit dem Gefühl der inneren Leere und der Gefahr, in Alkohol- und Drogensucht abzugleiten." (17)

Mit vierundfünfzig Jahren kommt es auf der Lebensbühne zu einem Seitenwechsel. Der Mensch wendet sich nun zunehmend seiner Innenwelt zu und kehrt bei sich selber ein. Er muss nun mit sich selber klar werden, so wie es *Rilke* in seinen späten Jahren erlebt hat: „Ich lerne sehen. Ich weiß nicht, woran es liegt, es geht alles tiefer in mich ein und bleibt nicht an der Stelle, wo es sonst immer zu Ende war. Ich habe ein Inneres, von dem ich bisher nicht wusste. Alles geht jetzt dorthin. Ich weiß nicht, was dort geschieht." (18) Nicht Hast, sondern Rast ist jetzt verlangt. Das Haben muss nun vom Sein abgelöst werden. In diese Lebensperiode fällt bei den Erwerbstätigen auch die Zeit der Pensionierung und der Eintritt in den Ruhestand. Nicht Stempeluhr und Terminkalender bestimmen nun den Alltag. Jetzt ist Gelegenheit geboten, über die eigene Zeit verfügen zu können. Wem dies nicht gelingt, der gerät in einen Pensionierungs-Schock oder infolge erhöhter Betriebsamkeit zunehmend unter Zeitdruck. Stattdessen wäre jetzt ruhige Gelassenheit angesagt, um die Welt wie von weitem zu sehen und um unterscheiden zu lernen, was noch wichtig und was einem fremd geworden ist.

Nach dem zweiundsiebzigsten Lebensjahr beginnt ein neuer Lebenszyklus, und der Mensch kehrt auf einer höheren Ebene zu seinen

Kinder- und Jugendjahren zurück. Im günstigen Fall erlebt er eine beglückende Zeit der Abgeklärtheit und Weisheit des Alters, im ungünstigen Fall wird er langsam kindisch und einfältig, bis hin zur Altersdemenz. Was uns jetzt noch zusätzlich an Lebensjahren geschenkt wird, können wir einem speziellen Gen der Langlebigkeit verdanken, einer vernünftigen Lebensweise oder einem himmlischen Bonus. Jedenfalls liegt viel Wahrheit im chinesischen Sprichwort: „Man muss den Stecken beizeiten schneiden, wenn man sich im Alter darauf stützen will.“ Wer geistig und körperlich jung geblieben ist, wird nun Zeit und Raum gewinnen, um seinen letzten Lebenskreis zu neuen Horizonten und in eine ferne Zukunft zu erweitern. Wirklich alt wird der Mensch erst, wenn ihm die eigene Vergangenheit mehr bedeutet als seine Zukunft. Deshalb ist die Meinung, mit dem Tod sei alles aus, ein bedauernswerter Selbstbetrug, der in eine schwere *Alterskrise* führen kann. Wer nur noch in den baufälligen „Ruinen seiner Erinnerungen“ hausen kann, wie *Albert Camus* sie genannt hat, der findet im Altwerden wenig Daseinssinn und Lebensfreude. Wer aber wissend und weise geworden ist durch die gewonnenen Erfahrungen eines begnadeten Alters, weiß den Ertrag seines Lebens in der sicheren Obhut einer geistigen, unvergänglichen Welt gespeichert. Eine tiefe Dankbarkeit empfindet nun das vom Lebenskampf ermattete Herz in der Gewissheit, dass alles gut wird für den, der stets das Gute gewollt hat.

Der chinesische Weisheitslehrer *Konfuzius* (604-517 v. Chr.) hat schon vor 2500 Jahren die Stationen des Lebens beschrieben, denen wir nachfolgen können: (19)

> Ich war fünfzehn und mein Wille war aufs Leben gerichtet.
> Mit dreißig stand ich stark und gefestigt.
> Mit vierzig quälten mich keine Zweifel mehr.
> Mit fünfzig erkannte ich das Gesetz des Himmels.
> Mit sechzig war mein Ohr aufgetan für das Wahre.
> Mit siebzig konnte ich meines Herzens Wünschen folgen,
> ohne das Maß zu übertreten.

2.3 Verlust des Daseins-Sinnes

Unter dem Wort „Dasein" versteht man allgemein die menschliche Existenz (lat. *ex-sistere*: vorhanden sein, auftreten). Das Dasein als Begriff begegnet uns erstmals beim dänischen Philosophen *Sören Kierkegaard* (20) Die heutige Philosophie des Existenzialismus hinterfragt den Sinn des menschliche Daseins. Der Schweizer Psychologe *Ludwig Binswanger* (1881-1966) hat seine wissenschaftliche Lebensarbeit der „Daseinsanalyse" gewidmet. (21) Mit dem verwandten Begriff „Existenzanalyse" bezeichnete der österreichische Psychiater *Viktor Frankl* sein therapeutisches Verfahren „Logotherapie" als Methode der „Heilung durch Sinngebung". Dabei geht es um eine „existenzielle Selbstbesinnung des Menschen auf sein eigentliches Sein" (22), um darin einen Sinn zu finden.

Solange es einem gut geht, suchen die Wenigsten von uns nach dem Sinn des Lebens. Wenn aber ein schweres Leiden uns trifft, wenn eine Notsituation droht, wenn ein Unglück uns heimsucht oder ein schwerer Verlust uns zu schaffen macht, dann fragen wir schnell: „Warum? Warum gerade ich? Was soll das?" Wer darauf keine sinngebende Antwort findet, erleidet einen Verlust an Daseins-Sinn. Die Zahl der Menschen, die an einem Verlust an Lebens- und Daseins-Sinn leiden, ist heute besonders unter der jüngeren Generation groß. Von diesen werden die überlieferten Wertvorstellungen infrage gestellt oder verworfen. Daher leiden sie an einer Sinnleere. Deren Folgen sind Freudlosigkeit, sinnloser Leerlauf und Depression. So vermögen sie in ihrem Dasein als Menschen keinen tieferen Sinn zu erkennen. Die Frage: „Woher wir kommen, wohin wir gehen" bleibt ihnen ein Rätsel. Einer, der dieses Suchen nach Daseins-Sinn erfahren und daran gelitten hat, war der tragische Philosoph *Friedrich Nietzsche*. Verzweifelt fragt er in seinem Buch „Also sprach Zarathustra": „Hab *ich* – noch ein Ziel? Einen Hafen, nach dem *mein Segel* läuft? Einen guten Wind? Ach, nur wer weiß, *wohin* er fährt, weiß auch, welcher Wind gut und sein Fahrwind ist. / Was blieb mir noch zurück? Ein Herz müde und frech; ein unsteter Wille; Flatter-Flügel; ein zerbrochenes Rückgrat. / Dies Suchen nach *meinem* Heim: o Zarathustra, weißt du wohl, dies Suchen war *meine* Heimsuchung, es frisst mich auf. / ‚Wo ist – *mein* Heim?' Danach frage und suche und suchte ich, das fand ich nicht. O ewiges Überall, o ewiges Nirgendwo, o ewiges – Umsonst!“ (23)

Das Fehlen eines Daseins-Sinns führt zu einer lebensbedrohenden Sinnlosigkeit Nach einer im Jahr 1992 von der Caritas in der Bundesrepublik Deutschland durchgeführten Umfrage leiden 42% der jungen Menschen mehr oder weniger an einem Verlust an Daseins-Sinn. Gemäß einer Erhebung, die im gleichen Jahr in der Schweiz durchgeführt wurde, empfanden damals 20% der Erwachsenen, dass sie in ihrem Leben wenig Sinngehalt finden. Gleichlautende Befragungen in anderen europäischen Ländern und in Amerika ergaben, dass auch dort 20% der Befragten an einer existenziellen Frustration leiden, die gekennzeichnet ist durch ein Gefühl der Langweile, der Unzufriedenheit und des Sinnverlustes. (24) In vielen Fällen handelt es sich um ein Symptom der *Wohlstandskrise* mit ihrer Verwöhnung. Es geht den Menschen bei uns materiell zu gut, als dass sie ihr Leben infrage stellen müssten. Sie besitzen alles, um ihre materiellen Bedürfnisse zu befriedigen. Es fehlt ihnen aber häufig ein sinnvolles Ziel, auf das sie hinleben könnten. Wer für sich einen tragfähigen Seinsgrund für sein Leben gefunden hat, der ist weniger anfällig für die zahlreichen Gefahren unserer vergnügungssüchtigen Zeit. Der amerikanische Psychologe *David Larson* vom „National Institute for Healthcare“ in Rickville, Maryland, hat in einer ausgedehnten Forschungsarbeit festgestellt, dass Jugendliche und Erwachsene, die ein sinnvolles Leben führen, weniger anfällig sind für stressbedingte und psychosomatische Erkrankungen und weniger suchtgefährdet sind. (25)

Eine Daseinskrise nach einem schweren Unfall, in einer bedrohlichen Krankheit oder bei einem tragischen Verlust, bei dem das ganze Leben infrage gestellt wird, bedeutet nicht nur eine Gefahr des Scheiterns, sondern auch eine Chance zur Besinnung auf sinngebende Lebenswerte. Nicht selten kommt es zu einer Neuausrichtung in der gesamten Lebensführung. Nach einem Besuch im Paraplegiker-Zentrum in Notwil bei Luzern ist mir dies so recht bewusst geworden. Mehrere querschnittgelähmte Patienten bestätigten mir, dass sie seit ihrem Unfall jetzt viel bewusster leben, jede Regung und Bewegung mit großer Aufmerksamkeit wahrnehmen, auf jede Begegnung mit Achtsamkeit zugehen und das Leben als sinnvoll betrachten.

Gegenwärtig erleben wir ein großes Angebot an Sinnerklärungen. In zahlreichen Kursen, Vorträgen, Seminaren, Arbeitskreisen und Selbsterfahrungsgruppen erkennen wir bei den Teilnehmern eine „unstillbare Neugier nach Sinn". (26) Für einen jeden stellt sich die Frage: Wozu möchte ich leben? Was habe ich in meinem Leben zu bewirken? Welchen Sinn will ich meinem Dasein geben? Wie viele sind froh, dass es mich gibt? In einer Zeitschrift fand ich hierzu folgende hilfreiche Überlegungen: „Wenn dich Selbstzweifel plagen und Minderwertigkeitsgefühle dich bedrücken, dann überlege einmal: Wie viele Menschen sind froh, dass du lebst, dass du da bist? Wie vielen hat deine Anwesenheit auf dieser Erde etwas bedeutet? Wie vielen warst du Kamerad und Freund, auf den man sich in jeder Situation verlassen konnte? Wie vielen standest du hilfreich zur Seite, wenn sie in Sorgen und Not waren? Wie vielen gab deine Art zu leben und zu lieben Anlass, in dir ein Vorbild zu sehen, ein nachahmenswertes Vorbild? Wie viele konnten sich in leidvollen Tagen auf dich stützen und in freudvollen Tagen mit dir freuen? Wie vielen konntest du in schweren Zeiten durch deine Zuwendung und dein Verstehen ein Trost sein und eine Hilfe? Wie viele konnten sich an dir aufrichten und sich nach dir ausrichten im Labyrinth der Irrwege unseres irdischen Daseins? Wie vielen konntest du ein Wegweiser sein – ein Wegweiser hin zum einzig wahren, einzig gangbaren Weg – dem Weg zu Ihm, von dem alle Liebe kommt?"

2.4 Sucht und Sehnsucht

Die heutige Psychologie bringt das Wort „Sucht" in Zusammenhang mit der unerfüllten Sehnsucht des Menschen nach Zufriedenheit und Glück. Wenn er danach sehnlichst sucht und diese nicht findet, kann er danach süchtig werden. Daher heißt es: „Sucht ist ungestillte Sehnsucht." Bei der Sucht handelt es sich um mehr als bloß um eine schlechte Gewohnheit, auf die man zu jeder Zeit verzichten könnte. Von einer Sucht mit Krankheitswert sprechen wir erst, wenn eine körperliche oder seelische Abhängigkeit von einem Genussgift besteht. Diese wird früher oder später mit Sicherheit zu gesundheitlichen Schäden führen. Dem Süchtigen ist dies zwar bewusst, doch nimmt er diese als das vermeintlich kleinere Übel in Kauf.

Es gibt vielerlei Arten von Süchten, je nach dem Lust spendenden Objekt. Von einem eher körperbezogenen Suchtverhalten sprechen wir bei der Ess- und Schlecksucht, bei der Magersucht, Nikotinsucht, Alkoholsucht oder Drogensucht. Mehr seelisch bedingte Süchte sind Eifersucht, Spielsucht, Herrschsucht, Kaufsucht, Gefallsucht oder Rachsucht. Diese triebhaften Bedürfnisse können, wenn sie nicht befriedigt oder auf eine andere Bewusstseinsebene verschoben oder verdrängt werden, uns abhängig machen. Bei der Entwöhnung von einer Sucht können sich schwere Entzugserscheinungen einstellen. Diese machen sich durch nervöse Unruhe und Reizbarkeit, durch Schlaflosigkeit, lästigen Reizhunger oder durch Herz- und Atmungsbeschwerden bemerkbar. Um diese Symptome zu bekämpfen, greifen Süchtige gerne zu Ersatzmitteln, die aber nur kurzfristig einen trügerischen Trost spenden. Weil diese keine echte Befriedigung bringen, führen sie in einen gefährlichen Teufelskreis. Der Süchtige verwünscht zwar seine Gier, doch verfällt er ihrem Zwang stets von Neuem. Mit Doktor Faust in *Goethes* Dichtung stöhnt er suchtverdrossen: „So tauml‘ ich von Begierde zu Genuss / Und im Genuss verschmacht ich nach Begierde.“ (27)

Hinter der Bedürfnisspannung der Sucht findet sich regelmäßig eine tief sitzende Konfliktspannung, die dem Suchtabhängigen meist gar nicht bewusst ist. Als deren Ursache nennt *Viktor Frankl* in nahezu 100% der Fälle eine existenzielle Frustration und ein tiefgreifendes Sinnlosigkeitsgefühl bei weitgehendem Verlust an Lebenssinn. (28) Der tiefere Grund hierfür liegt meiner Ansicht nach in einer charakterlichen Ich-Schwäche, verursacht durch anlagebedingte Labilität, erzieherische Verwöhnung und Verwahrlosung, oder in einer seelischen Unreife. Eine Studie der Psychiatrischen Universitätsklinik in Zürich bei 248 suchtkranken Jugendlichen zeigte, dass diese mehrheitlich aus unvollständigen, gestörten oder zerrütteten Familien stammten. (29) Jede Sucht nimmt daher ihren Anfang in früher Kindheit und Jugend und ist regelmäßig auf eine Störung in den Liebes- und Gefühlsbeziehungen zurückzuführen. So ist die Süchtigkeit als seelische Entzugserscheinung die Folge einer frühen gefühlsmäßigen Verarmung und seelischen Mangelernährung.

Aus diesen Gründen ist es recht mühsam, suchtkranke Menschen einer Therapie zuzuführen, weil sie in ihrem Suchtweg oft den einzigen

Fluchtweg aus ihrer fatalen Situation sehen wollen. Von sich aus nehmen sie nur unter großem Leidensdruck fremde Hilfe an. Unter fachlicher Unterstützung müssen sie lernen, auf Ausflüchte und Scheinlösungen zu verzichten, um echte Konfliktverarbeitungen einzuüben. Dabei müssen Selbstvertrauen und Verzichtstärke geweckt werden. Gleichzeitig müssen tragfähige zwischenmenschliche Beziehungen aufgebaut werden.

Wichtig ist vor allem, sich der wahren Bestimmung des Menschen bewusst zu werden und sich mit dem Psychologen *Thorwald Dethlefsen* zu sagen: „Der Mensch wird nicht in diese Welt hineingeboren, um in Faulheit den Schein der Sonne zu genießen, sondern um sich zu entwickeln und nach seinen Fähigkeiten der Welt zu dienen." (30)

2.5 Stress und Burnout

Steht eine elektrische Leitung unter zu großer Spannung, kommt es zu einem Kurzschluss. Wenn eine Stahlfeder zu wenig oder zu stark gespannt wird, verliert sie ihre Zugkraft. Wird die Saite eines Musikinstrumentes zu gering angezogen, erzeugt sie einen dumpfen Klang, wird sie übermäßig gespannt, ertönt ein Misston. Dies sind Vergleichsbilder zu Leistungsstress bei Unterforderung oder Überforderung. Leidet ein Mensch darunter auf Dauer, wird er gereizt, unruhig, leistungsgestört und sogar krank.

Das deutsche Lehnwort *Stress* bedeutet Druck, Belastung und Anspannung. Es wird abgeleitet vom englischen *stretch* für ziehen, strecken, spannen, übertreiben. Im übertragenen Sinn heißt es auch, zu stark fordern und beanspruchen. Der Begriff „Stress" wurde im Jahr 1936 vom ungarisch-kanadischen Psychologen *H. Selye* in die Arbeitswelt eingeführt. (31) Ein gesundes Maß an Herausforderungen ist für unsere Leistungsbereitschaft notwendig, denn wer nicht gefordert wird, wird auch nicht gefördert. Der natürliche Zustand des gesunden Lebens besteht im rhythmischen Wechsel von Anspannung und Entspannung, von Bewegung und Ruhe, von Arbeit und Muße. Im harmonischen Wechselspiel von Spannung und Entspannung werden Erfolg versprechende Kräfte frei.

Es lassen sich zwei Arten von Stress beschreiben: Der *Eu-Stress* (gr. *eu*: gut, günstig) und der *Di-Stress* (gr. *di*: entzweit, schlecht). Der *positive* Stress macht uns begeistert und entflammt uns für eine Idee oder neue Absichten. Als Impulsgeber beflügelt er uns zu neuen Taten, treibt uns an zur Übernahme neuer Aufgaben und Tätigkeiten. In diesem Zustand fühlen wir uns in Hochform. Wir sind wie besessen von kreativen Gedanken, die wir möglichst bald in die Tat umsetzen wollen, so dass wir alles andere um uns herum vergessen. Dieser Zustand begünstigt unseren Tatendrang und unsere Einsatzfreude. Er verleiht, je nach dem Beweggrund, unserem Tun einen speziellen Sinn. Dieser Stress gleicht der gespannten Antriebsfeder eines mechanischen Uhrwerks, welche diese in Gang setzt. Dieser positive Stress wird gefördert durch die *Selbstmotivation:* „Ich kann und ich will!" Der *negative* Stress ist ein Energieräuber ersten Ranges. Zu diesem kommt es in einer ungewünschten Drucksituation, die eine andauernde Überspannung ohne die Möglichkeit der Entspannung zur Folge hat. Es handelt sich meist um einen Energiestau, ausgelöst durch eine Blockade im Wechsel von Anspannung und Entspannung. Diese Situation gleicht dem Autofahrer, der mit angezogenen Bremsen Vollgas gibt.

Unter einer *Überforderung* haben jene Menschen zu leiden, von denen etwas zu früh oder im Übermaß gefordert wird. Statt sie zu fördern, werden sie in ihrer körperlichen oder seelischen Leistungsfähigkeit vergewaltigt. Es handelt sich häufig um Söhne und Töchter ehrgeiziger Eltern, die sie mit ihren übertriebenen Erwartungen stressen. Sie gleichen Bäumen, die Früchte tragen sollen, bevor sie dazu reif sind. Daher mahnte der Bauerndichter *Karl Heinrich Waggerl*: „Man kann den Birnbaum nicht mit der Peitsche antreiben, damit er vorzeitig Früchte trägt, oder den Weizen nicht an den Wurzeln kitzeln, dass er schneller wächst. Sollte der Mensch umso vieles anders beschaffen sein? Ich glaube es nicht. Auch in ihm herrscht ein ordnendes Gesetz, ihm allein eigen und gemäß. Er kann vieles auf der Welt durcheinander bringen, zu seinem Vorteil, wie er meint, aber an jenes Gesetz darf er nicht rühren, oder es ist sein Verderben." (32)

Die Hauptgründe für diese Zustände sind Verwahrlosung oder Verwöhnung im Kindes- und Jugendalter. Die *Verwahrlosung* führt zur seelischen Verarmung, meist verursacht durch einen Mangel an Geborgenheit in den ersten Lebensjahren oder durch eine lieblose Eltern-Kind-Beziehung. Dagegen geht die *Verwöhnung* häufig auf eine allzu nachsichtige Erziehung durch ängstliche, überbehütende Eltern zurück. Wie es zur Verwöhnung kommen kann, erklärte *José Ortega y Gasset* (1883-1955) mit folgenden Worten: „Jemanden verwöhnen heißt, seine Wünsche nicht beschneiden, ihm den Eindruck geben, dass er alles darf und zu nichts verpflichtet ist. Ein Mensch, der unter solchen Bedingungen aufwächst, hat seine Grenze nicht erfahren, weil ihm jeder Druck von außen und jeder Zusammenprall mit anderen Wesen erspart bleibt. So glaubt er schließlich, er sei allein auf der Welt, und er lernt nicht mit anderem, vor allem nicht mit Überlegenem zu rechnen." (33)

Sowohl die Unterforderung als auch die Überforderung können einen Stresszustand auslösen. Im Allgemeinen ist der Stress eine körperlich-seelische Reaktion auf eine äußere oder innere Drucksituation, die mit der Zeit zu einem Burn-out-Syndrom, zu einem Ausgebranntsein, führen kann. Menschen, die unter diesem „Ausgebranntsein" zu leiden haben, fühlen sich wie ausgelaugt und aufgebraucht. Die seelischen Batterien als Energiereservoir sind leer, und die Energiezufuhr ist versiegt. Häufig bedrückt sie auch ein ausgesprochenes Sinnlosigkeitsgefühl. (34)

Nicht wenige Menschen setzen sich aus persönlichem Ehrgeiz oder wegen ihres übertriebenen Pflichtgefühls selber unter Druck. Es sind jene, die sich ständig auf Trab halten durch Redewendungen wie „müssen" und „sollen". Ihr Alltag wird begleitet von „schnell", „geschwind" und „sofort". Von sich verlangen sie nicht optimale, sondern perfekte Leistungen. Deshalb haben sie auch Mühe, Arbeiten anderen anzuvertrauen, mit der Begründung: „Ich mache es lieber selber, dann weiß ich, dass es gemacht ist." In der heutigen Leistungsgesellschaft ist der Di-Stress eine alltägliche Erscheinung, unter dem viele Arbeitsnehmer zu leiden haben. Wenn in kürzerer Zeit immer mehr verlangt wird, setzt dies die Menschen zunehmend unter Druck. Auch die Hast und Hektik außerhalb der Arbeitszeit ist, obwohl weitgehend selbstverursacht, ein wichtiger Stressfaktor. Die Stressanfälligkeit und die stressbedingten Arbeitsausfälle haben bei uns in letzter Zeit deutlich zugenommen. Das Institut für Arbeits- und Sozialhygiene in Karlsruhe hat festgestellt, dass der Stresspegel innerhalb von zwanzig Jahren um 44% zugenommen hat. Dabei traf es nicht nur die allgemeine Belegschaft in Industrie und Wirtschaft, sondern zu 85% auch deren Führungskräfte. (35)

Als die häufigsten *äußeren* Ursachen für Stress können genannt werden:

- Zeit- und Termindruck, ungenügende Erholungszeiten, das Nichteinhalten von vorgeschriebenen Arbeitspausen, Verfügbarkeit rund um die Uhr.
- Beziehungsstress am Arbeitsplatz wegen ungenügender Zusammenarbeit, fehlende Anerkennung und Wertschätzung.
- Überforderung durch die Einführung neuer Arbeitstechniken.
- Reizüberflutung durch Umwelteinflüsse wie Lärm, Geräusche, Gerüche, Elektrosmog.
- Ungenügende Anreize zur Leistungssteigerung durch den Arbeitgeber.
- Schlechtes Arbeitsklima, Mobbing durch Mitarbeiter.
- Zusätzliche Mehrbelastung durch neben- und außerberufliche Tätigkeiten.

Unter den *inneren* Ursachen von erhöhtem Stress sind zu nennen:

- Überforderung wegen ungenügender Eignung und Neigung.
- Falsche Einschätzung der eigenen Leistungsfähigkeit und Belastbarkeit.
- Gefühle der persönlichen Unterlegenheit und Minderwertigkeit bei geringem Selbstbewusstsein.
- Mangelhafte Arbeitshaltung sowie erhöhte Konzentrations- und Gedächtnisschwäche.
- Ungenügende Motivation, Mangel an Einsatzfreude und Leistungsbereitschaft.
- Konflikte im persönlichen und familiären Umfeld, häufig nach Trennung und Scheidung.

Der Schweizer Gewerkschaftsbund „Syna" hat im Jahr 2014 an einer Bildungsveranstaltung das Burnout-Syndrom thematisiert und dabei folgende zwölf Phasen aufgezeigt, welche dieses Krankheitsbild kennzeichnet (36):

1. Die Betroffenen setzen sich zu hohe Ziele, um Anerkennung zu gewinnen.
2. Sie wollen mit überhöhten Leistungen ihren übermäßigen Ansprüchen genügen.
3. Sie versuchen Ermüdungserscheinungen zu missachten oder durch Aufputschmittel zu überwinden.
4. Konflikte werden verdrängt und eigene Fehlleistungen werden gerne übersehen.
5. Die private und berufliche Wirklichkeit wird falsch eingeschätzt und verzerrt wahrgenommen.
6. Körperliche und seelische Krankheitssymptome werden kaum ernst genommen.
7. Das soziale Umfeld wird als bedrohlich oder als zu wenig verständig erlebt.
8. Die eigene Umgebung wird auf die Verhaltensänderung der überforderten Person aufmerksam.
9. Antriebsloses und zielloses Benehmen und Handeln fällt zunehmend auf.
10. Das innere Leeregefühl wird durch Angst und Mutlosigkeit geprägt.
11. Depression, Niedergeschlagenheit und Verzweiflung machen sich breit.
12. Das Immunsystem ist geschwächt und die Krankheitsanfälligkeit nimmt zu.

Als *Folgen* von Dauerstress können sich im *körperlichen* Bereich einstellen: Nervöse Reizbarkeit, Schlaf- und Appetitlosigkeit, Verspannungskopfweh, Schulter- und Rückenbeschwerden, Gelenkschmerzen, Magen- und Darmprobleme, Herz- und Kreislaufbeschwerden. In ihrem *seelischen* Verhalten fallen gestresste Menschen auf durch chronische Niedergeschlagenheit, Verstimmungen, andauernde Unlustgefühle, Ohnmachtsanfälle, Schlafstörungen, Depressionen und existenzielle Ängste bis hin zur Suizidgefährdung. Bei solchen Stress-Erkrankungen helfen Medikamente auf die Dauer nicht. Diese beseitigen nur vorübergehend die Stress-Symptome. Die eigentlichen Ursachen beheben sie nicht. Hierzu ist meist eine Beratung oder Behandlung durch erfahrene Fachpersonen auf dem Gebiet der Medizin, der Psychiatrie und Psychologie erforderlich.

Eines der tauglichsten Mittel gegen Stress für die tägliche Selbstanwendung ist die *Muße*. Damit ist nicht ein Nichtstun und Untätigsein gemeint, sondern ein entspannendes und erholsames Tun. Muße ist nicht zu verwechseln mit Müßiggang. Der Müßiggänger vergeudet seine Zeit mit sinnlosem Getue. Wer sich der Muße hingibt, verschafft sich vertiefte Lebensfreude. Muße bedeutet das freiwillige, ungezwungene Tätigsein in Ruhe und Gelassenheit. In den Mußestunden ersetzen wir das Müssen durch das Dürfen, das Sollen durch das Können, die Pflicht durch Freiwilligkeit. Mußezeiten schaffen einen wohltuenden Ausgleich gegenüber den täglichen Herausforderungen, die der Lebens- und Überlebenskampf von uns fordert und uns manchmal auch überfordert. Wer dies schadlos überstehen will, der braucht die Zuflucht in einen erholsamen Ausgleich, in dem wir uns mit Dingen beschäftigen, die uns Freude bereiten. Die Muße baut Stress ab. Sie dient der Entspannung und dem Kräftesammeln. In der Muße können wir unsere Batterien wieder aufladen.

Elisabeth Lukas sieht folgenden Zusammenhang zwischen Stress und Muße: Der Stress hat eine Beziehung zu den Anforderungen der Zukunft und die Muße eine solche zur Vergangenheit. Sie schreibt: „Wehe, wenn Stress keine Zukunft und Muße keine Vergangenheit hat! Wenn Arbeit ziellos geschehen muss und die Pause keine zufriedene Resonanz auf eine vergangene Tätigkeit in sich birgt. Dann, und nur dann, wird Stress so unerträglich, weil man nicht weiß, wozu er gut sein soll, und dann auch wird müßige Freizeit so schrecklich langweilig und nichtssagend, weil man nicht weiß, was Ausruhen bedeuten soll.“ (37)

Mit der Unterforderung und Überforderung verhält es sich wie mit einer Kerze. Wenn diese nicht brennt, verstrahlt sie kein Licht. Wenn sie aber an beiden Enden brennt, ist sie vorzeitig ausgebrannt. Die rechte Anwendung schildert folgende Symbolgeschichte, erzählt von *Gabriele Unkelbach*: Das Zündholz sprach zur Kerze: „Ich habe den Auftrag, dich anzuzünden.“ „Nur das nicht!“, wehrte sich die Kerze verängstigt, „brennen tut doch weh!“ Das Zündholz gab zu bedenken: „Anzünden ist das Einzige, zu was ich bestimmt bin. Kann ich nicht Feuer entfachen, verpasse ich mein Existenzrecht und gehe an meinem Auftrag vorbei.“ „Gut, das sehe ich ein“, sagte die Kerze, „aber was hat das mit mir zu tun?“ „Du bist als Kerze dazu ausersehen, Licht und Wärme zu spenden. Willst du dein Leben lang kalt und starr bleiben, ohne deine Aufgabe zu erfüllen?" Da jammerte zaghaft die Kerze: „Wenn du mich anzündest, schwinden meine Kräfte dahin und meine Tage sind gezählt. Niemand wird künftig meine Schönheit bewundern." „Ja, das stimmt", gab das Zündholz zu, „aber ist es nicht das Geheimnis unserer Berufung, Licht zu verstrahlen. Du sollst für andere leuchten. Alles, was du an Kraft durch deine Flamme verzehrst, wird in helles Licht getaucht und wird andere erfreuen. Wenn du dich aber verweigerst, breitet sich Finsternis aus dort, wo du stehst." Nun besann sich die Kerze eine Weile. Auf einmal spitzte sie ihren Docht und sprach voller Erwartung: „Zünde mich an!" (38)

2.6 Sich selber steuern

Vor einigen Jahren kam eine junge Frau, die mit einundzwanzig Jahren bereits geschieden war, zu mir in die psychologische Sprechstunde, weil sie sich von allzu frühen Lebensstürmen arg bedrängt fühlte. Als ich sie fragte, ob sie eine religiöse Überzeugung habe, meinte sie in etwas überheblichem Ton: „Mir genügen mein Psychologe und seine Psychotherapie." Da fiel mir ein Vergleich ein, und ich erklärte ihr: „Sie kommen mir vor wie ein Mensch in einem Segelboot auf stürmischer See. Die Psychologie vermag Ihnen zu sagen, wie die gegenwärtigen Wind- und Wetterverhältnisse in ihrer Seele sind. Die Psychotherapie leitet Sie an, wie Sie die Segel setzen müssen, um nicht abgetrieben zu werden. *Wohin* aber die Fahrt führen soll, sagt Ihnen nur eine religiöse Weltanschauung. Jeder hat zu lernen, das Steuer seines Lebensschiffes selbst in die Hand zu nehmen. Zu viele Menschen überlassen ihr Boot ziellos den Strömungen von Mode und Zeitgeist.

Wer sich selber steuern will, der muss eine Reihe von Bedingungen erfüllen, um sich nicht vom anfänglich gewählten Kurs abbringen zu lassen. Zunächst sollte er sein Fahrzeug kennen und beherrschen lernen. Das betrifft unsere körperlich-seelische Eigenart und Beschaffenheit. Es ist für uns als menschgewordene Geistwesen ein großes Glück, ein fahrtüchtiges Gefährt für unsere Lebensreise zu besitzen. Ohne dieses wären wir ungeschützt den Wellen und Wogen des Zufalls ausgeliefert. Dabei haben wir darauf zu achten, dass unser Schiff wohl im Wasser ist, das Wasser aber nicht im Schiff. Seien wir uns also bewusst, dass wir gegenwärtig wohl *in* dieser materiellen Welt, aber nicht *von* dieser Welt sind. Unser Heimathafen und Ankerplatz liegt in der geistigen Welt.

Auch der sorgfältige Gebrauch der uns zugeteilten Lebensenergie ist für die vorgesehene Lebensfahrt von entscheidender Bedeutung. Jeder unnötige Verlust könnte unsere Fahrt verkürzen und das Etappenziel verfehlen lassen."

Dieser Vergleich meint: Wenn wir durch falsche Lebensweise unseren Energiehaushalt nicht genügend überwachen, fehlt uns die erforderliche Lebenskraft, um das Steuer der Selbstverantwortung im Griff zu halten. Entscheidend ist auch, die mitgeführte Fracht sorgfältig auszuwählen. Wer flott vorankommen will, darf sein Lebensschiff nicht mit Nebensächlichkeiten überladen. Je mehr wir uns bei all unserem Tun auf das Wesentliche beschränken, desto weniger Energie verbrauchen wir und umso leichter geht unsere Lebensfahrt voran. Verzichten wir daher auf allen unnötigen Ballast durch oberflächliche Betriebsamkeit und vergnüglichen Lebensgenuss. Da höre ich schon einige rufen: „Da hat man ja nichts vom Leben!" Es sind genau jene, die am Ende klagend fragen werden: „Soll das nun alles gewesen sein für das kurze Leben und den langen Tod?" Diesen möchte ich die Mahnung des Mystikers *Angelus Silesius* (1624-1677) mitgeben: „Mensch, werde wesentlich. Denn wenn die Zeit vergeht, fällt der Zufall weg, das Wesen aber, das besteht."

Wer auf großer Schiffsfahrt ist, der muss von Navigation einiges verstehen. Er sollte hierzu geschult und ausgebildet sein. Was nützt es dem Kapitän, wenn er seine Schiffsmotoren kennt, aber von Kompass und Sextant keine Ahnung hat! Diese Bordinstrumente dienen dem Steuermann als Orientierungshilfen. Wir können diese vergleichen mit unserem moralischen Gewissen. Auf diese innere Stimme sollten wir hören, damit uns jede Irrfahrt erspart bleibt. Auch besteht die Möglichkeit, durch Funkkontakt mit der Küstenwache in Verbindung zu treten, um nötigenfalls von dort Anweisungen zu bekommen. Damit sind sinnbildlich geistige Hilfen „von oben", aus einer höheren Dimension, gemeint, die uns weiterhelfen können. Erforderlich hierzu ist die entsprechende Einstellung der richtigen Wellenlänge durch eine vertrauensvolle Gesinnung. Gerät unsere Lebensfahrt bei Klippen und Untiefen in Gefahr, sind wir gut beraten, die Hilfe eines Lotsen in Anspruch zu nehmen. Solche rettende Aufgaben kommen im Leben jenen

Menschen zu, deren Beruf es ist, solche Gefahrenstellen zu kennen und beratend beizustehen. Wir nennen sie fachlich geschulte Lebensberater, nämlich hierfür ausgebildete Seelsorger, Ärzte oder Psychologen. Diese Fachpersonen gehören heute zu jedem „Careteam".

Ein weiteres Hilfsmittel ist eine geografische Karte, ein Reiseführer oder ein Fahrplan, auf dem die befahrbaren Routen eingezeichnet sind. Wir können diese mit dem Lebensplan vergleichen, der für jeden Menschen von den „Herren des Karma" entworfen und bei der Geburt mitgegeben wird. In diesem sind die wichtigsten Stationen seines Lebenslaufes eingetragen. Ihnen sollen wir folgen und unseren Lebenskompass danach ausrichten, denn sie führen uns zum vorgegeben Ziel. Es sind dies die schicksalhaften Programmierungen, denen wir ehemals zugestimmt haben, um mit uns selber weiterzukommen. Nach diesen sollte sich unser Lebenslauf vollziehen. Nun verstehen wir auch die Worte des französischen Philosophen *Henri Bergson* (1859-1941): „Die Ereignisse kommen nicht, sie sind schon da. Wir gehen im Laufe des Lebens an ihnen vorüber." Es ist, als wenn wir mit unserem Boot an immer neuen Uferpartien und Landeplätzen vorbeifahren, welche nur für kurze Zeit in unser Bewusstsein treten, aber schon lange da sind. Ob wir sie benutzen wollen, um an Land zu gehen, hängt von unserem freien Willen ab.

Drohen wir im Verlauf unserer Lebensfahrt abzudriften und unseren Kurs zu verlieren, kann es vorkommen, dass wir von einem Wachposten einen „Warnschuss vor den Bug" bekommen. So etwa durch unerwartete Veränderungen und dramatische Ereignisse in unserem Leben. Dieser soll unser Bewusstsein aufrütteln und unsere Aufmerksamkeit wachhalten, wenn wir im Begriff sind, am Steuer einzuschlafen. Auch für unser irdisches Leben gibt es derartige jenseitige Wächter, die wir Schutzengel, Geistführer und Führerengel nennen. Deren Weckrufe sollten wir bei Gefahr beachten. So kann eine Krankheit, ein Unfall oder ein Schicksalsschlag uns davor warnen, uns an Bord unaufmerksam zu verhalten.

Im mitgeführten Logbuch werden vom Schiffsführer alle wichtigen Vorkommnisse nach Ort und Zeit sorgfältig eingetragen, damit am Ende der Fahrt darüber ein einsehbarer Bericht vorliegt. So führt auch jeder Mensch ein solches Buch bei sich. Wir nennen es das „Buch des Lebens", von dem es in heiligen Büchern heißt, dieses werde bei unserer Ankunft in der Jenseitswelt von Richterengeln aufgeschlagen, damit all unser Tun und Lassen offenbar werde. Menschen, die schon einmal klinisch tot waren und eine außerkörperliche Nahtod-Erfahrung erlebt haben, bestätigen dies immer wieder und gestehen, dass sie seither ihre Lebenseinstellung geändert haben.

Mit dem Lebensglück und Lebenserfolg ist es wie mit dem Wind. Wir können dessen Stärke und Richtung nicht selbst bestimmen. Wenn wir mit unserem Lebensschiff unterwegs sind, können wir dessen Kraft nützen, indem wir die Segel richtig setzen und das Steuer zielgerecht führen. Entscheidend ist es, dass wir eines Tages zur richtigen Zeit und am rechten Ort an den jenseitigen Gestaden ankommen, wo wir hoffentlich von „Abholern" aus der geistigen Welt freundlich erwartet werden. Der Dichter *Manfred Kyber* sah dies so:

Einmal wird das Ende aller Irrfahrt sein.
Müdgewordene Hände ziehen die Ruder ein.
Leise ruft der Rufer allen Sturm zur Ruh.
Einem anderen Ufer treibt der Nachen zu,
Und die vor mir gingen, schauen nach mir aus,
Um mich heimzuführen in mein ewiges Haus.
Dankbar knie ich nieder in den Silbersand:
O nimm mich wieder, seliges Sonnenland!

2.7 Das Leben bejahen

Das Leben ist in hohem Maße achtens- und liebenswert, denn es ist mit Sicherheit die erstaunlichste Errungenschaft in unserem Universum. Bis heute konnte noch kein Naturwissenschaftler eindeutig beweisen, wie das Leben auf unserer Erde entstanden ist. Auch ist es bis heute noch in keinem Labor gelungen, auf künstlichem Wege nur eine einzige lebende Zelle zu schaffen. Das Leben jedes einzelnen Lebewesens Mensch ist ein Wunderwerk der Natur. Wir dürfen annehmen, dass jedes Lebewesen, so auch der Mensch, in seinem Dasein einem offenen oder verborgenen Sinn dient. Etwas Sinnloses, Unsinniges oder Widersinniges gibt es in der ganzen Natur nicht. Für uns Menschen wird das Dasein sinnvoll, wenn wir fähig sind, unser Leben bewusst zu bejahen. In der Fähigkeit des Bejahens und Verneinens unterscheidet sich der Mensch vom Tier. Er allein besitzt die Möglichkeit, ichbewusst zu unterscheiden und zu entscheiden.

Wir können das menschliche Leben vergleichen mit einem Rollenspiel auf der großen Weltenbühne, wie es *Hugo von Hofmannsthal* (1874-1929) in seinem „Salzburger Großen Welttheater" als „Spiel des Lebens" vorgestellt hat. Wir kommen mit bestimmten körperlich-seelischen Merkmalen und Ausrüstungen zur Welt, die unserer Rolle gerecht werden. Haben wir einmal zu unserer Lebensrolle Ja gesagt, müssen wir sie so spielen, wie sie festgelegt ist. Wir können sie während unseres Auftritts auf der Bühne des Lebens nicht umschreiben oder vertauschen. Es braucht Mut, sie so zu übernehmen, wie sie vorgesehen ist. Wer sich dem verweigert, verunmöglicht nicht nur sein eigenes Spiel. Er beeinträchtigt damit auch den Auftritt seiner Mitspieler und kann sich dadurch schuldig machen. Ich hatte in meinen Studentenjahren einmal die Gelegenheit, in einem Welttheater die Rolle des Teufels zu spielen. Nach der zehnten Aufführung wurde ich vom Schauspielleiter nicht dafür gelobt, *was* ich gespielt, sondern *wie* ich gespielt habe. Auch im Leben ist es so.

Wir müssen auch unsere Um- und Mitwelt, in die wir eingetreten sind, bejahen und das Beste daraus machen. Es gibt so viel Schönes in unserer Welt, das unserer Zuneigung wert ist: Blumen, die am Wege blühen, der zutrauliche Blick eines Tieres, das freundliche Lächeln eines Menschen, der uns spüren lässt, dass er es gut mit uns meint. Wer sein Leben bejaht, erfüllt es mit Daseinsfreude und tiefem Sinn, unabhängig davon, wie viele Jahre es dauert. Wer sich seinem Dasein nicht vorenthält und dem Leben nicht nur mehr Jahre, sondern den Jahren auch mehr Leben verleiht, dem wird es immer wieder gelingen, sich auf dessen Sonnenseite zu stellen. Wir erleben unsere Außenwelt stets als Spiegelung unserer eigenen Innenwelt. Beherzigen wir die Worte des Schriftstellers *Carl Zuckmayer* (1895-1977):

> Die Menschen, die da meinen
> die Welt sei schlecht gemacht,
> sind nicht mit sich im Reinen
> und noch gar nicht recht erwacht.

Das bejahende Denken ist eine positive Kraft, die aufbauend wirkt. Jeder trägt und erträgt so viel, als er bejahen kann. Sagen wir Ja zu unserer Eigenart, zu unserer Herkunft und zu unserer Welt, in die wir hineingestellt sind. Sagen wir Ja zu dem, was wir sind und was wir haben. Dies schafft Zufriedenheit und Lebensmut. Nehmen wir auch die anderen so an, wie sie geartet sind. Durch unsere bejahende Einstellung können wir eine enorme Energie freisetzen, mit der wir Hemmungen und Hindernisse überwinden.

Wer sein Leben bejaht, der vermag es auch zu lieben. Dies ist eine wichtige Voraussetzung, damit uns das Leben gelingt. Dabei kann es nicht immer so erlebt werden, wie es gerne besungen wird mit dem Lied: „So ein Tag, so wunderschön wie heute." Es gibt manchmal traurige und triste Tage. Auch zu diesen müssen wir Ja sagen können. Vom altpersischen Religionsstifter *Zarathustra* (630-553 v. Chr.) sollen folgende Worte stammen: „Was du brauchst, ist bei dir. Gott schenkt alles. Vertraue, glaube und bejahe. Nichts kann dir schaden, wagst du und bejahst du dein Leben." Ein großartiges Zeugnis dafür, wie selbst schwerste und schlimmste Lebensbedingungen einen seelenstarken Menschen mit einem gefestigten Ich befähigen, zu überleben, ist *Viktor Frankl,* der während vier Jahren die Gefangenschaft in mehreren NS-Konzentrationslagern überstanden hat. Nach seiner Befreiung im Jahr 1945 schrieb er innerhalb von drei Wochen das in zahlreichen Sprachen und in hohen Auflagen erschienene Buch: „...trotzdem zum Leben Ja sagen". (39) Seine Schülerin und Nachfolgerin *Elisabeth Lukas* führt seine sinngebende Existenzanalyse und Logotherapie weiter und bestätigt uns: „Beobachtungen an Hunderten von gesunden und kranken, von wohlsituierten wie notleidenden Menschen haben uns gelehrt, dass das Leben ausnahmslos dann bejaht werden kann, wenn es als sinnvoll empfunden wird. Und dies ist in der Tat unabhängig davon, ob es Schmerz oder Glück für einen bereithält. Das sinnvolle Leben ist das bejahenswürdige Leben." (40) *Albert Schweitzer* hat sich in seinen Lebenserinnerungen zu folgender Überzeugung bekannt: „Lebensbejahung ist die geistige Tat, in der der Mensch aufhört, sinnlos dahinzuleben, und anfängt, sich seinem Leben mit Ehrfurcht hinzugeben, um es auf seinen wahren Wert zu bringen." (41)

Wenn etwas Unangenehmes und Unerwünschtes auf uns zukommt, setzen wir diesem in der Regel ein Nein entgegen, um es abzuwenden, ohne zunächst nach dessen Sinn zu fragen. Auf diese Weise verunmöglichen wir es, eine Gefahr, eine Schwierigkeit oder ein Problem in seiner Bedeutung zu verstehen und richtig einzuordnen. Dadurch verhindern wir oft auch eine wichtige Erfahrung, die für unsere weitere Entwicklung wichtig sein könnte. Weder das Beglückende noch das Schmerzliche geschieht zufällig und wie von ungefähr. Oft wehren wir uns mit Händen und Füßen gegen das, was doch gut für uns sein könnte. Dessen Sinn zu verstehen, ist unsere Aufgabe. Daher mag es ratsam erscheinen, uns jeweils zu fragen: „Wer weiß, wozu das gut ist?"

Durch das Bejahen können wir sogar unsere Leiden entschärfen. Dies ist das Geheimnis der sogenannten Schmerzlosigkeit, wie sie von Magiern und Yogis vorgeführt wird. Wenn wir einen Schmerz bejahend annehmen, spüren wir ihn deutlich weniger, als wenn wir uns ängstlich dagegen sträuben. Ich habe dies mehrmals in einem Selbstversuch bei meinem Zahnarzt erprobt, indem ich mich entspannte und dem Schmerz anvertraute. Auf diese Weise konnte ich selbst Zahnwurzelbehandlungen ohne schmerzstillende Medikamente ertragen.

Durch ein bejahendes Denken bereichern wir unser Leben. *Friedrich Nietzsche,* der sein ganzes Leben lang an vielfältigen Beschwerden litt, hat erfahren: „Wenn wir Ja sagen zu einem einzigen Augenblick, so haben wir damit nicht nur zu uns selbst, sondern zu allem Dasein Ja gesagt." (42) Diesem ähnlich wusste *K. O. Schmidt,* der Verfasser von über achtzig Lebenshilfe-Büchern: „Die stete Bejahung des Guten bringt uns in innige Verbindung mit dem unendlichen Geist des Guten und mit dem Strom des Glücks. Im gleichen Maße wird die innere Führung zum Guten, der ‚Zug nach oben' spürbar und wir fühlen, was jeweils zu tun oder zu lassen ist, damit nur Gutes in unserem Leben Eingang finde." (43) In seinem Buch „Richtig denken – richtig leben" empfiehlt er: „Sage täglich hundertmal Ja zum Leben und zur Welt, zu den Menschen und Dingen, zum Glücklichsein und Erfolghaben; denn jedes bewusst gesprochene Ja ist ein ‚Es werde!', durch das du, dem Schöpfer gleich, das Bejahte ins Dasein rufst." (44) Im gleichen Sinne meinte die große italienische Schauspielerin *Eleonore Duse* (1859-1924): „Sage ja zu deinem Leben, und alles wird leichter zu ertragen sein." „Dem Ja gegenüber ist jedes Nein wehrlos", versichert uns *Paul Mühsam.* „Das Nein ist die Ausgeburt des Endlichen, aber die Heimat des Ja ist die Unvergänglichkeit. Darum ist nicht das Nein, sondern das Ja das letzte Wort Gottes.“ (45)

Zur Bejahung des Lebens gehört auch die Liebe zum Leben. Der Schriftsteller *C. F. Ramuz* gesteht in seinen Tagebüchern: „Selbst in meinen schlimmsten Augenblicken habe ich nie aufgehört, das Leben leidenschaftlich zu lieben.“ (46) Die Liebe zum Leben erwächst uns aus der frohen Hingabe an einen Auftrag, an eine sinnvolle Lebensaufgabe und aus dem Bewusstsein, nicht umsonst gelebt zu haben. Das kann sich aus der beruflichen Arbeit ergeben, aus der Fürsorge für andere Menschen, aus einer zufriedenstellenden Tätigkeit. Die innere Gewissheit, dass wir unserem Dasein einen echten Sinn geben können, macht das eigene Leben liebenswert. Wie aus einer beständigen Bejahung eine feste Überzeugung wird, hat uns der frühere UNO-Generalsekretär *Dag Hammerskjöld* (1905-1961) vorgelebt: (47)

Du wagst dein Ja
und erlebst einen Sinn.
Du wiederholst dein Ja
und alles bekommt Sinn.
Wenn alles Sinn hat,
Wie kannst du anders leben als ein Ja?

3. Sinnfindung im Leben

Es kommt im Leben nicht so sehr darauf an, *was* wir tun, sondern *warum* und *wozu* wir es tun. Dies will uns die folgende Symbolgeschichte lehren: Ein Mann besuchte einen Steinbruch, wo drei Arbeiter damit beschäftigt waren, rohe Steinblöcke mit Hammer und Meißel zu behauen. Er fragte den ersten: „Was machst du da?" Dieser antwortete mit verbissener Miene: „Ich verdiene hier mein hartes Geld zum Leben." Auf die gleiche Frage erklärte der zweite: „Ich meißele an einem Eckstein für eine Mauer." Nun wollte er auch vom dritten wissen, was er den ganzen Tag hier tue. Dieser rief begeistert aus: „Ich baue an einem Dom." Alle drei verrichteten, rein äußerlich gesehen, die gleiche Arbeit. Ihre Beweggründe und ihre angestrebten Ziele jedoch waren recht verschieden. Diese verleihen einem Handeln oder einem Werk erst seinen Wert oder Unwert. Ob eine Sache für uns sinnvoll oder sinnlos ist, hängt weitgehend davon ab, welchen Stellenwert wir ihr zumessen. Maßgebend ist unsere Einstellung dazu. Weil alles in unserer Welt seine zwei Seiten hat, kommt es sehr darauf an, welcher wir uns zustimmend oder ablehnend, bejahend oder verneinend zuwenden. Davon hängt es ab, ob wir im Leben einen Sinn sehen können oder nicht.

Es ist so immer die *Motivation* (lat. *moveri*: bewegen), nämlich der Beweggrund, der uns in einer Tätigkeit einen Sinn finden lässt. Dabei können wir die Selbstmotivation von der Fremdmotivation abgrenzen. Bei der Selbstmotivation handelt es sich stets um Bedürfnisse, Antriebe, Strebungen und Handlungsgründe, die im tätigen Menschen selbst zu finden sind. So können egoistische Gründe, wie bestimmte Bedürfnisse, Neigungen und Bestrebungen wie Hunger, Ehrgeiz, Macht- und Erfolgssucht, unsere Bereitschaft zum Handeln antreiben. Es können aber auch altruistische Absichten wie Helferwille, Nächstenliebe oder ethische und religiöse Motive dahinterstehen. Bei der Fremdmotivation kommt der Anstoß zum Handeln von außen, etwa von Erziehern, Arbeitgebern, Fachleuten, Autoritäten und Führungspersönlichkeiten. Die Fremdmotivation kann eigentlich nur dann wirksam werden, wenn die von außen herangetragenen Beweggründe vom Handelnden selbst übernommen und in die Selbstmotivation eingebaut werden.

Auf dem Weg zur Sinnfindung müssen wir uns drei Fragen beantworten können: 1. Wer bin ich? Es geht um die Frage der Selbsterkenntnis. 2. Woher komme ich? Hier handelt es sich um die Frage nach unserer Wesensart und unserer Abkunft. 3. Was soll aus mir werden? Hier geht es um die Frage der Selbstverwirklichung.

3.1 Sinngehalt als Lebensziel

Es ist kaum möglich, einem suchenden Menschen direkt zu sagen: Wer er ist und was der Sinn seines Lebens ist. Seinen Lebens- und Daseinssinn muss er selber finden, denn dieser wird so verschieden sein wie es unterschiedliche Menschen gibt. Der persönliche Lebenssinn kann aber auch nicht frei *er*funden, sondern nur *ge*funden werden, nämlich durch eigenes Nachdenken über Ziel und Bestimmung eines jeden Menschen. Der Schriftsteller *C. F. Ramuz* vermerkte in seinem Tagebuch: „Das Leben hat nur den Sinn, den man ihm gibt." Die Psychiaterin *Margarete Mitscherlich* stimmt zu: „Das Leben an sich hat ja keinen Sinn. Jeder von uns muss dem Leben selber einen Sinn geben." (1) Vom Psychologen *Erich Fromm* stammt die Einsicht: „Das Leben besitzt keinen Sinn, außer dem, den der Mensch ihm gibt." (2) Der Lyriker *Martin Kessler* (geb. 1960) ist der Meinung: „Es ist recht müßig zu fragen, ob das Leben einen Sinn hat oder nicht. Es hat den Sinn, den wir ihm geben." Eine etwas andere Auffassung vertrat *Albert Schweitzer*: „Mein Leben trägt seinen Sinn in sich selber. Der liegt darin, dass ich die höchste Idee habe, die in meinem Willen zum Leben auftritt: die Ehrfurcht vor dem Leben. Daraufhin gebe ich meinem Leben und allem Willen zum Leben, der mich umgibt, einen Wert, halte mich zum Wirken an und schaffe Werke." (3) Der Philosoph *Norbert Luyten* ist der Ansicht: „Der Mensch ist sich selber Aufgabe, wie übrigens auch die Welt ihm Aufgabe ist. Sowohl sich selber wie auch der Welt um sich herum steht der Mensch sinngebend gegenüber." (4) *Viktor Frankl* hält dafür, dass wir dem Sinn des Lebens auf dreifache Weise dienen können. „Erstens: Schöpferisch, indem wir ein Werk von bleibendem Wert schaffen. Zweitens: Erlebend dadurch, dass wir die Schönheit der Natur, die Güte eines Menschen erfahren oder einen Menschen lieben. Drittens: Erleidend, nämlich dort, wo sich die Ursache einer Leidenssituation auf keinen Fall beseitigen lässt. Da kommt es darauf an, mit welcher Haltung und innerer Einstellung wir dieses Leiden auf uns nehmen." (5) An anderer Stelle bezeichnet er „die Werke, die wir geschaffen, die Taten, die wir setzten, die Lieben, die wir liebten und die Leiden, die wir mit Würde und Tapferkeit erlitten haben", als die Summe eines sinnerfüllten Lebens. (6)

Recht selbstbezogen umschreibt der Existenzanalytiker *Uwe Böschemeyer* als Sinn des Lebens all das, was dem Einzelnen im Leben wichtig ist, nämlich: „Was mich unmittelbar angeht, was mich persönlich betrifft, was mein Herz höher schlagen lässt, woran ich mein Herz hängen kann, wodurch ich mit mir eins bin, wofür ich da sein will, worin ich von keinem anderen vertreten werden kann." (7) Wiederum anders spricht es der Psychologe *Will Karbon* aus: „Der Sinn liegt ausschließlich in mir selbst, auf allen Ebenen. Kein Vorbild, keine Autorität, kein Dichter, kein Künstler kann mir helfen, meinen Sinn zu finden. Erst wenn ich mich akzeptiere, so wie ich bin, mit all meinen Möglichkeiten und Unmöglichkeiten, kann ich in meinem Leben so etwas wie einen Sinn finden, vorausgesetzt, ich bin mir immer im Klaren darüber, dass es keinen absoluten, sondern nur einen relativen Sinn gibt, und dass ich nur versuchen kann, mich aus all den Vergleichs- und Bewertungsnetzen herauszunehmen, mit denen der Einzelne in der Masse lokalisiert werden soll." (8)

Meiner Meinung nach gleicht das menschliche Leben weder einer Spielwiese noch einem Vergnügungspark oder einem Lustgarten, sondern eher einer Lernschule, wo wir die uns gestellten Prüfungsaufgaben zu lösen haben, um uns weiter zu entwickeln. Es sind uns von Anfang an von den jenseitigen Schicksalsplanern bestimmte Lebensaufgaben zugeteilt, die wir zu erfüllen haben, wollen wir mit unserer geistigen Entwicklung weiterkommen. Sinn und Ziel dieses Lernens ist es, Klasse um Klasse zu bestehen, um schließlich zur geistigen Reife zu gelangen. Dieses Bemühen verlangt von uns Mut zum Durchhalten. Wer den vorgesehenen Zeitplan hierfür nicht einhält, sei es durch eigenes Verschulden, sei es durch Hemmnisse und Hindernisses, die ungewollt auf ihn zukommen, muss neue Wege suchen, damit er den Auftrag erfüllen kann. Wer selbstbestimmend vorzeitig durch Freitod aus dem Leben scheidet, um seinen Problemen und Konflikten zu entfliehen, statt sie zu lösen, dem werden diese in einem nächsten Leben erneut aufgetragen. Daher gab C.G. Jung einer lebensmüden Patientin zu bedenken: „Solange das Leben irgendwie auch nur im geringsten Maße möglich ist – oder im geringsten Maße einen Sinn erkennen lässt – so lange sollte man am Leben festhalten, um es zum Zweck der Bewusstwerdung auszuschöpfen. Vor der Zeit das Leben zu unterbrechen heißt, ein Experiment zum Stillstand bringen, das wir nicht angelegt haben. Wir haben uns darin vorgefunden und müssen es bis zum Äußersten durchführen." (9)

Auch Menschen, die ein Nahtoderlebnis erfahren haben, berichten immer wieder, dass sie sich vorübergehend in der Jenseitswelt aufgehalten haben. Dort seien sie von einem Engelwesen aufgefordert worden, ins irdische Leben zurückzukehren, weil sie noch nicht alle Lebensaufgaben erfüllt hätten. So berichtet eine verunglückte Ärztin im Jahr 2012, dass sie am Eingang der jenseitigen Empfangshalle von Geistwesen angesprochen wurde. „Sie erklärten mir, dass für mich der Moment noch nicht gekommen sei, die Halle zu betreten; ich hätte meine Reise auf Erden noch nicht beendet, müsse weitere Aufgaben erledigen und daher in meinen Körper zurückkehren." (10)

Erst durch die richtige Zielvorstellung bekommt all unser Tun den rechten Sinn. Der Schriftsteller *Christian Morgenstern* (1871-1949) verfasste unter dem Titel „Wir fanden einen Pfad" ein Gedicht, in dessen l. Strophe es heißt:

Wer vom Ziel nichts weiß,
kann den Weg nicht haben,
wird im selben Kreis
all sein Leben traben;
kommt am Ende hin,
wo er hergerückt,
hat der Menge Sinn
nur noch mehr zerstückt.

3.2 Sinnmöglichkeiten im Leben

Sinnvoll zu leben, ist eine Kunst, eine wahre Lebenskunst. Diese fällt uns nicht einfach zu, sondern muss, wie jede andere Kunst, erst erlernt werden. Nur ein sinnvolles Leben ist wirklich lebenswert. Unser Leben ist sinnvoll, wenn es uns Gelegenheit gibt, Werte zu verwirklichen. In diesem Sinne schrieb *Viktor Frankl*: „Der Mensch braucht nicht nur etwas, wovon er lebt, sondern auch etwas, wofür er lebt." Dies geschieht im aktiven Erleben oder im passiven Erleiden. In einem Fernseh-Interview erklärte er: „Wir sind verantwortlich für die Erfüllung jenes Sinnes, der darauf wartet, von uns erfüllt zu werden." (11)

Das Leben eines jeden Menschen trägt verschiedene Sinnmöglichkeiten in sich: Offene oder verborgene, bewusste oder unbewusste, aktive oder passive, freiwillige oder notgedrungene. Wir leben sinnvoll, wenn wir die eine oder andere dieser Möglichkeiten ergreifen und damit unseren Lebensauftrag erfüllen. Die meisten Menschen geben ihrem Leben zunächst einen vordergründigen Sinn und nennen hierzu: Arbeit und Pflichterfüllung, Gewinn und Erfolg, Lust und Vergnügen. Andere finden es sinnvoll, für jemanden zu sorgen, für andere da zu sein oder ihren Mitmenschen zu helfen. Wiederum andere halten es für sinnvoll, ein Werk zu schaffen, ein Unternehmen aufzubauen, um sich und anderen eine Existenzgrundlage zu bieten. Der Sozialpsychologe *Roy Baumeister* nennt folgende drei Gründe, warum unser Leben in alltäglichen Situationen sinnvoll sein kann: 1. Das Leben ist sinnvoll, wenn wir auf ein Ziel hin tätig sein können. Ziellosigkeit ist auf die Dauer unerträglich. 2. Das Leben ist sinnvoll, wenn es nach gefestigten Wertvorstellungen ausgerichtet ist und lebenswerte Inhalte aufweist. 3. Das Leben ist sinnvoll, wenn wir das Gefühl haben, für andere wertvoll und wichtig zu sein. Das steigert unser Selbstwertgefühl. (12) Eine breitgefächerte Palette von Sinnmöglichkeiten präsentiert der Arzt und Psychologe *Wladimir Lindenberg*: „Den Sinn unseres Lebens sehen wir in den positiven Lebenselementen, in der Sicherung unseres Daseins, in der Unantastbarkeit der Person, in ihren freien Entfaltungsmöglichkeiten, im körperlichen und seelischen Wohlbefinden, in der Wärme zwischenmenschlicher Beziehungen und in all dem, was wir schlechthin als Glück und Freude bezeichnen." (13)

Da so manches in unserem Leben zwei Seiten hat, eine Lichtseite und eine Schattenseite, haben wir die Möglichkeit, uns in Gedanken stets auf die Sonnenseite zu stellen und das Leben möglichst von der Gewinnerseite her anzusehen. Es gibt kaum einen Schaden ohne Nutzen. Was wir ehemals bedauert, verwünscht oder verneint haben, erweist sich nicht selten im Nachhinein als Vorteil: Die Arbeitsstelle, die schon vergeben war, die Wohnung, die ein anderer bekam, die Freundin, die mit einem anderen ging; später wurde uns oft der Verlust zum Vorteil, der Schaden zum Gewinn. Diese gedankliche Umstellung zu vollziehen, nennt man in der Logotherapie die *„Einstellungsmodulation*". Unter dieser Methode haben wir die Möglichkeit zu verstehen, dass wir zu einer Krankheit, zu einem Leiden oder Verlust eine positive Einstellung gewinnen sollen.

Ich habe es während meiner psychologischen Beratertätigkeit mehrmals erfahren, dass so manches am Schicksal eines Menschen nicht zu ändern ist. Was er aber ändern konnte, war seine Einstellung und Sichtweise hierzu. So wurde die Sinnfindung zwar nicht zum Heilmittel für ein unabwendbares Geschick, aber zu einem Mittel zum Heil. Dies zeigt folgendes Beispiel: Vor einem Vortrag, den ich in einer Schweizer Stadt zu halten hatte, kam ein älterer Herr zu mir, der von seiner Tochter am Arm geführt wurde. Er machte mir einen sehr bekümmerten und bedrückten Eindruck. Die Begleiterin erklärte mir, dass ihr Vater vor einer Woche seine Frau durch den Tod verloren habe. Wegen dieses Schicksalsschlages habe er jeden Lebensmut verloren. Seine Haltung zum Leben war also völlig ins Negative abgesunken. Indem ich die Methode der Einstellungsänderung anzuwenden versuchte, fragte ich diesen Mann: „Wie hätte es Ihre Frau erlebt, wenn Sie selber vor ihr gestorben wären?" „Entsetzlich! Nicht zum Ausdenken! Meine Frau wäre völlig verzweifelt gewesen", antwortete er mit von Tränen erstickter Stimme. „Sehen Sie", gab ich ihm zu bedenken, „wie gut ist es, dass Ihre Frau Ihnen vorausgehen konnte. Dadurch wurde ihr viel Leid und Schmerz erspart. Und außerdem dürfen Sie hoffen, dass Sie drüben in der anderen Welt einst freudig von ihr erwartet werden." Da richtete sich der gebrochene Mann sichtlich erleichtert auf, schaute mich mit leuchtenden Augen an und verabschiedete sich getröstet. Was er bis jetzt bedauerte, konnte er nun als sinnvoll annehmen.

Vertiefen wir diesen Gedanken noch mehr: Es geht im Leben nicht bloß darum, sich mit seinem Schicksal klaglos abzufinden. Vielmehr geht es um den Anruf und Aufruf von 'höherer Warte' aus, einen sinnvollen Auftrag wahrzunehmen und diesen nach Möglichkeit zu erfüllen. Da jede Lebenssituation eine Sinnmöglichkeit in sich trägt, gibt es eigentlich kein sinnloses Geschehen. Selbst das Leben eines schwerbehinderten Kindes, dass sich seines eigenen Lebens vielleicht nie bewusst wird, erfüllt schon allein durch sein Dasein einen Sinn. Ich kannte ein Mädchen mit einem Down-Syndrom. Dieses galt für bildungsunfähig. Seine Mutter, die eine Lehrerin war, gründete eine Sonderschule für lernbehinderte Kinder, die im ganzen Umkreis breite Anerkennung fand und für viele andere Kinder ein großer Segen wurde. Als ich in den 1960er Jahren eine „Vereinigung für Eltern behinderter Kinder" ins Leben rief, konnte ich den Vater von zwei erwachsenen Söhnen, die an einer angeborenen Stoffwechselkrankheit litten und daher schwer behindert waren, als deren ersten Präsidenten gewinnen. Dieser hat im Verlauf der Jahre mit großem Einsatz mehrere Wohnheime und geschützte Werkstätten für Behinderte errichten können. Ich wage zu behaupten, dass es diese sozialen Einrichtungen in jenem Gebiet in dieser Form vielleicht nicht gäbe, wenn nicht benachteiligte Menschen uns durch ihr Dasein dazu aufgerufen hätten.

Schließlich kann uns auch der Gedanke einen Sinn schenken, dass wir in einem nächsten Erdenleben das erreichen können, was uns in diesem Leben versagt bleibt. Es kann auch sein, dass wir bereits auf früheren Daseinsstufen manchen Sinnauftrag erfüllt haben, um uns im jetzigen Leben anderen Möglichkeiten einer Singebung zuzuwenden. So können wir an jedem Tag und in jeder Stunde sinnvoll leben, wie es *Max Jegenwinter* in einem kleinen Gedicht andeutet:

Diesem Tag Sinn geben,
ihn verantwortungsvoll gestalten,
diesen Tag meines Lebens,
der niemals wiederkehrt.

Dieser Stunde Sinn geben,
sie nützen für mich und andere,
diese Stunde meines Lebens,
die niemals wiederkehrt.

Diesem Augenblick Sinn geben,
ihn so sinnvoll leben wie nur möglich,
diesen Augenblick meines Lebens,
der niemals wiederkehrt.

3.3 Wege zur Sinnfindung

Für den chinesischen Weisheitslehrer *Lao Tse* heißt Sinnfindung „einen Weg zu finden in den Wirren der Welt der Erscheinungen hinein ins Ewige". (14) Diesen Weg zu finden und ihn zu gehen, heißt für ihn, den Sinn unseres Lebens zu finden. Der Mensch hat von Natur aus ein vitales Bedürfnis, seinem Leben einen Sinn zu geben. Wer sein Leben meistern will, der muss ihm einen bleibenden Sinn verleihen. *Viktor Frankl* hat in seiner logotherapeutischen Praxis beobachtet, dass ein Mensch, der in seinem Leben auf einen Sinn ausgerichtet ist, diesem Sinn sich auch zeitlebens verpflichtet fühlt und sich diesem Sinn gegenüber auch verantwortlich weiß. „Ein solcher Mensch hat unvergleichlich größere Überlebenschancen in Extremsituationen als der durchschnittliche andere."

Ein gangbarer Weg, um den Sinn des Lebens zu entdecken, ist zunächst das *Nachdenken* über sein eigenes Wesen und seine eigene Bestimmung. Dieses führt ihn früher oder später dazu, nach dem Sinn seines gegenwärtigen Daseins zu fragen. Da er sich selber auf dem gedanklichen Weg bewusst werden kann, ist er in der Lage, sich zu fragen: Wer bin Ich? Was will ich? Wozu lebe ich? Was hat das Ganze für einen Sinn? Er ist also fähig, sein Leben infrage zu stellen und dieses zu bejahen oder zu verneinen. Weil nichts Sinnloses denkbar ist, muss jeder denkende Mensch sich für seine persönliche Sinnfindung entscheiden. Diese wird sich in erster Linie nach seinen eigenen Bedürfnissen ausrichten. Es handelt sich um seelische Antriebskräfte, die uns dazu bewegen, ein bestimmtes Ziel zu erreichen. Sie erzeugen in uns eine energetische Spannung, die als Triebspannung bezeichnet wird. Diese löst einen Willensimpuls aus, der uns zum Handeln veranlasst. Dieses ist stets auf ein bestimmtes Ziel ausgerichtet, das unserem Handeln einen Sinn verleiht. Die Sinngebung hängt also von dem Bedürfnis ab, das befriedigt werden soll.

Sigmund Freud hielt den Sexualtrieb (Libido) und *Alfred Adler* hielt den Machttrieb für den wichtigsten Beweggrund menschlichen Handelns. Diese recht einseitige und einengende Ansicht erweiterte der amerikanische Psychologe *Alexander Maslow* zu einer vielschichtigen Skala, die er durch seine mehrstufige Bedürfnispyramide veranschaulichte. (15) Dem Menschen ordnete er folgende sechs Grundbedürfnisse zu, die befriedigt werden müssen, soll der Mensch in seinem Leben einen Sinn finden:

1. Die vitalen Triebbedürfnisse: Zu diesen gehören die Sättigung von Hunger, Durst, Bewegungsdrang, Sexualität, Ruhe und Schlaf.
2. Die sozialen Bedürfnisse verlangen nach Obdach, Kleidung, Nahrung, Sicherheit sowie Schulung und Ausbildung, Verdienstmöglichkeit und Altersvorsorge.
3. Zu den emotionalen Bedürfnissen gehören der Wunsch nach familiärer Zugehörigkeit, Aufnahme in eine Gemeinschaft, mitmenschliche Beziehungen und Bindungen sowie Gefühle der Geborgenheit und seelischen Beheimatung.
4. Unter den mentalen Bedürfnissen sind zu verstehen: Die Selbstsicherheit, das Wissen um den persönlichen Eigenwert, das Geltungs- und Erfolgsbedürfnis und die Anerkennung mittels Lob und Bestätigung durch andere.
5. Intellektuelle Bedürfnisse sind: Lerneifer, Wissensdurst, Neugier und Erkenntnisstreben.
6. Zu den spirituellen Bedürfnissen zählen: Streben nach Selbsterkenntnis, Wille zur Selbstbestimmung, Verlangen nach Entscheidungsfreiheit, Sehnsucht nach Selbstverwirklichung.

Besonders wichtig sind jene vitalen Bedürfnisse, die sowohl in der evolutionären Stammesentwicklung als auch in der biologischen Einzelentwicklung sich als Erste melden, um zufriedengestellt zu werden. Daher mahnte *Friedrich Nietzsche*: „Überspringe keine Stufe, denn dies verzeiht dir keine Stufe." Bleibt auf einer früheren Bedürfnisebene ein unbefriedigter Zustand zurück, besteht später die Gefahr eines Rückfalls in eine kindliche Ersatzhandlung. Deshalb habe ich in meinem Psychologie-Unterricht an zwei Krankenschwestern-Schulen die jungen Damen jeweils darauf hingewiesen: „Jede Zigarette ist ein Schrei nach der Mutterbrust!"

3.4 Vertraue dir selbst

Der Begriff Vertrauen wird abgeleitet vom Wort *trauen*. Sinnverwandte Wörter sind zutrauen und anvertrauen, aber auch wagen, sich verlassen und glauben. Für die Sinngebung im eigenen Leben ist das Selbstvertrauen von entscheidender Bedeutung. Wer sich selbst vertraut, hat gewiss nicht auf Sand gebaut. Ein gesundes Selbstvertrauen ist das Fundament, auf dem sich der Bau einer gefestigten Persönlichkeit errichten lässt. Wer sich selbst viel zutraut, ist sich seines Eigenwertes bewusst. Daher traut er sich zu, sein Leben mit Zuversicht zu gestalten. Selbstsichere Menschen sind in der Regel auch Erfolgsmenschen. Sie getrauen sich, ihre eigenen Fähigkeiten sinnvoll und zielbewusst einzusetzen. Auch legen sie großes Vertrauen in ihre Fähigkeit, Konflikte und Krisen selbstständig zu bewältigen oder erfolgreich durchzustehen.

Während meiner langjährigen psychologischen Tätigkeit bin ich zahlreichen verunsicherten Menschen begegnet, die in schwierigen Phasen ihres Lebens Rat und Hilfe suchten. Dabei sah ich meine Aufgabe darin, das Selbstvertrauen dieser Menschen zu stärken, damit sie sich wie Riesen und nicht wie Zwerge fühlen konnten. Dadurch sollten sie in die Lage versetzt werden, ihre Sorgen und Probleme, die ich ihnen zumeist nicht abnehmen konnte, eigenständig zu meistern. Damit wollte ich bei ihnen das Selbstvertrauen wecken, ihnen dazu verhelfen, eine veränderte Sichtweise zu gewinnen, neue Lösungsmöglichkeiten zu sehen, um so Wege zur Selbsthilfe aufzuzeigen. Wer sich selbst vertraut, macht sich weitgehend unabhängig von der Meinung anderer. Diese Selbstständigkeit führt ihn zur Selbstverantwortung. Wer auf seine eigenen Möglichkeiten vertraut, der wird Schwierigkeiten sicher besser bewältigen als der zaghafte Zauderer, der an sich selber zweifelt. Zumeist stoßen wir an jene Grenzen, die wir uns selber setzen. Wir können aus eigener Kraft nur das erreichen, was wir uns selber zumuten. Daher war der griechische Lebensphilosoph *Epikur* der Ansicht: „Es ist sinnlos, von den Göttern zu fordern, was man doch selber zu leisten vermag."

Ein gesundes Selbstvertrauen sollte man sich nicht bloß suggestiv einreden. Vielmehr setzt diese echte Selbsterkenntnis aufgrund ehrlicher Selbstprüfung voraus. Nach *Norman Peale* hängt es von dieser Vorstellung ab, was einer zu erreichen imstande ist, denn „er kann nur das erreichen, was er glaubt erreichen zu können, und er kann nur das sein, was er glaubt zu sein". (16). Wer sich selbst nicht über den Weg traut, der ist auch nicht für andere vertrauenswürdig. Die Folge davon sind Misstrauen und Unsicherheit. Ein typisches Beispiel hierfür finden wir im Tagebuch des waadtländischen Schriftstellers *C. F. Ramuz*, in welchem er als Achtzehnjähriger gesteht: „Ich bin von Natur schüchtern und empfindlich. Ein Nichts erschreckt mich, ein Nichts verletzt mich. In Gesellschaft von Personen, die ich wenig kenne, fühle ich mich unbehaglich, verliere jede Haltung, erscheine mir selbst lächerlich. Und vor dem Lächerlichsein habe ich, trotz meiner gekünstelten Gleichgültigkeit, schreckliche Angst. Ich müsste ermutigt werden. Es müsste jemand kommen und zu mir sagen: ‚Hab Vertrauen, dein Werk ist gut, bleib standhaft!'" (17)

Grundgelegt wird das Vertrauen bereits in der frühen Kindheit. Wird dieses zu seinen ersten Bezugspersonen, nämlich zu Mutter und Vater, erschüttert oder kommt nicht zustande, ist es schwierig, zu anderen Menschen ein Vertrauensverhältnis aufzubauen. Daraus entsteht häufig die Gefahr, im späteren Leben in seinen Liebes- und Partnerbeziehungen bindungsscheu, sogar beziehungsunfähig zu werden. In einem Brief an eine Freundin schrieb *Rainer Maria Rilke* über seine Mutter: „Von ihr zu mir war nie ein warmer Wind." (18) In einem seiner Gedichte heißt es:

Ach wehe, meine Mutter reißt mich ein.
Da hab ich Stein um Stein um mich gelegt
und stand schon wie ein kleines Haus,
um das sich groß der Tag bewegt,
doch meine Mutter reißt mich ein.

Sie reißt mich ein, indem sie kommt und schaut.
Sie sieht nicht, dass da einer baut.
Sie geht mir mitten durch die Wand von Stein.
Ach wehe, meine Mutter reißt mich ein.

Die Vögel fliegen leichter um mich her.
Die fremden Hunde wissen, das ist der.
Nur meine Mutter kennt es nicht
mein langsam mehr gewordenes Gesicht.

Die Erfahrung eines soliden Urvertrauens in der Kindheit wirkt sich später im Erwachsenenalter bei der Frau als seelische Stärke und Sicherheit aus, mit der sie ihre Lieben umsorgt und betreut. Beim Mann fördert dieses Vertrauenserlebnis das Verantwortungsbewusstsein gegenüber jenen, die ihm anvertraut sind. Gemeint ist damit nicht eine naive Vertrauensseligkeit, welche jede Eigenverantwortung außer Acht lässt, sondern ein gefestigtes Selbstvertrauen, das auch anderen Verlässlichkeit und Zuverlässigkeit zu bieten vermag.

Das lateinische Wort „fides" bedeutet nicht nur Vertrauen, sondern auch Glauben; beides gehört zusammen. Wem ich vertraue, dem kann ich auch glauben. Die höchste und sicherste Art von Glauben ist sicher das Gottvertrauen. Wer glauben und vertrauen kann, dass er von höheren Mächten geführt und gehalten wird, der bleibt auch in schwierigen Lebenssituationen vor Lebens- und Todesangst bewahrt. Deshalb schrieb der Widerstandskämpfer *Dietrich Bonhoeffer* aus seiner Todeszelle in einem Gestapo-Gefängnis im Jahr 1944: „Von guten Mächten wunderbar geborgen / erwarten wir getrost, was kommen mag. Gott ist mit uns am Abend und am Morgen / und ganz gewiss an jedem neuen Tag."

3.5 Leben im Hier und Jetzt

Auf einem alten Bauernhaus ist zu lesen: „Der schönste Tag in Zeit und Jahr, / der beste, liebe Leute, / ist nicht, der morgen wird, ist nicht, der gestern war. Er ist immer nur das Heute." Der Zürcher Theologe *J. C. Lavater* (1741-1801) fand: „Jeder Tag ist ein Lehrer, der lehrt, was kein anderer Tag lehrt." Daher ist es wichtig, mit unseren Gedanken täglich dort zu sein, wo wir uns gerade befinden – nämlich im Hier und Jetzt. Ein Zen-Mönch wurde einmal gefragt, warum er trotz seiner zahlreichen Aufgaben und Verpflichtungen immer so ruhig und gelassen sei. Er antwortete: „Ganz einfach: wenn ich liege, dann liege ich; wenn ich sitze, dann sitze ich; wenn ich stehe, dann stehe ich; wenn ich gehe, dann gehe ich; wenn ich laufe, dann laufe ich." „Das tun wir doch auch", entgegneten die Fragenden. „Nein, das tut ihr eben nicht", antwortete der Mönch: „Wenn ihr liegt, dann sitzt ihr schon; wenn ihr sitzt, dann geht ihr schon; wenn ihr geht, dann lauft ihr schon. Immer seid ihr auf dem Sprung zum

Nächsten und verpasst dabei das Gegenwärtige. Das ist der wahre Grund für eure ständige Unrast."

Tatsächlich sind wir mit unseren Gedanken selten dort, wo wir uns gerade aufhalten. Meistens eilen wir der Gegenwart voraus oder schleppen das Vergangene hinter uns her, weil wir es nicht loslassen können. So sind wir gedanklich ständig unterwegs und selten im Hier und Jetzt. Freilich ist es gar nicht so einfach, nur den flüchtigen Augenblick zu leben. So muss denn manch einer bekennen: Ich bin der Gewesene, aber nicht der Anwesende, ich bin der Kommende, aber nicht der Angekommene. Ich bin der Zukünftige, aber nicht der Gegenwärtige.

Um unsere flüchtigen Gedanken zu zügeln, wäre es wohl angezeigt, sich dem Augenblick hinzugeben, nämlich uns bei der Person aufzuhalten, die bei uns ist; uns jener Sache anzunehmen, mit der wir uns beschäftigen sollen; und in Gedanken an jenem Ort zu verweilen, an dem wir gerade sind. Dies meinte der römische Dichter *Horaz* (65-8 v. Chr.), wenn er in seiner 1. Ode (11,8) den Rat gibt: „Carpe diem!", pflücke den Tag, nütze und genieße das Heute. Das Geheimnis jener Menschen, die in jeder Situation voll da sind, liegt wohl darin, dass sie sich Zeit nehmen für das, was gerade vor ihnen liegt. „Wer heute nicht lebt, der lebt nicht", meinte einmal die Karmeliterin *Theresia von Lisieux*. Nicht das Gestern und nicht das Morgen ist unser heutiger Tag. Begrüßen wir das Heute als den ersten Tag vom Rest unseres Lebens und geben wir ihm die Chance, einer der schönsten und wertvollsten unseres Erdendaseins zu werden. Nur wenigen ist es vergönnt, sich an jedem Tag des Lebens unbeschwert zu erfreuen. Häufig genug sind unsere Gedanken durch Vergangenes belastet, und die Furcht vor der Zukunft vergällt uns so manche Gegenwartsfreude. Am Morgen wünschen wir bereits den Feierabend herbei, an Arbeitstagen sehnen wir uns nach dem nächsten Wochenende und am Sonntag planen wir bereits die kommende Arbeitswoche. So leben wir stets für die Zeit danach. Manches, was hier und jetzt wichtig wäre, verpassen wir oder verschieben es auf spätere Zeiten.

Wir leben gegenwärtig in einer Zeit, wo alles immer schneller gehen muss. Der Raum zwischen den Dingen wird zunehmend enger und zwischen den Menschen nimmt er zu. Unser Körper ist hier, unsere Gedanken sind dort. So bleibt Wesentliches auf der Strecke, wie uns der folgende Bergsteiger-Bericht lehrt: Eine Schweizer Himalaya-Expedition hatte in Nepal mehrere einheimische Träger angeheuert, um schwere Lasten auf die einzelnen Basislager auf fünftausend, sechstausend und siebentausend Höhenmeter zu bringen. Eines Tages gingen diese zähen Sherpas keinen Schritt mehr weiter. Auf die Frage der Europäer, ob sie die dünne Luft nicht vertrügen, ob sie mit der Entlohnung nicht zufrieden seien oder ob die Verpflegung nicht ihren Erwartungen entspräche, blieben sie stumm. Schließlich meinte ihr Anführer: „Wir sind zu schnell aufgestiegen. Daher sind unsere Seelen zurückgeblieben. Wir müssen hier und jetzt warten, bis unsere Seelen nachgekommen sind."

Wer sich je ernsthaft darum bemüht, bei einer Yoga-Übung, in einer Meditation oder im Gebet sich auf eine einzige Vorstellung zu konzentrieren, der wird erfahren, dass unsere Gedanken einer Horde wilder Affen gleicht, die ständig herumspringen. So ist es schwierig, ein „Bewusstsein ohne Wohnsitz" zu erlangen. Daher empfahl der spirituelle Lehrer *Sant Kirpal Singh* (1894-1974), langjähriger Präsident der „Weltgemeinschaft der Religionen", seinen Schülern: „Wenn ihr euch zur Meditation setzt, dann vergesst die Zukunft und die Vergangenheit. Das ist die einzige Voraussetzung für den Erfolg in der Meditation."

Je älter wir werden, umso enger wird für uns der zeitliche und örtliche Erlebnisbereich. Wir grenzen uns ein und leben immer mehr in der Gegenwart, die uns noch bleibt. Die Vergangenheit ist längst entschwunden, die Zukunft ist uns ungewiss. Was wirklich bleibt, ist das Hier und Jetzt. Noch spürbarer wird diese Beschränkung auf die Gegenwart, je mehr wir uns dem Ende des Lebens nähern. Sterbenskranke Menschen, die nur noch eine kurze Lebenszeit vor sich sehen, aber noch voll bei Bewusstsein sind, bestätigen uns immer wieder, wie sie ihre Tage viel tiefsinniger und sinnvoller erfahren als früher, als sie noch gesund waren und mit einer größeren Lebenszeit rechnen konnten. Sie erleben nun an der Schwelle des Todes jeden erfahrbaren Tag als Geschenk des Himmels. Vor einigen Jahren wurde einer höheren Schulklasse das Aufsatz-Thema gegeben: „Wenn ich nur noch wenige Tage zu leben hätte." Es war erstaunlich zu sehen, wie die meisten Jugendlichen sich in den Ernst dieser Situation einfühlen konnten und sich bestrebt zeigten, die verbliebene Lebensdauer sinnerfüllt zu gestalten. Die Begründung hierfür lesen wir bei *K. O. Schmidt*: „Denn die Vergangenheit ist vorbei, die Zukunft ungewiss; lebendig und fruchtbar ist nur der jetzige Augenblick: In ihm allein sind uns Leben und Welt gegenwärtig und nutzbar. Nur in der Gegenwart können wir unsere Anwartschaft auf das Glück geltend machen, uns bewähren und das Bestmögliche erwerben und schaffen.“ (19) Gebrauchen wir jeden Tag wie einen Filmstreifen, der am Morgen noch unbelichtet ist. Bis zum Abend sollten wir möglichst viele freudvolle und sinnreiche Bilder darauf festhalten. Diese bilden eines Tages die Summe unseres Lebensfilms, den wir auf der nächsten Daseinsebene zu sehen bekommen werden, um unser Leben abschließend zu bewerten.

Statt die Zukunft sorgenvoll vorwegzunehmen und die unwiederbringliche Vergangenheit zurück zu wünschen, sollten wir uns der Gegenwart zuwenden, um jeden kurzlebigen Augenblick bewusst wahrzunehmen, der uns wirklich gehört. Was hilft es, uns auf morgen oder übermorgen und andernorts zu vertrösten. Das Wunderbare begegnet uns in der Gegenwart. In einer alten indischen Sanskrit-Schrift heißt es: „Denn das Gestern ist nichts als ein Traum und das Morgen nur eine Vision. Das Heute jedoch, recht gelebt, macht jedes Gestern zu einem Traum und jedes Morgen zu einer Vision voller Hoffnung. Darum achte gut auf den heutigen Tag.“ Für uns alle gilt die Mahnung: Leben wir jeden Tag so, als wäre er unser letzter. Eines Tages werden wir Recht bekommen. Was wir dereinst an bleibendem Wert gewinnen, wenn wir das Hier und Jetzt endgültig verlassen werden, beschreibt der mittelalterliche Dichter *Andreas Gryphius* (1616-1650) mit nachstehenden Worten:

Mein sind die Jahre nicht,
die mir die Zeit genommen.
Mein sind die Jahre nicht,
die etwa möchten kommen.
Der Augenblick ist mein,
nehm ich den in Acht;
so ist mein, der Jahr
und Ewigkeit gemacht.

3.6 Das Glück hat viele Namen

Der französische Philosoph *Voltaire* (1694-1778), der mit bürgerlichem Namen *Francois-Marie Arouet* hieß, nannte das menschliche Dasein ein „erbärmliches Glücksspiel" (20), bei dem es keine Gewinner gibt. Im Glück nur ein Kind des Augenblicks sah der Dichter *Nikolaus Lenau* (1802-1850), als er schrieb: „O Menschenherz, was ist dein Glück? / Ein rätselhaft geborener / Und kaum gegrüßt verlorener / unwiederholter Augenblick." Recht bescheiden gab sich der Schriftsteller *Theodor Fontane* (1819-1898): „O Gott, was ist Glück? Eine Grießsuppe, eine Schlafstelle und keine körperlichen Schmerzen – das ist schon viel!"

Amerikanische Hirnforscher wollen kürzlich herausgefunden haben, dass die Fähigkeit, glücklich zu sein, zu 50% von einer glücklichen Veranlagung abhängt. Weitere 40% sollen mit einer positiven Lebenseinstellung zu tun haben und lediglich 10% sind auf äußere glückbringende Lebensumstände zurückzuführen. (21) Professor *P. Taubmann* von der Universität Pennsylvania stellte aufgrund von Untersuchungen an 2468 eineiigen, erbgleichen Zwillingspaaren fest, dass deren späteres Lebensglück zu 48% auf glückliche Veranlagungen und schicksalshafte Begebenheiten zurückzuführen war. Dem gegenüber waren der erzieherische Einfluss von Elternhaus und Schule nur bei 6% hierfür bedeutsam. (22) Neueste Untersuchungen von Glücksforschern sprechen sogar dafür, dass unser Glücksgefühl fast zu 100% von einem vererbten Glücks-Gen abhängen soll. (23)

Wie sehr das angeborene Temperament für das alltägliche Glück verantwortlich ist, zeigt uns der Unterschied zwischen einem *Optimisten* und einem *Pessimisten.* Wer sich durch sein optimistisches Denken und seine Gewinnermentalität grundsätzlich auf die Sonnenseite des Lebens stellt, der sieht in allem zuerst das Vorteilhafte und Positive. Immer wieder findet er im sandigen Geschiebe und Getriebe des Alltags ein Goldkörnchen der Heiterkeit, um sich daran zu erfreuen. Wer so denkt, zählt zu den Glücksrittern und Sonntagskindern. Als wahre Lebenskünstler haben sie dort, wo andere missmutig und griesgrämig in die Welt schauen, immer noch einen Grund, zufrieden zu sein. Sie haben von Natur aus kein Talent, um sich unglücklich zu fühlen. Sie machen es wie die Sonnenuhr, sie zählen die heiteren Stunden nur. Wer dagegen pessimistisch denkt, stimmt in *Franz Schuberts* Wanderlied ein: „Dort, wo du nicht bist, dort ist das Glück!“ Er ist überzeugt: Das Glück liegt für ihn stets am anderen Ufer.

Wir können zwei Arten von Glück unterscheiden: Das äußere und das innere Glück. Das eine hat mit dem Haben, das andere mit dem Sein zu tun. Der Schriftleiter der Zeitschrift „Psychologie Heute“, *Ernst Heiko,* sieht im Glück ein kompliziertes Wechselspiel zwischen dem, was wir haben, und dem, was wir wollen.“ (24) Danach bedeutet Glück nicht, zu haben, was man will, sondern zu wollen, was man hat. In einem französischen Lied heißt es richtig: „Wenn man nicht hat, was man liebt, muss man lieben, was man hat.“ Unter dem *äußeren* Glück können wir glückliche Umstände und Verhältnisse verstehen, die uns ohne unser Dazutun Glück bringen. So etwa ein Lottogewinn, die Rettung aus einer Gefahr oder Krankheit, das Gelingen einer Tat oder eines Unternehmens. In den Märchen und Mythen der Völker sind es himmlische Schicksalsmächte, welche beglückende Fügungen herbeiführen. Im alten Indien verehrte man die Glücksgöttin *Avidia,* die mit verbundenen Augen an den Menschen vorüberging. Ihr Haupt war bis auf eine kleine Locke am Hinterkopf kahl geschoren, um anzudeuten, dass man das Glück rechtzeitig am Schopf packen soll, wenn es an uns vorüberzieht. In vorrömischer Zeit kannte man in Italien die mütterliche Schutzgöttin *Fortuna* mit dem Füllhorn, die am Glücksrad dreht und es dem Zufall überlässt, wo dieses stehen bleibt. In Japan und China verehrt man noch heute mehrere Glücksgötter, die Gesundheit, Wohlergehen, Tugend, Reichtum und ein langes Leben verheißen sollen. Freilich sind derartige Glücksgüter noch lange kein Garant für wahres Glück. Dies musste der griechische Milliardär *Aristoteles Onassis* schmerzlich erfahren, als er einsah: „Manch reicher Mann ist ein armer reicher Mann.“ Das Gegenteil erlebte zweitausend Jahre zuvor sein Landsmann, der berühmte Philosoph *Diogenes von Sinope* (412-323 v. Chr.), der genügsam und besitzlos in einer Tonne wohnte. Als der siegreiche Feldherr *Alexander der Große* sich anerbot, ihm seinen größten Wunsch zu erfüllen, soll dieser ihm geantwortet haben: „Geh mir aus der Sonne und nimm mir nicht, was du mir nicht geben kannst.“ (25)

Die meisten äußeren Glücksgüter werden uns nicht ohne eigenes Bemühen geschenkt. Sie müssen vielmehr hart erarbeitet werden. Entweder müssen wir unsere Ansprüche in Bezug auf das Glücklichsein senken oder unsere Anstrengungen erhöhen. Beachten wir folgende Symbolgeschichte: Ein junger Mann träumte, er befände sich in einem Kaufladen. Mit selbstsicherer Miene fragte er den älteren Mann hinter dem Ladentisch: „Was gibt es hier zu kaufen?“ Der Alte erwiderte: „Alles, was das Herz begehrt“. „Nun gut, dann geben Sie mir eine gute Portion Glück und Zufriedenheit!“, forderte der Jüngling. Erstaunt schaute ihn der Ladenbesitzer an und sagte: „Mein lieber junger Mann, Sie haben mich wohl nicht richtig verstanden. Ich verkaufe keine Früchte, sondern nur die Samen dazu.“ (26) Was in unseren Medien von den „Reichen und den Schönen“ vorgeführt wird, ist nicht alles Gold, auch wenn es glänzt. Äußerer Wohlstand und inneres Wohlergehen sind durchaus nicht deckungsgleich. Wer unter Glück ein sorgloses, vergnügliches Leben verstehen will, der sieht sich eines Tages enttäuscht. Das Glück ist kein Wunschkonzert. Nicht erfüllte Wünsche, sondern erfüllte Pflichten sind Garanten des Glücks. Dies bestätigte in seinen späten Jahren *Goethe* in einem Gespräch mit seinem Sekretär *Eckermann*: „Man hat mich immer als einen vom Glück besonders Begünstigten gepriesen; auch will ich mich nicht beklagen und den Gang meines Lebens nicht schelten. Allein im Grunde ist es nichts als Mühe und Arbeit gewesen, und ich kann wohl sagen, dass ich in meinen fünfundsiebzig Jahren keine vier Wochen eigentliches Behagen gehabt habe. Es war das ewige Wälzen eines Steines, der immer von neuem gehoben werden wollte... Mein eigentliches Glück war mein poetisches Sinnen und Schaffen.“ (27) Wenn es nach seinem Willen gegangen wäre, müssten jetzt auf seinem Grabstein die von ihm verfassten Worte stehen: „Wenn ich einmal gestorben bin, / sei auf meinem Grab zu lesen: / Zeitlebens hat er Glück gehabt, / aber glücklich ist er nie gewesen.“ *Heinrich von Kleist* schreibt in seinem Aufsatz „Den sicheren Weg des Glücks finden“: „Wir sehen die Großen im Besitz der Güter dieser Welt. Sie leben im Überfluss, die Schätze der Kunst und der Natur scheinen sich um sie und für sie zu versammeln, und darum nennt man sie Günstlinge des Glücks. Aber der Unmut trübt ihre Blicke, der Schmerz bleicht ihre Wangen, der Kummer spricht aus allen Zügen. Dagegen sehen wir einen armen Tagelöhner, der im Schweiße seines Angesichts sein Brot erwirbt; Mangel und Armut umgeben ihn, sein ganzes Leben scheint ein ewiges Sorgen und Schaffen und Darben zu sein. Aber die Zufriedenheit blickt aus seinen

Augen, die Freude lächelt auf seinem Antlitz, Frohsinn und Vergessenheit umschweben die ganze Gestalt.“ (28)

Echtes Glück ist weder planbar noch machbar. Noch heute glauben viele, das Glück könne durch Symbole, Talismane und Maskottchen herbeigezaubert werden. Im Volksglauben müssen hierfür der Glücksklee, der Glückskäfer, das Glücksschwein oder der Kaminfeger herhalten. Doch Glück lässt sich nicht an äußere Bedingungen binden. Der berühmte polnische Pianist *Arthur Rubinstein* (geb. 1886) fand: „Die meisten Menschen machen das Glück zur Bedingung. Aber das Glück findet sich nur ein, wenn man keine Bedingungen stellt.“

Das *innere* Glück hat mit unserem seelischen und geistigen Zustand zu tun. Dieser hängt nicht ab vom Haben, sondern vom Sein, nicht vom Nehmen, sondern vom Geben, nicht vom Verdienen, sondern vom Dienen. Begründet wird dieser Glückszustand durch Bescheidenheit, Genügsamkeit und Bedürfnislosigkeit. Es sind dies die Türöffner zum wahren Glück. Dies verspricht uns *Hermann Hesse* in einem seiner Gedichte:

Erst wenn du jedem Wunsch entsagst,
Nicht Ziele noch Begehren kennst,
Das Glück nicht mehr mit Namen nennst,
Dann reicht dir des Geschehens Flut
Nicht mehr ans Herz, und deine Seele ruht. (29)

Als der weise *Sokrates* mit leeren Händen vom Markt in Athen nach Hause kam, gestand er seiner Frau *Xanthippe*: „Wie glücklich bin ich, dass ich von den vielen Dingen, die es gibt, so wenige brauche.“ In den meisten Fällen wird Glück nicht als Dauerzustand erfahren, sondern nur in Glücksmomenten. *Mihaly Csikszentmihalyi,* Psychologieprofessor an der Universität von Chicago, hat während fünfundzwanzig Jahren zahlreiche Menschen aus allen Volksschichten und Lebensbereichen befragt, welches ihre glücklichsten Augenblicke waren und wie diese zustande kamen. Danach stellen sich die eindrücklichsten Glücksmomente ein, „wenn Körper und Seele eines Menschen bis an die Grenzen angespannt sind in dem freiwilligen Bemühen, etwas Schwieriges und etwas Wertvolles zu erreichen“. (30) Glück kann man haben, glücklich darf man sein. Das Glücklichsein stellt sich ein bei innerer Zufriedenheit, bei erfahrener Genugtuung aufgrund einer guten Tat oder eines gelungenen Werkes, in einer beglückenden Beziehung oder wenn wir ein hochgestecktes Ziel erreicht haben. Es handelt sich um eine Art „Gipfelerlebnis", wie nach einer anstrengenden Bergbesteigung. Äußere Anreize wie Geld, Gewinn oder Macht spielen dabei keine Rolle. Damit das Glück im Garten unseres Lebens Wurzeln schlagen und gedeihen kann, müssen wir selber die erforderlichen Bedingungen schaffen. *C.G. Jung* wurde einmal gefragt: „Welches sind die grundlegenden Voraussetzungen, die den Menschen glücklich machen?" Der große Psychologe nannte folgende: Eine gute körperliche und seelische Gesundheit, harmonische familiäre und freundschaftliche Beziehungen, befriedigende Existenzbedingungen, positive Lebenseinstellung und eine solide Weltanschauung. (31)

Abschließend empfehle ich zehn Verhaltensregeln, damit sich das Glück bei uns niederlässt:

1. Werden wir uns darüber klar, was uns im Leben wahrhaft glücklich machen könnte. Die gedankliche Vorstellung davon hat die Neigung, sich zu verwirklichen.
2. Überlegen wir uns, welche Wege wir dem Glück vorbereiten wollen, damit es zu uns kommt. Zumeist schleicht es uns nicht auf leichten Samtpfötchen an, sondern fährt mit einer Wagenladung voll Anstrengung und Mühsal daher, die wir zunächst abarbeiten müssen, um darunter ein Goldstück Glück zu entdecken.
3. Geben wir uns freudvollen Tätigkeiten und Aufgaben hin und sorgen wir dafür, dass wir stets sinnvoll beschäftigt sind, denn Langeweile und Untätigkeit sind Feinde des Glücks.
4. Beschränken wir uns bei all unserem Wünschen und Streben auf Wesentliches und Wichtiges und meiden wir leere Betriebsamkeit, die nur dazu dienen soll, die Zeit totzuschlagen.
5. Pflegen wir den feinsinnigen Umgang mit den Gaben und Gütern dieser Welt. Genießen wir weise, mäßig und maßvoll die naturgegebenen Freuden und hüten wir uns vor jeglicher Übertreibung oder deren Missbrauch, weil diese Glücksgefühle nur vortäuschen.
6. Üben wir uns in Bescheidenheit. Lassen wir zu, was uns zuträglich und zulässig ist, und lassen wir los, was dem Glück entgegen-

steht. Es liegt viel Wahrheit in dem Satz: Der Weise lässt, was er nicht tun kann; der Narr tut, was er nicht lassen kann.

7. Seien wir uns bewusst, dass die Türe zum echten Glück von innen aufgeht – und nicht umgekehrt.
8. Das Glück kann nur dort Wurzeln schlagen, wo durch die richtige Lebenseinstellung der Boden hierfür vorbereitet ist.
9. Wir sollten dem Glück nicht nachrennen, sondern es auf uns zukommen lassen. Wollen wir es zwingen, eilt es uns davon.
10. Legen wir uns eine tragfähige Lebens- und Weltanschauung zu, die es uns erlaubt, an unser Glück zu glauben.

Glück als Dauerzustand ist hier auf unserer Erde wohl keinem beschieden. *Sigmund Freud* war überzeugt, dass ständiges Glück in der Schöpfung nicht vorgesehen ist. Immerhin versprechen uns die religiösen Glaubensprediger „ewige Glückseligkeit" in einer nachtodlichen Jenseitswelt. Doch auf diese können wir nicht unverdienterweise hoffen. Auch hier gilt: „Was einer sät, das wird er ernten." (32)

3.7 Bilanz des Lebens

Wir alle sind in jungen Jahren ausgezogen, um ein Stück Welt zu erobern. Mit Schwung und Begeisterung, mit Hoffnungen und Idealen und wohl auch mit einigen Illusionen sind wir aufgebrochen, das geplante Leben zu gestalten. Mit der Zeit mussten wir da und dort unsere Pfähle zurückversetzen und die Grenzen unserer Ansprüche enger ziehen, weil wir einsehen mussten, dass manches Vorhaben für uns eine Nummer zu groß war. Enttäuschungen blieben nicht aus. Wenn nun die Schatten des Lebens länger werden und der Zeiger auf der Lebensuhr scheinbar immer schneller vorankommt, stehen wir vor der Aufgabe, Rückschau zu halten und Bilanz zu ziehen, um uns zu fragen: Was habe ich von meinem Leben anfänglich erwartet und was hat es mir schlussendlich gebracht? Was habe ich verpasst und was habe ich gewonnen? Da sind vielleicht Erwartungen, die sich nicht erfüllt haben, Ziele, die nicht erreicht wurden, Gewinne, die uns entgangen sind, Täuschungen, die zu Enttäuschungen wurden, und Hoffnungen, die sich zerschlagen haben. Jetzt ist es Zeit, die eigenen Erfahrungen aufzuarbeiten und zu überlegen, was unter dem Strich noch bleibt.

Jetzt ist die Schlussbilanz angesagt. Die Bilanz des Lebens ergibt sich aus den Werken, die wir bewirkt, aus den Lieben, die wir geliebt, aus den Leiden, die wir erlitten haben. Wohl dem, der mit *Leopold Szondi* zur Einsicht kommt: „Das Kleine, das wir am Ende finden, erweist sich als das Große, das wir am Anfang suchten.“ (33)

Die Psychologin *Ursula M. Staudinger* hat bei einer Befragung zahlreicher Personen verschiedenen Alters festgestellt, dass junge Menschen nach ihren eigenen Aussagen auf ihre Vergangenheit zurückblicken, um ihre Identität zu finden. Sie stellen sich etwa die Frage: Wie und warum bin ich geworden, was ich heute bin? Wenn Erwachsene im mittleren Alter sich dies fragen, dann tun sie das nach der Art einer Zwischenbilanz, um ihre verbliebenen Lebensmöglichkeiten auszuloten. (34) Das Alter gibt uns die Gelegenheit, das eigene Leben wie ein Gemälde aus einer gewissen Distanz zu betrachten. Dabei haftet man nicht an Kleinigkeiten, nicht am Unscheinbaren und Beiläufigen, sondern beurteilt den Gesamtentwurf. In ihm liegt die gesamte Aussagekraft des Bildes. Je nach dem Können des Künstlers wird das Lebensgemälde mehr helle oder dunkle Stellen und Striche aufweisen. Dessen Wert wird wohl erst richtig einzuschätzen sein, wenn es seinen endgültigen Rahmen und Platz gefunden hat.

Ein ergreifendes Beispiel für eine abschließende Lebensbilanz sind die Zeilen, die der 86-jährige *C.G. Jung* wenige Wochen vor seinem Tod seiner Sekretärin *Aniela Jaffé* diktiert hat: „Ich bin zufrieden, dass mein Leben so gegangen ist. Es war reich und hat mir viel gebracht. Wie hätte ich so viel erwarten können? Es waren lauter nicht zu erwartende Dinge, die sich ereignet haben. Manches hätte vielleicht anders sein können, wenn ich selber anders gewesen wäre. So war es aber, wie es sein musste; denn es ist geworden dadurch, dass ich so bin, wie ich bin. Vieles ist durch Absicht entstanden, geriet mir aber nicht immer zum Vorteil. Das meiste aber hat sich natürlich und aus Schicksal entwickelt. Ich bereue viele Dummheiten, die aus meinem Eigensinn entstanden sind, aber wenn ich ihn nicht gehabt hätte, wäre ich nicht zu meinem Ziel gekommen. So bin ich enttäuscht und bin nicht enttäuscht. Ich bin enttäuscht über die Menschen und bin enttäuscht über mich selber. Ich habe Wunderbares von Menschen erfahren und habe selber mehr geleistet, als ich von mir erwartete. Ich kann mir kein endgültiges Urteil bilden, weil das Phänomen Leben und das Phänomen

Mensch zu groß sind. Je älter ich wurde, desto weniger verstand oder erkannte oder wusste ich mich. Ich bin über mich erstaunt, enttäuscht, erfreut. Ich bin das alles auch und kann die Summe nicht ziehen." (35)

Es gibt mehrere sinnvolle Möglichkeiten, in den späten Jahren dem eigenen Erinnerungsvermögen nachzuhelfen. So lässt uns ein Tagebuch, während Jahrzehnten geführt, das Leben reicher und vielfältiger erleben, als dies aus dem Gedächtnis möglich wäre. Hinzu kommen vielleicht Briefe und Fotos aus längst entschwundenen Tagen. Auch Tonaufnahmen und Videofilme lassen vergangene Zeiten wieder aufleben. Wenn unsere Gedanken auf diesen Erinnerungsspuren rückwärts wandern, stellt sich bei manchen die alte Melodie ein: „Man müsste nochmals zwanzig sein und so verliebt wie damals." Es mag sein, dass der eine oder andere mit einem Unterton von Bedauern bekennt: Wenn ich nochmals anfangen könnte, würde ich manches anders und besser machen. Nur der Wissende weiß, dass noch nicht aller Tage Abend ist und uns noch neue Daseinsmöglichkeiten in einem nächsten Leben bevorstehen. Die Kluft zwischen Erwartung und Enttäuschung nimmt in der Regel zu, je älter man wird. Um dem Leben doch noch eine positive Seite abzugewinnen, neigen ältere Menschen dazu, ihre eigene Jugend zu verherrlichen und ihre frühen Tage zu rühmen: „Zu unserer Zeit war so manches besser."

Jenseits des 72. Lebensjahres beobachten wir bei zahlreichen Seniorinnen und Senioren eine deutliche Bilanzdepression. Genährt wird diese einerseits durch den oft bedauernden Rückblick auf vergangene Zeiten und andererseits durch den getrübten Ausblick auf eine wenig bietende Zukunft. Unzufrieden und mürrisch kann da mancher werden, wenn er allzu spät einsehen muss, dass er so vieles verpasst und Entscheidendes zu wenig beachtet hat. Hier wirkt sich unerbittlich das Gesetz von Saat und Ernte aus: Wer karg sät, der wird karg ernten. Wer sein Leben lang geschimpft und geflucht hat, der wird seine alten Tage nicht loben. Wer im Alter unter Einsamkeit zu leiden hat, war vielleicht in früheren Jahren zu sehr auf sich bedacht. Wer sich in späten Jahren verlassen und vernachlässigt fühlt, dem hat es vermutlich früher an Mitmenschlichkeit und Nächstenliebe gefehlt. Wer sich am Abend des Lebens langweilt, der hat als Junger nicht gelernt, seine Zeit sinnvoll zu verbringen. Beherzigen wir die Mahnung von *Rainer Maria Rilke*: „Wenn dein Alltag dir arm erscheint, klage nicht ihn an;

klage dich selber an, dass du nicht stark genug bist, seine Reichtümer zu rufen."

Das Alter versetzt mit seinen Verlusten so manchen in eine depressive November-Stimmung. Trübselige Gedanken wie „Ich bin nichts mehr wert", „Ich tauge zu nichts mehr" oder „Um mich kümmert sich keiner" lässt manchen alten Menschen schwermütig, trübsinnig und missmutig werden und vor sich hinsummen: „Die alten Häuser noch, die alten Straßen noch, die alten Freunde aber, sie sind nicht mehr." Wen wundert es, dass heutzutage immer mehr Männer und Frauen zum tröstenden Weinglas greifen nach dem Motto: „Wenn man älter wird, ein wenig kälter wird, bleibt allein nur der Wein." Etwa 10 bis 15% der Betagten haben heute ernsthafte Alkoholprobleme.

Sinnfindung und Sinngebung sind jetzt die echten Hilfen, welche die späten Jahre nicht nur erträglich, sondern auch zufrieden und dankerfüllt machen. Dagegen sind Streit, Hass und Hader unter den Menschen die schlimmsten Feinde eines friedvollen Alters. Wer für sein Leben eine positive Bilanz ziehen kann, für den kommt das Beste noch, nämlich die Genugtuung, ein sinnvolles Leben gelebt zu haben und dafür eine reiche Ernte antreten zu dürfen. Wessen Lebensbilanz negativ ausfällt, der hat nichts Gutes zu erwarten, weil er einsehen muss, umsonst gelebt zu haben. Viele kommen erst dann zur Besinnung, wenn sie die beste Zeit ihres Lebens sinnlos und nutzlos vergeudet haben und am Ende mit leeren Händen dastehen. Dann beginnt für sie eine mühsame Zeit des Aufarbeitens und des Wiedergutmachens auf einer jenseitigen Ebene.

Uns allen sei es vergönnt, am Ende unseres Lebens mit den Worten von *Hans Habe* folgende Bilanz zu ziehen: „Ich blicke zurück ohne Bitterkeit, trotz manchem Bitteren, ohne Schmerz, trotz manch Schmerzlichem, ohne Scham, trotz manchem Beschämenden. Ich blicke zurück mit der Erkenntnis, dass wir alle ein Teil sind eines großen und herrlichen Planes, dass wir alle bezahlen von der Geburt bis zum Tode, dass wir dem Leben aber immer noch schuldig bleiben für seine glücklichen Augenblicke, seine späten Bestätigungen, seine kurzen Offenbarungen. Ich blicke zurück mit tiefer Dankbarkeit auch für Empfangenes, für Irrtum und Genugtuung, für Freuden, für Wunden und Heilung." (36) Manchmal ist es wichtig, dass wir einem anderen Menschen dazu verhelfen, für sich eine positive Bilanz zu ziehen, indem wir ihm immer wieder beteuern, wie wichtig, wie liebenswert er für uns ist und wie froh wir sind, dass es ihn gibt. Dies empfiehlt uns *Paul Celan* mit folgenden Worten:

> „Manche Menschen wissen nicht, wie wichtig es ist, dass sie einfach da sind.
> Manche Menschen wissen nicht, wie gut es tut, sie nur zu sehen.
> Manche Menschen wissen nicht, wie tröstlich ihr gütiges Lächeln wirkt.
> Manche Menschen wissen nicht, wie wohltuend ihre Nähe ist.
> Manche Menschen wissen nicht, wie viel ärmer wir ohne sie wären.
> Manche Menschen wissen nicht, dass sie ein Geschenk des Himmels sind.
> Sie wüssten es, würden wir es ihnen sagen.“

Teil II
Sinngebung im Lieben

Die Liebe ist eine Himmelsmacht
und eine Erdenlast.
J. W. von Goethe

Die menschliche Liebe

Die Liebe ist die stärkste sinngebende Kraft im ganzen Universum. Wo Liebe ist, da ist auch Sinn. In der Galerie der römischen Villa Borghese ist das Gemälde „Himmlische und irdische Liebe" des italienischen Malers *Vecellio Tizian* (1477-1576) aus dem Jahr 1514 zu sehen. Zwei Frauen, schön in ihrer vornehmen Gestalt und edlen Ausstrahlung, sitzen auf dem Rand eines marmornen Brunnens einander gegenüber. Zwischen ihnen spielt ein kleines Kind mit dem Wasser, Sinnbild des Lebens. Die Frauengestalt links im Bilde trägt ein kostbares Gewand nach venezianischer Mode, das sie füllig und faltenreich umhüllt. Ihre rechte Hand ruht in ihrem Schoß, während die linke zur Erde weist. So verkörpert sie die irdische Liebe. Die andere Frau auf der rechten Seite erscheint hüllenlos „wie Gott sie schuf". Mit ihrer rechten Hand stützt sie sich auf den kalten Brunnenrand. In der hocherhobenen linken Hand hält sie eine brennende Öllampe, auf diese Weise die himmlische Liebe andeutend.

Mit diesem Kunstwerk wollte der Maler der menschlichen Liebe zwei unterschiedliche Bereiche zuordnen: Einen diesseitigen, sinnenfreudigen, und einen jenseitigen, übersinnlichen. Damit folgte er offenbar der Idee des griechischen Philosophen *Platon*, der schon vor mehr als zweitausend Jahren in seinem „Gastmahl" die irdische und himmlische Liebe beschreibt. Im Gespräch mit seinem Lehrer *Sokrates* legt er der Priesterin *Diotima* folgende Rede in den Mund: „Die himmlische Liebe ist jene, die von höchstem Wert ist für die Allgemeinheit wie für den Einzelnen und sowohl den Geliebten wie den Liebenden dazu führt, sich der Tugend mit aller erdenklichen Sorgfalt zu widmen. Alle sonstigen Arten von Liebe gehören der anderen Göttin an, der irdischen." (1)

4. Stufen der Liebe

Wenn sich Menschen lieben, können sie sich gemäß ihrem mehrdimensionalen Wesen auf verschiedenen Ebenen und Daseinsstufen begegnen. Liebe ist zwar immer ein ganzheitliches Geschehen, doch lassen sich in unserer gedanklichen Vorstellung verschiedene Erlebnisformen des Liebens unterscheiden. Die nachfolgend beschriebenen sieben Stufen der Liebe können als mehrstufige Pyramide gedacht werden.

4.1 Die begehrende Liebe

Wenn man kurz nach Feierabend durch die Häuserschluchten einer Großstadt schlendert, sieht man eine unübersehbare Menschenmenge einem unbekannten Ziel entgegeneilen. Alle diese Leute sind gewiss nicht vom Himmel gefallen, sondern haben in den Armen ihres Elternpaares ihren Anfang genommen. Ob es sich dabei um wahre Liebe gehandelt hat, ob Lust oder Frust dabei den Antrieb gab, ob im Rausch der Sinne, ob als geschuldete Pflicht oder ob begehrende Gewalt dabei zur Anwendung kamen – wir wissen es nicht. Es ist das ewige Drama um Liebe und Leid, über das zumeist der Schleier scheuen Schweigens fällt.

Die begehrende Liebe des Menschen steht unter dem Diktat des sexuellen Arterhaltungstriebes. Diese Naturkraft im Menschen sollte nicht nur triebhaft ausgelebt, sondern auch im Dienst des geistigen Strebens kultiviert und veredelt werden. Es ist wie bei der Aufzucht eines wildwachsenden Baumes, der erst durch das Zurückbinden seiner niederen Schösslinge und durch das Aufpropfen eines Edelreises von einem Naturbaum zu einem Kulturbaum wird.

Fälschlicherweise wird oft behauptet, der Sexualtrieb sei der stärkste

Trieb des Menschen. Dies trifft mit Sicherheit nicht zu, denn Hunger, Durst und Schlafbedürfnis sind weit fordernder und verlangen häufiger nach Sättigung, um überleben zu können. In Zeiten der Gefahr, der Entbehrungen, des Fastens oder des freiwilligen Verzichts verebbt der Sexualtrieb weitgehend oder verschwindet ganz. Der Mensch vermag seine sexuellen Energien vernünftig zu gebrauchen, aber auch unvernünftig zu missbrauchen, um nach den Worten des Mephisto in *Goethes* Faust „tierischer als jedes Tier zu sein". Aufgrund seiner geistigen Überlegenheit gegenüber dem Tier sollte der Mensch auch in der Lage sein, seine niederen Triebe zu humanisieren, zu sozialisieren, zu kultivieren und so in den Dienst der Liebe zu stellen. Gefährlich ist es, wenn er dieses vitale Bedürfnis verdrängt, um der Ketten zu spotten, mit denen er sich gefesselt sieht. Hier trifft die Aussage *C.G. Jungs* zu: „Verdrängung ist ebenso unsinnig wie Enthauptung bei Kopfweh." Er ist der Meinung: „Die Sexualität, als bloße Sexualität erledigt, ist tierisch. Als Ausdruck der Liebe aber, ist Sexualität geheiligt." (2)

Sexualität und Liebe gehören ihrem Wesen nach nicht unbedingt zusammen. Es gibt Liebe ohne sexuelles Begehren und Sexualität ohne liebendes Verlangen. So kann eine sexuelle Begegnung käuflich sein, während wahre Liebe für kein Geld der Welt zu haben ist. Sexuelle Bedürfnisse zwischen zwei Menschen können von der biologischen auf die seelische Ebene angehoben werden, um auf diese Weise ihre gegenseitige Zuneigung zum Ausdruck zu bringen. Diese Erfahrung ermöglicht es ihnen, die eigenen Grenzen zu überschreiten und mit einem anderen Menschen ganz eins zu werden, um sich in ihm zu verlieren.

Der spielerische Wechsel von Begehren und Verwehren erzeugt eine energetische Spannung, die Körper und Seele in erhöhte Schwingung versetzt und die Lebensenergien zum Fließen bringt. Die reife Stufe der Sexualität ist erst dann erreicht, wenn sich der eine Partner nicht mehr des anderen als Mittel zum Zweck, nämlich zur Befriedigung der eigenen Lust, bedient, sondern wenn sie sich auf ein Du bezieht, um in der intimen Begegnung sich ein Höchstmaß an gegenseitigem Wohlwollen und Wohltun zu schenken.

Sigmund Freud nahm in seiner Psychoanalyse beim Menschen zunächst nur einen einzigen Trieb an, nämlich den Sexualtrieb, den er als Libido bezeichnete. Von diesem versuchte er alle menschlichen

Regungen und Strebungen abzuleiten. Dem gegenüber hat *Leopold Szondi* in seiner Triebtheorie vier verschiedene Triebformen unterschieden, nämlich den Sexualtrieb, den Überraschungstrieb, den Ich-Trieb und den Kontakttrieb. Diese angeborenen Triebe regulieren das körperlich-seelische Verhalten des Menschen. (3) Jeder dieser Triebkreise besteht aus zwei gegensätzlichen Strebungen. So setzt sich der Sexualtrieb zusammen aus dem aktiv-männlichen und dem passiv-weiblichen Triebfaktor. Biologisch werden diese festgelegt durch die beiden Geschlechts-Chromosomen x und y. Die Verbindung von zwei x-Chromosomen bedingen das weibliche Geschlecht, die Vereinigung eines x-Chromosoms mit einem y-Chromosom hat ein männliches Geschlecht zur Folge. Aktiviert werden diese Veranlagungen durch die Geschlechtshormone. (4)

Die sexuelle Erlebnisweise des Menschen setzt sich zusammen sowohl aus seiner körperlichen Geschlechtsveranlagung als auch aus seiner seelischen Geschlechtsneigung. Deren Kombination und Dosierung sind verantwortlich für die unterschiedlichen sexuellen Orientierungen. Während in der Tierwelt das Sexualverhalten weitgehend durch die Instinkte bestimmt wird, kann dieses beim Menschen auch gedanken- und willensgesteuert sein. Daher sollte dieses auch der Selbstkontrolle und der Eigenverantwortung obliegen und kann sogar in den Dienst der menschlichen Liebe gestellt werden. (5)

Was die *homosexuelle* Beziehung von Frau zu Frau oder Mann zu Mann betrifft, gehen die Meinungen über deren Verursachung weit auseinander. Einige sind der Ansicht, es handele sich bei der Homosexualität von Schwulen und Lesben um eine hormonelle Fehlschaltung in der vorgeburtlichen Entwicklung des Kindes, andere nehmen an, diese sei verursacht durch eine Fixierung der sexuellen Neigungen in der homoerotischen Phase während der Pubertät. Andere meinen, diese sei durch gleichgeschlechtliche Verführung in den Jugendjahren ausgelöst worden. Manche Kirchenvertreter wollen darin eine sündhafte Versuchung durch den Teufel sehen. Neuerdings setzt sich immer deutlicher die Erkenntnis durch, dass die sexuelle Ausrichtung stets genbedingt ist. Diese Annahme wird durch die Zwillingsforschung bestätigt, indem sie nachgewiesen hat, dass bei eineiigen, erbgleichen Zwillingspaaren, bei denen der eine Zwilling homosexuell ist, dies beim anderen Zwilling in 85% der Fälle ebenfalls zutrifft. Dagegen tritt dieses Phänomen bei zweieiigen, erbungleichen Zwillingspaaren nicht häufiger auf als bei gewöhnlichen Geschwistern. (6) Daraus folgt, dass sowohl bei den Schwulen und Lesben als auch bei den bisexuellen, transsexuellen und intersexuellen Menschen die erbliche Anlage eine entscheidende Rolle spielt. Aus dieser Sicht ist diese anlagebedingte Geschlechtsorientierung weder Sünde noch Krankheit, sondern eine *Variante der Natur*, die nicht nur beim Menschen, sondern auch in der Tierwelt vorkommt. Daher ist die gleichgeschlechtliche Orientierung in der Partnerwahl nicht als minderwertig, sondern als andersartig zu beurteilen. Diese kommt in unserer Bevölkerung zu 4-5% vor, ähnlich wie die Linkshändigkeit unter den Rechtshändern. Die *esoterische Psychologie* bietet uns ein neues Denkmodell an, durch das sich das Phänomen der gleichgeschlechtlichen Neigung durch den Geschlechtswechsel im Verlauf von mehreren Erdenleben erklären lässt. Sie geht davon aus, dass wir Menschen mehr als einmal auf unserer Erde leben, weil ein einziges Leben nicht genügt, um geistig voranzuschreiten. Von einem Leben zum nächsten kann es zu einem Rollentausch kommen. Dessen Sinn kann darin liegen, dass eine inkarnierte Geistseele, die sich früher in einer männlichen Rolle verkörpert hat, nun in einem neuen Erdenleben die ergänzenden Erfahrungen in einem weiblichen Körper machen kann, um so zu einer ganzheitlichen Selbstverwirklichung zu gelangen. Die amerikanische Psychologieprofessorin *Helen Wambach* hat im Jahr 1978 bei rund 750 Versuchspersonen hypnotische Rückführungen in frühere Leben durchgeführt. Dabei stellte sie fest, dass viele der von ihr befragten Frauen und Männer im gegenwärtigen Leben ihr Geschlecht gegenüber ihrem vorherigen Erdenleben gewechselt hatten. Als Gründe für diesen Geschlechtstausch wurden genannt: „Um sich von früheren Benachteiligungen als Frau zu befreien." – „Um den weiblichen Teil meines Wesens bewusst leben zu können." – „Um die eigene Weiblichkeit erleben zu können." – „Um als Frau eine weibliche Lebensaufgabe übernehmen zu können." Jene Geistwesen, die für ihr jetziges Erdenleben einen männlichen Körper auswählten, begründeten dies so: „Um als Mann bessere Entwicklungsmöglichkeiten zu haben." – „Um als Mann in unserer Gesellschaft weniger benachteiligt zu werden." – „Weil mein früherer Lebenspartner eine weibliche Rolle gewählt hatte und wir wieder als Mann und Frau zusammenkommen wollten, wählte ich für dieses Mal das weibliche Geschlecht." (7) In diesem Sinne beurteilte der verstorbene *Thomas E.*

Lawrence in einer Jenseitsmitteilung den Geschlechtswechsel als eine willkommene Möglichkeit, jenen Teil der Seele zu entfalten, der bisher zu wenig bewusst gemacht wurde. (8)

Nach einer repräsentativen Emnid-Umfrage aus dem Jahr 2000 wird die Zahl der homosexuell orientierten Menschen auf 1-2% der Bevölkerung geschätzt, wobei die Dunkelziffer deutlich höher sein könnte, weil zwischen den latent und manifest gleichgeschlechtlichen Neigungen nicht klar unterschieden werden kann. Das Gleiche gilt für die Abgrenzung zwischen homosexuell und bisexuell veranlagten Menschen. Bei mehreren Umfragen fiel auf, dass 9,4% der Männer und 19,5% der Frauen sich vom eigenen Geschlecht erotisch angezogen fühlen. (9) Professor *Ian Stevenson*, der sich in mehreren Forschungsarbeiten mit dem Thema Reinkarnation befasste, hat mehrere Hundert Fälle von Rückerinnerungen untersucht. Dabei begegnete er immer wieder Personen, die ihm von einem Wechsel des Geschlechts im Verlauf mehrerer Erdenleben berichteten. (10)

Wegen der heute immer kürzeren Wartefristen zwischen den einzelnen Inkarnationen und auch als Folge des weltweiten Bevölkerungswachstums nimmt die Zahl der Wiedergeburten innerhalb einer bestimmten Zeit zu. Ebenso kann es wegen der kurzfristigen Intervalle zwischen den einzelnen Erdenleben zu häufigerem Geschlechtswechsel kommen. Daher könnte auch die Anzahl der gleichgeschlechtlich orientierten Menschen zunehmen. Dies dürfte in absehbarer Zeit auch dazu führen, dass die Gefahr der Bevölkerungsexplosion abnimmt, weil gleichgeschlechtliche Paare keine Kinder in die Welt setzen werden. Was auch immer die menschliche Natur uns als Lebensmöglichkeit anbietet, kann sinnvoll gelebt werden. Diesen Gedanken vertritt der jenseitige Dichter *Ephides* (11) in dem Vers:

Liebe, die du wähltest, nimm entgegen!
Liebe, die dich führte, sei dein Segen!
Liebe werde dein Erkenntnis-Licht!

4.2 Die zärtliche Liebe

Die zärtliche Form der Zuneigung zwischen den Geschlechtern wird häufig als erotische Liebe bezeichnet. Diese äußert sich im gegenseitigen zarten Berühren, Streicheln und Liebkosen der Liebenden. *Eros* ist die altgriechische Bezeichnung für Liebessehnsucht und zärtliche Hingabefreude. Die erotische Liebe ist nicht Brunst, sondern Inbrunst. Sie ist das Verlangen, einem anderen Menschen einfühlsam und feinfühlend nahe zu sein, und zwar nicht nur körperlich, sondern vor allem auch seelisch.

In der griechischen Sage wird Eros als der Gott der Liebe beschrieben. Von ihm heißt es, dass er alle Dinge zärtlich berührt. Mit unwiderstehlicher Anziehungskraft führt er die gegensätzlichen Dinge zusammen. Er ist das bindende und verbindende Band. Seine Sehnsucht gilt dem Schönen, Edlen und Guten. Während der männliche Logos trennt und unterscheidet, will der weibliche Eros zusammenführen und vereinen. Im Chorgesang der antiken Tragödie „Antigone" von *Sophokles* (497-406 v. Chr.) wird er besungen: „Eros, der du über die Güter herfällst, / der du auf zarten Wangen der Jungfrauen nächtigst / und über das Meer schweifst zu den Gehöften auf den Feldern, / und keiner der Unsterblichen kann dir entfliehen."

Symbolisch steht hierfür der „Mythos vom Androgyn" von *Platon.* In „Das Gastmahl" erzählt er, dass die heutigen Menschen ursprünglich doppelgeschlechtliche Wesen waren, die in den himmlischen Welten wohnten. Wegen ihres Ungehorsams gegenüber der göttlichen Ordnung wurden sie zur Strafe von oben bis unten in zwei Teile geteilt – in einen männlichen und einen weiblichen Teil. Die daraus entstandenen zwei Hälften wurden anschließend als Mann und Frau auf die Erde verbannt. Dort aber, wo ihre gemeinsame Wunde klaffte, entstand der Eros, nämlich der Wunsch und das Verlangen, wieder zueinander zu kommen. (12) Nach der Vorstellung der alten Römer gleicht die menschliche Liebe einem Zwillingspaar, das sowohl die Sinnlichkeit als auch die Zärtlichkeit darstellen soll. Beide sind die Begleiter des römischen Liebesgottes *Amor*, auf Gemälden oft verkörpert in der Gestalt zweier Knaben mit Schmetterlingsflügeln, in der Hand den Liebespfeil, der die Herzen der Liebenden trifft. (13) In der Psychologie gilt der Eros als die beseelte Form des zärtlichen und sinnlichen Verlangens, das zwei Liebende miteinander verbindet. *Freud* hat in seinen späteren Jahren den *Eros* als den „Lebenstrieb" bezeichnet, der die Bindung an das Leben bewirkt. Diesem hat er den Todestrieb *Thanatos* gegenübergestellt, der die Loslösung vom Leben erleichtern soll. (14)

Im liebenden Beisammensein ist die Zärtlichkeit für die Frau wichtiger als die sexuelle Vereinigung. Es ist daher nicht verwunderlich, dass gemäß einer Umfrage 75% der Frauen das erotische Zusammensein der nur sexuellen Begegnung vorziehen. Die Neurowissenschaft lehrt uns, dass lange andauernde Körperkontakte beim Austausch von Zärtlichkeiten hormonelle Glücksstoffe wie Dopamin und Serotonin im Gehirn freisetzen, die bei Liebenden Gefühle der Verbundenheit und des Wohlgefühls auslösen. *C.G. Jung* ist überzeugt: „Der Mann meint, eine Frau zu besitzen, wenn er sie sexuell hat. Er hat sie nie weniger. Denn für die Frau ist nur die erotische Beziehung wirklich maßgebend." (15) So beschreibt *Ursula Gut* in ihrem Artikel „Anfassen bitte" die Lebensgeschichte einer geschiedenen Frau, die sich beklagt: „Sicher vermisse ich Sex. Was mir aber am meisten fehlt, ist die Berührung, das Händehalten, das Kuscheln, das Streicheln. Manchmal komme ich mir vor wie im Entzug: Ausgelaugt, unterernährt, sogar körperlich elend."

Das Bedürfnis nach Zärtlichkeit ist also ein menschliches Grundbedürfnis. Bleibt dieses auf Dauer unbefriedigt, kann dies, vor allem bei kleinen Kindern und beim weiblichen Geschlecht, zu schweren seelischen Mangelerscheinungen führen, insbesondere zur Depression oder Aggression. Das Bedürfnis nach intimer Nähe hängt bei der Frau viel stärker von Gefühlen der Geborgenheit und Sicherheit ab als beim Mann. Männer reagieren auf emotionalen Frust häufiger als Frauen mit auswärtigem „Schwarzhandel". Dies zeigt folgendes Beispiel: Ein im Zeichen der Fische geborener sensibler Mann erzählte mir, dass seine allzu vernünftige Jungfrau-Frau zehnmal hinter seinem Rücken geschäftig von der Küche ins Esszimmer huschen kann, ohne ihm, der zeitunglesend in einem Sessel im Wohnzimmer sitzt, im Vorbeigehen eine zärtliche Streicheleinheit zu verpassen. Da legte er sich eine anschmiegsame Krebs-Freundin zu, was seine Ehefrau dazu veranlasste, wegen ihres Scheidungsbegehrens bei mir um Rat zu fragen. Ein gleicher Fall in einer ähnlichen Situation war folgender: Vor Jahren kam ein nicht mehr junges Ehepaar zu mir. Die Frau drängte auf Scheidung. Wie die beiden so vor mir saßen, berichtete der Mann: „Bevor ich meine Frau heiratete, hatte ich eine Freundin. Die hat mich manchmal zärtlich am Hals gestreichelt, und ich bin in alle Seligkeiten versunken." Dann wandte er sich seiner Gattin zu und sagte im vorwurfsvollen Ton zu mir: „Glauben Sie, dass meine Frau in unseren zwölf Ehejahren dies nur ein einzige Mal versucht hätte!"

Zwischen Mann und Frau gibt es hinsichtlich der Zärtlichkeit deutliche Unterschiede. In der Schicksalspsychologie von *Leopold Szondi* wird klar zwischen dem erotischen Zärtlichkeitsbedürfnis und dem begehrlichen Sexualtrieb unterschieden. (16) Zunächst ist der Satz des französischen Schriftstellers *Honoré de Balsac* (1799-1850) zu beachten: „Der Mann liebt mit dem Auge, die Frau liebt mit dem Ohr." Die Frau hat in der Regel ein viel stärkeres Bedürfnis nach zärtlicher Zuwendung als der Mann. Wenn eine Frau liebt, liebt sie viel inniger und ganzheitlicher. Deshalb heißt es: „Die Frau lebt in der Liebe, der Mann hat dazwischen noch zu tun." Beim Mann ist in der Liebe häufig auch der Kopf dabei, bei der Frau aber das Herz. Wenn ein Mann „kopflos" liebt, wird er leicht vom blinden Trieb beherrscht und macht Dummheiten; wenn aber eine Frau „herzlos" liebt, liegt Berechnung dahinter. Während in einer intimen Beziehung der Mann nach Sex verlangt, sucht die Frau nach Sicherheit. Eine 36-jährige Lehrerin bestätigte dies aus eigener Erfahrung: „Die Männer wollen immer nur das Gleiche. Man lässt es über sich ergehen, sonst ist Liebesentzug die totale Bedrohung." (17) Der Arzt und Ehetherapeut *Theodor Bovet* aus Genf weiß: „Die intimste Berührung eines nur sinnlichen Mannes kann die Frau völlig kalt lassen, die beim bloßen Blick oder Händedruck eines seelisch-zärtlichen Mannes von Kopf bis Fuß durchschauert wird." (18) Intime sexuelle Begegnungen wirken daher bei der Frau in der Regel nachhaltiger als beim Mann, der danach viel leichtherziger zur Tagesordnung übergehen kann. (19) Nach der deutschen Psychologin und Familientherapeutin *Kirsten von Sydow* nimmt die Zahl der „lustlosen" Frauen, welche eine Sexualberatungsstelle aufsuchen, heute deutlich zu. Einer der Gründe liegt darin, dass männliche Sexualität und weibliches Zärtlichkeitsbedürfnis im Intimkontakt häufig miteinander verwechselt werden. Was dem Mann gefällt, kann der

Frau missfallen. Es fehlt oft auf beiden Seiten die Fähigkeit, darüber zu sprechen und seine Wünsche mitzuteilen. (20)

Zärtlichkeiten sind Vitamine der Seele. Diese heben die Stimmung, verbessern das Wohlbefinden, lösen Glücksgefühle aus, bauen Stress ab und wirken beruhigend und versöhnend. Das zärtliche Empfinden kennt beim Menschen verschiedene Signale. Denken wir an das freundliche Lächeln, an die schmeichelnden Worte, die man dem anderen zuflüstert, an den verliebten Blick, an den warmen Händedruck oder an den scheuen Wangenkuss, der ein unterkühltes Herz auftauen lässt. Zärtliche Berührungen sind nie einseitig. Sie geben und nehmen zugleich, wie die überfließenden Schalen eines römischen Brunnens, von denen es in einem *Rilke*-Gedicht heißt: „Jede gibt und nimmt zugleich und strömt und ruht." Durch den Wunsch nach Zärtlichkeit bekunden wir unser Sehnen nach Nähe und Geborgenheit. Dieses Verlangen äußert sich im Streicheln und Liebkosen, im Umarmen und Festhalten, um dem anderen zu bedeuten: „Ich mag dich, mir ist wohl bei dir, ich kann dich gut fühlen."

Mit der *Zärtlichkeit* denkt der Liebende nicht an sich, sondern an das geliebte Du. Durch diese Hinwendung stärkt er seine eigene Liebesfähigkeit. Sie weckt in ihm die feinsten Empfindungen der Seele und macht ihn freundlich und versöhnlich. Im erotischen Erleben ist der Mensch, ähnlich wie das höher entwickelte Tier, in eine reiche Reizwelt eingebunden und nimmt diese mit all seinen Sinnen wahr. Daher dürfen wir davon ausgehen, dass auch der pflegenden und hegenden Zuneigung, die wir unseren Pflanzen und Tieren entgegenbringen, eine erotische Neigung innewohnt. Diese Sinnesempfänglichkeit macht uns empfindsam für die feinsten Schwingungen der Seele. Sie erregt beim Liebesspiel das Schmetterlingsflattern in unseren Chakras, sie nimmt das Zittern der aufwallenden Gefühle wahr, sie spürt den wogenden Atem und das Pochen des Herzens bei der wechselseitigen Begegnung und Umarmung als Ausdruck von Liebreiz und Anmut, der sichtbar, hörbar und spürbar empfunden wird. Es ist jene gemeinsame Erlebnisebene, wo sich Verliebte zärtlich berühren und erspüren im Gefühl, in diesem gegenseitigen Wohlgefallen miteinander und füreinander eins und alles zu sein. Quelle dieser Zärtlichkeiten sind nicht die dumpfen Triebe, sondern es ist die sensible Wahrnehmung des anderen. Diese ist es, die in einem beglückenden

Beisammensein zum einladenden Vorspiel, aber auch zum unbedingt wünschenswerten Nachspiel in gegenseitiger Dankbarkeit anregt. Wo aber diese zärtliche Begegnung fehlt, wird das Begehren zur Enttäuschung, weil die intime Vereinigung nachträglich meist zur gegenseitigen Ernüchterung und Entfremdung führt. „Manchmal schämen sie sich dann voreinander oder sie hassen sich sogar, weil sie, wenn die Illusion vorüber ist, ihre Fremdheit nur noch deutlicher empfinden als zuvor." (21) Der Paartherapeut *Peter Schellenbaum* hat die Erfahrung gemacht, dass der oft beklagte Mangel an Zärtlichkeit, an dem viele Frauen zu leiden haben, auf ein Manko an Phantasie bei den Männern zurückgeht. (22)

Im partnerschaftlichen Zusammenleben vermag die erotische Liebe bei den Menschen das intime Wohlgefallen zu fördern, der Befriedigung fremder und eigener Lust zu genügen, den gegenseitigen Energieaustausch zu fördern, die seelische Harmonie zu ermöglichen und die gegenseitige liebende Zuneigung zu bestätigen. Auf höherer Bewusstseinsstufe wird sie als Vereinigung der Gegensätze im Sinne der „unio mystica" erlebt, als Verschmelzung der körperlichen und seelischen Zweiheit zur geistigen Einheit. (23) Wenn aber das sexuelle Begehren missbraucht wird, um nur egoistischen Ansprüchen zu dienen, wo sie verletzend wirkt oder sogar mit brutaler Gewalt ausgelebt wird, da wirkt sie entehrend und schädigend. Dies kann die Folge einer fehlgeleiteten Triebveranlagung sein, einer frühkindlichen Prägung durch traumatische Erlebnisse, einer verfehlten Erziehung oder einer abwegigen seelischen Entwicklung. Alle diese Ursachen sind einer Therapie häufig nur schwer zugänglich, weil sie meist zu tief im Unbewussten verankert sind. (24)

Nicht nur in der Freundschaft und Partnerschaft spielt der Eros eine wichtig Rolle, sondern auch im erzieherischen Umgang mit Kindern und Jugendlichen. Hier spricht man vom *pädagogischen Eros,* ohne den ein erzieherischer Beruf nicht zur Berufung, sondern lediglich zum Handwerk wird. In einem Brief an einen Freund schrieb der große Pädagoge *Heinrich Pestalozzi* (1746-1827), „dass sein Herz an den Kindern hänge, dass ihr Glück sein Glück und ihre Freude seine Freude sei". (25) Der Psychiater *Ernst Kretschmer* (1888-1964) hält fest: „Von Sokrates bis Herbart begegnen wir großen Menschen, die homoerotische Triebkomponenten in sozial wertvoller Weise dadurch sublimiert haben, dass sie sie in eine von eigentümlicher Leidenschaft, Liebe und idealistischer Begeisterung getragene erzieherische Tätigkeit am jungen Menschen umwandelten." (26) In einer umfangreichen Untersuchung bei rund 1000 Lehrerinnen und Lehrern konnte ich feststellen, dass dieser Eros ein wesentliches Merkmal der Erzieherpersönlichkeit ist. (27) Auch in zahlreichen helfenden, heilenden und pflegenden Berufen kann wegen des nahen Körperkontakts mit Anvertrauten eine homoerotische Veranlagung in sozial angepasster Weise eingebracht werden. In diesen Fällen wird der Beruf zu einem „sozialen Integrationsfeld". (28) Wo der pädagogische Eros aber auf Abwege gerät, kann es leicht zu sexuellen Übergriffen kommen, was man als *Pädophilie* kennt und als kriminelles Verhalten bezeichnen muss.

Zärtlichkeit ist die weibliche Erlebnisform liebender Hingabe. Sexualität dagegen ist die männliche Variante hierzu und mehr auf Eroberung ausgerichtet. Damit auch der Mann mehr Sinn für Zärtlichkeit entfalten kann, müsste er sich des weiblichen Seelenanteils in seinem Unbewussten bewusst werden und diesen auch zur Entfaltung bringen. Die besten Liebhaber sind gewiss jene Männer, die eine gute Dosis femininer Sensibilität aufweisen. Einer, der mit Sicherheit diese ausgeglichene Mischung weiblicher und männlicher Seelenkräfte bewusst lebte, war *Rilke*. Er schrieb seiner Freundin und Geliebten *Lou Andreas-Salomé* das folgende unvergleichlich zartfühlende „Liebes-Lied" (29):

Wie soll ich meine Seele halten, dass
sie nicht an deine rührt? Wie soll ich sie
hinheben über dich zu anderen Dingen?
Ach gerne möcht ich sie bei irgendwas
Verlorenem im Dunkel unterbringen
an einer fremden stillen Stelle, die
nicht weiterschwingt, wenn deine Tiefen schwingen.
Doch alles, was uns anrührt, dich und mich,
nimmt uns zusammen wie ein Bogenstrich,
der aus zwei Saiten *eine* Stimme zieht.
Auf welches Instrument sind wir gespannt?
Und welcher Spieler hält uns in der Hand?
O süßes Lied.

4.3 Die freundschaftliche Liebe

Unter Freundschaft verstehen wir eine mitmenschliche Beziehung, die von Zuneigung, Vertrauen und gegenseitigem Wohlwollen getragen ist. In der Freundschaft gewährt man dem anderen viel mehr an Freiraum als in einer partnerschaftlichen Zweierbeziehung. Man lässt den anderen, ohne ihn zu verlassen, man drängt sich ihm nicht auf und bedrängt ihn nicht. In der Freundschaft ist man auch nicht darauf bedacht, einander zu beherrschen oder zu bevormunden. Sie lässt noch andere freundschaftliche Beziehungen zu. Sie ist deshalb weniger ausschließlich und besitzergreifend als eine Paarbeziehung, wo die gegenseitigen Erwartungen viel größer und daher konfliktreicher sind. Hier wirken auch Enttäuschungen viel nachhaltiger und der Schmerz von Entzweiung und Trennung geht viel tiefer. Freundschaft ist mehr und anders als bloße Verliebtheit, die wie ein Strohfeuer im schnellen Entflammtsein rasch verglüht. Sie gewährt im andauernden Leuchten warme Zuneigung. Weil sie weniger leidenschaftlich ist, schafft sie auch weniger Leiden.

In der Freundschaft ist der Umgang miteinander höflich, distanziert, aber aufmerksam. Der freundschaftliche Zusammenhalt wird durch übereinstimmende Neigungen und Interessen am Leben erhalten. Man erfreut sich am Gleichstrom der Gedanken in einem vertraulichen Gespräch und lässt den anderen an eigenen Freuden und Sorgen teilnehmen. Die amerikanische Psychologin *Dinah Craik* lobt die Freundschaft als „den Trost, den unsagbaren Trost, sich bei einem Menschen sicher zu fühlen, ohne die eigenen Gedanken abwägen zu müssen noch die Worte zu berechnen, sondern um sie so, wie sie kommen, unmittelbar voreinander auszubreiten. Sie bedeutet, Weizen und Spreu zu sammeln, in der Gewissheit, dass eine ehrliche Hand sie nimmt und aussiebt und behält, was wertvoll ist, und mit dem Atem der Freundlichkeit den Rest wegbläst.“ (30) In einer wahren Freundschaft zählt man auf die Verschwiegenheit des anderen, dessen Urteil ohne Falsch und dessen Rat nicht eigennützig ist. Man geht ehrlich und offen miteinander um und will weder vortäuschen noch etwas vorspielen. Man kennt die Vorzüge und Schwächen des anderen. Die österreichische Erzählerin *Marie von Ebner-Eschenbach* (1830-1916) sagt hierzu: „Wirklich gute Freunde sind Menschen, die einander kennen und trotzdem zueinander halten." Dies sind ihm wünschenswerte „Vitamine der Seele", deren er bedarf, um Selbstvertrauen und Selbstsicherheit zu gewinnen. Auf einen anderen Menschen in jeder Situation zählen zu können, gibt uns ein Gefühl des gegenseitigen Vertrauens. Die deutsche Schauspielerin *Marlene Dietrich* (1901-1992) fand: „Die Freunde, die man morgens um vier Uhr anrufen kann, die zählen." (31) Sie stützen und unterstützen sich gegenseitig. Befreundete haben ein sicheres Gefühl für das, was für den anderen richtig und wichtig ist. Eine solche Freundschaft gilt als Hort der Freude und des Wohlwollens. Hier findet der Mensch Anerkennung und Bestätigung. Deutlich weniger verbindlich als die Freundschaft ist die Kameradschaft, die mehr zweckgebunden ist und etwa im Beruf oder in der Freizeit zu Gemeinsamkeiten führt.

Eine längere freundschaftliche Beziehung zwischen Frau und Mann kann mit der Zeit zur echten Liebe werden. Ihr freundlicher Umgang miteinander sollte auch innerhalb einer partnerschaftlichen Liebe und Ehe seine Fortsetzung finden. Diese garantiert die gegenseitige Achtung. Sie verbietet Grobheiten, wie man sich diese unter Freunden nie erlauben würde. Der folgende Text unbekannter Herkunft zeigt uns, was Freundschaft in einer partnerschaftlichen Liebe bedeuten kann. Die Frau gesteht ihrem Mann: „Ich liebe dich nicht darum, weil du so bist, sondern weil ich so bin, wenn ich bei dir sein kann. Ich liebe dich nicht wegen all dem, was du aus dir gemacht hast, sondern für das, was du aus mir machst. Ich liebe dich um meines besseren Ichs willen, das du anzuerkennen weißt. Ich liebe dich, weil du Hand anlegst an mein übervolles Herz und alle Leichtfertigkeiten und Schwächen übersiehst, die man nicht übersehen kann, und für all das Schöne und Gute, das du zum Vorschein bringst, das zu finden kein anderer tief genug geblickt hat. Ich liebe dich, weil du deine Ohren vor den Missklängen in mir verschließest und stattdessen durch ehrfürchtiges Lauschen die Musik in mir verstärkst. Ich liebe dich, denn du hilfst mir, auf dem Bauplatz meines Lebens nicht ein Gasthaus, sondern einen Tempel zu errichten, in dem ich meine Andacht halten kann. Ich liebe dich, weil du mir hilfst, dass meine täglichen Worte nicht Vorwurf, sondern Gesang sind. Ich liebe dich, weil du mehr zu meinem Glück beiträgst, als irgendein anderer hätte tun können, und du tatest es ohne eine Berührung, ohne ein Wort, ohne ein Zeichen. Du tatest es einfach dadurch, dass du selbst bist. Und wahrscheinlich ist es das, was man unter Freundschaft versteht."

Freundschaft unter Frauen kommen häufiger vor als unter Männern. Während Männer eher Einzelkämpfer sind und ihre Probleme selber lösen wollen, legen Frauen mehr Gewicht auf Gemeinsamkeit, Solidarität und regen Gedankenaustausch. Freundschaften unter Frauen leben vom Gespräch, das heute über Telefon, E-Mail und Internet weite Möglichkeiten eröffnet. Dabei geht es ihnen vorwiegend um mitmenschliche Themen, insbesondere um persönliche, familiäre und gesellschaftliche Anliegen. Bei den Männern sind es eher Probleme aus der sachlichen Umwelt, nämlich Erlebnisse und Erfahrungen technischer, sportlicher oder politischer Art, die zur Sprache kommen. Die Psychologie-Dozentin *Verena Kast* hat dies in einer breit angelegten Untersuchung bestätigt gefunden. Sie fasst ihre Erfahrung zusammen: „Das Wesen der Frauenfreundschaft basiert vorwiegend auf Kommunikation. Männer sind anders: Sie neigen in einer Auseinandersetzung schnell dazu, nach Lösungen zu suchen. Männer hören nicht besonders lange zu. Oft präsentieren sie eine Lösung, bevor die Frau Zeit hat herauszufinden, welches nun wirklich ihre wahren Bedürfnisse und Interessen sind. Sie reden so lange miteinander und drücken dabei ihre Gefühle aus, bis sie merken, wo der Schuh drückt, und ein Problem erkennen können." (32)

Eine lose Freundschaft zwischen Mann und Frau ist, je nach ihren Erwartungen, zwar möglich, aber weit komplizierter zu leben. *Silvia Schaub* erwähnt in ihrem Aufsatz „Wenn der beste Freund eine Frau ist" eine Studie, in der bei siebenunddreißig Untersuchungen mehr als 8800 Personen befragt wurden. Nach dieser „legen Frauen mehr Wert auf Vertrauen, Loyalität und Zusammengehörigkeit als Männer. Und sie bewerten ihre Freundschaften schon im Schulalter als hochwertiger als gleichaltrige Knaben." (33). „Männer und Frauen können keine Freunde sein; der Sex kommt ihnen immer dazwischen", wird im Film „Harry und Sally" aus dem Jahr 1989 behauptet. Eher lebbar scheint dies zu sein, wenn sie beide andernorts in festen Händen sind und gegenseitig keine anderen Ansprüche stellen als jene, die eine distanzierte Freundschaft zulässt. Die Psychologieprofessorin *A. Bleske-Rechek* von der Universität Wisconsin fand heraus, dass die große Mehrheit der befragten jungen Männer sich mehr hingezogen fühlen zu einer

„Nur-Freundin“ als umgekehrt. Vor allem glaubt die Mehrzahl der Männer, dass eines Tages doch mehr aus der Freundschaft mit einer Frau werden könne. Die jungen Frauen sehen dies ganz anders: Sie halten eine „Nur-Freundschaft“ eher für möglich. Sie sind der Meinung: „Männer und Frauen können beste Freunde sein, wenn nur die Männer nicht wären.“

Glückliche Ehepaare bezeichnen ihren Partner gerne als ihren besten Freund, dem sie alles anvertrauen können, sogar die eigenen Träume und die geheimen Tränen. Bei ihm finden sie Verständnis und Verschwiegenheit, dessen Urteil ohne Fehl und Falsch und dessen Rat stets gut gemeint ist. So helfen, stützen und unterstützen sie sich. Durch diese Freundschaft erhält die eheliche oder eheähnliche Partnerschaft ihre Festigkeit und Beständigkeit. Eine intime Beziehung mag bloß ein kurzfristiges Abenteuer sein, eine freundschaftliche Bindung ist langfristig und auf Dauer angelegt. Sie richtet sich nicht nach Lust und Laune, sondern gründet auf Verlässlichkeit und Vertrauen, auf Treue und nicht auf Reue.

Es ist eine alte Sehnsucht, dass sich eines Tages alle Menschen versöhnen und zu einer großen Menschheitsfamilie zusammenfinden, in der keine Kriege, kein Terror und keine Feindschaften die Völker und Nationen entzweien. Diese hat *Friedrich Schiller* in seiner „Ode an die Freude“ angesprochen, die *Ludwig van Beethoven* in seine 9. Symphonie aufgenommen hat und die heute in der Europa-Hymne zum Ausdruck kommt. Unsere Welt könnte wahrhaft friedlicher sein, wenn sich alle Menschen gegenseitig als Freunde anerkennen würden. (34) Was wahre Freundschaft ist hat der amerikanische Lebensphilosoph *Ralph Waldo Emerson* (1803-1882) so beschrieben:

Das Schönste an einer Freundschaft
ist nicht die ausgestreckte Hand,
das freundliche Lächeln
oder der menschliche Kontakt,
sondern das erhebende Gefühl,
jemanden zu haben,
der an einen glaubt
und einem Vertrauen schenkt.

4.4 Die anteilnehmende Liebe

Eine wichtig Form der Partnerliebe ist die gegenseitige Anteilnahme am Leben und Erleben des Anderen. Sich in diesem Sinne zu lieben heißt: Ich nehme teil an deinem ganzen Wesen und lasse dich Anteil nehmen an all meinem Sein und Lieben. Dadurch teilen zwei Menschen einander ihre Gedanken und Gefühle, ihre Wünsche und Hoffnungen, ihre Ängste und Befürchtungen mit. Dies gibt ihnen die Gewissheit: Wir gehören zusammen und bleiben zusammen. Daher bedeutet die Liebe in der Partnerschaft mehr als bloße Tisch- und Bettgemeinschaft. Sie ist Wohngemeinschaft, Arbeitsgemeinschaft und Interessengemeinschaft. Sie ist Lebens- und Schicksalsgemeinschaft, die allen Höhen und Tiefen unseres Menschseins standhalten sollte. Diese anteilnehmende Liebe zeigt sich in der Bereitschaft der Liebenden, einander anerkennend und wohlwollend zu begegnen, um sich dem anderen ehrlich zu eröffnen. Dadurch erhalten sie die Fähigkeit, den anderen einfühlsam zu verstehen, ihm Vertrauen zu schenken und ihn mit Güte so anzunehmen, wie er ist, ohne ihn verändern zu wollen. Es ist jene Liebe, von der *Kahlil Gibran* einmal gesagt hat, sie sei „das einander Lassen“. Dieses liebende Anteilnehmen lebt nicht nur von den seligen Tagen und Nächten der ersten stürmischen Liebe, nicht allein von der romantischen Zweisamkeit gemeinsam verbrachter Ferientage und auch nicht ausschließlich von den überschwänglichen Gefühlen erfüllter Wünsche und erreichter Ziele. Vielmehr sollten diese dem zufriedenen Miteinander und Füreinander den Platz freigeben. Es ist wie bei einem Bach, der die Klippen seines jungen Laufes hinter sich gelassen und nun sein breites Bett gefunden hat im ruhigen Dahinfließen zu neuen Ufern.

In einer Partnerschaft bedeutet die anteilnehmende Liebe daher mehr als nur leidenschaftliche Sinnlichkeit und wärmende Zärtlichkeit. Sie bedeutet auch Anstand, Höflichkeit und Rücksichtnahme, wie wir sie auch einem willkommenen Gast entgegenbringen. Der Liebespartner wird dadurch zum ausgewählten Gast der Zweisamkeit. Selbst der gemeinsame Alltag wird nicht zum Gewöhnlichen, sondern erträgt auch das Banale. Dies verlangt, dass sie sich stets mit dem ihnen vertrauten Namen ansprechen. Die Wörter „Bitte“ und „Danke“ sollten nicht bloß Seltenheitswert haben. Sie pflegen damit jene gemeinsame

Lebens- und Liebesform, die ihren Zusammenhalt festigt. Hier treffen die Worte *Rilkes* zu: „In der Liebe schützen und berühren und grüßen sich zwei Alleinheiten." Er anerkennt: „Das Liebhaben von Mensch zu Mensch ist vielleicht das Schwerste, was uns aufgegeben ist, das Äußerste, die letzte Probe und Prüfung, die gemeinsame Arbeit, für die alle andere Arbeit nur Vorbereitung ist. Darum kennen junge Menschen, die Anfänger in allem sind, die Liebe noch nicht. Sie müssen sie lernen. Mit dem ganzen Wesen, mit allen Kräften, versammelt um ihr einsames, banges, aufwärts schlagendes Herz, müssen sie lieben lernen." (35)

Das vereinte Bemühen und Hüten des gemeinsam Erworbenen und Geschaffenen bereichert das Zusammensein der Liebenden. Sie arbeiten sich gegenseitig in die Hand, sie bilden ein eingespieltes Team. Sie stehen sich hilfreich zur Seite, ohne dauernd einander zu beanspruchen oder aufeinander angewiesen zu sein. Sie können sich aufeinander verlassen. Diese verlässliche und fürsorgliche Zuneigung gewährt ihnen vertraute Nähe und bietet ihnen Sicherheit und Geborgenheit. So sind sie einander vertraut und anvertraut. *Lothar Siles* lässt in einer kleinen Betrachtung eine liebende Frau ihrem geliebten Mann bekennen: „Wie froh bin ich, dass ich dich habe. Meine Gedanken, meine Pläne, meine Erwartungen und Wünsche finden ein Echo in dir. Mit dir zusammen erfahre ich Freude tiefer, kann auch Belastungen leichter auf mich nehmen. Ich kann dich stützen, wenn du schwach wirst. Ich fühle mich bei dir daheim, unsäglich geborgen. Lass uns zusammen das Leben bestehen!"

Die anteilnehmende Liebe gesteht dem Liebespartner einen persönlichen Lebensraum zu, der vom anderen unbedingt zu respektieren ist. Was der andere nicht preisgeben will, sollte er für sich behalten können, denn eine Partnerschaft setzt gegenseitiges Vertrauen voraus. Ein jeder Mensch muss seine persönlichsten Geheimnisse für sich behalten können, wo er für sich selber sein darf. Hierzu gehört, dass man dem Partner die gleichen Rechte zugesteht, die man für sich selber in Anspruch nimmt. Die Gleichberechtigung von Frau und Mann meint nicht nur Chancengleichheit und gleichen Lohn bei gleicher Arbeit im Berufsleben. Sie gilt auch im privaten Bereich als Arbeitsteilung und Aufgabenteilung, ohne sich gegenseitig eingrenzen oder abgrenzen zu müssen. Zur anteilnehmenden Liebe gehört nicht nur, dass wir teilnehmen am

Schicksal der uns nahestehenden Menschen, um mit ihnen Freud und Leid zu teilen. Wir müssen bereit sein, ein mitfühlendes Herz zu haben auch für fremde, uns unbekannte Frauen, Männer und Kinder, die unter Krisen, Kriegen und Katastrophen zu leiden haben. Darin besteht das, was wir Nächstenliebe nennen. Freilich fängt es stets im Kleinen an zwischen zwei liebenden Menschen, was einmal zur allgemeinen und umfassenden Liebe unter allen Menschen führen soll. Daher verlangt die anteilnehmende Liebe auch eine dienende Haltung anderen Menschen gegenüber. *Albert Schweitzer* hat diese Forderung zu seinem Lebensmotiv gemacht, indem er dieser Anforderung sein ganzes Lebenswerk widmete. Er war als Urwalddoktor von Lambarene erfüllt von dem Gedanken: „Wer viel Schönes im Leben erhalten hat, muss auch entsprechend viel dafür hingeben. Wer vor eigenen Leiden verschont blieb, hat sich verpflichtet zu fühlen, anderen zu helfen. Wir alle müssen an der Last von Weh, die auf der Welt liegt, mittragen." Er war sich sicher: „Dienen, das ist der tiefe Sinn des Lebens, doch jeder muss suchen, welche Art des Dienens ihm bestimmt ist." (36)

4.5 Die erbarmende Liebe

In einer Liebesbeziehung ist nicht selten auch die *erbarmende* Liebe gefordert. Diese kann jenen Menschen helfen, die es miteinander schwer haben, die sich das Leben gegenseitig schwer und dadurch sich und andere leidend machen. Dabei muss nicht immer an Trennung und Scheidung gedacht werden. Einmal kam eine Frau mit ihrem stotternden Kind in meine psychologische Sprechstunde. Als ich nach den tieferen Ursachen dieser neurotischen Störung suchte, erzählte sie mir von ihrem jähzornigen und gewalttätigen Ehemann. „Greifen Sie an meinen Kopf und spüren Sie die Beule", sagte sie beschämt. „Hier, an dieser Stelle, hat gestern mein Mann eine halbvolle Bierflasche zerschlagen." Gefasst und ein wenig lächelnd fügte sie hinzu: „Aber ich denke nicht an Scheidung. Mein alkoholkranker Mann braucht mich. Würde ich ihn verlassen, würde er sich zu Tode trinken." Betroffen dachte ich bei mir: Diese Frau wird dereinst für ihre erbarmende Liebe von den Himmlischen eine Goldmedaille überreicht bekommen.

Das Erbarmen in der Liebe und aus Liebe kann zum rettenden Heilmittel werden, um trotz Zwietracht zwei zerstrittene Menschen in erträglichem Maß einander wieder näherzubringen. Das gegenseitige Erbarmen in Liebe schafft die Bereitschaft, dem Lebens- und Liebespartner auch in schwierigen und schweren Situationen wohlwollend beizustehen. Es ist dies der Versuch, den geliebten Menschen zu verstehen, und zwar auch dann, wenn er launisch, streitsüchtig und aggressiv ist; wenn er mit seinem Nörgeln und Jammern uns nervt. Wer dies alles mit nachsichtiger Geduld hinnimmt und auf sich beruhen lässt, ohne sich zu rächen oder Schuld zuzuweisen, der übt sich in Demut und wandelt auf dem Pfad der Tugend. Diese erbarmende Liebe verleiht die Kraft, dem Leidenden, dem Verbitterten, dem Unglücklichen nach Möglichkeit das Schwere und Belastende abzunehmen, so wie es der Filmschauspieler *O. W. Fischer* in Anlehnung an ein Jesus-Wort (Mt 16,24) einmal sagte: „Liebe ist, das Kreuz des anderen auf sich zu nehmen und ihm nachzufolgen."

Am dringendsten ist die erbarmende Liebe wohl gefragt, wenn der Partner krank oder gebrechlich ist. Wer da in aufopfernder Hingabe dem anderen beisteht, der hat wahrhaft die erbarmende Liebe gelebt. Zumeist muss der gesündere Partner dafür besorgt sein, dass dem kranken und leidenden Gefährten jede sinnvolle und notwendige Betreuung und Pflege zukommt. Es würde der erbarmenden Liebe widersprechen, würde man ihm vorwerfen: „Ich habe ja nichts von dir!"

Im Verlauf der Jahre sind mir Menschen begegnet, die wegen Krankheit oder Behinderung von ihrem Ehepartner mit bewundernswerter Fürsorge betreut wurden. In solchen Situationen wird die Treue zu sich selbst und zum anvertrauten Partner auf eine harte Probe gestellt. Wenn sie sich bewährt, hat sie den höchsten Grad der erbarmenden Liebe erreicht. So hält sich diese Liebe fern von selbstsüchtigen Erwartungen und steht bedingungslos dem Nächsten zur Seite. Diese Art von Liebe fordert für sich nichts. Sie ist befreit von allen egoistischen Erwartungen und ist bereit für die bedingungslose Aussage der Bergpredigt: „Selig die Barmherzigen, denn sie werden Barmherzigkeit erlangen." (Mt 5,7)

Manchmal aber ist Hilfsbereitschaft nicht frei von Selbstsucht. Dies ist der Fall bei Menschen, die zwar ein mitleidiges Herz zu haben glauben, jedoch ständig darauf bedacht sind, anderen helfen zu wollen. In Wirklichkeit tun sie dies aber nur, um Dank und Anerkennung zu ernten; und wenn sie diese nicht bekommen, sind sie enttäuscht und reden von Undankbarkeit. Hier erkennen wir das sogenannte „Helfersyndrom“. Dieses findet sich bei Menschen, bei denen die Helfersucht mit einem schwachen Selbstwertgefühl gepaart ist. Das Helfen wird dann zur Sucht, das sich selber sucht. Ähnlich verhält es sich bei einem triebkranken Pyromanen, der sich leidenschaftlich beim Löschen einer Feuersbrunst einsetzt, die er selber verursacht hat.

Zur echten erbarmenden Liebe gehören das Mitgefühl und das Mitleid. Da letzten Endes alles mit allem verbunden ist, nehmen wir mittelbar oder unmittelbar auch am Leiden der anderen teil. Aus dieser Anteilnahme erwächst das Mitleid mit allem Lebendigen, das leidensfähig ist. Daher sagte *Johann Gottfried Herder* (1744-1803): „Das Menschengeschlecht ist ein Ganzes. Wir säen und ernten, wir dulden und leiden miteinander.“ Das klassische Beispiel für diese Tat der Nächstenliebe ist seit jeher der „barmherzige Samariter“ in der biblischen Erzählung. (Lk 10,30-35) Diesem Beispiel folgend, hat bereits im 15. Jahrhundert *Vinzenz von Paul* (1581-1660) in Frankreich die religiösen Orden der „Barmherzigen Brüder“ und der „Barmherzigen Schwestern“ gegründet, um Männern und Frauen die Gelegenheit zu geben, sich der Armen, Kranken und Gefangenen hilfreich anzunehmen

Die erbarmende Liebe setzt auch die Fähigkeit des Verzeihens voraus. In seinem Buch „Liebende leben von der Vergebung“ lässt *Martin Hausmann* eine Frau ihren Mann wissen: „Alle, die sich lieben, leben von der Vergebung. Lass mich dir noch etwas sagen: Nicht die Frau, die du dir erträumt hast, und die ich gar nicht bin, sondern die leibhaftige, die manchmal schwach wird und ein gänzlich kläglicher Mensch ist und Bücher liest und dich im Stich lässt, wenn es darauf ankommt, die musst du trotzdem lieb haben, so lieb, dass du ihr immer vergeben kannst. Sonst ist sie verloren. Und ich glaube, dass es überhaupt erst die richtige Liebe ist, diese Liebe, die den anderen in seiner ganzen Armseligkeit liebt und ihn immer inniger liebt, je armseliger und unglücklicher er ist.“ (37)

Der jenseitige Dichter *Ephides* lobt die erbarmende Liebe mit folgenden Worten: (38)

Hände, welche geben wollen,
werden niemals leer.
Hände, welche heilen sollen,
sind von Segen schwer.
Herzen, die in Mitleid schlagen,
finden stets ein Wort,
brauchen gar nicht lang zu fragen,
nehmen Leiden mit sich fort.

4.6 Die verehrende Liebe

Die verehrende Liebe besteht in der bewundernden Zuneigung für seinen Liebespartner, ohne die eine dauerhafte Beziehung mit all den abverlangten Verzichten und Rücksichtsnahmen auf die Dauer kaum denkbar ist. Wer nicht fähig ist, im geliebten Menschen ein „permanentes Wunder“ zu sehen, der lasse lieber die Finger davon. Diese gegenseitige Bewunderung füreinander ist mit Sicherheit der tragende Grund, auf dem eine tiefe seelische Beziehung erst möglich wird. Es ist die Kunst, im Anderen zuerst seine Stärken zu sehen und nicht seine Schwächen, seine Klugheit zu schätzen und nicht seine Dummheiten, seine Tugenden zu rühmen und nicht seine Sünden. Die Psychologin *Cathrine Johnson* hat in ihrer Untersuchung über das Geheimnis einer glücklichen Ehe festgestellt, dass sich die Paare, mit denen sie sprach, immer ein bewundernswertes Bild von ihrem Partner erhalten haben, so dass dieses nach zehn, zwanzig, dreißig oder vierzig Jahren seine Anziehungskraft nicht verloren hat.“ (39)

Diese Liebe beruht im Wesentlichen auf der ehrlichen Hochachtung vor der menschlichen Würde des Partners. Diese verbietet jede Grobheit und Gemeinheit, jede Erniedrigung und Bosheit gegenüber dem Anderen in Gedanken, Worten und Handlungen. Dies gelingt freilich nur dort, wo die Liebenden den Respekt voreinander bewahren und sich jedes primitiven Vergleichs aus dem Zoologiebuch enthalten. Jeder verletzenden Beleidigung und jedem Übergriff auf die persönliche Unversehrtheit des Partners gehen sie aus dem Wege. Auch Überforderungen abwegiger Art sind da nicht denkbar. Die gegenseitige Achtung vermeidet es auch, den Partner nach außenhin schlechtzumachen, zu verunglimpfen oder zu verleumden. Ein solcher Liebesverrat kann jede Beziehung für immer zerstören. Zum höflichen Umgang miteinander gehört auch, dass beide Dankbarkeit empfinden für den persönlichen Einsatz des Anderen im Alltag und diesen auch lobend anerkennen.

Im europäischen Mittelalter war der verehrende Minnedienst im damaligen Rittertum hoch im Kurs. Dieser fand in der Liebeslyrik der Minnesänger ihren künstlerischen Ausdruck. Die Dichter und Sänger lobten darin die „hohen Frauen" und huldigten in ihren Gesängen dem Ideal der verehrenden Liebe. Die sprichwörtliche Ritterlichkeit des Mannes gegenüber der verehrten Frau war damals und ist heute noch das Merkmal von edlem Anstand und nobler Höflichkeit.

Die verehrende Liebe hebt den Partner über das vordergründig Vergängliche und das äußerlich Wahrnehmbare hinaus und bewahrt die Ehrfurcht vor den unvergänglichen Werten in ihm. Das setzt die Annahme voraus, dass der Liebes- oder Ehepartner von seiner ursprünglichen Herkunft her eigentlich ein Wesen höherer Natur in Menschengestalt ist. Dieses Bewusstsein lässt keinen Streit und keine Zwietracht mehr aufkommen, wie die folgende Symbolgeschichte vom „verkleideten Engel" zeigt: In einem Kloster gab es große Nachwuchsprobleme. Die wenigen Mönche, die noch dort lebten, waren deswegen unter sich uneins und wiesen sich gegenseitig die Schuld zu. Wenn junge Männer auf Probe kamen, um ihre religiöse Berufung zu prüfen, waren sie von der Zwietracht und gegenseitigen Gehässigkeit der Mönche enttäuscht und gingen wieder davon. Da suchte der Abt des Klosters in seiner Not einen weisen Eremiten auf und fragte ihn: „Ist das Kloster wegen unseren Sünden vom Untergang bedroht?" „Ja", sagte der Einsiedler, „eure Sünde der Unwissenheit ist daran schuld." „Aber Unwissenheit ist doch nicht sündhaft", rechtfertigte sich der Ratsuchende. Jener gab zur Antwort: „Ihr wisst nicht, dass einer von euch Mönchen ein verkleideter Engel ist, der sich im Kloster aufhält, um euch zu beobachten und eure Gesinnung zu prüfen." Wie nun der Abt diese Kunde seinen Mitbrüdern überbrachte, fing ein großes Fragen und Rätseln an: Wer unter uns ist dieser Engel? Ist es der Bruder Koch oder der Bruder an der Pforte, der Bruder Sakristan vielleicht oder gar der Abt selber? Keiner wusste es. Aber von diesem Tag an gab es im Kloster keine Streitereien mehr. Ein jeder begegnete dem Mitbruder mit viel Wohlwollen und Ehrfurcht, denn keiner konnte ja wissen, ob der andere vielleicht doch der verkleidete Engel sei. Es ging nicht lange, da herrschte im Kloster eine friedvolle und einträchtige Gesinnung. Und die jungen Männer, die für eine Probewoche ins Kloster kamen, waren von der Harmonie hinter den Klostermauern so sehr angetan, dass sie um Aufnahme in die Mönchsgemeinschaft baten. (40)

Bereits vor mehr als zweitausend Jahren sprach *Krishna* in der indischen „Bhagavad Gita" von der verehrenden Liebe:

Wer keinem Wesen Böses will, sich befreit
von Hass und Selbstsucht und barmherzig ist,
im Glück und Unglück immer gleichmütig bleibt,
geduldig und zufrieden immerdar,
im rechten Glauben treu, mit festem Willen
das Herz bezähmt und das Gemüt auf mich
gerichtet hält, sich ganz mir hingibt,
und mich verehrt und liebt, der ist mir lieb.

4.7 Die heilende und heiligende Liebe

Die Liebe ist mit Sicherheit die wichtigste seelische Energie, die uns am Leben erhält. Diese Kraft in genügendem Maße zu bekommen, ist ein Menschenrecht, gleich wie der Anspruch auf Nahrung und auf Luft zum Atmen. Zahllose Menschen leiden heute an einem Mangel an Liebe: Sei es, dass sie davon zu wenig geben oder zu wenig erhalten. Beides hängt zusammen, denn was wir nicht erhalten, können wir auch nicht verschenken und umgekehrt. So verdanken wir der Liebe viel Lebenskraft. Man kann sie als Vitamin der Seele bezeichnen. Wo es an Liebe fehlt, stellen sich früher oder später Mangelerscheinungen ein, und die Seele fängt an zu leiden. Was wir dann als Ersatz in Form von Genussmitteln zu uns nehmen, macht uns zusätzlich krank. So gehen mindestens die Hälfte aller Krankheiten auf Liebesmangel zurück.

Daher lässt sich behaupten, die Liebe ist eine *heilende* Energie, die Körper und Seele gesund erhalten oder wieder gesunden lässt. Wo die Liebe fehlt, da kann das Leben nicht gedeihen. Der Psychotherapeut *J. Konrad Stettbacher* nennt Liebesgefühle die „Wächter unseres Lebens". Er schreibt: „Das Kind braucht Liebe. Liebe ist kein Ding. Liebe ist Leben. Liebe ist aktives Besorgtsein um das Leben. Die Liebe ist durch die Stillung der Lebensbedürfnisse erfüllt." (41) Die beste Medizin für ein trauerndes Herz und eine verbitterte Seele kann eine liebende Beziehung sein. *Erich Fromm* erklärte einmal in einem Vortrag: „Wo die Psychoanalyse aufhört, dort beginnt die Liebe." Damit meinte er nicht, dass die Patientin sich in ihren Therapeuten verlieben soll, was zwar auch vorkommt und meist einen unglücklichen Verlauf nimmt und sogar tragisch enden kann. Vielmehr mag er daran gedacht haben, dass eine seelische Heilung zur echten Liebesfähigkeit verhelfen kann, indem sie bei Enttäuschten und Verletzten alte Wunden schließt und neue Hoffnungen weckt. Voraussetzung hierzu ist immer die vertiefte Einsicht in den eigenen unbewussten Seelenschatten; denn man muss sich zunächst selber kennen, ehe man fähig wird, einen anderen Menschen kennen und lieben zu lernen.

Eine liebende Begegnung in diesem Sinne muss nicht unbedingt zu einer dauerhaften Liebesbeziehung führen. Es genügt oft, dass sie im Vorübergehen das Leben von zwei Menschen verändert, indem sie zu einer neuen Erfahrung verhilft und neue Einsichten ermöglicht. Dies ist genau das, was man zunächst unter heilender Liebe verstehen kann: „Zwei Menschen wachsen wie im selben Garten, und dieser Garten liegt nicht in der Zeit. Und wenn die beiden gleich darauf sich trennen, beim ersten Wort ist jeder schon allein. Sie werden lächeln und sich kaum mehr kennen, doch sie werden beide größer sein."

Die Liebenden sorgen füreinander und sind um das körperliche, seelische und geistige Wohlergehen des Anderen besorgt. Diese fürsorgliche Liebe will nichts weiter, als dem anderen Menschen etwas Gutes tun. Daher ist es verständlich, dass in allen Religionen und Konfessionen als Ursprungsort der Liebe der Himmel gedacht wurde. Während eine lieblose Gesinnung verneinen und trennen will, sucht die liebende Einstellung zu allen Wesen das Verbindende und Versöhnende. Vor einigen Jahren beteuerte mir eine geschiedene Frau, sie bete und hoffe nur noch, dass Gott ihrem Exmann tausendfach das heimzahle, was er ihr angetan habe. Als ich ihr raten wollte, ihren geschiedenen Ehemann nicht in die Hölle zu verwünschen, sonst müsse sie ihm eines

Tages dort begegnen, flehte sie mich mit gefalteten Händen an: „Nehmen Sie mir diesen Glauben nicht!“

Der Liebe wohnt nicht nur eine heilende, sondern auch eine *heiligende* Kraft inne. Daher hat man im Altertum die Liebeskraft einer Göttin oder einem Gott geweiht, und man hat weibliche und männliche Liebesgottheiten verehrt. Im Christentum spricht man von der Liebe als von einer göttlichen Kraft. Es wird sogar erklärt, das Christentum sei die „Religion der Liebe.“ Dies veranlasste den indischen Politiker und Freiheitskämpfer *Mahatma Gandhi* (1869-1948) zu der Bemerkung: „Wenn das Christentum die Religion der Liebe wäre, müsste Indien längst christlich sein.“ Tatsächlich hat die wahre Liebe, die nicht auf Macht und Besitz ausgerichtet ist, mit Teilhabe und Hingabe am Göttlichen zu tun. Den erhabensten Ausdruck und das schönste Lob hat diese heiligende Liebe im „Hohelied der Liebe“ erfahren, das dem Apostel *Paulus* zugeschrieben wird. Ursprünglich war dieses wahrscheinlich ein jüdisches Liebes- und Hochzeitslied. Die heutige Übersetzung in unsere Sprache hat folgenden Wortlaut: „Die Liebe ist langmütig, sie ist gütig; die Liebe ereifert sich nicht, die Liebe prahlt nicht, sie spielt sich nicht auf, sie verhält sich nicht taktlos und ungeschickt, sie trachtet nicht nach dem eigenen Vorteil, sie lässt sich nicht vom Zorn hinreißen und trägt niemandem etwas nach. Die Liebe ergötzt sich nicht an den Fehlern anderer, sie freut sich aber um der Wahrheit willen mit den Rechtschaffenen. Die Liebe misstraut niemandem, denn sie nimmt alles auf sich und erduldet alles.“ (1 Ko 13, 4-7)

Diese liebende Haltung kommt auch im „Gebet des Franz von Assisi“ auf wunderbare Weise zum Ausdruck:

Herr, mach mich zum Werkzeug deines Friedens,
dass ich Liebe gebe, wo man sich hasst,
dass ich verzeihe, wo man mich beleidigt,
dass ich versöhne, wo Streit ist,
dass ich die Wahrheit sage, wo Irrtum herrscht,
dass ich Hoffnung wecke, wo Verzweiflung quält,
dass ich ein Licht anzünde, wo Finsternis droht,
dass ich Glauben bringe, wo Zweifel herrscht,
dass ich Freude schenke, wo Kummer wohnt.

Eine solche Liebe ist nicht mehr irdisch, sondern geistig und himmlisch zu nennen. In dieser Gesinnung fühlen sich Liebende für das Seelenheil der anderen mitverantwortlich.

Die Partnerliebe findet ihren tiefsten Sinn in der Annahme, dass sie vielleicht seit eh und je als Duale zusammengehören. Mit diesem Gedanken leben die Liebenden in der Gewissheit, dass sie für immer einander angehören, weil sie Geschwisterseelen sind. Ihr Vorbild und Symbol hierfür ist das göttliche Liebespaar Shakti und Shiva in ewiger Umarmung. Für sie sind weder die körperliche Anziehung noch die seelische Übereinstimmung entscheidend, sondern beide sind getragen von der Sehnsucht, auf immer vereint zu sein. Dass diese Einheit in der Zweiheit hier auf Erden nie ganz erreicht werden kann, wird in zahlreichen Opern und Schauspielen dichterisch und musikalisch dargestellt. Ideale Liebespaare, die zueinander nicht kommen konnten, sind in diesem Sinne etwa Isis und Osiris, Romeo und Julia, Aida und Ramenes, Hero und Leander, Othello und Desdemona oder Tristan und Isolde.

Mir ist in der Ehe- und Partnerberatung immer wieder deutlich geworden, dass Paare, die in den letzten Grundfragen unseres Menschseins gültige Antworten gefunden haben auf die Frage, woher wir kommen und wohin wir gehen, die besten Chancen haben, gemeinsam miteinander einen Weg in Harmonie und Frieden zu gehen. Dann besteht am ehesten die Gewähr, dass ihre Liebe auch die schwersten Krisen und Erschütterungen überdauert. Sie stellen ihr gemeinsames Bemühen sozusagen unter den Schutz einer höheren, himmlischen Macht, die sie leitet und führt. Ausdruck dieser heilenden und heiligenden Liebe fand ich einmal in einem Brief, den eine Braut ihrem Angetrauten schrieb:

Es scheide nicht der heutige Tag ohne diesen Freudenruf:
Wird er lebendig in mir wach, war‘s Liebe, die ihn schuf.
Du bist mein lieber treuer Mann und dein gedenk ich stets.
Es spricht mein Herz: o Liebster, bleib mir so, wenn‘s geht.
Mag immer die ganze Welt nicht sein, so wie sie soll.
Ich füge mich; die Lieb‘ erhält mir das Maß des Glückes voll.
Kannst du selber dir gestehen: ich hab Glück und Zufriedenheit,
So wirst du meine Freude sehen und meine Dankbarkeit.

Nicht eitle Worte spricht der Mund, nur der Lieb frohe Tat
gebe deinem Herzen all meine Lieb‘ und Treue kund.
Was der Himmel mir geschenkt, bewahr ich heilig doch.
Du bist‘s, den meine Seele denkt, und mir Heil und Heilung schenkt.

5. Die Liebe leben

Der russische Schriftsteller *Tolstoi* pflegte Verliebten zu raten: „Überlege dir zehnmal, überlege dir hundertmal, ob du dein Leben mit dem Leben eines anderen Menschen durch das Band der Liebe verbinden willst, denn dies ist die tiefste und folgenschwerste menschliche Bindung. Lieben sollten wir immer nur so, wie wenn wir sterben, das heißt: nur dann, wenn wir nicht anders können."

5.1 Liebe ist anders

Als die amerikanische Sozialreformerin *Helen Keller* (1880-1968), die im 18. Lebensmonat erblindete und auch ihr Gehör verlor, ihre Privatlehrerin einmal fragte, was Liebe sei, vermochte diese nur zu sagen, Liebe sei etwas unbeschreiblich Schönes, etwas Wunderbares und Beglückendes, für das es keine erklärenden Worte gebe. Da streichelte die kleine Helen zärtlich eine blühende Blume und fragte „Ist das Liebe?" Auf die verneinende Antwort ging sie zu einem nahegelegenen Brunnen, ließ kühlendes Wasser durch ihre zarten Finger gleiten und sagte: „Ist das Liebe?" Auch hier fand sie keine Zustimmung. In ihrem Verlangen zu wissen, was Liebe sei, wandte sie ihre lichtlosen Augen der strahlenden Sonne zu und wollte wissen: „Ist das Liebe?" Doch stets musste die Lehrerin dem neugierigen Mädchen in seine Hand schreiben: „Liebe ist das alles nicht; Liebe ist anders." (1) Liebe ist also nicht sichtbar, nicht hörbar und nicht greifbar. Liebe ist auch nicht machbar, und wer von „faire l'amour" spricht, verkennt das wahre Wesen der Liebe. Wenn wir über die Liebe nachdenken, stoßen wir auf eine Unzahl von Missverständnissen, die sich im Verlauf der Zeit um diesen vielfach missbrauchten Begriff angehäuft haben. Fragen wir zunächst die Menschen auf der Straße, was Liebe sei, mag jemand sich herausreden mit einem Zitat aus Goethes *Faust*: „Wenn ihr's nicht fühlt, ihr werdet's nicht erjagen." In Mozarts *Zauberflöte* wird die Liebe als „das Höchste der Gefühle" gepriesen. Nicht nur in der Weltliteratur sind Liebesgefühle ein Dauerbrenner. Sogar in den Fachwissenschaften werfen einige Autoren die Liebe gedankenlos in den Gefühlstopf. So behauptet der Psychologe *Peter Lauster* in seiner Schrift „Die Liebe. Psychologie eines Phänomens": „Die Liebe ist keine Sache des Verstandes, sondern eine Angelegenheit des Gefühls." (2)

Wer nun voreilig daraus schließt, Liebe sei bloß ein Gefühl, dem ist zu widersprechen. Die Liebe ist weit mehr als eine flüchtige Gefühlsregung. Wir wissen doch, wie wechselhaft, launisch und trügerisch unsere Gefühle sein können. Sollte dies auch von der Liebe gelten? Wir reden davon, dass die Liebe zweier Menschen unerschütterlich sei und selbst den Tod überdauere. Liebe ist auch nicht bloß „ein physikalischer Kontakt, der zu einer chemischen Reaktion führt", wie ein Spötter einmal meinte. Liebe ist weder eine Fertigkeit noch hat sie etwas zu tun mit technischem Können. Sie ist auch nicht nur eine Kunst im Umgang mit anderen Menschen, wie *Erich Fromm* sie beschreibt. Er gibt uns den Rat: „Liebe und erfahre die Liebe, dann weißt du, was Liebe ist." (3)

Wir können die Liebe eine spirituelle Fähigkeit nennen, die es uns ermöglicht, geistige Werte zu erkennen und zu wollen. Deshalb heißt in der italienischen Sprache eine Liebeserklärung in diesem Sinne nicht: „ti amo" oder „ti adoro", sondern „ti voglio bene": „Ich will dir gut sein, ich will das Gute für dich." So können wir zunächst davon ausgehen, dass die Liebe eine Angelegenheit des Willens ist. Da der Wille aber eine blinde Kraft ist, die notwendig das begehrt, was die geistige Erkenntnis ihm als erstrebenswert vorstellt, folgt daraus, dass wir nur das wollen können, was wir auch erkennen. Dies drückt der philosophische Lehrsatz aus: Nichts kann gewollt werden, was vorher nicht erkannt wird. Liebe ist demnach die Möglichkeit, das Gute zu erkennen und dieses für andere zu wollen.

So gesehen, beruht die Liebesschwäche letzten Endes nicht auf Gefühlsarmut oder Triebschwäche, sondern auf der Unfähigkeit, geistige Werte zu erkennen und zu bejahen. Es geht in der mitmenschlichen Liebe um die Verwirklichung geistiger Werte. Da der Mensch unter allen erdgebundenen Geschöpfen allein dieses geistige Vermögen des Erkennens und des Wollens besitzt, unterscheidet er sich dadurch vom Tier.

Die echte Liebe ist stets auf ein Du bezogen. Sie will glücklich machen, nicht glücklich sein. Sie will geben, statt nehmen. Die Liebe nimmt zu, je mehr wir davon geben. Sie ist absichtslos und macht wunschlos. Sie wendet sich dem Du zu, nicht dem eigenen Ich. Von der selbstlosen Liebe schrieb *Kahlil Gibran*: „Eine solche Liebe besitzt nicht, noch wird sie besessen, weil Liebe sich selbst genügt. Sie gibt nichts als sich selbst und nimmt nichts, außer von sich selbst." In diesem Sinne erklärte *Krishnamurti* in seinen Vorträgen: „Wenn Sie zu lieben wissen, dann können Sie tun, was Sie wollen, dann werden sich alle Probleme lösen." (4) Diese Ansicht liegt ganz nahe beim Ratschlag des Kirchenlehrers *Aurelius Augustinus*: „Liebe und im übrigen tue, was du willst." Denn wer liebend nur das Gute will, kann nicht fehlgehen.

Da wir Menschen keine reinen Geistwesen sind, sondern beseelte Erdenbürger, die vorübergehend mit einem stofflichen Körper bekleidet sind, spielen in der menschlichen Liebe auch die seelischen und körperlichen Bedürfnisse eine begleitende Rolle. Auch unsere Gefühle und Stimmungen, unsere Triebe und Antriebe sind daran beteiligt. Unser irdisches Lieben ist also ein ganzheitliches Geschehen, bei dem der ganze Mensch einbezogen ist und nicht nur ein Teil von ihm. *Lao Tse* werden folgende Worte zugeschrieben:

Pflicht ohne Liebe macht verdrießlich,
Macht ohne Liebe ist rücksichtslos,
Gerechtigkeit ohne Liebe macht hart,
Wahrheit ohne Liebe ist widerspruchsvoll,
Klugheit ohne Liebe macht berechnend,
Freundlichkeit ohne Liebe macht heuchlerisch,
Ehre ohne Liebe macht hochmütig,
Besitz ohne Liebe macht geizig,
Ein Leben ohne Liebe ist sinnlos.

Die wichtigste Bedingung, damit die Liebesfähigkeit bei einem Kind sich entfalten kann, ist die Liebe der Eltern, die es seelisch nährt.

Ohne Elternliebe kann später die Partnerliebe nur schwer gedeihen. Dies wussten schon die alten Römer, die erkannt haben: „Wem als Kind die Eltern kein Lächeln geschenkt, den würdigt weder ein Gott des Mahles noch eine Göttin des Lagers." Ein trauriges Beispiel hierfür ist das Bekenntnis von *Rilke*, der von sich sagen musste: „Ich kann kein Liebhaber sein, weil mich meine Mutter nicht geliebt hat." (5).

Eine weitere Voraussetzung für die Liebesfähigkeit ist das Bejahen und Lieben seiner selbst. Das hat nichts mit Egoismus und Selbstbezogenheit zu tun. Wer seinen Eigenwert erkennt, wer eine positive Einstellung zu sich selber gewinnt, der kann auch zu einem anderen Menschen eine zustimmende Haltung einnehmen, was der Liebe förderlich ist. Wer aber sich selbst nicht für liebenswert hält, der kann auch nicht andere lieben. Dies meint das Bibelwort: „Liebe deine Nächsten wie dich selbst." (Mt 19,19)

Wenn es in einer Partnerbeziehung nicht mehr stimmt, dann scheinen vordergründig charakterliche Schwächen, sexuelle Unstimmigkeiten oder finanzielle Probleme eine maßgebende Rolle zu spielen. Sieht man aber genauer hin, merkt man bald, dass die beiden Partner außer Tisch und Bett wenig Gemeinsames verbindet. Jedenfalls haben sie im Denken und Wollen das Heu nicht in der gleichen Scheune. Meistens fehlt es an einer tragfähigen geistigen Wertewelt, an einer übereinstimmenden Weltanschauung.

Solange wir in der materiellen Welt und in unserem Erdenkörper leben, haben wir nur eine unzulängliche Ahnung von dem, was wahre Liebe ist. Menschen, die in einer Nahtod-Erfahrung vorübergehend in eine höhere Dimension eingetreten sind, waren überwältigt von der bedingungslosen Liebesenergie, die ihnen entgegenflutete. Einer, der dies erlebt und in seinem Buch „Blick in die Ewigkeit" beschrieben hat, ist der amerikanische Neurochirurg *Eben Alexander*. Infolge einer schweren bakteriellen Hirnhautentzündung im Jahr 2008 lag er tagelang im tiefen Koma. In dieser Zeit trat sein Bewusstsein zeitweise aus seinem Körper aus und befand sich in einem hellwachen Zustand in einer jenseitigen Schwingungswelt. Was er bei diesem Seelenaustritt erlebte, fasste er in den Satz zusammen: „Du wirst geliebt" oder in einem einzigen Wort ausgedrückt: „Liebe." Er bezeichnet die Liebe als die Basis von allem. „Sie ist die Realität der Realitäten, die unbegreiflich herrliche Wahrheit, die im Kern von allem, was existiert oder je weiter existieren wird, lebt und atmet. Und niemand, der sie nicht kennt, kann ein auch nur annähernd exaktes Verständnis davon erlangen, wer und was wir sind, und dies in entsprechende Taten umsetzen"... „Die bedingungslose Liebe und Akzeptanz, die ich auf meiner Reise erlebte, ist die wichtigste Entdeckung, die ich je gemacht habe oder machen werde. Die Menschen mit einer solchen Jenseitserfahrung haben große Mühe, uns mitzuteilen, „wie sich die Liebe, die sie dort draußen erfahren haben, anfühlt", weil ihnen einfach die Worte hierzu fehlen." (6)

In einer kleinen Meditation heißt es: „Liebe hat keine Einleitung. Liebe erscheint. Sie ist einfach da. Und trotz unserer Versuche, sie in den Griff zu bekommen, setzt sie sich durch. Wenn wir uns zurückziehen, ergreift sie uns. Wenn wir uns ihr hingeben, hat sie uns. Ob wir hinausschreien oder still sind, sie besitzt uns. Die Liebe ist so, wie wir bereit sind, sie zu erkennen: Gewöhnlich oder heilig. Wohin wir auch schauen, sieht uns die Liebe an. Wieder und wieder ist sie da." (7) Wenn die Liebe auch nicht ein Gefühl ist, wächst und gedeiht sie am besten in der Tiefe eines ruhigen Gemüts. Sie liebt den Lärm nicht und nicht das Laute. Auf leisen Sohlen geht sie verschwiegene Wege. Und die Einsamkeit ist ihr lieb. In der Stille entfalten sich die Gedanken der Liebe. Wie das Leben, so ist auch die Liebe etwas Geheimnisvolles, Unergründliches und Unwiderstehliches, jedenfalls etwas, das uns ergreift, das uns ergriffen macht und das wir doch nie ganz begreifen. Eines ist sicher: Wer die Liebe lebt, der liebt das Leben. (8) In der Zeitschrift „Unity" las ich im Jahr 1980 folgenden Text von *Peter Wenzel*:

Weil ich mit den Augen der Liebe schaue,
erblicke ich Schönheit in meiner Umwelt.
Weil ich mit den Augen der Liebe schaue,
erkenne ich den Sinn meiner Vergangenheit.
Weil ich mit den Augen der Liebe schaue,
fühle ich mich von heiterer Gelassenheit getragen.
Weil ich mit den Augen der Liebe schaue,
werde ich zum Gewinn für meine Nächsten.
Weil ich mit den Augen der Liebe schaue,
werde ich unerwartet selbstständig und frei.

Weil ich mit den Augen der Liebe schaue,
werde ich ganz still und wesentlich.
Weil ich mit den Augen der Liebe schaue,
erhellt mich ein wundervolles Liebeslicht
und führt mich in mein Inneres,
in das strahlende Zentrum meines Seins.

5.2 Wunschbilder der Verliebten

„Vom ersten Augenblick / warst du mein großes Glück", heißt es in einem modernen Schlager. In der Verliebtheit neigen wir dazu, uns vom geliebten Menschen ein Wunschbild zu erschaffen, das wir auf ihn übertragen. Häufig handelt es sich um ein täuschendes Trugbild aufgrund eigener Einbildungen, ähnlich einer Fata Morgana im dürren Wüstensand. Verliebte sehen ihren Liebespartner meistens nicht so, wie er wirklich ist, sondern so, wie sie ihn in ihren Vorstellungen gerne haben möchten. „Dies Bildnis ist bezaubernd schön", singt der Prinz Tamino in *Mozarts* Oper „Die Zauberflöte", wenn er zum ersten Mal die schöne Prinzessin Pamina sieht. *Schiller* lobt in seinem „Lied von der Glocke" die junge Geliebte als ein „Bild aus Himmelshöhen". Verliebte schweben wie auf Wolken und schwelgen im Hochgefühl ihrer Wunschträume. So erliegen sie mit ihrem verklärten, leicht getrübten Blick schnell einer Täuschung. Die einen verlieben sich mutig, andere mutwillig oder gar übermütig.

Verliebte sind blind für die Fehler und Schwächen des anderen oder wollen diese zumindest nicht wahrhaben. Sie erliegen leicht einer Selbst- und Fremdtäuschung. So kann die verträumte Verliebtheit tatsächlich die Liebenden mit Blindheit schlagen, indem diese unrealistischen Erwartungen folgen. Durch Schlager, Filme und billige Liebesromane wird diese Illusion noch geschürt. Sind die Verliebten aus ihrem Liebestaumel und Liebesrausch einmal erwacht, werden die Erwartungen bescheidener oder verfliegen ganz. Dass die bloße Verliebtheit früher oder später entzaubert wird und einer Ernüchterung weichen muss, ist wohl unausweichlich. Wie diese sich auswirken kann, zeigt der Brief einer jungen Frau, die mir schrieb: „Wenn ich mit meinem Freund zusammen bin, dann bin ich in ihn verliebt: In seinen Körper, in seine Stimme, in sein frohes Lachen und seine Natürlichkeit. Ich bewundere seine männliche Stärke. Wenn er mir aber am Telefon mitteilt, dass er wegen Bauchschmerzen beim Arzt war, da geht bei mir in Sekundenschnelle eine Barriere herunter. Bauchschmerzen, Arzt! Das ist für mich zu viel 'schwacher Mann'. Dann habe ich überhaupt kein Gefühl mehr für ihn. Schwache Männer verachte ich." Aus dem Himmel der Verliebtheit herausgefallen, klagt dann manch einer mit *Goethe*: „Mir geht es schlecht. Weder ist jemand in mich verliebt noch bin ich in jemand verliebt."

Die Verliebtheit kann sogar einseitig sein, so dass die angehimmelte Person gar nichts davon ahnt. Einmal, während eines Abendspaziergangs mit meinem Hund, eilte mir eine völlig fremde Frau aus ihrem Hauseingang entgegen, fiel mir um den Hals und stöhnte sehnsuchtsvoll: „Ich liebe Sie!" Von diesem stürmischen Geständnis überrascht, wollte ich sie beruhigen: „Das geht wieder vorüber", sagte ich. Da war sie auf einmal wie ernüchtert und flüchtete ohne ein Wort zurück in ihr Haus. Seither habe ich sie nie wieder gesehen.

Am Anfang jeder Verliebtheit steht Sympathie, aber noch nicht Liebe. Es handelt sich um eine gegenseitige, meist unbewusste Anziehung von ähnlichen oder gegensätzlichen Eigenschaften und Eigenarten aufgrund einer gewissen Seelenverwandtschaft. Die wahre Liebe kann erst dann ihren Anfang nehmen, wenn die Illusionen der Verliebtheit durchschaut werden und man anfängt, die Persönlichkeit des anderen mit seinen Licht- und Schattenseiten zu erkennen und zu bejahen.

Es ist wichtig zu verstehen, worin die Verliebtheit besteht. Ich habe hierzu folgende zehn Merkmale gefunden:

1. Die Illusion *vom dauerhaften Glück*. Liebesglück stellt sich nicht von selber ein, sobald die Richtigen zusammenkommen. Der Schlager von *Heidi Brühl* „Wir werden niemals auseinandergehn" könnte sich allzu leicht als Täuschung erweisen. Mit der Liebe ist es wie mit einer Zimmerpflanze: Wenn man sie nicht täglich hegt und pflegt, geht sie ein. Wer sein Glück in der Liebe für einen Dauerzustand hält, gibt sich bald keine Mühe mehr, dieses zu erhalten.

2. Die Illusion *der projizierten Vorstellungen*. In der Verliebtheit wird ein Sehnsuchtsbild auf die geliebte Person übertragen. Die-

ses stammt aus dem Schattenbereich des eigenen Unbewussten und weist auf ein emotionales Ergänzungsbedürfnis hin. Dieses steht der eigentlichen Liebe oft im Wege. Erst wenn wir diesen Mechanismus durchschauen und uns dessen bewusst sind, werden wir vor Enttäuschungen bewahrt. Hierzu folgendes Erlebnis: Irgendwo in der Innerschweiz kreuzte sich eine Bahnlinie mit einer Straße. Zum Schutz der Autofahrer wurde an diesem Bahnübergang eine Barriere errichtet, die früher von einer Bahnwärterin von Hand bedient wurde. Diese versah täglich und zuverlässig ihren Dienst. Wenn in der Morgenfrühe der erste Güterzug aus der Kälte und Dunkelheit daherkam, war es stets derselbe Lokomotivführer, der sie im Vorbeifahren freundlich grüßte. Dieser Augenblick genügte, damit sich in der Frau mit der Zeit ein sehnsuchtsvolles Wunschbild entwickelte. Sie fing an, diesen fremden Mann zu bewundern, weil er so mutig, so unerschrocken und selbstsicher auf seiner Lok stand, ähnlich wie der griechische Sonnengott *Helios* auf seinem Streitwagen. „Das ist ein Mann!“, dachte sie. „So müsste ein Mann sein!“, war ihr Gedanke. Bald kam es so weit, dass ihr Herz jedesmal vor Erregung bis zum Hals hinauf schlug, wenn ihr „Held“ an ihr vorbeibrauste. Aber auch der Lokomotivführer bekam jeweils weiche Knie, sobald er die fremde Frau an der Barriere sah. Sie kam ihm vor wie ein helfender Schutzengel: So zuverlässig, so achtsam und so treu. Sie schien jenem Traumbild zu entsprechen, wie es sich ein Mann nur wünschen kann. Kein Wunder, dass auch er sich in sie verliebte. So fand er schließlich keine Ruhe mehr, bis er mit ihr eine Begegnung im nahe gelegenen Bahnhofsrestaurant vereinbarte, damit sie sich näher kennenlernen konnten. Da saßen sie nun an einem freien Nachmittag einander gegenüber bei Kuchen und Tee – und waren voneinander so enttäuscht, weil er ohne Lokomotive kam und sie ohne Schranken.

3. Die Illusion: *„Ohne dich kann ich nicht mehr leben.“* Verliebte können dem Lied von *Richard Tauber* nachfühlen: „Du bist die Welt für mich, ich lebe nur für dich, für dich allein.“ Sie beteuern sich gegenseitig: „Du bist mein Ein und Alles. Ich brauche dich wie die Luft zum Atmen. Mein Leben wäre sinnlos und leer ohne

dich." Es ist dies die Sehnsucht, mit dem geliebten Du eins zu werden, sich in ihm zu verlieren, um mit ihm ganz zu werden. Dieser Wunsch nach Einverleibung gipfelt manchmal im kühnen Eingeständnis: „Ich habe dich „zum Fressen gern" – und zwanzig Jahre später bereut man es vielleicht, dass man es nicht getan hat. Dieses besitzergreifende Denken kann höchst gefährlich werden, weil es den einen Partner zum Gebrauchsobjekt des anderen hinabstuft und in die Rolle der ständigen Verfügbarkeit drängt.

4. Die Illusion von der *ewigen Treue und beständigen Ehrlichkeit.* Um der geliebten Person zu schmeicheln, werden die Verliebten nicht müde, im gegenseitigen Umwerben sich „ewige Treue" zu schwören und diesen „Egoismus zu zweit" zu besiegeln mit dem gewagten Versprechen: „Wir zwei gegen den Rest der Welt." Im Werben des Mannes entdeckte die Psychologin *Sabine Sanders* zahlreiche unehrliche Männerlügen. (9) So etwa: „Du bist die schönste Frau, die mir je begegnet ist." – „Du strahlst so viel Liebreiz aus, dass ich auf jeden Mann eifersüchtig sein könnte, mit dem du nur ein Wort sprichst." – „Deine Traumfigur könnte sich mit der eines jeden Filmstars messen." Dies erinnert mich an das Geständnis eines verliebten Jünglings an seine Geliebte: „Tagsüber finde ich keine Zeit zum essen, weil ich ständig an dich denken muss, und des nachts kann ich nicht schlafen, weil ich Hunger habe." Mit solchen und ähnlichen Liebeslügen lässt sich manche Frau von eroberungssüchtigen Männern betören. Kommt dann deren wahre Absicht an den Tag, ist die Beziehung zu Ende, sofern die Frau wegen ihrer Eitelkeit nicht doch noch darauf hereinfällt.

5. Die Illusion von der *totalen Gemeinsamkeit.* Diese wird auch gerne in Liebesliedern besungen. Von einer solchen totalen Übereinstimmung, wo zwei Menschen sich als „ein Herz und eine Seele" fühlen, träumen auch heute noch viele Verliebte. Eines Tages kam ein verheirateter Mann mit ergrauten Haaren zu mir, weil er sich eine junge Freundin angelacht hatte. Er wünschte von mir in der Eheberatung, dass ich seine Scheidungswünsche seiner verhärmt wirkenden Gattin gegenüber unterstützen sollte, was ich nicht zu tun bereit war. Ich versuchte erfolglos, ihm seine Verliebtheits-

träume auszureden. Eine Tages erschien er zusammen mit seiner Angebeteten in meiner Sprechstunde und behauptete: „Jetzt können Sie nichts mehr einwenden. Ein Pendler hat herausgefunden, dass unsere Liebe hundertprozentig echt sei." Zu diesem Geständnis fiel mir nur noch das Sprichwort ein: „Wenn ein altes Haus brennt, hilft kein Löschen."

6. Die Illusion: *Eifersucht sei ein Liebesbeweis.* Manchmal bekommt man zu hören, Eifersucht erhöhe den Wert der Liebe. Dieser Irrtum spukt noch heute in den Köpfen und Herzen vieler Verliebter herum. Eher ist das Gegenteil wahr. Eifersucht beruht auf innerer Unsicherheit und Ungewissheit und stammt aus dem Zweifel an der Stabilität einer Beziehung. Vom Theologen *Friedrich Schleiermacher* (1768-1834) stammt das zutreffende Wortspiel: „Eifersucht ist eine Leidenschaft, die mit Eifer sucht, was Leiden schafft." Dies beweisen die häufigen Eifersuchtsdramen in unserer Gesellschaft. Bemerkenswert ist, dass nach der Verbrecherstatistik 90% dieser Gewalttaten von Männern verübt werden. (10)

7. Die Illusion, *ständig gleicher Meinung zu sein.* Bei Verliebten führt dies in ein überangepasstes Verhalten, das in Selbst- und Fremdtäuschung mündet und der Selbstständigkeit entgegensteht. Es ist wichtig, auch in der Liebe sich nicht fremdbestimmen zu lassen, sonst wird man abhängig und dem anderen hörig. Nach ständigen Meinungsverschiedenheiten schlug eine Ehefrau ihrem Mann vor: „Wenn wir gleicher Meinung sind, machen wir es so, wie du es willst; wenn wir nicht gleicher Meinung sind, machen wir es so, wie ich es will." Es kann nicht ausbleiben, dass in einer liebenden Partnerschaft die Meinungen manchmal auseinandergehen. Man muss dabei den Mut aufbringen, dem anderen klar zu machen: „Ich bin nicht wie du, und ich will auch nicht sein wie du." Dadurch wird eine Beziehung erst spannend. Das bewahrt die Partner vor gleichförmiger Langeweile. Ein gelegentliches „Das stimmt für mich nicht" ist geradezu die Voraussetzung für das, was sich zwischen zwei Menschen bei all ihren Unterschieden in gegenseitiger Rücksichtnahme mit den Jahren entwickeln kann, nämlich die Reife von zwei eigenständigen Persönlichkeiten.

8. Die Illusion, *keine Geheimnisse voreinander zu haben.* Wenn Liebende sich versprechen, voreinander keine Geheimnisse zu haben, lässt man dem anderen keinen persönlichen Freiraum für eigene Gedanken und Gefühle. Das kommt einer Bevormundung gleich. Ich kannte ein junges Paar, dass sich bei der Hochzeit gegenseitig versprach, einander immer alles zu sagen, auch das, was sie nur einem Beichtvater anvertrauen würden. Bald danach begannen die Heimlichkeiten und das gegenseitige Misstrauen, so dass *Rilke* Recht bekam: „Seht, die Liebenden, wie sie lügen." Wenige Jahre später war diese Ehe bereits geschieden. Wir alle sind in einem gewissen Sinne Geheimnisträger. Es wäre unsinnig, dem anderen bedenkenlos alles und jedes mitteilen zu wollen. Das müsste ihn belasten oder verletzen. Wer um das Dunkel in der eigenen Seele weiß, der verschont den Partner vor jenen Abgründen und Hinterhältigkeiten, die sich manchmal in unseren Träumen kundtun. Daher ist wohl dem französischen Moralisten *La Rochefaucauld* (1613-1680) zuzustimmen: „In der Liebe lebt man glücklicher mit dem, was man nicht weiß, als mit dem, was man weiß."

9. Die Illusion, den *Partner ändern zu können.* Verliebte glauben daran, ihren Partner nach eigenem Vorstellungsbild ändern zu können. Die Erfahrung zeigt aber, dass alle Liebesmüh umsonst ist, wenn ein Mensch nicht durch eigene Einsicht gewillt ist, sich ändern zu wollen. Wenn es nur um eine Anpassung an die Forderungen des anderen geht, ist das ein unzulässiger Übergriff. Besser meint es das mahnende Sprichwort: „Wenn man nicht hat, was man liebt, muss man lieben, was man hat." Hierzu eine Symbolgeschichte: Eine Frau, die recht unzufrieden war mit ihrem Ehemann, weil er gar nicht nach ihrer Pfeife tanzen wollte, ging zu einem Priester. Dort ließ sie keinen guten Faden an ihrem Gemahl und wusste gar viel zu berichten, wo und wie sich dieser bessern sollte. „Was kann ich tun, damit ich meinen Mann ändern kann?", wollte sie vom geistlichen Herrn wissen. Dieser antwortete: „Eure Ehe könnte deutlich besser sein, wenn du, meine Tochter, eine bessere Ehefrau wärest." „Und wie könnte ich das werden?", wollte die Ratsuchende wissen. „Indem du dich nicht länger darum bemühst, aus deinem Mann einen besseren Ehemann zu machen."

10. Die Illusion, *immer alles gemeinsam zu tun.* Eine so innige Gemeinsamkeit ist auf die Dauer nicht auszuhalten. Liebes- und Ehepaare können nicht ständig in einer Art Symbiose aneinander kleben, als wären sie siamesische Zwillinge. Es ist nicht zu erwarten, dass sie ständig einer Meinung sind, die gleichen Gefühle, die gleichen Interessen und Bedürfnisse haben und denselben Neigungen nachgehen wollen. Selbstverständlich wird man bei auseinander gehenden Meinungen einen Ausweg im gemeinsamen Gespräch suchen müssen. Wie widersprüchlich die Liebe manchmal sein kann, hat *Erich Fried* umschrieben: „Es ist Unsinn, sagt die Vernunft. Es ist, was es ist, sagt die Liebe. Es ist Unglück, sagt die Berechnung. Es ist, was es ist, sagt die Liebe. Es ist nichts als Schmerz, sagt die Angst. Es ist, was es ist, sagt die Liebe. Es ist aussichtslos, sagt die Einsicht. Es ist, was es ist, sagt die Liebe. Es ist lächerlich, sagt der Stolz. Es ist, was es ist, sagt die Liebe. Es ist leichtsinnig, sagt die Vorsicht. Es ist, was es ist, sagt die Liebe. Es ist unmöglich, sagt die Erfahrung. Es ist, was es ist, sagt die Liebe. So ist die Liebe!" Die Verliebten sind wie Schmetterlinge, die gerne am Nektar bunter Blüten naschen, die sich aber nicht bei ihnen niederlassen und verweilen. Bei jungen Menschen ist es eine spielerische Probierphase im Wechsel von Annäherung und Abwehr ohne Bindungsabsicht und Zukunftserwartung. Die gängigen Beziehungsmuster in der Verliebtheit sind immer wieder die gleichen, weil sie sich auf einer emotionalen und sentimentalen und nicht auf einer rationalen Ebene abspielen. Das Positive an diesen wechselnden Beziehungen liegt darin, dass der junge Mensch durch sie die notwendigen freudvollen und auch schmerzlichen Erfahrungen machen kann, die ihn später zu einer stabilen Beziehung befähigen sollen. Hier lassen sich die Worte von *C.G. Jung* anführen: „Für die Gestaltung der Persönlichkeit ist das frühzeitige Erwachen und die bewusste Kultur eines tiefen, ernsthaften und verantwortlichen Gefühls von unzweifelhaft höchstem Wert in jeder Hinsicht." (11)

Die Verliebtheit führt deshalb zu Enttäuschungen, weil sich die Liebespartner in ihren Möglichkeiten überschätzen, die der Wirklichkeit nicht standhalten. Daher ist der Eheberater *Arnold Lazarus* überzeugt:

„Die meisten Paare gehen mit Wunschträumen und unrealistischen Erwartungen in die Ehe.“ (12) Früher oder später kommen sie in der tatsächlichen Lebenswirklichkeit an. Auf dem Boden des alltäglichen Miteinander entscheidet sich, ob man zueinander passt und ob man die Eigenarten des anderen annehmen kann. Daher meinte *Abbé Pierre:* „Man muss nicht enttäuscht, aber man muss ernüchtert sein, um zu wissen, was wahre Liebe ist.“ Auf jeden Fall können Liebesenttäuschungen, wenn man daraus die richtige Erkenntnis zieht, ein wichtiger Schritt zur Reifung der Persönlichkeit sein. Hier gilt der Satz: „Wir alle träumen davon, mit einem Menschen ganz eins zu werden. Weder erfüllt sich der Traum noch wird er vergebens geträumt. Wer ihn nicht geträumt, hat von der Liebe nie etwas begriffen.“

5.3 Liebe auf den ersten Blick

Viele von uns haben schon die Erfahrung gemacht, dass wir bei der erstmaligen Begegnung mit einem fremden Menschen den bestimmten Eindruck haben: „Wir kennen uns doch, wir sind uns schon einmal begegnet.“ Manchmal stellen wir eine seltsame Vertrautheit fest, die wir nicht erklären können. Gelegentlich kommt es dabei zwischen Mann und Frau zu einer „Liebe auf den ersten Blick“. Wenn sich zwei Menschen unerwartet Hals über Kopf ineinander verlieben, hat dies mit wahrer Liebe im Sinne des gegenseitigen Erkennens in der Regel noch nichts zu tun. Vielmehr handelt es sich um den uralten „Trick der Natur“, den die Evolution vor Jahrmillionen erfunden hat, um die Weitergabe des Lebens sicherzustellen. Dieser läuft über unsere Sinne ab und nicht über Verstand und Wille. Durch die Sinnestore gehen wir Menschen aufeinander zu. Diese sind genetisch verankert und sorgen auch in der Pflanzen- und Tierwelt dafür, dass sich die Paare finden.

In erster Linie ist daran der Blickkontakt beteiligt. Deshalb spricht man von Liebe auf den ersten Blick. In manchen Fällen spielt auch das Gehör eine entscheidende Rolle. So kann sich eine Frau unsterblich in die Stimme eines Mannes verlieben, selbst am Telefon, ohne dass sie ihn visuell zu Gesicht bekommt. Die später erblindete *Erika von Gunten* berichtet über ihre Begegnung mit ihrem jetzigen Lebenspartner, der selber stark sehbehindert ist. Wie sie sich erstmals gegenseitig am Arm führten, war die Überzeugung, „dass wir zusammen sein wollen, schnell da. Schneller vielleicht noch als bei früheren Beziehungen, als ich noch ein perfektes Augenlicht hatte." (13) Sogar der einfache Händedruck kann bei losem Körperkontakt eine Sympathiewelle auslösen. Die moderne Aura-Forschung hat mittels der Kirlian-Fotographie nachgewiesen, dass sich zwischen Menschen, die einander freundlich gesinnt sind, bei der Berührung ihrer Fingerspitzen eine schwachleuchtende Lichtbrücke bildet. Die Erklärung hierzu liegt in der feinstofflichen Lebenskraft, die jedes Lebewesen, ob Pflanze, Tier oder Mensch, ausstrahlt, wodurch ein gegenseitiger Energieaustausch stattfindet. (14)

Bei einer Erhebung des Single-Portals „Elite-Partner" gaben auf die Frage: „Wie lange brauchen Sie, um festzustellen, ob der Funke überspringen könnte?" 21% der Männer und 23% der Frauen an, dass dies innerhalb weniger Sekunden geschehen kann. Rund die Hälfte der Befragten wollen dies in wenigen Minuten merken. „Nur jeder zehnte Mann und jede zehnte Frau benötigen mehrere Treffen, um herauszufinden, ob sie ihr Gegenüber anziehend finden." (15)

Was nun die „Liebe auf den ersten Blick" angeht, ist dieses Phänomen in der Parapsychologie unter dem Begriff *„Déjà vu"* seit langem bekannt. Darunter wird ein Wiedererkennen einer Person, eines Gegenstandes, einer Örtlichkeit oder einer Situation verstanden, die man scheinbar schon einmal erlebt hat. Erklärungen und Deutungen hierfür gibt es in großer Zahl. (16) So kommt es vor, dass zwei Menschen bei ihrem ersten Zusammentreffen das untrügliche Gefühl haben, einander schon einmal begegnet zu sein. Wenn es sich dabei nicht um pure Einbildung, um eine Sinnestäuschung oder um ein Traumerlebnis handelt, könnte dies vielleicht auf früheren Erlebnissen beruhen, die man längst vergessen hat, oder sogar auf ererbten Gedächtnisspuren aus dem „familiären Unbewussten" unserer eigenen Vorfahren. Manche wollen das „genetische Gedächtnis" dafür verantwortlich machen. (17)

Die naheliegendste Erklärung hierzu bietet uns die Lehre von der Wiedergeburt. Es deutet vieles darauf hin, dass wir im gegenwärtigen Erdenleben tatsächlich Menschen begegnen können, die uns aus einem früheren Leben bekannt sind. Bei unserer erneuten Menschwerdung haben wir die Erinnerungen an diese „alten Bekannten" bruchstückhaft mitgenommen, so dass es in diesem Leben zu einem

Wiedererkennen kommt. *Helen Wambach* berichtet aufgrund ihrer Rückführungsexperimente an 750 Versuchspersonen: Auf die Frage, ob sie ihre Verwandten und Bekannten in einem vergangenen Leben bereits gekannt hätten, antworteten 87% mit „Ja". Dabei wurden eigene Eltern, Geschwister, Lebenspartner, Kinder oder gute Freunde genannt. Nicht wenige bestätigten: „Ich habe meinen jetzigen Partner bereits in einem früheren Leben gekannt." (18) Der Grund hierfür sind vorwiegend karmische Verflechtungen, welche die Menschen dazu führen, frühere Abhängigkeiten, Bindungen, Verpflichtungen oder Schuldgefühle miteinander aufzuarbeiten. *Rudolf Passian* nimmt in seinem Buch „Wiedergeburt" an, dass in neun von zehn Fällen, wo sich zwei Menschen „unwiderstehlich zueinander hingezogen fühlen, karmische Verbindungen aus früheren Leben" bestehen. (19)

Von einem solchen plötzlichen Erkennen und Wiedererkennen erzählt auch *C.G. Jung*. Er begegnete seiner späteren Frau *Emma Rauschenbach* zum ersten Mal, als er einundzwanzig Jahre alt war und sie vierzehn. Er sah sie in Schaffhausen auf der Treppe ihres Elternhauses stehen, und er wusste augenblicklich und mit innerer Gewissheit: „Das ist meine Frau!" Als der über 80-jährige Arzt an seinen Lebenserinnerungen arbeitete, sagte er über diese Begegnung zu seiner Sekretärin *Aniela Jaffé*: „Ich war tief erschüttert davon; denn ich hatte sie ja nur einen kurzen Augenblick gesehen, aber sofort mit absoluter Sicherheit gewusst, dass sie meine Frau würde." (20) Eine ähnliche Erfahrung machte der Philosoph *Karl Jaspers*. Er berichtet in einem Gespräch, wie er bei einem Besuch in der Familie seines Freundes unerwartet vor dessen 20-jähriger Schwester stand, und wie es ihn gleich einem Blitz aus heiterem Himmel traf und beide auf einmal ohne Zweifel wussten, dass sie das ganze Leben zueinander gehören würden. Und so kam es auch – selbst in der Zeit der Verfolgung im „Dritten Reich", weil seine Frau eine Halbjüdin war.

Noch eindrücklicher sind folgende zwei Fälle: Eine Frau erzählte über ihre Begegnung mit einem ihr unbekannten Mann in einem Gasthaus: „Als er durch die Türe trat und auf mich zu kam, hatte ich das überwältigende Gefühl, diesen Menschen schon zu kennen. Der Gedanke durchfuhr mich wie ein Blitz, dass wir schon immer vertraut miteinander gewesen waren und einander schon immer geliebt hatten. Ich war wie vor den Kopf gestoßen. Von diesem Augenblick an wusste ich, dass ich ihm bis ans Ende der Welt folgen würde. Ich sah nicht nur sein Gesicht, sondern auch mich selbst, als eine Widerspiegelung eines positiven Bildes." (21) Der amerikanische Delphin-Forscher *John Lilly* hatte nach zwei gescheiterten Ehen die Hoffnung aufgegeben, je die richtige Frau zu finden. Doch eines Abends begegnete er in einem Haus, in dem eine Dichterlesung stattfand, einer ihm bis dahin völlig fremden Frau. Später erzählte er: „Als ich zur Haustüre hereinkam, bemerkte ich eine dunkelhaarige Frau, die in der großen Eingangshalle am Boden saß. Ich setzte mich zu ihr und sah sie direkt an, wie sie ihrerseits mich direkt ansah. Augenblicklich erkannte ich sie, und sie erkannte mich. Ich fühlte, dass wir schon in früheren Leben zusammen gewesen waren und sagte: „Wo warst du während der letzten fünfzig Jahre?" Sie antwortete: „Im Training." (22)

Walter Bühler meint, dass der „Liebe auf den ersten Blick" in der Regel eine positive Begegnung zweier Menschen in einem früheren Leben vorausgehe. Er schreibt: „So können viele uralte Beziehungen eine Fortführung oder auch erst eine Erfüllung finden. Die durch gemeinsame Arbeit, Freundschaft oder Liebe, aber auch durch Streit oder Hass geschaffenen seelischen Bande erweisen sich als unzerreißbar. Durch Unglück getrennt oder durch unlösbar scheinende Problematik geschiedene Menschen werden wieder zusammengeführt. Dabei erfordert jedes Versäumnis und jede Untat, die unser karmisches ‚Lebenskonto' belastet, einen Ausgleich im nächsten Leben." (23) Hier kommt das geistige Gesetz der Gegenläufigkeit und der ausgleichenden Gerechtigkeit zum Zug, und zwar so lange und immer wieder, bis sich alles in Harmonie und Wohlgefallen aufgelöst hat. Diesen Gedanken hat *Christian Morgenstern* (1871-1914) in ein sinnreiches Gedicht gefasst:

Unsichtbare Bande weben
zwischen uns geheime Mächte,
wirken in ein einzig Leben
unsere Tage, unsere Nächte.
Und so wachsen wir zusammen,
bis wir ganz uns selbst entglitten.
Über unseren Häuptern flammen
schon die Augen eines Dritten.

5.4 Gemeinsam statt einsam

Schon der griechische Philosoph *Aristoteles* bezeichnete den Menschen als ein „zoon politikon“, als ein gesellschaftsfähiges und gesellschaftswilliges Lebewesen. Es gehört demnach zur Natur des Menschen, mit anderen Menschen zusammenzuleben. Wir sind nicht als Einzelgänger gedacht. Die meisten Menschen leben lieber gemeinsam statt einsam.

Das menschliche Bestreben kann sich in drei verschiedenen Formen äußern: 1. Als Hang zur Einsamkeit. 2. Als Bedürfnis nach mitmenschlicher Gemeinsamkeit und 3. Als Wunsch nach liebender Zweisamkeit. Die *Einsamkeit* ist nicht zu verwechseln mit der Vereinsamung. Man kann allein sein, ohne vereinsamt zu sein. Ebenso kann man sich mitten unter einer Menschenmasse sehr einsam und verlassen fühlen. Stets kommt es darauf an, was der Einzelne aus sich und für sich selber zu machen imstande ist. Es mag vereinzelt ausgesprochene Einsiedlernaturen geben, die keineswegs als asozial zu gelten haben. Sie bleiben sich bewusst, dass sie in vielem von der Gemeinschaft abhängig und ihr gegenüber auch verpflichtet sind. Sie sind nur insofern „Aussteiger“ zu nennen, als sie den Sinn ihres Daseins im Werken und Wirken in der Stille sehen, um so dem Ganzen zu dienen. Sie wählen ihre Einsamkeit freiwillig, um sie zu rühmen, statt sie zu rügen. Sie lieben und loben es, bei sich selber einzukehren. Einer, der dies vermochte, war *C.G. Jung,* der sich immer wieder an seinen Fluchtort am oberen Zürichsee zurückzog. Dort konnte er sich zufrieden eingestehen: „Ich genieße die Passion der Einsamkeit und die Leidenschaft des Alleinseins.“ Dies erlaubte ihm, sein großes wissenschaftliches Werk in der Abgeschiedenheit zu schaffen. In einem Brief an den jüngeren *Ralph Winkler* schrieb er: „Vielleicht werden Sie eines Tages auch verstehen und erfahren, dass nur der Mensch, der wirklich und ohne Bitterkeit imstande ist, allein zu sein, andere Menschen anzieht. Er braucht sie dann gar nicht mehr zu suchen, sie kommen von ganz allein, und zwar diejenigen, die auch er selber braucht.“ (24) Das Alleinsein kann auch erdrückend auf einzelnen Menschen lasten, wenn sie nur auf sich selbst bezogen sind. Es vermag aber auch ein grandioses Gefühl von Einssein mit dem All zu vermitteln, wenn der Mensch es wagt, über sich selbst und seine kleine Welt hinauszudenken und sich als Teil des großen, allumfassenden Ganzen wahrzunehmen.

Andere wählen die Einsamkeit, um in der Meditation und im Gebet ein klösterliches Leben zu führen. Sie folgen nicht der Absicht, auf einem Egotrip ihren eigenen Himmel zu verdienen, sondern um Hilfebedürftigen zu dienen. Sie wissen: Zeiten und Orte der Einsamkeit sind notwendig, um zu sich selber zu kommen, neue Kräfte zu sammeln, neue Ideen zu entwickeln und neue Pläne zu schmieden. Wohl deshalb ziehen sich vor allem in asiatischen Ländern erfolgreiche Manager ab und zu in ein Kloster zurück. In konfliktreichen Partnerschaften kann die Einsamkeit erdrückend sein. *Erich Kästner* schreibt in seinem Gedicht „Kleines Solo“: „Einsam bist du sehr alleine – / und am schlimmsten ist / Die Einsamkeit zu zweit.“

Anders ist es bei menschenscheuen Einzelgängern, die sich im frei gewählten Alleinsein gegenüber anderen abgrenzen und zurückziehen wollen, um die äußere Auseinandersetzung mit anderen Menschen zu meiden. Sie wünschen sich, von anderen in Ruhe gelassen zu werden, nach dem Motto von *Wilhelm Busch*: „Wer allein ist, der hat es gut; weil niemand da, der ihm was tut.“ Unter diesen finden sich nicht nur beziehungsunfähige und beziehungsgehemmte Menschen, sondern auch liebesenttäuschte, die es vorziehen, sich nur noch der stummen Kreatur zuzuwenden.

Schließlich sind da all jene, und es sind nicht wenige, die gewollt oder ungewollt allein im Leben stehen. Diese haben es in mancherlei Hinsicht schwerer, weil sie keine feste Bindungen haben, weder an einen Partner noch an liebe Angehörige. So sind sie weitgehend auf sich selbst gestellt. Ihr Alltag ist meist weniger strukturiert. Sie leben vielfach „von der Hand in den Mund“ und nehmen, was gerade kommt. Solange es diesen gut geht und sie gesund sind, mag diese Unabhängigkeit für viele auch eine positive Seite haben. Sie sind selbstständiger und können Zeit und Kraft vermehrt auf ihre Sonderinteressen ausrichten. Dafür kommt ihr Privatleben in der Regel zu kurz. Nach einer Studie der Beratungsfirma „Choice“ hatten im Jahr 2004 von den weiblichen Führungskräften in der Schweiz ein Drittel keine intakte Beziehung und mehr als ein Fünftel war geschieden. (25)

Zu den „Singles“ werden heute Personen gezählt, die allein in einem Haushalt leben. Nach den neuesten Statistiken betrifft dies in europäischen Ländern rund 30-40% der Bevölkerung. Zu diesen zählen kinderlose Ledige, geschiedene und verwitwete Männer und Frauen.

In mehreren Studien zur Bevölkerungsstatistik wird bestätigt, dass Menschen, die in einer Partnerschaft oder in Familien- und Wohngemeinschaften leben, eine höhere Lebenserwartung haben als Personen ohne Anhang. Insbesondere wird nachgewiesen, dass Verheiratete länger leben als Unverheiratete. Ein Witzbold meinte dazu: „Es kommt dir nur länger vor." In einer harmonischen Partnerschaft können die vitalen, emotionalen, sozialen und intellektuellen Bedürfnisse besser abgedeckt werden als in einem Single-Dasein. Bei Verlust des Lebenspartners durch Tod, Scheidung oder Trennung nimmt die Todesrate kurz danach deutlich zu. Erstaunlich viele Menschen leiden heute unter ihrer Einsamkeit, unter ihrem Alleinsein. Der Freitod kommt bei Menschen, die sich einsam und verlassen fühlen, fünf- bis sechsmal häufiger vor als bei Verheirateten. Auch die Depression nimmt unter Vereinsamten dramatisch zu. Bei diesen reißt die Verlassenheit eine große Leere in der Seele auf.

Im Alter bekommt das Alleinsein wieder seinen höheren Wert. Der große Physiker *Albert Einstein* sagte von sich in seinen späten Jahren, dass er in jener Einsamkeit lebe, die peinvoll in der Jugend sei, aber köstlich in den Jahren der Reife. Deshalb hieß sein Lebensmotto: „Ich will nichts als meine Ruhe haben und wissen, wie Gott diese Welt geschaffen hat." Die hochbetagte frühere holländische Königin *Juliane der Niederlande* gab ihren Lebenserinnerungen den Titel „Einsam und doch nicht allein". So hat auch die Einsamkeit ihre zwei Seiten. Der erfolgreiche österreichische Alpinist *Reinhold Messner,* der im Alleingang die höchsten Berge der Erde bezwang, erfuhr: „Die Einsamkeit ist eine Kraft, die dich umbringt, wenn sie unvorbereitet aus dir herausbricht; die dich aber über deinen Horizont trägt, wenn du sie für dich zu nützen verstehst."

Einsamkeit und Gemeinschaftssinn brauchen sich nicht auszuschließen. Im Wunsch nach *Gemeinsamkeit* zeigt sich das Gemeinschaftsdenken, das soziale Gewissen, und das kollektive Bewusstsein, welches das friedliche Zusammenleben von Familie, Nationen und Völkern erst möglich macht. Das Nebeneinander muss zum Miteinander werden. Wie die Bewohner eines Mehrfamilienhauses, die sich zu einer gemeinsamen Hausordnung verpflichten müssen, sollte sich auch die gesamte Menschheitsfamilie an eine globale Hausordnung halten, die wir mit dem Namen „Ökologie" (gr. *oikos*: Haus) benennen. Der

„Club of Rom“ und die alljährlichen Klimakonferenzen sind bestrebt, hierzu notwendige Verhaltensregeln vorzuschlagen, um mit vereinten Kräften unseren Planeten Erde gesund zu erhalten.

Liebende leben am liebsten im Land zwischen der Einsamkeit und der Gesellschaft. Sie leben von der *Zweisamkeit*. Ihr Wunsch ist es, das Leben miteinander zu gestalten, in dem sie übereinstimmende Werte aufbauen, sich ihre Aufgaben und Verpflichtungen teilen und zusammen eine gemeinsame Zukunft planen. Für den jüdischen Philosophen *Martin Buber* (1878-1965) wird die Zweisamkeit aus drei Faktoren gebildet: Aus dem Ich, aus dem Du und aus dem, was die beiden als das „Dazwischen“ in einem gemeinsamen Seelenraum vereint. Dies meint die nachfolgende Symbolgeschichte: Ein junger Mann klopfte in ungeduldiger Liebeserwartung an die Türe seiner Geliebten. „Wer ist da?, fragte von innen eine weibliche Stimme. „Ich bin da!“, antwortete der Verliebte. „Hau ab und verschwinde!“, tönte es energisch zurück. „Es ist zu wenig Platz da für mein Ich und dein Ich.“ Enttäuscht machte sich der Abgewiesene davon. Nach einem Jahr des einsamen Verzichtens wagte es der junge Mann erneut, an die Pforte seiner begehrten Geliebten zu pochen. Wiederum vernahm er den vertrauten Anruf: „Wer ist da?“ „Du bist da!“, lautete die seltsame Antwort des Wartenden. Sogleich hörte er die einladende Aufforderung: „Komm herein, Geliebter, es ist bei mir genug Raum für mein Du und mein Ich.“ So verstand eine mittelalterliche Mystikerin die Zweisamkeit der Liebenden: „Du gibst mir dein ganzes Selbst, damit es ganz und ungeteilt mein sei, wenn ich ganz und ungeteilt dein bin. Denn das bedeutet nicht mehr, als dass du dich selbst in mir erfreust und ich mich durch deine Liebe in dir erfreue. Und wenn ich in dir mich selbst liebe, so liebe ich niemanden anderen als dich, denn du bist in mir und ich bin in dir.“

Erst im Gegenüber wird sich der Einzelne seines Eigenwertes bewusst. Wem dies nicht gelingt, der ist nicht beziehungsfähig. Eine wichtige Erkenntnis der psychologischen Transaktionsanalyse lautet: „Voraussetzung für eine tragfähige Du-Beziehung ist die Wertschätzung des eigenen Ichs.“ Wenn der Mensch mit sich selber irgendwo hingelangen soll, dann letzten Endes nur zu sich selbst, was in der analytischen Psychologie als „Individuation“ bezeichnet wird. Damit ist nicht ein krasser Egoismus gemeint, sondern ein höherer Grad des Selbstbewusstseins. Einer der Wege dazu führt über das Du. Dies meinte *Franz Grillparzer* (1791-1872) in einem seiner Liebesdramen: „Ich suchte dich und habe mich gefunden.“ Der Weg der Gemeinsamkeit verlangt, dass wir vom eigenen Egoismus einige kräftige Abstriche machen. Dafür aber dürfen wir aus dem gemeinsamen Leben und Erleben reichen Gewinn erwarten.

5.5 Geborgenheit als Bedürfnis

Die Geborgenheit ist neben der Liebe sicher das wichtigste Vitamin der Seele. Sie gehört zu den lebensnotwendigen Grundbedürfnissen des Menschen. Dieses begleitet uns vom Beginn bis zum Ende unseres irdischen Daseins. Der Genfer Psychiater *Paul Tournier* bezeichnet daher den Wunsch nach Geborgenheit als eine tiefe, angeborene Sehnsucht des Menschen. (26)

Der Psychologe *Hans Mogel* hat Menschen im Alter von zehn bis neunzig Jahren befragt, was sie unter Geborgenheit verstehen. Am häufigsten wurde dieses Gefühl mit Sicherheit und seelischer Wärme in Verbindung gebracht. (27) Behütet fühlt sich ein Lebewesen nur in der Obhut und im Schutz der Geborgenheit. Behütet fühlen wir uns dort, wo wir uns in Sicherheit aufgenommen und angenommen fühlen. Das Bedürfnis danach reicht weit in unsere Vergangenheit zurück. (28)

Sobald das Kind aus dem vorgeburtlichen Schoßverhältnis mit seiner Mutter in die Welt hinausgeboren wird, erlebt es seine Außenwelt wegen der ungewohnten Licht- und Schalldusche als störend und bedrohlich. *Arthur Schopenhauer* fand: „Es ist ein höllisches Trauma, geboren zu werden.“ *C.G. Jung* stimmte ihm zu: „Ich würde sagen, es ist von großer Bedeutung für das Ich, dass es geboren wird: Es ist nämlich in hohem Maße traumatisch, aus dem Himmel herauszufallen.“ (29) Sinnbild des bergenden Mutterschoßes ist die Höhle. Aus dem unbewussten Bedürfnis nach Geborgenheit bauen Kinder gerne Erdhöhlen oder Schneehöhlen, um sich darin zu verkriechen und beschützt zu fühlen. Das Symboltier hierfür ist der Höhlenbär mit seinem flauschigen Pelz. Sowohl in der Traumpsychologie als auch in der Psychologie der Kinderzeichnung gilt der Bär als mütterliches Tier. Daher hat der im Jahr 1903 erfundene Teddybär in unseren Kinderstuben bis heute liebevolle Aufnahme gefunden. Er begleitet unsere Kinder, die sich nach Geborgenheit sehnen, in ihren Schlaf und in ihre Träume.

Der Hauptgrund für den Mangel an Geborgenheit, auch im Erwachsenenalter, ist der Liebesmangel in der frühen Kindheit. (30) In mehreren Langzeitstudien wurde nachgewiesen, dass die Geborgenheit, die ein Kind in seinen frühesten Lebensjahren erlebt hat, eine wichtige Vorbedingung dafür ist, dass es später zur dauerhaften Beziehung fähig wird. Wenn Kinder an Stelle von echter Geborgenheit nur materielle Verwöhnung erfahren, fehlt ihnen oft die erforderliche Gefühlsstärke, die erst eine liebende Dauerbeziehung möglich macht. (31) Daher können Verzärtelung und Verhätschelung kein solides Geborgenheitsgefühl vermitteln, was sich später auf die eheliche Partnerschaft unheilvoll auswirken kann, weil sie egoistische Menschen heranzieht. Für solche Ehen kann zutreffen, was *Wilfried Wieck* beschreibt: „Der Mann lässt lieben. Er lässt sich von der Frau lieben. Er lässt sich lieben. Wenn sie geliebt werden will, dann lässt er das Lieben. Dann wird alles zu schwierig." (32) Eine Frau beklagte sich bei mir: „Ich streichele meinen Mann, er streichelt unsere Tochter, sie streichelt unseren Hund. Und wer streichelt mich?!"

Ein Gefühl von Geborgenheit kann dort entstehen, wo man sich verstanden und angenommen weiß. In diesem Sinne kann die eigene *Familie* ein Hort der Geborgenheit sein, sofern sie von Harmonie und Eintracht getragen wird. Schon vor zweihundert Jahren betonte *Pestalozzi*: „Der Mensch braucht für sein Leben notwendig so etwas wie einen Feuerherd, an dem es für ihn immer warm ist, und das ist ihm die Wohnstube." Es wundert einen daher nicht, dass ein Großteil der scheidungswilligen Eheleute, denen ich in meiner Berufstätigkeit begegnet bin, mir bestätigten, dass sie zu wenig Geborgenheit in ihrem Elternhaus empfunden haben. Nicht wenige stammten aus gestörten Familienverhältnissen.

Ein tiefes Gefühl von körperlicher und seelischer Geborgenheit kann uns auch eine liebende Partnerbeziehung schenken. Die Schriftstellerin *Margrit Haller* hat es erfahren: „Es gibt keine tiefere und schönere menschliche Geborgenheit als in der Liebe zwischen Mann und Frau. Eine Partnerschaft, in der sich das eine auf das andere ganz verlassen kann, die getragen ist von Liebe, Rücksichtnahme, Verständnis und einer erfüllten Sexualität, gehört zu den beglückensten menschlichen Lebensformen." (33) Es ist stets die Sehnsucht Liebender gewesen, sich bei dem geliebten Partner verstanden und geborgen zu fühlen. So heißt es in einem Liebesroman: „Was sich jeder Mann im Geheimsten seines Herzens wünscht, ist eine Frau, der er unbedingt alles erzählen kann, bei der er Zuflucht findet nach des Tages Mühen, der er Niederlagen und Fehlschläge anvertrauen kann und all das, was für immer verloren ist: Hoffnungen, die zu Asche geworden sind, Brunnen, die kein Wasser mehr geben, und all die geheimen traurigen Dinge, welche an ihm zerren und ihn niederreißen wollen."

Dies kann freilich nie von zeitloser Dauer sein. Jeder gefüllte Becher von Geborgenheit enthält auch einen bitteren Tropfen von Vergänglichkeit. Umsonst flehen wir zum schönsten Augenblick: „Verweile doch, du bist so schön!" (34) Es ist dem Psychotherapeuten *Eugen Drewermann* beizupflichten: „Nichts macht mehr Angst, als die Liebe des wesentlichen Menschen an seiner Seite zu verlieren, und nichts beruhigt die Angst so sehr, als in der Liebe sich geborgen zu fühlen." (35)

Was zahllose Flüchtlinge, Asylanten und Ausgegrenzte von uns erwarten, ist nicht nur materielle Sicherheit, sondern vor allem die wohlwollende Aufnahme in gesicherten Grenzen, wo sie sich geborgen und beheimatet fühlen können. Auch in den Seelen moderner Menschen, die äußerlich im Wohlstand leben, finden sich wahre Wüsten und öde Gegenden von Frust, Verwahrlosung und Sinnlosigkeit. Sie leiden an einem Mangel an spiritueller Geborgenheit. Es sind die geistig Heimatlosen, die keine Ahnung haben, woher wir Menschen kommen und wohin wir gehen. Noch immer gilt in weiten Kreisen, was *Blaise Pascal* bereits vor sechshundert Jahren in seinen „Bekenntnissen" niederschrieb: „Wir treiben dahin auf ungeheurer Weite, immer im Ungewissen und Bodenlosen schwebend, von einem Ende zum anderen gestoßen." Echte Geborgenheit finden wir nur, wenn wir unsere Herkunft und unsere Bestimmung als Mensch gewordene Geistwesen erkennen. (36) Vollkommene Geborgenheit, die hier auf unserer Erde nie zu erreichen ist, verspricht uns einzig der religiöse Glaube. Das Bewusstsein, dass wir dereinst aus der Gottferne wieder in die Gottesnähe gelangen werden, schafft Zuversicht und Hoffnung. Dann werden wir Geborgenheit im höchsten Maße erfahren können, wie dies der Kirchenlehrer *Augustinus* vorausahnte: „Unruhig ist unser Herz, bis es ruhet in dir, o Gott." Unsere wahre Heimat, in der wir Geborgenheit finden können, ist nämlich nicht die Erde, sondern der Himmel. (37)

Wie bescheiden die Ansprüche an Geborgenheit sein können, lehrt uns der Dichter *Matthias Claudius:*

Wir brauchen so wenig zum Glücklichsein,
nur ein stilles Stündchen im Dämmerschein,
und eine Hand, die warm die unsere fasst,
ein Herz, das mit uns trägt unsere Last.
Das mit uns sich freut im lachenden Glück
und tröstend uns nah ist im Missgeschick.
Ein Wort nur voll gütig stillem Verstehen,
das frohe Bewusstsein, allein nicht zu gehen.
Und mag so dunkel der Tag dann auch sein,
so lacht uns dennoch der Sonnenschein.

5.6 Der innere Partner

Das Bedürfnis nach Gemeinsamkeit und intimer Zweisamkeit mit einem geliebten Menschen beruht auf dem Umstand, dass wir uns nur eines Teils unseres Wesens bewusst sind. Der andere Teil ist in unserem Unbewussten verborgen. Wir können ihn unseren *inneren Partner* nennen. Um ganz und eins mit uns selber zu werden, müssen wir uns dessen bewusst werden. Diesen meinen wir zunächst in einem äußeren Liebespartner zu finden, den wir gerne als unsere „bessere Hälfte" bezeichnen. Dieser äußere Partner kann freilich nicht viel mehr tun, als uns selbst auf unseren inneren Partner zu verweisen, denn jeder Mensch trägt seinen Partner in sich selbst. Mit diesem sollten wir uns anfreunden. Das hat nichts mit Egoismus und Narzissmus zu tun, sondern mit jenem psychischen Prozess, den wir als Bewusstwerdung im Sinne der Selbstverwirklichung meinen. Dieser innere Partner könnte tatsächlich zu unserem „zweiten Ich" werden, wenn wir ihn aus dem Schattenbereich unserer Seele herausholen und ans Licht des Bewusstseins führen. Deshalb erkannte *Martin Buber*: „Das Ich wird nur am Du zum Ich."

Was die moderne Tiefenpsychologie von der Doppelgeschlechtlichkeit der menschlichen Seele weiß, das wussten Dichter und Denker schon seit langem. So kannten die alten Römer die Aussage: „Jeder Mann trägt seine Frau in sich." In den indischen Tantras heißt es: „Wozu brauche ich eine Frau? Ich trage eine innere Frau in mir." Im

Mittelalter schrieb *Jane Leade*: „Das Männlein hat seine Jungfrau in sich selbsten." (38) Die Mystikerin *Mechtild von Magdeburg* (1210-1280) gesteht: „Die Braut, die ihren Liebsten in sich hat, braucht nicht weit zu gehen." Der persische Mystiker und Dichter *Dschalal ad-Dub ar-Rumi* (1207-1273) erinnerte sich: „Als ich zum ersten Mal eine Liebesgeschichte hörte, begann ich nach dir zu suchen und wusste nicht, wie blind ich war." Bei *Rainer Maria Rilke* finden wir die feinsinnige Weisung: „Siehe, innerer Mann, dein inneres Mädchen, dieses errungene aus tausend Naturen, dieses noch nie gelebte Geschöpf." Und der Indianer-Häuptling *Heyemeyeyohsts* lehrte: „Im Inneren jedes Mannes ist das Abbild einer Frau, und im Inneren jeder Frau ist das Abbild eines Mannes." Im Werk von *C.G. Jung* lesen wir: „Jeder Mann trägt das Bild der Frau von jeher in sich, nicht das Bild dieser bestimmten Frau, sondern *einer* bestimmten Frau. Dieses Bild ist im Grunde genommen eine unbewusste, von Urzeiten herkommende und dem lebenden System eingegrabene Erbmasse von allen Erfahrungen der Ahnenreihe am weiblichen Wesen, ein Niederschlag aller Eindrücke vom Weibe, ein vererbtes psychisches Anpassungssystem. Dasselbe gilt auch von der Frau. Auch sie hat ein ihr angeborenes Bild vom Manne." (39)

In diesen Aussagen wird das zweifache Geschlecht der menschlichen Seele angesprochen. Um dies zu begreifen, ist es notwendig, zunächst die doppelte Bedeutung des Begriffes „Seele" zu klären. Im heutigen Sprachgebrauch steht dieses Wort einerseits für die geistige Seele des Menschen, wie sie die Geisteswissenschaften als unstoffliche, unsterbliche Wesenheit verstehen. Andererseits bezeichnen die Naturwissenschaften die Seele als das belebende Prinzip, das allen Lebewesen zugute kommt, stoffgebunden und daher sterblich ist. Um diese beiden Begriffe klar auseinanderzuhalten, ist es angezeigt, die übernatürliche *Geistseele* von der natürlichen *Vitalseele,* auch Psyche genannt, streng abzugrenzen. (40)

Die nachfolgenden Ausführungen befassen sich nur mit der Psychologie der menschlichen Vitalseele und ihrem männlich-weiblichen Doppelgesicht. Die analytische Psychologie von *C.G. Jung* hat hierzu die beiden Begriffe „Animus" und „Anima" eingeführt. In diesem doppelgeschlechtlichen Erklärungsmodell bedeutet *Anima* die weibliche Funktion in der Seele des Mannes und *Animus* die männliche Eigenart in der Seele der Frau. (41) Animus ist das männliche Logos-

Prinzip, Anima ist das weibliche Eros-Prinzip. Der Animus verkörpert also die männlichen Eigenschaften im Unbewussten der Frau. Die Anima enthält die weiblichen Eigenheiten im Unbewussten des Mannes. Es handelt sich dabei um uralte seelische Erfahrungsinhalte, Archetypen genannt, die im kollektiven Unbewussten der Menschheit gespeichert sind und aus diesem seelischen Hintergrund das Verhalten der Menschen heute noch beeinflussen können. (42) Begründet wird diese Theorie mit dem Hinweis, dass bei der Zeugung des Kindes Erbanlagen sowohl von der Vaterseite als auch von der Mutterseite auf das neue Leben übertragen werden. Kein Mensch ist also nur männlich oder nur weiblich geprägt, sondern trägt in sich männliche und weibliche Veranlagungen zugleich. Bei den männlichen Nachkommen bleiben die weiblichen Eigenschaften zunächst im Unbewussten in einem seelischen Wartezustand verborgen, während die männlichen nach außen erkennbar in Erscheinung treten. Umgekehrt ist es bei den weiblichen Nachkommen, deren feminine Merkmale dominant sichtbar werden, während die maskulinen vorerst in einem latenten Zustand verharren. Der ungelebte und daher unerkannte Seelenanteil wird in der Jungschen Psychologie als „*Schatten*“ bezeichnet. Dieser ist bei der Frau männlich, beim Mann weiblich gefärbt.

Auf einen weiteren Unterschied macht *C.G. Jung* aufmerksam: Bei den Männern ist der emotionale Eros als Beziehungsfunktion in der Regel weniger entwickelt als der vernünftige Logos. Für die Frau dagegen bildet der Eros die entscheidende Grundlage ihrer wahren Natur. (43) Bei höherem seelischen Entwicklungsgrad der Person haben Animus und Anima positive Eigenschaften. Im unreifen, minderwertigem Zustand dagegen wirken sie eher negativ. Daraus ergibt sich folgende Gegenüberstellung:

Anima:
+ gefühlsbetont, friedliebend, warmherzig, beschützend, fürsorglich, empfänglich, einfühlsam, hilfsbereit, erfinderisch
- empfindlich, beeinflussbar, nörglerisch, verführerisch, unberechenbar, gefühlslabil, leicht verletzbar, unbeherrscht, launisch

Animus:
+ kraftvoll, selbstsicher, dominant, fordernd, tonangebend, rational denkend, klug, vernünftig, beschützend

- rechthaberisch, aggressiv, perfektionistisch, herrschsüchtig, eigenwillig, arrogant, machthungrig, eingebildet

Eine liebende Partnerschaft ist wohl die beste Gelegenheit, zu sich selber zu kommen und sich selber zu erkennen. Die Liebe kann dann wie ein Spiegel wirken, wo der eine sich im anderen erkennt. „Ich habe dich gesucht und habe mich gefunden", war die befreiende Erkenntnis des Dichters *Franz Grillparzer*, die ihn vor viel Liebesleid bewahrte. Der Mensch, der sich selber bewusst und mit sich selbst eins und ganz geworden ist, erfährt nun eine viel größere Möglichkeit, andere Menschen so zu lieben, wie sie sind, weil er sie nicht mehr im Schattenbild seiner eigenen unreifen Seele sieht. Unsere Liebesfähigkeit wird dann jene Reife erlangen, die dazu führt, dass wir uns, wie die Jung-Schülerin *Jolande Jacobi* weiß, „nicht mehr so leicht verlieben, da wir uns nicht mehr in einen anderen Menschen verlieren können, aber wir werden zu tieferer Liebe fähig sein, zu bewusster Hingabe an den anderen". (44) Dieser psychische Prozess bedeutet einen wichtigen Schritt zur Selbstwerdung und seelischen Ganzwerdung, den *C.G. Jung* als „Individuation" beschrieben hat. Von ihr sagte er: „Auf diese Weise entwickelt sich eine Persönlichkeit, die sozusagen nur noch in den unteren Stockwerken leidet; in den oberen Stockwerken ist sie von schmerzlichen und freudigen Ereignissen auf eine eigentümliche Art erlöst." (45)

Goethe hat die Doppelnatur der menschlichen Seele mit einem in sich gespaltenen Blatt des Gingko-Baumes verglichen, als er im Jahr 1815 schrieb:

Dieses Baumes Blatt, der von Osten
Meinem Garten anvertraut,
Gibt geheimen Sinn zu kosten
Wie's den Wissenden erbaut.

Ist es ein lebendig Wesen,
Das sich in sich selbst getrennt,
Sind es zwei, die sich erlesen
Dass man sie als eines kennt.

Solche Fragen zu erwidern
Fand ich wohl den rechten Sinn,
Fühlst du nicht an meinen Liedern,
dass ich eins und doppelt bin.

5.7 Geistgeschwister und Dualseelen

Nach der esoterischen Weisheitslehre wurden alle Geistwesen am Anfang der Schöpfung als Geistgeschwister zu zweit ins Dasein gerufen. Jedem ist eine Zwillingsseele beigesellt. Beide gehören zusammen. Sie sind aufeinander abgestimmt wie Yin und Yang, wie Dur und Moll. Darin liegt, nach *Mabel Collins,* „eines der beglückensten Mysterien der Schöpfung". (46) Im Buch *Sirach* heißt es: „Schau hin auf alle Werke Gottes. Alle sind sie paarweise geschaffen, eins entspricht dem anderen." (Si 33,15) Sowohl die jüdischen Geheimschriften der Kabbala und des islamischen Sufismus als auch die Geheimlehren der Theosophie und Anthroposophie sprechen von Zwillings- oder Dualseelen, die als „geistige Ehen" im Himmel beschlossen wurden. (47) In seinem Buch „Geborgenheit" erwähnt *Walther Hinz* eine mediale Jenseitsbotschaft, in der in Bezug auf die Ur-Schöpfung mitgeteilt wurde: „Jedem männlichen Geist ist ein weiblicher Geist nach Gottes Gesetzen zugeteilt. Beide passen vollkommen zueinander und finden in der gegenseitigen Ergänzung und in ihrer Zusammenarbeit an der ihnen von Gott gegebenen Aufgabe ihr höchstes persönliches Glück." (48) Ergänzend hierzu fügt der Psychologe *Alfred Dalliard* bei: „Denn um die Schöpfung Gottes zur Entfaltung zu bringen, müssen sich immer zwei und zwei im Glück zusammenfinden und einswerden. Beide wurden jeweils füreinander geschaffen als Paar, das im Glück zusammenlebt. Man kann auch von einer himmlischen Ehe sprechen." (49) Auch in der heutigen geistchristlichen Lehre, die auf bewährten Belehrungen aus der hohen Geisterwelt beruhen, ist immer wieder die Rede von ehemaligen himmlischen Seelenpartnern, die in wiederholten Erdenleben auf der Suche sind nach ihrem Dual. (50)

In der griechische Philosophie vertrat *Platon* in seinem Mythos vom Androgyn die Ansicht, dass die Menschen am Anfang doppelgeschlechtlich waren. Wegen ihrer Auflehnung gegen die göttliche Ordnung wurden sie zur Strafe in zwei Hälften geteilt und als Mann und Frau auf die Erde verbannt. Dort sollten sie als zwiespältige Menschen versuchen, ihre verlorengegangene „Einheit in der Zweiheit" wiederherzustellen. (51) In seinem „Gastmahl" legte er seinem Gesprächspartner *Aristophanes* folgende Rede in den Mund: „Wir waren einst ganz, und jene Begierde nach dem Ganzen ist Eros. Wir waren einst ein Wesen, und weil wir gefrevelt haben, sind wir von der Gottheit gespalten worden. Wenn nun einer von diesen dem anderen zum ersten Mal begegnet, dann werden beide auf wundersame Weise von Freundschaft, Sehnsucht und Liebe zueinander ergriffen, und beide wollen nicht mehr voneinander lassen." (52)

Wirklich von Dauer sind aus der Sicht der spirituellen Existenzlehre lediglich diese Dual-Beziehungen, die von ihrem Ursprung her begründet sind. Sie geht aus von der Annahme, dass sich beim präkosmischen Fall eines Teils der Engel viele Geistgeschwister aus den Augen verloren haben. Nun versuchen diese über zahlreiche Wiedergeburten auf unterschiedlichen Daseinsebenen einander wiederzufinden. Diese Bande geistiger Zusammengehörigkeit halten Dualseelen aufgrund ihres gemeinsamen Ursprungs weiterhin zusammen, auch wenn sie vorübergehend getrennt sind und aus verschiedenen Gründen große Mühe haben, sich zu finden. Es ist nämlich möglich, dass die beiden Dualseelen nicht gleichzeitig zur erneuten Menschwerdung gelangen oder auf verschiedenen Aufstiegsstufen und an unterschiedlichen diesseitigen oder jenseitigen Orten sich um ihre geistige Weiterentwicklung bemühen. Dann ist es für ein Geistwesen besser, nicht zu erfahren, wo sich sein Seelenpartner befindet. Es hat dann einfach eine spätere Gelegenheit zur Wiederbegegnung abzuwarten. Darum rät der jenseitskundige *Shaw Desmond*: „Wir wollen auch, wenn wir in dieser Inkarnation nicht das große Glück haben, unsere Zwillingsseele zu finden, mit einer Lösung zufrieden sein, die nach Lage der Dinge die bestmögliche sein kann." (53) Es ist auch denkbar, dass sich die Seelenpartner im jetzigen Leben tatsächlich begegnen, ohne sich gegenseitig zu erkennen, weil sie in einer bestimmten irdischen Rolle maskiert auf der Lebensbühne auftreten und an andere Liebesbeziehungen gebunden sind. (54) „Seelenpartner müssen auch nicht in jedem Fall Ehepaare sein, sondern sie können auch gute Freunde oder Vertraute sein, die einen kurzen Teil ihres Weges gemeinsam gehen."

(55) Derartige vorübergehende menschliche Bindungen werden nicht umsonst sein, selbst wenn sie früher oder später auf der Strecke bleiben. Es sind vielleicht notwendige Schritte auf dem Weg zur geistigen Höherentwicklung. Auch rein diesseitige Ehen und Partnerschaften können durchaus einen Sinn haben, selbst wenn sie konfliktreich sind und das gemeinsame Leben schwer machen, sofern sie mit Würde und Anstand durchgestanden und als Lernprozess angesehen werden. (56) Es kann sein, dass liebende, aber auch hassende Verflechtungen zwei Menschen aus karmischen Gründen über mehrere Erdenleben aneinander fesseln, bis sie sich nach dem Erfüllen einer gemeinsamen Aufgabe voneinander lösen können.

Eine Frau, die nach ihrem Übergang in die jenseitige Welt ihren noch lebenden Ehemann weiterhin eifersüchtig an sich binden wollte, wurde von einem hohen Geistwesen zurechtgewiesen: „Nicht nur auf Erden werden Ehen geschlossen, sondern es gibt auch himmlische Ehen. Unter den Bewohnern der göttlichen Welt sind solche Ehen geschlossen worden. Das gilt auch für dich. An jenem Ziel deines Aufstiegs, das du erreichen sollst, wirst du dich wieder mit jenem Wesen verbinden und vereinen, mit dem du einst in der himmlischen Welt vermählt worden bist. Freilich, bis dahin ist ein weiter Weg. (57)

Freundschaftliche Bande können trotzdem weiter bestehen, wie sie wahrscheinlich auch schon während früherer Erdenleben bestanden haben. So mögen enge Liebesbande im jetzigen Erdenleben zwar auf ehemalige Partnerschaften hinweisen, doch sind sie lediglich vorübergehender Natur. Sie können als geistige Vorbereitungen für die spätere „himmlische Ehe" angesehen werden. Dies erklärt uns aus jenseitiger Sicht der verstorbene *Thomas Lawrence* in seinem „Tagebuch von drüben": „Gefühle und Loyalitäten binden Menschen für eine Weile aneinander, die im Grunde keine geistige Verwandtschaft besitzen; sobald sie jedoch stark genug sind, der Realität ins Auge zu blicken, können sie sich in Freundschaft voneinander lösen, um weiterzugehen und ihre wahren Partner zu finden." (58)

Im irdischen Leben kommen vermutlich viele Ehepaare zusammen, die nicht Duale sind. Trotzdem können diese Beziehungen zu ihrer Zeit durchaus sinnvoll sein. Dies hält der deutsche Schriftsteller und Tibet-Reisende, der unter dem Namen „Der Eremit" bekannt geworden ist, für möglich: „Wenn zwei heiraten, die nicht himmlische Partner sind, so ist eine solche Ehe trotzdem sehr wertvoll für beide Teile, denn beide lernen ein Zusammenleben, das dann erst unterbrochen wird, wenn im Himmel die beiden Teile eines „Ichs“ sich für immer verschmolzen haben.“ (59) Manche schicksalshaften Liebesbeziehungen im gegenwärtigen Leben sind vermutlich nur durch partnerschaftliche Verhältnisse in einem früheren Leben zu erklären. *Friedrich Schiller* hat dies in seinem „Lied an Laura“ vermutet, als er fragte: „Waren unsere Seelen schon verflochten? / War es darum, dass die Herzen pochten? / Waren wir im Strahl erlosch'ner Sonnen, / In den Tagen längst verrauschter Wonnen / Schon ins eins zerronnen? / Ja, wir waren's! – Innig mir verbunden / Warst du in Äonen, die entschwunden; / Meine Muse sah es auf der trüben / Tafel der Vergangenheit geschrieben: / Eins mit meinen Lieben!“ In ähnlichem Sinne schrieb *Goethe* seiner langjährigen Seelengefährtin *Charlotte von Stein*: „Sag‘, was mag das Schicksal uns bereiten? / Sag‘, wie band es uns so rein genau? / Ach, du warst in abgelebten Zeiten / meine Schwester einst oder meine Frau!“ Als der junge Philologieprofessor *Friedrich Nietzsche* sich in die 21-jährige Studentin *Lou Salomé* verliebte, fragte er bei ihr an: „Von welchem Stern wurden wir einander zugeführt?“

Letzten Endes werden jene Geistpaare wieder zusammengeführt, die ursprünglich in der Himmelswelt zusammengehörten. Einen beachtenswerten Hinweis hierzu finden wir in einer medialen Jenseits-Mitteilung aus dem Jahre 1977: „Werden Liebespaare oder Ehepaare durch den Tod getrennt und geht der auf Erden verbliebene Partner eine neue Bindung ein, so gibt es beim Wiedersehen in der jenseitigen Welt keine Probleme oder Herzenskonflikte, denn jeder Mensch wird dort mit der einzigen zu ihm passenden Seele vereint. Diese Verbindungen werden nicht dem Zufall überlassen, sondern sie werden durch Engel herbeigeführt, welche den Schwingungsgrad und die Empfindungswellen jeder Seele kennen.“ (60) Von diesen kosmischen Dual-Ehen spricht auch der Schriftsteller *Karl Otto Schmidt*: „Was je einst innerlich verbunden war, bleibt durch alle Geburten und Tode verbunden und schwingt immer aufs Neue zu weiterer gemeinsamer Weltenpilgerfahrt durch alle Wirklichkeitsstufen des Seins zusammen.“ (61) Deshalb schreibt der österreichische Schriftsteller *Hans Sterneder* in seinem Buch „Der Sang des Ewigen“ (62):

Nur wer durch Liebe
wissend geworden, wird befreit
vom Kreuz der Ursache und Wirkung,
an das Unwissenheit ihn schlug.
Nur die Liebe endet
den Reigen der Wiedergeburten.

6. Ehe und Partnerschaft

Wenn zwei Menschen eine eheliche Partnerschaft eingehen wollen, wird das Brautpaar beim zivilen Standesamt und vor dem kirchlichen Traualtar nicht gefragt, ob sie einander lieben. Sie haben lediglich mit ihrem Ja-Wort zu bekunden, dass sie gewillt sind, miteinander den Bund fürs Leben zu schließen. Damit sollen sie einander bejahen und dem anderen versprechen: „Ich nehme dich so an, wie du bist.“ Dies setzt voraus, dass der eine Partner auch erkennt, wer und wie der andere ist. In den meisten Fällen ist dieses gegenseitige Kennen und Erkennen noch recht mangelhaft. Was die beiden Heiratswilligen von sich selber und vom anderen wissen, ist wie eine kleine Insel auf dem riesigen Meer des Nicht-Bewussten und des Nicht-Gewussten. Wenn wir bedenken, wie wenig der einzelne Mensch von sich selber weiß, nämlich von all dem, was er im Strom seines persönlichen, familiären und kollektiven Unbewussten unerkannt mit sich führt, auch von seinen früheren Existenzformen und von seiner geistigen Programmierung durch den vorgegebenen Lebensplan, dann können wir ermessen, wie wenig er sich selber kennt. Noch weit weniger weiß er von der persönlichen Eigenart und Bestimmung des gewählten Lebenspartners. Dies alles präsentiert sich ihnen wie ein Buch mit sieben Siegeln.

Die Wählenden wissen zwar, dass sie wählen, sie wissen aber nicht, *warum* sie so und nicht anders wählen. Fragt man sie danach, so hört man Antworten wie: „Er/Sie ist mein Typ“ oder „weil wir uns lieben“. In Wirklichkeit sind ihnen die wahren Beweggründe für diese schicksalhafte und weittragende Entscheidung in der Regel nicht bekannt, und sie interessieren sich auch kaum dafür, weil sie meinen, das Entscheidende sei allein ihre Liebe. Die tiefenpsychologische Methode der Schicksalsanalyse von *Leopold Szondi* hat eindeutig nachweisen können, dass die Partnerwahl in den meisten Fällen unbewusst geschieht und daher gar nicht so frei erfolgt, wie es zu erwarten wäre. (1) Was bei jeder zivilen und kirchlichen Trauung für deren Gültigkeit vorausgesetzt werden muss, nämlich die klare Erkenntnis und der entschlossene Wille zur freien Entscheidung füreinander, ist in den meisten Fällen nur sehr beschränkt vorhanden.

6.1 Die Psychologie der Partnerwahl

Zwei Menschen, die sich in einer liebenden Partnerschaft finden und verbinden, kommen in der Regel nicht durch Zufall zueinander. Am Beginn ihrer Beziehung steht in der Regel auch nicht die Liebe, sondern die gegenseitige Anziehung. Zwar sollten sie sich zur rechten Zeit am richtigen Ort begegnen, damit Amors Pfeil ins Schwarze trifft. Es ist aber zumeist ein unbewusster Drang, der sie zusammenführt und zueinander zieht, treibt und zwingt. Vom Bewusstsein her sind es persönliche Wunschvorstellungen, die da zum Zuge kommen. Man muss nur Heiratsanzeigen oder die Angebote im Internet lesen. Was da alles erwartet und angepriesen wird, sind weitgehend bloße Äußerlichkeiten und Annehmlichkeiten, die oft an der Wirklichkeit vorbeigehen. Die Herren stellen sich selber mit ausschließlich positiven Merkmalen vor, nämlich als sportlich, humorvoll, naturverbunden, tierliebend, romantisch, unternehmungslustig und reisefreudig. Die Damen suchen einen gut aussehenden, kultivierten Partner, der charakterfest, zuverlässig, warmherzig, feinfühlend, treu und zärtlich sein soll, damit sie mit ihm zusammen die Zukunft gestalten und die Liebe verwalten können. Indem sie sich selber beschreiben, stellen sie sich als liebenswert dar mit Worten wie treu, humorvoll, fröhlich, großzügig, romantisch, reisefreudig, vielseitig interessiert, einfühlsam und tanzlustig in jugendlicher Frische.

Albin Rohrer hat die Erwartungen der Heiratswilligen erforscht und fasst zusammen: „Frauen wünschen sich Männer, die als Partner einfühlsam sind und gut zuhören können, sich liebevoll um die Kinder sorgen und genug Geld verdienen, um einen möglichst hohen Lebensstandart zu gewährleisten. Zudem sollte er auch noch handwerklich begabt und schließlich auch noch ein potenter Liebhaber sein. Männer ihrerseits wünschen sich Frauen, die sehr attraktiv sind und dies auch jahrzehntelang bleiben, die für Haushalt und Kinder die Verantwortung übernehmen, die stets gut gelaunt sind und die sich viel Zeit nehmen, ihre Männer zu unterstützen, zu trösten, zu motivieren und zu besänftigen und dazu auch noch genügend Lust und Bereitschaft aufbringen für regelmäßige erotische Momente." (2) All diesen Wünschen auf Dauer zu entsprechen, dürfte ein schwieriges Unterfangen sein.

In unserer Computer-Zeit suchen zahlreiche Singles ihren Traumpartner via Internet. Gemäß einer Erhebung von „Parship", Europas größter Partneragentur, aus dem Jahr 2010 soll jede siebte Person ihren Lebenspartner im Internet gefunden haben. (3) Nach einer Umfrage aus dem Jahr 2014 würden allerdings 57% nie auf diesem Weg eine persönliche Beziehung anbahnen. 28% der Befragten sind dabei schon in eine Liebesfalle geraten, weil nur ein unverbindliches Sexabenteuer gesucht wurde. Rund 15% verliebten sich schon einmal in jemanden, den es gar nicht gibt. Immerhin sollen sich bei jeder fünften Ehe die Paare über das Internet kennen gelernt haben. (4)

Dass bei der Partnersuche auch *unbewusste* Motive eine entscheidende Rolle spielen, wird zumeist übersehen. Diesem Thema wollen wir uns im Folgenden zuwenden. Einerseits sind es in der Mehrzahl der Fälle sicher die *Gegensätze*, die sich anziehen. Andererseits sind es frühe Prägungen im Elternhaus, welche sich ebenfalls auf die Wahl des Wunschpartners auswirken können. In erster Linie sind es körperliche und seelische Berührungspunkte, die vom Unbewussten her dafür sorgen, dass die biologisch geeigneten und zueinander passenden Akteure zusammenkommen. Dahinter steckt zunächst der Arterhaltungstrieb, wie er jedem gesunden Lebewesen eigen ist. Gesteuert wird dieser durch das natürliche *Ergänzungsbedürfnis*. Da sich der Mensch nur des kleineren Teils seiner selbst bewusst ist und der andere, größere Teil im „Schatten" des Unbewussten verborgen bleibt, strebt er danach, mit sich selber eins und ganz zu werden, indem er seine Ergänzung außerhalb in einem Liebespartner sucht. Dieser verkörpert jenen Seelenanteil, der ihm anscheinend fehlt. Hier wirkt der Reiz der Verschiedenheit. Was wir nicht sind und was wir nicht selbst haben, das zieht uns deshalb an. So lässt *Platon* in seinem „Phaidon" seinen Lehrer *Sokrates* über den Ursprung der Freundschaft erklären: „Der Begehrende sehnt sich nach dem, was ihm fehlt." (5) In *Schillers* Aphorismus „Liebe und Begierde" aus dem Jahr 1796 ist zu lesen: „Man liebt, was man hat; man begehrt, was man nicht hat." Das

Tragische dabei ist, dass die gegenseitige Faszination mit der Zeit abflaut und in Entfremdung umschlagen kann, sobald man besitzt, was man gesucht hat, insofern keine anderen Gemeinsamkeiten das Paar verbindet. Diese Form der Partnerwahl gehorcht dem Gesetz von der Anziehung polarer Gegensätze. Dabei zeigt sich, dass polar das ist, was zueinander drängt und doch nie zum anderen kommt. Durch das Erfahren des Gegensätzlichen im Partner begegnen wir unserer eigenen ungelebten Eigenart, dem seelischen *Schatten* in uns. Dieser setzt sich zusammen aus ungewollten, vergessenen, unentwickelten und ins Unbewusste verdrängten Persönlichkeitsmerkmalen. (6)

Am Gegensatz entzündet sich das Feuer der Liebe. In jedem Menschen ergibt sich nicht nur zwischen den eigenen Strebungen eine innerseelische Gegensatzspannung, sondern auch nach außen zwischen gegensätzlich veranlagten Liebes- und Ehepaaren. Aufgrund dieser Polarität ergibt sich ein dynamisches Spannungsverhältnis und ein Energiegefälle, was einen psychischen Kräfteaustausch ermöglicht, der die Partnerbeziehung in Schwung hält und vor Langeweile bewahrt. Der Psychiater *Ernst Kretschmer* stellte bereits im Jahr 1925 in einer Vergleichsstudie an hundert Ehepaaren fest, dass es sich hinsichtlich ihrer körperlichen Konstitution und ihres Temperamentes bei Zweidritteln um Gegensatzpaare handelt. (7) Solche gegensätzlichen Paarbildungen, die sich in fast jeder gelungenen Partnerschaft einstellen, lassen sich in folgenden Kombinationen beobachten:

Körperliche Gegensatzpaare:		**Seelische Gegensatzpaare:**	
großgewachsen	kleingewachsen	Kopfdenken	Herzdenken
korpulent	schlank	gesellig	einzelgängerisch
blondhaarig	dunkelhaarig	extravertiert	introvertiert
braunäugig	blauäugig	gesprächig	wortkarg
schlank	korpulent	spontan	zurückhaltend
laute Stimme	leise Stimme	kontaktfreudig	kontaktscheu

Eine typische Gegensätzlichkeit zeigt sich etwa darin, dass Frauen sich gerne von ihren Gefühlen leiten lassen, während Männer eher durch Vernunftgründe zu überzeugen sind. Dass Männer im Umgang mit Frauen oft Probleme haben, mag daher kommen, dass ihnen auf dem Weg zum Herzen oft der Kopf im Weg steht. Daher widmete

Erich Kästner den Frauen folgenden Vers: „Ihr habt es gut. Denn ihr dürft alles fühlen. / Und wenn ihr trauert, drückt uns bloß der Schuh. / Ach, unsere Seelen sitzen wie auf Stühlen / und schauen der Liebe zu."

Nach der analytischen Psychologie verhalten sich die vier Funktionstypen des Menschen, nämlich Denken und Fühlen, Empfindung und Intuition, zueinander gegensätzlich. In Freundschaft und Liebe ergänzen sie sich gegenseitig. Allerdings kommen extreme Verhaltensmuster eher selten vor. Bei den meisten Paaren handelt es sich um Mischtypen. (8) Frauen mit einem betont maskulinen Animus wählen gerne einen nach außen feminin wirkenden Mann. Umgekehrt fühlt sich ein Mann mit einer starken Anima bevorzugt von einer maskulin wirkenden Frau angezogen. (9) Selbst in einer Homo-Ehe ist die Anziehung der Gegensätze bedeutsam, indem der eine Partner in seinem Verhalten und Erleben mehr maskulin, der andere eher feminin wirkt.

Dass auch die gegensätzlichen Körperausdünstungen von Mann und Frau anziehend wirken, zeigte folgendes Experiment: Forscher der Universität Bern ließen Frauen den Geruch von verschwitzten T-Shirts wahrnehmen, welche verschiedene Männer kurz zuvor getragen hatten. Dabei stellte sich heraus, dass Frauen den Körpergeruch jener Männer bevorzugten, deren Gene sich besonders deutlich von den ihren unterschieden. Durch diese genetische Durchmischung wird das Immunsystem der Nachkommen gestärkt, was Degenerationserscheinungen verhindern kann und auch vor zahlreichen Krankheitskeimen schützt. (10) Findige Parfümhersteller haben schon längst diese Duftnoten ihren Essenzen beigemischt.

Ein zweiter wichtiger Faktor, der bei der Partnerwahl mitbestim mend sein kann, ist die *frühkindliche Prägung* im Elternhaus. Hier gewinnt das elterliche Milieu bewusst oder unbewusst einen erheblichen Einfluss auf die spätere Partnerwahl der Kinder. Sowohl das Verhältnis der Eltern zueinander als auch die Vorbildfunktion von Mutter und Vater sind da von Bedeutung. So kann es geschehen, dass ein negativ geprägtes Vater- oder Mutterbild dazu führt, dass der Sohn oder die Tochter bewusst einen gegenteiligen Charaktertypus als Lebenspartner wählt. Eine junge Frau hat mir einmal geschrieben: „Einen Mann, der meinem verhassten Vater ähnlich oder genehm ist, werde ich ganz bestimmt nie heiraten." Insbesondere die Mutter-Sohn-Beziehung und das Vater-Tochter-Verhältnis können zeitlebens nachwirken. Ebenso die gewollte Mitsprache oder gar die Mitbestimmung der Eltern bei der Partnerwahl ihrer Kinder kann für deren späteres Eheschicksal maßgebend sein. Daher warnt *C.G. Jung*: „Die Väter, die ihren Kindern alle selbstständigen Gefühlsregungen absprechen, mit schlecht verhehlter Erotik und Gefühlstyrannei ihre Töchter verhätscheln, ihre Söhne bevormunden, in Berufe hineinpressen und schließlich ‚passend' verheiraten, und die Mütter, die ihre Kinder schon in der Wiege mit ungesunden Zärtlichkeiten erhitzen, sie später zu leibeigenen Puppen machen und dann schließlich mit Eifersucht die Erotik der Nachkommen durchwühlen, sie wissen nicht, was sie tun. Solche Kinder werden den Fluch, den sie von den Eltern übernahmen, noch lange fortsetzen, auch wenn diese längst gestorben sind." (11) Was das derart belastende Mutter-Kind-Verhältnis angeht, schreibt er: „Störungen in der Mutter-Kind-Beziehung können die Ursache sein für Beeinträchtigung der seelischen Gefühlssphäre beim Kind und führen zur Bildung eines neurotischen Mutterkomplexes", der später die Ehe ihrer Söhne und Töchter belasten wird. (12) Hat sich bei der Tochter in früher Jugend eine einseitige starke Vaterbeziehung entwickelt, wird sie später einen Mann mit väterlichen Eigenschaften heiraten, der deutlich älter ist als sie. Umgekehrt wählt ein Sohn, der gefühlsmäßig allzu lange an seiner Mutter hängt, nicht selten eine mütterliche Frau, von der er sich gerne verwöhnen lässt. Von seiner Partnerin erwartet er, dass sie ihm Mutter und Geliebte sei. Solche Männer lassen lieben und möchten geliebt werden, doch ihre eigene Liebesfähigkeit ist unreif geblieben. In Ihrem Liebesverhalten sind sie darauf bedacht, zu konsumieren statt zu kommunizieren. Eine derartige Partnerschaft lässt wenig Hoffnung zu für die Dauer einer Ehe, weil sie einseitig ist.

Zu ernsten Beziehungsproblemen kann es dort kommen, wo die Ablösung vom Elternhaus nicht konfliktfrei geschieht. Der jugendliche Mensch muss sich aus der Elternabhängigkeit lösen gleich wie die Frucht vom Baum. Hier sehe ich eine der wichtigsten Ursachen für das spätere Scheitern einer ehelichen Partnerschaft. Besitzergreifende Mütter, die ihre Söhne und Töchter nicht freigeben für eine neue Liebesbeziehung, sie weiterhin in seelischer Abhängigkeit behalten und mit versteckter oder offener Selbstsucht an sich binden, verhindern deren ungetrübten Weg zum Du. Daraus kann eine Hass-Liebe entstehen. Einerseits möchte der Sohn oder die Tochter sich befreien aus dieser Abhängigkeit, andererseits gelingt dies nicht ohne Schuldgefühle. Dieser zwiespältige Zustand blockiert die Bindung an einen neuen Liebespartner und belastet jede Beziehung. In solchen Fällen ist zu raten, dass sich Sohn oder Tochter entschlossen auf die Seite der jungen Liebe stellen und einsehen, dass zur elterlichen Seite hin die Notwendigkeit des Wehtun-Müssens nicht zu vermeiden ist. Anders ist ein solcher Konflikt leider wohl kaum zu lösen, es sei denn, die ältere Generation würde ihren Egoismus endgültig aufgeben. Auch *Felix Schottländer* plädiert für eine rechtzeitige Ablösung vom Elternhaus. Er ist überzeugt: „Je glücklicher die Urbindung gelöst worden ist, desto besser vermag der Mensch dem Ruf der Natur zu folgen, desto sicherer kann die Erfüllung seines Liebesstrebens sein." (13) Schließlich bleibt noch die Hoffnung, dass diese Spannung sich lösen wird, sobald nach einigen Jahren die Enkelkinder wieder eine Liebesbrücke zu ihren Großeltern bauen.

Häufig wird auch die Stellung eines Kindes in der Geschwisterreihe für die spätere Partnerwahl wichtig sein. Die *Geschwisterkonstellation* ist für die spätere Lebenseinstellung bezeichnend. Es ist in einer Partnerschaft nicht gleichgültig, ob man als ältestes Kind ganz vorne stand und Verantwortung für jüngere Schwestern und Brüder übernehmen musste oder ob man als jüngstes Kind von den anderen verwöhnt wurde. Ein Sandwichkind, das sich in Kindheit und Jugend nach allen Seiten hin wehren und behaupten musste, wird auch später in einer Partnerschaft darauf bedacht sein, sich selber durchzusetzen.

Schlussendlich sind da noch jene Frauen und Männer, die den Weg in eine Partnerschaft nie gefunden haben, weil sie aus wohlmeinender Rücksicht oder aus falsch verstandenem Pflichtbewusstsein ihren Eltern gegenüber darauf verzichten. Häufig trifft dies auf die jüngste Tochter einer Familie zu, die einem betagten Vater oder einer alt gewordenen Mutter zuliebe im elterlichen Hause verbleibt. Manche junge Frau wird so in eine verzichtende Opferrolle gedrängt, weil sie sich dafür verantwortlich fühlt, notwendige Pflegeaufgaben zu übernehmen. Dabei musste sie auf eigenes Liebes- und Eheglück verzichten. Manchmal kann dies aber auch aus reiner Bequemlichkeit geschehen.

6.2 Seelenverwandtschaft schafft Sympathie

Das hauptsächlichste Motiv für eine Liebesbeziehung ist mit Sicherheit die Sympathie. Wenn zwei Menschen sich sympathisch sind, geschieht dies nach dem Gesetz „Gleich und Gleich gesellt sich gern". Unter Sympathie verstehen wir also jene Kraft, die Ähnliches und Gleiches anzieht. „Was uns ähnlich ist, zieht uns in der Liebe an", sagte einmal *Leonardo da Vinci. Goethe,* der in seinen Frauenbeziehungen gewiss kein Kind von Traurigkeit war, dichtete:

> Dies als Höchstes gibt das Leben,
> eines sucht die Seele nur:
> das ihr sinnverwandte Streben
> einer liebenden Natur.

Der Begriff *Sympathie* setzt sich zusammen aus den beiden griechischen Wörtern *sym* für gleich, gemeinsam und *pathein* für empfinden, fühlen, leiden. Menschen, die sich sympathisch sind, fühlen und empfinden gleichsinnig, daher spüren sie füreinander Zuneigung und Mitgefühl. Auch leiden sie oft miteinander und füreinander aus lauter Sympathie. In diesem Sinne gestand die westfälische Dichterin *Annette Droste-Hülshoff* (1797-1848) ihrem jungen Freund *Levin Schücking* ihre Sympathie mit den Worten: „An gleicher Lust und gleichen Sinnen reich." C.G. *Jung* spricht davon, dass Liebes- und Freundespaare durch ihre unbewussten Seelenbilder von Animus oder Anima einander ähnlich sind. (14) *Leopold Szondi* hat in seinem umfangreichen Lebenswerk nachgewiesen, dass Sympathie stets aus den gleichen und ähnlichen Anlagen zweier Menschen entsteht. Diese sind zwar meist nicht blutsverwandt, wohl aber erbverwandt und genverwandt, weil sie in ihrem familiären Erbgut ähnliche und gleiche Merkmale aufweisen, die sich gegenseitig anziehen. Es sind dies die geheimen Drahtzieher im seelischen Hintergrund, welche die Figuren auf der Bühne unseres Lebens tanzen lassen. In der Regel ist dieser Zusammenhang den Liebespaaren und Freundespaaren gar nicht bewusst. Erst auf dem Boden der Sympathie kann mit der Zeit das zarte Pflänzchen der Liebe gedeihen. Was sich nicht in Sympathie anzieht, stößt sich mit der Zeit gegenseitig ab.

Nach der Schicksalspsychologie sind wir bei der Wahl in Liebe, Freundschaft und Partnerschaft nicht so frei, wie wir meinen, sondern wir werden gelenkt und beeinflusst von jenem verborgenen Erbgefüge, welches in unserem familiären Unbewussten verankert ist. (15) Die wenigsten heiratsfreudigen Paare sind sich bewusst, dass sie nicht nur das geliebte Du an den Traualter führen, sondern in ihrem Anhang auch das gesamte familiäre Erbe ihrer Verwandtschaft mitschleppen. Was im gemeinsamen Erbstrom eines Ehepaares alles an Veranlagungen unerkannt mitschwimmt, das zeigt sich meist erst in dem, was nach Jahren und Jahrzehnten bei ihren Kindern, Enkeln und Urenkeln zutage tritt. Deshalb habe ich, wenn ich beruflich mit schwierigen Menschen zu tun hatte, mich regelmäßig nach deren familiärem Erbe erkundigt.

Bei der Vermischung der Erbanlagen kämpfen diese oft um ihre Vorherrschaft. Dieser Wettstreit sorgt dafür, dass geeignete Erbanlagen in Einzeldosierung durch passende Paarbildung in doppelter Legierung manifest werden können. Die Gesamtheit aller Anlagen bilden den *Genotyp*. Jene, die nur von einem Elternteil stammen und daher nur in Einzeldosierung vorhanden sind, bleiben im Hintergrund auf der Warteliste und werden als *latent* bezeichnet, weil sie nach außen nicht in Erscheinung treten können. Jene Anlagen aber, die sowohl von der Mutterseite als auch von der Vaterseite stammen, paaren sich in doppelter Legierung. Sie bilden den *Phänotyp,* nämlich das äußere Erscheinungsbild des Menschen. Seine Erbmerkmale können sich nach außen manifestieren, weshalb sie als *manifeste* Anlagen bezeichnet werden.

Wenn zwei Menschen füreinander Sympathie empfinden, ist es vordergründig das äußere Erscheinungsbild, das anziehend wirkt. Doch sie ahnen meistens nicht, dass es im Hintergrund das verborgene Erbbild ist, das die Weichen stellt. Nach der Theorie der Schicksalsanalyse sind es nämlich die *latenten* Erbanlagen, welche unsere Wahlhandlungen steuern. Dies gilt ganz besonders bei der Partnerwahl in Liebe und Ehe; denn die latenten Erbanlagen in Einzeldosierung können nur dann sichtbar zur Geltung kommen, wenn sie sich mit den Anlagen eines anderen Menschen, die ebenfalls nur einzeldosiert vorhanden sind, ergänzen, verbinden und dadurch bei ihren gemeinsamen Nachkommen in doppelter Dosierung auftreten. Aus diesem Grunde sind Paare, die sich in Sympathie gegenseitig anziehen, anlageverwandt und wesensähnlich. Ihre Gene entwickeln eine Eigendynamik, indem sie entsprechende Signale aussenden, um instinktiv darauf hinzuweisen, dass sie zusammengehören. Eine gewisse Genverwandtschaft ist für die Paarbildung demnach erforderlich, sonst kommt es zur gegenseitigen Abstoßung. Fehlt die genetische Sympathie, bleibt eine Partnerschaft wegen der Unverträglichkeit des elterlichen Erbgutes häufig kinderlos, oder es kann zu Fehlgeburten kommen.

Wären wir Menschen nur Erbträger von guten und gesunden Eigenschaften, würden erbverwandten Eltern nur gesunde Söhne und Töchter nachfolgen. Sobald aber eine Erbkrankheit auftritt, kann sich diese verheerend auf ganze Familien, Völker und Nationen auswirken. Ein tragisches Beispiel hierfür war das Auftreten der Bluterkrankheit Hämophilie in mehreren europäischen Königshäusern, bei deren Ausbleiben die Weltgeschichte wahrscheinlich einen anderen Verlauf genommen hätte. Diese Tatsache klingt nach in dem kleinen sprachlichen Kunstwerk von *Rilke*: „Die Könige dieser Welt sind alt. / Sie werden keine Erben haben, / denn ihre Söhne starben schon als Knaben / und ihre bleichen Töchter gaben / die kranken Kronen der Gewalt." Mit dieser letzten Zeile spricht er den frühen Tod von hoffnungsvollen Königssöhnen in Spanien und Russland an und in der Folge auch die russische und die spanische Revolution im vergangenen Jahrhundert. (16)

Wie die unbewusste Erbverwandtschaft zur Sympathie und Partnerschaft führen kann, demonstrierte Professor *Szondi* in seinen psychologischen Vorlesungen in Zürich, indem er uns Studenten folgenden Fall vorlegte: Eine junge Frau kam in seine ärztliche Sprechstunde, weil sie unter dem Zwang litt, ihre eigenen Kinder durch das Verwechseln von Medikamenten zu vergiften. Eines Tages wurde sie von ihrem jungen Ehemann in die Therapiestunde begleitet. Bei dieser Gelegenheit fragte die Patientin den Arzt: „Nicht wahr, Herr Doktor, das haben Sie noch nie gehört, dass eine Mutter dauernd Angst hat, ihre Kinder vergiften zu müssen?" Dieser antwortete ihr: „Oh doch, seit Jahren sucht mich eine ältere Frau vom Land auf, die haargenau an den gleichen Vergiftungsideen leidet." Der junge Mann, der bis dahin schweigend in einer Ecke saß, antwortete: „Herr Doktor, ich kenne diese Frau, sie ist meine Mutter." Nun stellt sich die Frage: Warum heiratete dieser Mann eine Frau, die später, ohne dass er dies vorausahnen konnte, die gleichen Krankheitssymptome entwickelte, wie sie seine eigene Mutter aufwies? Die Antwort der Schicksalspsychologie lautet: Die beiden jungen Eheleute waren genverwandt und damit auch krankheitsverwandt. Es sind also nicht nur die gesunden Erbanlagen, sondern häufig auch die krankmachenden, welche zwei Menschen in gegenseitiger Sympathie anziehen. Deshalb konnte der Fernsehmoderator *Robert Lemke* spotten: „Die Liebe ist eine seltsame Krankheit. Da müssen gleich zwei miteinander ins Bett."

Bei der psychologischen Abklärung von Kindern, die durch erbbedingte Besonderheiten auffielen, wie Nachtangst, Dunkelangst, Prüfungsangst, Stottern, Linkshändigkeit, Ekzeme, Legasthenie, Zornausbrüche oder Tierphobie, die alle dem paroxysmalen Erbkreis angehören, pflegte ich regelmäßig den begleitenden Eltern einen Fragebogen vorzulegen, in dem sie jene Erbmerkmale unterstreichen sollten, die für sie und ihre Verwandtschaft zutreffen. Recht häufig ergab sich eine deutliche Übereinstimmung, woraus ich schließen konnte: Dieses Elternpaar ist genverwandt. In den Jahren 1937-1963 haben Mitarbeiter des Szondi-Instituts in Zürich viele Hunderte von Ehepaaren hinsichtlich ihrer Erbverwandtschaft mit Hilfe der Stammbaumanalyse untersucht. Dabei entdeckten sie, dass in der Regel weder der Zufall noch die Liebe ihre Partnerwahl lenkte, sondern es war die unbewusste Genverwandtschaft. (17)

Freilich sind wir nicht blindlings dem Diktat unserer Gene ausgeliefert. Der Mensch besitzt dank seines Ich-Bewusstseins eine begrenzte Wahlfreiheit in der Partnerauslese, indem er unter verschiedenen Schicksalsmöglichkeiten die eine oder andere *bewusst* auswählen kann. Ist er sich dieser Möglichkeit nicht voll bewusst, kommt es häufig zu einer unbewussten Zwangswahl. (18) Wie dies geschehen kann, schildert *Leopold Szondi* am Beispiel seiner eigenen Partnerwahl: Im 1. Weltkrieg wurde er verwundet und kam in Wien in ein Lazarett, wo er sich in eine junge Krankenschwester, eine blonde Sprachlehrerin, verliebte. In der Nacht vor der Verlobung träumte er von seinem älteren Bruder, der vor Jahren auch eine blonde Sprachlehrerin heiratete, dessen Ehe unglücklich verlief. Am Morgen beim Erwachen fiel ihm auf, dass er im Begriff stand, das Eheschicksal seines Bruders zu wiederholen. Er löste die Verlobung auf, denn er wollte sein eigenes, persönliches Schicksal haben und nicht ein bereits familiär vorgespurtes zwanghaft wiederholen. Später heiratete er eine andere Frau, mit der er zwei Kinder hatte. Doch auch hier schlug das unvermeidliche Schicksal zu. Seine Tochter starb im frühen Erwachsenenalter an Krebs, und sein Sohn, ein bekannter Literaturprofessor, nahm sich das Leben. (19) Dies erinnert an ein Bild aus den griechischen Heldensagen, das *Homer* im 8. Jahrhundert v. Chr. wie folgt beschrieben hat: In der Meerenge von Messina, zwischen Sizilien und dem italienischen Festland, befanden sich zwei gefährliche Strudel namens *Skylla* und *Charybdis*. Jedes Mal, wenn die Seefahrer dem einen ausweichen wollten, liefen sie Gefahr, in den Sog des anderen zu geraten. (20) So bewahrheitet sich immer wieder, dass wir vom Regen in die Traufe geraten können, wenn wir dem einen Schicksal entgehen wollen und dabei ein anderes, vielleicht noch schlimmeres, anziehen.

Beim Entstehen der Sympathie zwischen zwei Liebenden kommt der sinnlichen Wahrnehmung eine große Bedeutung zu. Dass sich auch hier geschlechtstypische Unterschiede bemerkbar machen, wusste der französische Schriftsteller *Honoré de Balsac* (1799-1850), als er bemerkte: „Der Mann liebt mit dem Auge, die Frau liebt mit dem Ohr." Besonders wichtig ist der Geruchssinn. Dieser wird gerne als der „intimste Sinn" bezeichnet. „Ich kann dich gut riechen", gestehen sich Verliebte. Bei einem sportlichen Wettkampf verliebte sich eine Frau in einen bisher unbekannten Mann, als sie neben ihrem Stuhl dessen verschwitztes Unterhemd ergriff, um sich Schweißperlen von der Stirn zu wischen. Psychologische Untersuchungen an der Universität Oxford über das Sympathieverhalten von 308 Männern und 594 Frauen im Alter von 18 bis 63 Jahren in Nordamerika und Europa ließen erkennen, dass der Geruch bei Mund- und Lippenküssen ein guter Gradmesser ist für die gegenseitige emotionale Zuwendung am Anfang einer Beziehung sowie für deren Bestand in einer Partnerschaft. (21) Was die gegenseitige Geruchswahrnehmung angeht, fallen laut biochemischen Forschungsergebnissen vor allem hormonelle Duft- und Lockstoffe aus der Gruppe der Geschlechtshormone Östrogen und Androgen ins Gewicht. (22) Es kommt vielleicht bald die Zeit, wo eine Speichelprobe genügt, um durch eine DNS-Analyse festzustellen, welche Partner biologisch zueinander passen. Ob dies auch als Garantie für gemeinsames Liebesglück gelten kann, ist mehr als fraglich. Entscheidender ist sicher auch die Gemeinsamkeit im Denken und im sittlichen Streben zweier Menschen. Wenn zwei auf einem gemeinsamen spirituellen

Weg sich begegnen können, werden sie voneinander geistig bereichert sein, so wie *Christian Morgenstern* dies sah:

> Genug oft, dass zwei Menschen sich berühren,
> nicht leiblich, geistig nur,
> dass sie sich sehen,
> dass sie sich geistig gegenüberstehen
> um sich dann vielleicht auf immer zu verlieren.
> Genug oft, dass ein Lächeln zweier Seelen
> vermählt – o nicht vermählt – nur dies: sie führt
> so vor einander schweigend und erschütternd,
> dass ihnen alle Wort‘ und Wünsche fehlen
> und jede, unaussprechlich angerührt,
> nur tief vom Zittern der verwandten zittert.

6.3 Das Risiko der Ehe

In Russland kennt man das Sprichwort: „Fährst du zur See, bete einmal; ziehst du in den Krieg, bete zweimal; trittst du in den Stand der Ehe, bete dreimal!“ Die Ehe ist als eine Einrichtung zu sehen, in der wir versuchen mit jenen Problemen fertig zu werden, denen wir nicht begegnet wären, wenn wir nicht geheiratet hätten. Die Eheschließung ist also eine Risikofrage; man kann dabei gewinnen oder verlieren. Für den Philosophen *Arthur Schopenhauer* bedeutete heiraten: „Seine Freiheit halbieren und seine Pflichten verdoppeln“. Wohl deshalb blieb er zeitlebens Junggeselle.

Die Ehe hat eine helle und eine dunkle Seite. Sie kann sich als Himmelsgeschenk oder als Erdenlast erweisen. Sie verursacht Freud und Leid, Wonne und Weh, Lust und Frust. Bereits der griechische Philosoph *Euripides* (480-406 v.Chr.) fand: „Die eheliche Liebe ist das Süßeste und Bitterste zugleich.“ Wir erleben in ihr Ergreifendes und Erschütterndes, Erhebendes und Niederdrückendes, Freudvolles und Schmerzvolles. *Kahlil Gibran* fasste die Doppelseite der Partnerliebe in folgende Worte: „Denn gleich wie die Liebe dich krönt, so wird sie dich kreuzigen. Wie sie deinen Lebensbaum entfaltet, so wird sie ihn beschneiden. Wie sie emporsteigt zu deiner Höhe und die zartesten Zweige liebkost, die in der Sonne erbeben, ebenso wird sie herabsteigen zu deinen Wurzeln und sie aufrütteln in ihrem Festklammern am Erdboden. Gleich Garben voll Korn rafft sie dich an sich. Sie drischt dich, um dich zu entblößen. Sie siebt dich, um dich von Streu zu befreien. Sie zermalmt dich, bis du weiß wirst. Sie knetet dich, bis du geschmeidig bist.“ (23) *C.G. Jung* fasst dies in einem Satz zusammen: „Die Liebe ist eine der großen Schicksalsmächte, die vom Himmel bis zur Hölle reichen.“ (24)

Wenn Liebende sich für ein ganzes Leben binden und verpflichten wollen, wissen sie anfänglich nicht, auf welches Wagnis sie sich da einlassen. Sie ahnen nicht, was „in guten und schlechten Tagen“ auf sie zukommen wird. Wüssten sie es, so würde ihnen vielleicht der Mut fehlen, sich zu binden. „Je größer der Umfang der Unbewusstheit ist, desto weniger handelt es sich bei der Verheiratung um freie Wahl.“ (25) Das Eheschicksal hängt einerseits vom Lebensplan ab, der ihnen vorgegeben ist, andererseits kommt es auch auf ihr eigenes Geschick an, mit dem sie ihr Eheleben gestalten. Es ist wie bei einem Kartenspiel: Die Karten werden uns zugeteilt, doch wie wir spielen, hängt von uns selber ab. Daher sagte *Arthur Schopenhauer*: „Das Schicksal mischt die Karten und wir spielen.“

Bedenken wir, wie unerfahren und unvorbereitet gerade junge Menschen das Risiko der Ehe auf sich nehmen. Bevor wir einen Beruf wählen, werden Eignungs- und Neigungsprüfungen durchgeführt, um sicherzugehen, dass wir den Einstieg ins Berufsleben finden. Auch jeder Fahrzeuglenker muss heute seine Fahrtüchtigkeit bei einer theoretischen und praktischen Prüfung unter Beweis stellen. Nur zum Heiraten, wo es ja um viel mehr geht als bloß um eine Tüchtigkeit oder Fertigkeit, wird jeder volljährige Mensch unbesehen zugelassen mit der Begründung, dies sei ein angestammtes Menschenrecht. Für dieses schwierige Unterfangen gibt es weder von staatlicher noch von kirchlicher Seite eine seriöse Prüfung auf Ehetauglichkeit.

Die Leichtfertigkeit, mit der heute vielfach Ehen geschlossen werden, wird nur noch übertroffen von der Leichtherzigkeit, mit der sie wieder geschieden werden. Dies ist meine Erkenntnis nach jahrzehntelanger beruflicher Tätigkeit als Eheberater und Ehetherapeut. Einer meiner Berufskollegen schlug sogar vor, das Heiraten sollte verboten werden. So weit möchte ich nicht gehen, denn die Ehe bietet auch großartige Chancen zu einem sinnvollen Leben. Hätte ich ein Liebespaar zu trauen, würde ich die beiden Heiratswilligen allen Ernstes fragen: „Seid ihr gewillt, den Karren der Ehe miteinander durch den Sumpf und Morast des Lebens zu schleppen?"

Dass die Ehe für immer mehr Menschen heute zur Risikofrage wird, zeigt die ansteigende Zahl der Alleinstehenden und der Geschiedenen. Daher machen immer häufiger Paarvermittler die Paarzusammenführung zu ihrem Beruf und Geschäft. Wohl gibt es erprobte psychologische Tests, um das Harmonieprofil zweier Menschen zu erstellen, doch kenne ich keine Methode, um die Schicksalsfrage nach dem zukünftigen Eheglück zu beantworten. Kein geringerer als *C.G. Jung* hat sich dieses Themas angenommen, indem er 483 Ehepaare anhand ihrer 966 Geburtshoroskope miteinander verglich und auf ihre sympathischen und polaren Entsprechungen untersuchte. Dabei stellte er eine signifikante Übereinstimmung von lediglich 10% fest. (26)

Die eheliche Partnerschaft lässt sich vergleichen mit einer Drei-Zimmer-Wohnung. In dem einen Raum wohnt der eine Partner, im anderen Zimmer wohnt der andere. Von Zeit zu Zeit begegnen sie sich im mittleren Zimmer, um dort ihre Gemeinsamkeit zu leben und zu lieben. In einem anderen Vergleich stellen wir uns jeden Partner als einen in sich geschlossenen Kreis vor. An einer bestimmten Stelle überschneiden sich die beiden Kreise und bilden ein gemeinsames Segment. Je ausgedehnter dieses ist, umso größer ist ihre Gemeinsamkeit in der Ehe. Schließlich können wir uns die Ehe denken wie ein Schauspiel. Die beiden Partner sind die ausgewählten Rollenträger auf der Bühne der Ehe. Sie begegnen sich, ohne einander wirklich zu kennen, weil sie sich hinter der Maske ihres gewählten und eingeübten Spiels verbergen. Der amerikanische Schriftsteller *Eugene O'Neil* (1888-1953) verglich in seinem Drama „Trauer muss Elektra tragen" aus dem Jahr 1947 die Ehe mit einem Rollenspiel. Zwei benachbarte und befreundete Ehepaare begegnen sich auf der Bühne. Alle vier Personen tragen eine Maske. Sie kennen einander nur maskiert. In einer ersten Szene verliert einer der beiden Ehemänner draußen im Garten seine Maske, ohne dass er dies bemerkt. Wie er an seiner Wohnungstür seine Frau begrüßen und umarmen will, weicht diese entsetzt zurück. „Was suchen Sie hier?", ruft sie erbost und abweisend. Etwas verstört wehrt sich der Ehemann: „He, was ist mit dir los? Kennst du mich nicht mehr? Ich bin doch dein Mann!" „Nein, Sie sind ein Fremder. Ich kenne Sie nicht!“, beteuert die erschrockene Frau. In ihrer Not ruft sie die Nachbarsleute herbei. Diese bestätigen dem Maskenlosen, dass er ein fremder Eindringling sei, der sofort zu verschwinden habe. Nachdem ihm sogar mit der Polizei gedroht wird, verlässt er kopfschüttelnd das Haus. Da merkt er auf einmal, dass ihm seine Maske fehlt. Er sucht sie, findet sie, legt sie wieder an und kehrt in sein Heim zurück. Dort wird er von seiner Gattin erleichtert und freudig mit den Worten begrüßt: „Stelle dir vor, soeben war ein wildfremder Mann hier und hat frech behauptet, er wäre mein Mann.“ Wiederum wird das benachbarte Paar herbeigerufen. Wie alle miteinander bei einer Flasche Wein das seltsame Vorkommnis besprechen und begießen, fällt plötzlich der Heimgekehrte von einem Herzschlag getroffen zu Boden. Im Hinfallen verliert er seine Maske. Die Ehefrau und ihre Gäste stürzen zur Maske hin und sorgen sich um diese. Den wahren Menschen, der nun maskenlos im Sterben liegt, beachten sie nicht. In der letzten Szene wird die Maske auf einer Totenbahre zum Friedhof getragen. So ist auch das Leben und die Ehe zu betrachten. Wenn am Ende der Aufführung der Vorhang fällt, werden die Schauspieler nicht nach dem beurteilt, *was* sie gespielt, sondern *wie* sie gespielt haben.

Aus psychologischer Sicht ist die Ehe eine biologische Zweckgemeinschaft unter dem Diktat des Selbsterhaltungs- und Arterhaltungstriebes und eine vertraglich vereinbarte Lebensgemeinschaft im Dienst des sozialen Zusammenhalts. So gesehen, bietet die Ehe sicher eine gute Möglichkeit, gemeinsam Aufgaben zu bewältigen, um dadurch zu menschlichem Wachstum und geistiger Reife zu gelangen. Aus dem Buch des Ehetherapeuten *Theodor Bovet* stammt der sinnvolle Text (27) der Schriftstellerin *Rösy von Känel* (1895-1953):

Wir können die Ehe ertragen,
sie schleppen wie eine Last,
sich ihr unterordnen wie einer Strafe,
sich ihr hingeben wie einer Sünde,
sie nachschleppen wie eine lange unerträgliche Kette,
sie hinnehmen wie einen langsamen gegenseitigen Mord.

Wir können sie aber auch mit Entzücken belauschen
einem Hohelied gleich,
sie ängstlich hegen wie einen kostbaren Schatz
und sie in hocherhobenen Händen tragen
einer leuchtenden Ferne zu.

6.4 Ehe als Schicksal

Für die Mehrzahl der Menschen wird die Ehe nicht nur eine Lebensaufgabe, sondern auch eine Schicksalsfrage bedeuten. Denn nebst der natürlichen Zielsetzung muss dahinter auch eine höhere Absicht liegen, deren Ziel es ist, die beteiligten Menschen zur geistigen Höherentwicklung zu führen. So gesehen, ist die Ehe eine Art Lebens- und Lernschule, wo wir in Liebe gegenseitig Wohlwollen, Rücksichtnahme, Selbstlosigkeit, Geduld und Hilfsbereitschaft einüben können, aber auch Toleranz und nie erlahmende Versöhnlichkeit. Vom *spirituellen* Gesichtspunkt aus gesehen, gehört die Ehe zu den großen Prüfungsaufgaben des Erdendaseins, die das menschliche Leben bereichern, erleichtern und manchmal auch erschweren können. Nicht wenigen kommt dabei ihr Eheschicksal mit den Jahren vor wie eine Gottesgeißel und eine Himmelsleiter

Unser Lebensschicksal wurde meiner Meinung nach in großen Zügen vorgeplant, ehe wir in ein neues Erdendasein eintraten. In diesen Lebensplan eingewoben ist auch unser Eheschicksal. An uns liegt es, ob wir dieses bejahen oder verneinen, ob wir es in Freiheit annehmen oder durch äußeren oder inneren Zwang ertragen. Es ist wie bei einem Kartenspiel: Die Karten werden uns zugeteilt, doch an uns liegt es, ob wir dabei gewinnen oder verlieren. Wer auf die Winke seines Schicksals zu achten versteht, der fühlt sich geführt und getragen, auch wenn er manche Wendung und Windung seines Lebenslaufes zunächst nicht versteht. Sogenannte Schicksalsschläge sind als korrigierende Eingriffe von oben zu verstehen, die uns wieder auf den rechten Weg bringen sollen. Es liegt eine tiefe Wahrheit im römischen Weisheitsspruch: „Volentem ducunt fata nolentem trahunt – Den Willigen führt das Schicksal, den Unwilligen zieht und zerrt es an den Haaren herbei." Dies gilt auch für das Eheschicksal.

Alle Völker kannten schon in den Urzeiten verschiedene Arten von Partnerschaften zur Sicherung ihrer Nachkommenschaft. Paarbildungen, die nur diesem Zweck dienen, kennen wir auch im Tierreich. Im Verlauf der Jahrtausende haben sich verschiedene Formen von Ehen herausgebildet, angefangen bei der Raub- und Kaufehe über die Gruppenehe und Vielehe bis hin zur heutigen Einehe. Unter *Monogamie* ist die Einehe zwischen Mann und Frau zu verstehen. Dies ist heute weltweit die häufigste Form der Paarbindung. Die *Polygamie* erlaubt dem Mann, mehr als eine Ehefrau zu heiraten. Dies ist zur Zeit noch in vierundsiebzig vorwiegend islamischen Ländern legal oder wird geduldet. Bei der *Polyandrie* kann eine Frau mehrere Männer ehelichen, meist aus wirtschaftlichen Gründen. Diese Eheform ist gegenwärtig nur in vier buddhistischen Kulturen geduldet, so in Indien, Tibet, Nepal und Bhutan. (28)

Im Mittelalter war die *Standesehe* das gängige Ehemodell. Braut und Bräutigam sollten möglichst dem gleichen Stand angehören. Dabei war die Zugehörigkeit zur gleichen sozialen Bevölkerungsschicht, die sich im Standesbewusstsein und in der Standesehre ausdrückte, bei der Partnerwahl ausschlaggebend. Abgelöst wurde diese Eheform in jüngerer Zeit von der *Vernunftehe.* (29) Dabei waren Rang und Namen der Heiratswilligen zu berücksichtigen, vor allem das zu vererbende Vermögen, der Bildungsstand, die Konfession und die Nationalität. Die Liebe stand nicht im Vordergrund. Während Jahrhunderten hieß es: Heiratet erst einmal, die Liebe kommt dann von selbst.

Heute gewinnt die *Liebesheirat* immer mehr an Bedeutung. Nach einer Umfrage in westlichen Ländern aus dem Jahr 1994 können sich 86% der Männer und 91% der Frauen nicht vorstellen, jemanden zu heiraten, den sie nicht lieben. (30) Die Heirat aus Liebe bietet freilich noch keine Garantie für beständiges Eheglück. Mit der Liebe ergeht es uns wie mit der Wahrheit: Wer da meint, sie bereits zu besitzen, der sucht sie nicht mehr – und schon entgleitet sie ihm.

Im Allgemeinen ist die Ehe eine durch das Naturrecht begründete und durch das Zivilrecht und das konfessionelle Kirchenrecht anerkannte Verbindung von zwei Menschen, die miteinander eine dauerhafte Lebensgemeinschaft eingehen wollen. Sie ist also ursprünglich eine biologische und soziale Einrichtung. In späteren Zeiten haben verschiedene Religionsführer versucht, diese religiös zu begründen.

Ein extremer Fall sind heute die Massenheiraten der „Vereinigungskirche“. Diese traut regelmäßig am gleichen Tag hunderte von Paaren, auch solche, die sich vorher kaum gekannt haben. Diesen wird erklärt, dass sie im Namen Jesu Christi zusammengeführt werden. Der koreanische Sektenführer *Sun Myung Moon* hat 1997 in Washington 30.000 Paare zu einer Massenhochzeit versammelt. Zwei Jahre danach wurden im Olympiastadion von Seoul 21.000 Paare gleichzeitig verheiratet. Im Jahr 2014 waren es 25.000 Paare, die sich am gleichen Tag in der südkoreanischen Stadt Gapeyeong das Ja-Wort gaben. Bei diesen Ehen soll die Scheidungsrate deutlich unter dem landesüblichen Durchschnitt liegen. (31)

Als rechtsgültige Vereinbarung soll die Ehe das sittliche, soziale und wirtschaftliche Leben in Familie und Staat sichern. In Ländern mit rechtlicher Trennung von Kirche und Staat wird das zivile Eherecht vom kirchlichen Eherecht unterschieden. Die Zivilehe als rechtlich anerkannte Eheform, die unabhängig von einem religiösen oder weltanschaulichen Bekenntnis geschlossen werden kann, ist bei uns in Europa erst um die Mitte des 19. Jahrhunderts möglich geworden. Die Zivil-Ehe ist grundsätzlich konfessionell neutral. Es kommt vor, dass kirchlich geschlossene Ehen vom Staat rechtlich anerkannt werden. In den meisten westlichen Staaten ist vor der Trauung ein Heimatschein oder eine Abstammungsurkunde vorzulegen. Die Brautleute müssen volljährig sein. Außerdem muss die Eheabsicht veröffentlicht werden, damit allfällige Ehehindernisse bekanntgegeben werden können.

Aus christlicher Sicht ist der erste Zweck der Ehe das Zeugen von Nachkommen, gemäß der geglaubten göttlichen Weisung: „Wachset und mehret euch und erfüllet die Erde.“ (1 Mo 1,22) Wohl deshalb nannte *Eugen Drewermann* das Christentum eine „Fruchtbarkeitsreligion“. (32) Wäre dies der einzige Zweck einer Ehe, würden kinderlose Ehepaare dieser Forderung nicht genügen, und ihre Ehe müsste als ungültig betrachtet werden. Für die christlichen Kirchen ist die Ehe ein religiös begründetes Versprechen von Mann und Frau vor Gott, das gemeinsame Leben unter den göttlichen Schutz zu stellen, das von Religionsvertretern abgenommen und abgesegnet wird. In der Römisch-Katholischen Kirche ist die Ehe ein Sakrament, das von Braut und Bräutigam gespendet wird. Gleichzeitig wird Gott zum Zeugen aufgerufen, dass ihr Treueversprechen auf Lebenszeit unauflöslich sei.

Nach evangelischer Auffassung wird die Ehe nicht religiös-sakramental begründet, sondern gilt als zivilrechtliche Vereinbarung. Daher gilt sie als auflösbar. Mischehen zwischen Katholiken und Reformierten werden im Beisein beider Kirchenvertreter geschlossen und beidseitig anerkannt.

Durch eine Nichtigerklärung kann eine Ehe für ungültig erklärt werden, wenn diese nicht sexuell vollzogen wurde oder wenn sie unter Druck und Zwang, bei schwerem Irrtum oder trotz eines Ehehindernisses geschlossen wurde. Als Ehehindernisse gelten Minderjährigkeit, Verlust der Urteilsfähigkeit, Blutsverwandtschaft und eine bereits bestehende rechtsgültige Ehe. Bei allen uns bekannten Völkern kennt man ein strenges Inzestverbot aus erbbiologischen und gesellschaftlichen Gründen. In manchen Kulturen und Konfessionen gilt auch ein Heiratsverbot zwischen Menschen verschiedener Abstammung, unterschiedlicher Volkszugehörigkeit und sozialer Herkunft.

Seit einigen Jahrzehnten geht die Zahl der kirchlich geschlossenen Ehen in mehreren europäischen Ländern deutlich zurück. Dies hat mit der allgemeinen kirchlichen Entfremdung unserer Bevölkerung zu tun. (33) Vielerorts begnügen sich die Heiratswilligen mit der zivilen Eheschließung und verzichten auf die kirchliche Trauung. Die gesellschaftlichen Veränderungen, die zunehmende Selbstständigkeit und Unabhängigkeit der Frauen sowie die abnehmende Bindungsfreude der Männer führen dazu, dass immer mehr Paare ohne Trauschein im Konkubinat, in einer „wilden Ehe“ auf Zeit, zusammenleben. Das hierfür gebräuchliche Modewort heißt „Lebensabschnitts-Partnerschaft“.

In unserem Kulturkreis nehmen wir im Allgemeinen an, dass wir uns bewusst und freiwillig einen geeigneten Partner auswählen können. Bedingung für eine gültige Eheschließlung ist sowohl nach dem Zivilrecht als auch nach dem Kirchenrecht, dass die Partner nach freiem Willensentschluss sich füreinander entscheiden. Daher wird das ehewillige Paar vor der Trauung gefragt: „Seid ihr gewillt …?“ Eigentlich kommt es dabei nicht nur auf den Willen an, der an sich eine blinde Kraft ist, sondern auf die Erkenntnisfähigkeit, der allein Wahlfreiheit und Entscheidungsfreiheit zukommt. Dies setzt voraus, dass die beiden Partner klar erkennen, wer da wählt und wer da gewählt wird. In den meisten Fällen ist es mit dieser Erkenntnis nicht weit her. Was die beiden Partner von sich selber und vom anderen wissen, ist wie eine kleine Insel auf dem riesigen Meer des Nicht-Bewussten und des Nicht-Gewussten. Die heutige Psychologie beweist uns, dass die Partnerwahl weitgehend aus unerkannten Beweggründen, die im familiären Unbewussten liegen, getroffen wird und daher gar nicht so frei ist, wie wir gerne glauben.

In anderen Kulturen bestimmte die Familie, die Sippe oder der Clan, wer zusammengehören soll. Bei asiatischen und afrikanischen Volksgruppen ist das zum Teil noch heute so. Nicht die Liebe ist das verbindende Band für eine Ehe, sondern die Tradition, die Religion, die Kaste oder die Gesellschaftsordnung. Hier kommt es immer wieder zu *arrangierten* Ehen, welche von den Familien geplant werden. In diesen Fällen bereiten die Eltern die Partnerwahl ihrer Kinder nach familiären, finanziellen und gesellschaftlichen Gesichtspunkten vor, wobei ihren Töchtern und Söhnen nur eine beschränkte Wahlfreiheit zugestanden wird. Mancherorts gibt es auch *Zwangsehen*, die von den Eltern oder von der Verwandtschaft erzwungen werden. Seit 1948 gilt diese Eheform als Verletzung der Menschenrechte und ist in westeuropäischen Ländern verboten. Die heute immer noch vorkommenden Ehrenmorde weisen auf diese menschenverachtende Tradition hin. Ebenso verboten ist in den meisten Ländern die *Frühehe* im Kindes- und Jugendalter, weil sie Minderjährige betrifft. *Scheinehen*, die lediglich geschlossen wurden, um das Bürgerrecht eines anderen Landes zu erschleichen, werden weder vom Staat noch von den Kirchen rechtlich anerkannt. Dagegen findet die gleichgeschlechtliche, eheähnliche Partnerschaft, die sogenannte *Homo-Ehe,* zunehmend staatliche Anerkennung. Bis vor kurzem war die Ehe nur für das legitime Zusammenleben von Mann und Frau gedacht. Neuerdings wird in verschiedenen Ländern auch die Ehe zwischen einem gleichgeschlechtlichen Paar möglich und als eingetragene Lebenspartnerschaft zugestanden, freilich mit eingeschränkten Rechten und Pflichten. Ausgeschlossen ist in vielen Ländern das Adoptionsrecht, obwohl sich auch hier Änderungen abzeichnen. Die meisten religiösen Gemeinschaften betrachten die homoerotische Eheform als widernatürlich. Die christlichen Kirchen berufen sich dabei auf das mosaische Gesetz, das für homosexuelle Kontakte die Todesstrafe vorsah (3 Mo 20,13). Der Apostel *Paulus* bezeichnete jede homosexuelle Handlung als „widernatürliche Unzucht“ (1 Kor 6,9). Im Mittelalter galt auch im christlichen Abendland die gleichgeschlechtliche Liebe als strafbares Verbrechen und wurde nicht selten mit dem Tode bestraft. (34) Von der Psychiatrischen Gesellschaft der USA wurde die Homosexualität erst im Jahr 1973 von der Liste der abnormen Krankheiten gestrichen. Die Weltgesundheitsorganisation vollzog diesen Schritt erst im Jahr 1992.

Aus religiösen Gründen wurde die Homosexualität im christlichen Abendland bis in die 1980er Jahre als Sünde bezeichnet. Noch heute gilt in mehreren Ländern eine homosexuelle Beziehung als krimineller Tatbestand. Der katholische Moraltheologe *Bernhard Häring* hielt noch im Jahr 1955 Homosexualität für eine Folge von sündhaften Verfehlungen und Verführungen, als „sexuelle Verwilderung" und als „krankhafte Veranlagung". (35) Im Jahr 1986 schrieb der damalige Kardinal *Josef Ratzinger* und spätere Papst *Bendedikt XVI:* „Es sei noch keine Sünde, homosexuell zu sein, jedoch sei es in jedem Fall Sünde, homosexuelle Handlungen zu begehen, da diese der Natur und dem Ziel der menschlichen Sexualität widersprächen." Auch Papst *Johannes Paul II.* hat im Jahr 1979 jede homosexuelle Beziehung als sündhaft verurteilt und verboten. (36) Diese Verlautbarungen kirchlicher Autoritäten erfolgten unter Verkennung und Missachtung der menschlichen Natur, die hinsichtlich der sexuellen Orientierung mehr als nur eine einzige Variante zulässt. Diese einseitige Haltung gleicht dem pädagogischen Übergriff, mit dem man früher geborene Linkshänder in der Schule unter Androhung von Strenge und Strafe gezwungen hat, rechtshändig zu schreiben. In neuerer Zeit wird eine Umdeutung des Begriffes „Ehe" angestrebt, damit dieser nicht mehr nur für die Verbindung von Mann und Frau gilt. Auch gleichgeschlechtliche eingetragene Partnerschaften sollen als Homo-Ehen anerkannt werden.

Schließlich scheint die Ehe auch von der geistigen Welt *geplant* zu sein. Ich kenne einige Beispiele, die entsprechende Weisungen aus einer höheren Dimension annehmen lässt. Eine unverheiratete Frau berichtete mir, dass sie am Morgen beim Verlassen ihrer Wohnung eine innere Stimme vernahm, die ihr ankündigte: „Heute wirst du eine schicksalshafte Begegnung machen." So geschah es auch, ohne dass sie diese bewusst gesucht hatte. Daraus entstand in der Folge eine beglückende Partnerschaft. Von einem Mann hörte ich, dass dieser im Alter von dreiundzwanzig Jahren, bevor er eine Arbeitsstelle in einem Hotel antrat, in einer Kirche für eine liebende Beziehung mit einer jungen Frau betete. Da hörte er neben sich eine Stimme, die ihm sagte: „Die erste, die du in diesem Hotel siehst, die ist es." So geschah es und so blieb es während fünfundvierzig Ehejahren – bis der Tod sie trennte.

Was wir im esoterischen Sinne Schicksal nennen, ist nicht Zufall oder Willkür, sondern Fügung und Vorsehung. Die eigentlichen Schicksalsmächte sind jene jenseitigen Geistwesen, die wir Schicksalslenker oder „Herren des Karmas" nennen. Diese entwerfen vor unserer Menschwerdung im Auftrag der hohen Geisteswelt den Lebensplan, den Entwicklungsplan und den Heilsplan, den wir vorgelegt bekommen. Erst wenn wir diesem zustimmen, wird er auf den Weg gebracht. Ist das präexistente Geistwesen während der Schwangerschaft oder bei der Geburt in den stofflichen Körper des Kindes eingestiegen, wird über ihn der „Schleier des Vergessens" geworfen, um dessen Zukunft nicht vorzeitig zu belasten. (37) Daher betreten wir unseren Lebensweg gleichsam mit verbundenen Augen und sind in unseren Schicksalswahlen auf höhere Führung angewiesen. Diesen Gedanken hat der Dichter *Carl Maria Feuerbach* in das folgende sinnreiche Gedicht gefasst:

Noch kann ich meine Bahnen von gestern nicht verstehn,
kann auch den Weg nicht ahnen, den morgen ich soll gehen.
Mir fallen meine Lose wie Rätsel tiefster Art,
und doch ist im Zeitenschoße die Lösung aufbewahrt.

Einst seh' ich jede Wendung und Windung meiner Bahn
geführet zur Vollendung mit neuen Augen an.
Dann wird mir Gottes Walten in jeder Stunde klar,
vor jeder möcht' ich falten die Hände tausend Jahr.

6.5 Partnerschaft als Weg

Was für das menschliche Leben gilt, das kann auch für die Ehe gelten: Wege führen zusammen, Wege gehen auseinander, was bleibt ist die Erinnerung an den Weg, den wir miteinander gegangen sind. In diesem Sinne können wir dem chinesischen Weisen *Lao Tse* zustimmen:

„Der Weg ist das Ziel." Die Partnerschaft in Liebe und Ehe ist einer gemeinsamen Wanderung vergleichbar. Nicht nur, dass wir am Ziel ankommen, ist der Sinn der Weggemeinschaft, sondern auch, dass wir zusammen unterwegs sind, um im gegenseitigen Begleiten und Ermuntern miteinander Schritt für Schritt weiterzukommen. Partnerschaft ist demnach eine Wanderung zu zweit, selbst dann, wenn das angestrebte Ziel nicht dasselbe ist. Dabei stehen in einer Partnerschaft den beiden Weggefährten zwei unterschiedliche Wege offen – ein äußerer und ein innerer Weg.

Gehen sie den *äußeren Weg,* teilen sie miteinander äußere Gemeinsamkeiten, nämlich die gleiche Wegstrecke. Sie folgen den gleichen Wegmarkierungen und verweilen an denselben Aussichtspunkten und Rastplätzen. Auch sind sie den gleichen Verhältnissen und Umweltbedingungen ausgesetzt, nämlich den gleichen Temperaturen, dem gleichen Wetter, den gleichen Winden und den gleichen Gefahren. Auch in einer Ehe oder eheähnlichen Lebensgemeinschaft sind die beiden Partner aufgerufen, miteinander am gleichen Unterfangen zu schaffen, um in ihrem gemeinsamen Bemühen äußere Gewinne zu erzielen. Dadurch wird die Ehe eine häusliche Wohngemeinschaft, eine Interessengemeinschaft, eine Wirtschaftsgemeinschaft und, wenn Kinder kommen, eine Familiengemeinschaft.

Haben sie sich über Jahre und Jahrzehnte auf ihrem Weg gegenseitig gehoben, geschoben und gezogen, aber auch gestützt und beschützt, dann sind sie im Gleichschritt zu äußerem Fortschritt gelangt, den sie im Alleingang nie erreicht hätten. So wie zwei Wanderer, die den gleichen Weg gehen, sich gegenseitig unterhalten und vor Vereinsamung bewahren, ebenso sind auch die Partner in einer Lebensgemeinschaft froh, ihren Lebensweg nicht allein gehen zu müssen. Der schützende Rahmen dieser Kameradschaft kann stimmen, wenn genügend äußere Gemeinsamkeiten die beiden verbinden, sofern sie sich aufeinander verlassen können und wenn gegenseitige Abmachungen eingehalten werden. Jedoch kann es geschehen, dass sie im äußeren Vorwärtsschreiten bei gleichem Schritt und Tritt sich äußerlich aneinander gewöhnen, innerlich jedoch immer weiter auseinandergehen. Es kann auch geschehen, dass die beiden, die ehemals voll freudiger Erwartung zur gemeinsamen Wanderschaft aufgebrochen sind, mit der Zeit erkennen müssen, dass alles, was sie verbindet, am Äußeren und Zufälligen haften bleibt. Bald verstummt auch das Gespräch. Sie haben sich immer weniger zu sagen. Indem sie wortkarg nebeneinander hergehen, hängt jeder seinen eigenen Gedanken nach. Sie sehen nicht die gleichen Blumen am Wegrand blühen, und in den fernen Wolkengebilden erkennt jeder auf seine eigene Weise unterschiedliche Gesichter und Gestalten. Es kann sich auch ergeben, dass der eine Partner versonnen stehen bleibt, ermüdet zurückbleibt oder ermattet stillsteht, während der andere vorauseilt, um dann wieder auf diesen ungeduldig warten zu müssen. Aus Mangel an innerer Übereinstimmung nimmt der äußere Abstand zwischen beiden stetig zu. Die innere Wandlung gerät mit der geforderten Anpassung immer mehr in Widerspruch. Diese Partnerschaft beschränkt sich dann darauf, einander vor Abwegen, Umwegen und Irrwegen zu bewahren. Wohl denen, die sich bei Gefahr gegenseitig festhalten und sichern. Dennoch ist ein Auseinandergehen jederzeit möglich. Nicht wenige trennen sich wieder auf halbem Wege und gehen auseinander, als wären sie einander nie begegnet. Ein Mann bedauerte dies: „Zwanzig Jahre waren wir glücklich verheiratet. Wir hatten keinen Streit. Jetzt plötzlich will meine Frau weggehen und sich scheiden lassen. Ich verstehe gar nichts mehr.“ (38) So bekommt der Fernsehmoderator *Robert Lemke* Recht: „So manche Ehe ist ein Weg vom Händchenhalten zum Hündchenhalten.“

Ausgelöst werden kann ein solcher Konflikt durch eine kurzfristige oder längere intime Außenbeziehung, durch eine berufliche Umstellung oder durch eine weltanschauliche Neuorientierung. Wenn sich die beiden Weggenossen nach längerer oder kürzerer gemeinsamer Wegstrecke wieder entfremden und ihre getrennten Wege gehen, sind sie einander in ihrem wahren Wesen nicht viel näher gekommen. Sie wissen von einander kaum, wer ihr Partner in Wirklichkeit ist, woher er kommt und wohin er unterwegs ist.

Es geschieht nicht selten, dass ein erfolgreicher Mann um die Lebensmitte seine beruflichen Ziele erreicht hat aber ansonsten einen Stillstand in seiner persönlichen Entwicklung erfährt. Nun beschäftigt er sich vermehrt mit seiner Freizeit und redet immer häufiger von seinem ersehnten Ruhestand. Seine meist jüngere Frau fühlt sich zunehmend von familiären Verpflichtungen entlastet. Daher möchte sie nun ihren Tätigkeitshorizont nach außen erweitern. Vielleicht entfaltet sie ein bisher ungeahntes maskulines Denken, das ihre Gefühlswelt in den Hintergrund drängt. Wenn ihr Mann sich dagegenstellt oder nicht mitzieht, gehen häufig ihre Wege auseinander.

Wenn ein Liebes- und Ehepaar miteinander den *inneren Weg* wählt, geben sie sich durch ehrliche und vertraute Offenheit gegenseitig zu erkennen. Sie sprechen sich aus über ihre Freuden und Sorgen, ihre Wünsche und Befürchtungen. Auch stehen sie einander in jeder Lebenslage hilfreich zur Seite und nehmen Anteil am Wohl und Weh des anderen. Sie nehmen teil am inneren Leben und Erleben des Partners und verleihen dadurch ihrem Leben einen tieferen Sinn. *Rilke* nennt dieses Miteinandergehen einen „erhabenen Anlass für den Einzelnen, zu reifen, in sich etwas zu werden, Welt zu werden, Welt zu werden für sich um eines anderen willen; es ist ein großer, unbescheidener Anspruch an ihn, etwas, was ihn auswählt und zu Weiten beruft." Und der Dichter fährt fort: „Liebhaben von Mensch zu Mensch: das ist vielleicht das Schwerste, was uns aufgegeben ist, das Äußerste, die letzte Probe und Prüfung, die Arbeit, für die alle andere Arbeit nur Vorbereitung ist." (39) In einer guten Partnerschaft wird die äußere Gemeinsamkeit ergänzt und vertieft durch eine immer inniger werdende Übereinstimmung in einem fortschreitenden Prozess. So wird der gemeinsame Partnerweg zu einer fortwährenden Entdeckungsreise.

Die liebende Partnerschaft ist ein dynamischer Weg, bei dem die Wanderer viel vitale Lebensenergie, seelische Liebeskraft und spirituelle Geistesmacht einsetzen können. In diesem Sinne ist die Ehe ein Lernweg und manchmal auch ein Leidensweg, auf jeden Fall aber ein *Entwicklungsweg*, der die beiden Partner zur Selbstentfaltung und Selbstverwirklichung und damit nach innen führt. Erneut ist es *R. M. Rilke,* der in einem Brief an eine Freundin schrieb: „Nirgends, Geliebte, wird die Welt sein, als innen. Unser Leben geht hin mit Verwandlung. Und immer geringer schwindet das Außen."

Wenn zwei miteinander Jahre und Jahrzehnte durch alle Höhen und Tiefen gewandert sind und zahlreiche Lebenssituationen gemeinsam durchlebt und gemeistert haben, werden sie Wissende um die Geheimnisse von Leben und Tod, um das Beständige und Vergängliche, um das Unverlierbare und Bleibende. Dann sind sie zusammen einen *Einweihungsweg* gegangen und erkennen den inneren Zusammenhang von Schicksal und Bestimmung des Menschen.

Es fällt auf, dass Männer in Wirtschaft, Politik und Wissenschaft, die in der äußeren Welt beruflich Tüchtiges leisten, in der Regel einen großen Teil ihres Erfolges ihrer Ehefrau verdanken, die aus dem Hintergrund ihre häusliche und seelische Innenwelt in Ordnung hält. Es mag durchaus zutreffen, dass hinter jedem erfolgreichen Mann eine tüchtige Frau steht. *Arnold Kitzmann* bestätigt in seinem Buch über persönliche Arbeitstechniken: „Die Familie spielt hier eine Schlüsselrolle. Wir wissen aus der Befragung einer Reihe sehr erfolgreicher Persönlichkeiten, die im Alter von fünfundsechzig Jahren gebeten wurden, ihr zurückliegendes Leben einzuschätzen, dass gerade der persönliche, familiäre Bereich die wichtigste Rolle gespielt hat." (40) Eine gelungene Partnerschaft kann eine wertvolle innere Kraftquelle für das Tätigsein nach außen sein. Für Spitzenpositionen im Geschäftsleben werden verheiratete Männer und Frauen in geordneten familiären Verhältnissen meistens Alleinstehenden vorgezogen. *Günter Fritz* ist der Meinung: „Der jeweilige Partner hat einen enormen Einfluss auf die Karriere des Mannes. Die Beziehung zum Partner – egal ob verheiratet oder nicht – sollte auf jeden Fall stimmen. Denn wenn sich zum täglichen Druck im Job noch private Turbulenzen gesellen, ist es mit der Konzentration auf die Karriere dahin." (41) Der bekannte Bestseller-Autor *Erich von Däniken* versicherte in einem Zeitschriften-Interview: „Ohne meine Frau wäre ich nie das geworden, was ich heute bin." (42) Ich kenne mehrere tragische Fälle, wo ein Mann der beruflichen Karriere fast alles an privatem und familiärem Glück geopfert hat, um dann nach Trennung und Scheidung auf der Verliererseite zu stehen, nämlich finanziell, beruflich und gesellschaftlich ruiniert. Der 75-jährige *Jesselson*, Chef der Handelsfirma Philipp Brothers, erklärte in einem Interview einem Journalisten: „Ich rate Ihnen, nie etwas im Geschäftsleben zu tun, das sie nicht auch in ihrem Privatleben tun würden." (43) Schon *Pestalozzi* war überzeugt: „Der Mensch braucht für sein Leben notwendig so etwas wie einen Feuerherd, an dem es für ihn immer warm ist, und das ist ihm die Wohnstube."

Wer in seinem Privatleben ein Chaos hinterlässt, der wird vermutlich auch an seinem Arbeitsplatz keine Ordnung halten. Aber auch der Umkehrsatz gilt: Wer in seinem Familienleben schwere Sorgen und Probleme kennt, der ist auch in seinem beruflichen und öffentlichen

Wirken nicht ganz davon befreit. Eine unbefriedigte, gestörte oder gescheiterte Partnerschaft ist dem Berufsleben sicher nicht zuträglich. Wem das Glück beschieden ist, einen geliebten Menschen als treuen Weggefährten an seiner Seite zu wissen, darf diese Chance nicht als selbstverständlich hinnehmen. Dies verlangt von ihm, sich immer wieder zu fragen, was daraus zu lernen ist, um nicht abhängig zu werden und auch nicht abhängig zu machen.

Für diesen partnerschaftlichen Weg ist jene Haltung zu empfehlen, die *Erika Landert* anspricht, wenn sie ihrem Wegbegleiter anvertraut: „Mit jedem Schritt, den du mit mir gehst, gibst du mir die Möglichkeit, vorwärts zu schreiten. Mit jedem Schritt, den ich gehe, kommst auch du weiter. Manchmal fragst du mich, warum dieses Warten, diese Geduld? Du gehst deinen Weg, ich den meinen, um uns zu vereinen, wenn die Zeit es will, wenn wir gelernt haben, was wir zu lernen haben, wenn deine Reife, wenn meine Reife die Frucht unserer Liebe auf Erden wachsen lässt. Partner meiner Seele, gehe deinen Weg, damit ich meinen Weg gehen kann. Unsere Liebe, die Liebe unseres Lebens, soll als Blume dieser Erde ihre Blüten öffnen." In diesem Sinne schreibt *Elli Jürgenson* über das zu betretende „Land der Liebe: (44)

Wer im leuchtenden Lande der Liebe lebt,
der wandert getrost über steinige Wege des Lebens.
Wer nach den höchsten Zielen strebt,
der ringt und kämpft nicht vergebens.
Wer reinen Herzens durch das Leben geht,
dem blühen Blumen auf allen Wegen,
und er erkennt und versteht:
dass er begleitet wird von Gottes Segen!

6.6 Liebe im Alter

Angesichts der zunehmenden Lebenserwartung ist die Liebe im Alter durchaus ein denkbares und dankbares Thema. Sie vermag nicht nur dem Leben mehr Jahre, sondern auch den Jahren mehr Leben zu geben. In den späten Jahren vermag eine Liebesbeziehung den Menschen neue Freude am Leben zu schenken. Viele Alleinstehende, Geschiedene oder Verwitwete finden in einer späten Liebe ihr Glück.

Eine ältere Frau gestand mir mit zufriedenem Lächeln: „Nun habe ich endlich meinen Goldschatz gefunden." So entdecken manche Betagte ihre letzte Liebe erst „auf Umwegen" (45), andere erst auf den „späten Blick". (46)

„Liebe kennt kein Alter" heißt ein geflügeltes Wort. Sie kennt keine Altersgrenze. Das Sprichwort „Alter schützt vor Torheit nicht" mag für eine späte Verliebtheit gelten, nicht aber für die Altersliebe. Selbst der alternde *Goethe* wollte es noch einmal erleben, als er im Sommer 1821 in Marienbad der 17-jährigen *Ulrike von Levetzow* begegnete. Der Geheimrat verliebte sich auf der Stelle in sie. Zwei Jahre später, immer noch verliebt in die junge Gräfin, bat er in einem Brief deren Mutter um die Hand ihrer Tochter. Diese ließ ihm kühl ausrichten: „Das Fräulein hat noch gar keine Lust zu heiraten." Schwer enttäuscht verließ der Dichter sogleich den Badeort. Auf der Heimfahrt nach Weimar brachte er seinen Liebeskummer zu Papier. So entstanden die berühmten „Marienbader Elegien" (47), in denen er klagt:

> Mir ist das All, ich bin mir selbst verloren,
> Der ich noch erst der Götter Liebling war;
> Sie prüften mich, verliehen mir Pandoren,
> So reich an Gütern, reicher an Gefahr;
> Sie drängten mich zum gabeseligen Munde,
> Sie trennten mich, und richten mich zugrunde.

In einer Zeit, wo bei uns fast jede zweite Ehe geschieden wird, wollen viele der Liebe noch ein zweites Mal eine Chance geben, in der Hoffnung, aus früheren Fehlern gelernt zu haben. Dennoch wollen zahlreiche Männer und Frauen, die im Alter unabhängig und eigenständig geworden sind, es weiterhin bleiben. So behalten sie ihre eigene Wohnung, denn einen alten Baum kann man nicht mehr so leicht verpflanzen. Doch sie schätzen es, mit einem Liebespartner viel Gemeinsames zu pflegen. Sie genießen zusammen die Freuden des geruhsamen Alters und stehen einander hilfreich zur Seite. So hoffen sie, miteinander älter und weiser zu werden. Es ist so, als ob sie vor dem herannahenden Winter noch einige warme Herbsttage erleben wollten. Eine solche Partnerschaft bewahrt sie vor Vereinsamung und Daseinsangst und mehrt ihre Lebensqualität. Es ist erwiesen, dass eine harmonische

Du-Beziehung sich in den späten Jahren vorteilhaft auf die körperliche und seelische Gesundheit auswirkt. Singles haben in der Regel eine kürzere Lebenserwartung als jene, die mit einem Partner in Harmonie zusammenleben. Schon allein einen vertrauten Gesprächspartner zu haben, bereichert das Leben und bewahrt vor geistiger und emotionaler Verarmung. *Boris Luban* schrieb hierzu: „Es liegt auf der Hand, dass gerade im letzten Lebensabschnitt die zwischenmenschlichen Beziehungen das Leben ausfüllen können. Der Mensch braucht Bezugspersonen, denen er kritische Lebensereignisse anvertrauen kann, mit denen er über Unsicherheiten reden und die Betroffenheit zeigen kann, die ihm gefühlsmäßige Unterstützung geben, die einen auf dem Lebensweg ein Stück weit begleiten und mit denen man gegenseitig Respekt, Vertrauen und Liebe zu teilen vermag." (48)

Alt gewordene Menschen wissen aufgrund ihrer langen Lebenserfahrung besser als junge, was eine Liebesbeziehung an gegenseitiger Geduld, Anteilnahme und Rücksichtnahme verlangt. Sie tragen füreinander Sorge und bemühen sich umeinander. Der Komponist *Robert Schumann* (1810-1856) kann hier als lobenswertes Beispiel genannt werden, der seiner Ehefrau *Clara* beteuerte: „Ich sinne Tag und Nacht, wie ich dir was Liebes tu." In späten Tagen haben wir die Gelegenheit, eine alte Partnerschaft neu zu beleben oder eine neue einzugehen. So schrieb *Uwe Böschenmeyer* seiner Freundin: „Du fragst auch, ob du noch lieben kannst im Alter. Auf diese Frage habe ich gewartet. Der Mensch bleibt Mensch, solang er lebt, und Mensch sein heißt im Grunde: Lieben können mit Haut und Haar, mit Leib und Seele. Du fragst, ob denn nicht alles anders wird: Das Lieben und die Freude, der Genuss und auch die Lust? Es wird wohl anders, nicht aber weniger tief. Verändern werden sich im Alter die Wege zur Erfahrung von Sinn und Lust wie auch von Leid. Doch nicht verändern muss sich die Tiefe der Erfahrung, die Dichte des Gefühls, das Erleben des großen Lebens. Es liegt an dir." (49)

Auch die sexuelle und erotische Intimität kann in alten Tagen immer noch eine Liebesbeziehung bereichern. Sie ist sogar das am besten gehütete Geheimnis, weil immer noch zahlreiche Vorurteile mangels Unkenntnis und falscher Scham vorhanden sind. Es ist sicher ein Irrtum zu glauben, intime Zärtlichkeit sei ein Vorrecht der Jungen. Die Psychologin *Kirsten von Sydom* von der Universität

München hat solche falsche Meinungen zusammengefasst, die etwa lauten: „Alte Menschen haben den Eindruck, in der Gesellschaft als asexuell erscheinen zu müssen. Intime Beziehungen im Alter seien unschicklich und gehören sich nicht. Viele finden es lächerlich, wenn ältere Menschen versuchen, auf das andere Geschlecht anziehend zu wirken. Die Meinung, für Ältere sei das Geschlechtliche nicht mehr wichtig, ist in allen Altersgruppen verbreitet. Jüngere Menschen unterschätzen die sexuelle Aktivität und Freizügigkeit älterer Personen." (50) Auf die Frage „Welche Rolle spielt Sex im Alter?" haben die amerikanischen Psychologen *Bernhard Starr* und *Marcella Weiner* eine große Anzahl von Seniorinnen und Senioren befragt und fanden: „Viele unserer sexuell erfüllten und aktiven Befragten sind anscheinend ganz von selbst zu einer erweiterten und vertieften Auffassung der Sexualität gelangt. Sie berichten davon, wie schön sexuelle Erlebnisse ohne Eile und ohne Zwang seien, bestimmte Leistungen oder ein bestimmtes Ziel zu erreichen. Viele der befragten Männer und Frauen erklärten, das sexuelle Erlebnis sei in späten Jahren sogar besser geworden." (51)

Wichtiger aber als Sex sind vielen altgewordenen Menschen gegenseitige Zärtlichkeiten und Liebkosungen. Die erotischen Liebesfreuden können sogar intensiver erlebt werden, weil Angst, Zwang, Pflicht und Stress das intime Zusammenleben nicht mehr so belasten wie in jüngeren Jahren. An die Stelle des leidenschaftlichen Feuers tritt nun die wärmende Glut einer wohlwollenden Fürsorglichkeit. Das Lieben wird ganzheitlicher, beseelter und vergeistigter. Trotz biologischer Veränderungen bleibt die Liebesfähigkeit bis ins hohe Alter bestehen, sofern man für die Gesundheit genügend Sorge getragen hat. Die Zeitschrift „Senioren Express" führte im Jahr 1993 eine schriftliche Befragung bei ihren Leserinnen und Lesern durch und erkundigte sich nach der Alters-Sexualität. Der Psychologe *H. D. Schneider* von der Universität Fribourg hat die Ergebnisse ausgewertet und kommt zu folgendem Schluss: „Auch im Alter kann Sexualität schön sein und zu den lebensbejahenden Möglichkeiten gehören. Wenn auch nicht allen älteren Menschen die Sexualität ein Bedürfnis ist, so trifft das doch auf einen beachtlichen Teil zu, der nicht vernachlässigt werden sollte. Insbesondere Zärtlichkeiten aller Art werden zunehmend gewünscht." (52) Freilich tritt das leidenschaftliche Begehren zugunsten des intimen Zusammenseins zurück, so wie es *Heinrich Heine* (1797-1856) sah: „Hat man die Liebe durchgeliebt, fängt die Freundschaft an." Zärtliche Liebkosungen und das Kuscheln, Streicheln und Schmusen wird jetzt mehr geschätzt als bloßer Sex.

Ehen im Alter haben in der Regel eine gute Chance zu gelingen, gemäß dem Sprichwort: „Alt gefreit – selten bereut." Das Kuratorium der Deutschen Altershilfe in Köln veröffentlichte im Jahr 1991 die Ergebnisse einer Reihe von Umfragen über die späte Ehe. Danach wurden drei Viertel der Ehen, die von Frauen und Männern jenseits des 65. Lebensjahres geschlossen wurden, als glücklich eingeschätzt. Voraussetzung zu diesem späten Eheglück war allerdings eine gesicherte materielle Existenz und die Zustimmung der Kinder aus einer früheren Ehe. Über 70% dieser betagten Paare gaben an, dass sie anfänglich unter der ablehnenden Haltung von Seiten ihrer Angehören zu leiden hatten. (53)

Es leuchtet ein, dass die Liebe nicht am Anfang einer Partnerschaft am größten sein kann, sondern erst in späten Jahren. Man misst das Ausmaß eines Stromes auch nicht an der Quelle, sondern dort, wo seine Fluten ihr breites Bett gefunden haben, ehe sie ins weite Meer münden. Sicher stimmt *Gustav Meyrinks* Vergleich: „Die Ehe ist wie ein Teppich. Erst wenn wir zwanzig Jahre lang daran gewoben haben, erkennen wir sein Muster." Wenn zwei Menschen in einem langen, gemeinsamen Leben miteinander einen Weg bis ins Alter gegangen sind, ist ihre Liebe geklärt und wird verklärt durch jenes Glück, von dem sie in jungen Jahren nur geträumt haben. Nun finden sie die beinahe vollkommene Übereinstimmung in ihrem Sinnen und Sein. Sie haben in einem erfahrungsreichen Leben und Lieben gelernt, aufeinander einzugehen. Keine Bewegung und Regung des anderen ist ihnen jetzt fremd. Sie verstehen sich wortlos, und schweigend stehen sie im Austausch ihrer Gedanken und Gefühle. Zwischen ihnen besteht eine Art „participation mystique", wie *Levy Brühl* sie genannt hat – eine geheimnisvolle seelische Verbindung.

Ein altes Liebespaar ist zu vergleichen mit zwei rundlichen Kieselsteinen in einer Gletschermühle. In einem jahrzehntelangen Aneinanderschleifen haben sie ihre Ecken und Kanten abgetragen und vertragen sich nun, ohne einander weh zu tun. Sie sind mit der Zeit angepasster, versöhnlicher, geduldiger, gelassener und dadurch auch reifer geworden. Sie verstehen sich im Schweigen. Wenn ihr Mund stumm bleibt, redet das Herz von Liebe. Der Philosoph *Max Picard* hat für diese schweigende Liebe in seinem Buch „Die Welt des Schweigens" tiefe Gedanken gefunden: „Die Worte der Liebenden vermehren das Schweigen. Das Schweigen nimmt zu unter ihren Worten. Die Worte der Liebenden dienen dazu, das Schweigen hörbar zu machen. Die Liebe allein vermag dies: redend das Schweigen zu vermehren." (54)

6.7 Vertrauen ist alles

Wenn man Menschen auf der Straße befragt, was wohl das Wichtigste sei für eine gelungene Partnerbeziehung, bekommt man in neun von zehn Fällen zur Antwort: die Liebe. Gleicher Ansicht war auch die österreichische Schriftstellerin *Ingeborg Bachmann* (1926-1973), als sie schrieb: „Lieben – lieben das ist es. Lieben ist alles." Ist das wirklich alles? Mehr als einmal hat mir eine Frau in der Ehetherapie versichert: „Ich liebe meinen Mann noch immer, aber ich kann ihm nicht mehr vertrauen." Daraus schließe ich: Vertrauen ist alles. Ein Vertrauensbruch in Liebe und Ehe kann eine Beziehung sehr erschweren, ja sogar zerstören. Wo das Vertrauen fehlt, ist die Liebe bald am Ende. Ein echtes Liebesverhältnis setzt ein ungebrochenes Vertrauensverhältnis voraus. Bei der Trauung werden die beiden Liebenden einander anvertraut. Deshalb beginnt der beliebte Hochzeitsmarsch aus dem „Lohengrin" von *Richard Wagner* (1813-1883) mit dem Gesang: „Treulich geführt ziehet dahin..." Am Traualtar verspricht sich das Brautpaar gegenseitige Treue, damit ihre Ehe nach innen und nach außen glaubwürdig sei.

Das Vertrauen ist das Fundament jeder echten ehelichen Partnerschaft. Dieses muss gegründet sein auf einem gesunden und reifen Selbstvertrauen. Wer sich selbst nicht traut und nicht über den Weg traut, der misstraut auch den anderen. Ein Vertrauen, das man zu sich selber gefunden hat, kann auf jene übertragen werden, die einem anvertraut sind. Wenn dieses Vertrauensverhältnis gestört ist, wird dies jede liebende Zuwendung infrage stellen. Ähnliches gilt auch für den Vertrauensverlust bei partnergeschädigten Frauen und Männern als Folge von Enttäuschungen. Die Liebe entfacht das Feuer der Zuneigung, das Vertrauen hütet und unterhält es. Deshalb heißt es: „Im eigentlichen Vertrauen steckt die Überzeugung, dass das fremde wie das eigene Handeln durch Sympathie im tieferen Sinn bestimmt ist.“ (55) Was man sich gegenseitig anvertraut, müsste unbedingt vertraulich behandelt werden. Das Missachten dieser Regel ist Liebesverrat und Missbrauch des geschenkten Vertrauens. Liebeslügen führen stets zu Lebenslügen.

Nur auf dem soliden Grund des Vertrauens lässt sich das Haus einer gemeinsamen Lebens- und Liebesgemeinschaft errichten. Vier tragende Säulen sind es, die diesem Bau solide Festigkeit und Beständigkeit verleihen, nämlich Ehrlichkeit, Offenheit, Sicherheit und Freiheit. Verliert nur einer dieser Pfeiler seine Tragfestigkeit, droht Einsturzgefahr.

Gegenseitige *Ehrlichkeit* ist in jeder Ehe unabdingbar notwendig. Ehrlich sein heißt, Lug und Trug vermeiden. Das Sprichwort „Ehrlichkeit währt am längsten, Falschheit lebt in Ängsten“ gilt sicher auch in einer Paarbeziehung. Ehrlich muss zunächst jeder Partner sich selber gegenüber sein. Bei heimlichen Ausreden und fadenscheinigen Ausflüchten wäre es wichtig, sich selbst zu hinterfragen: Warum habe ich dieses Verschleiern nötig? Warum fehlt mir der Mut zur Wahrhaftigkeit? Warum kann ich nicht zu mir selber stehen? Eine ehrliche Selbstanalyse würde den eigenen Schatten aufhellen. Sich diesen bewusst zu machen, gehört zur Entwicklung der eigenen Persönlichkeit. Auch dem Partner gegenüber ist bestmögliche Ehrlichkeit ein Muss. Zur Ehrlichkeit gehört, dass jeder zu seinen Fehlern und Schwächen steht und sich dafür beim anderen entschuldigt. Dadurch könnte mancher wunde Punkt in der Beziehung aufgedeckt werden. Jede Täuschung führt beim Getäuschten früher oder später zur Enttäuschung. Auch wirkt sie schwächend auf den Täuschenden selber zurück. Dadurch wird das gegenseitige Vertrauensverhältnis erschüttert. Wenn man es in einer Beziehung ehrlich meint, sollte man sich so geben und benehmen wie man ist, ohne Falsch und Verstellung, denn früher oder später kommt die Wahrheit zumeist doch an den Tag.

Dazu gehört ferner, dass man klare Verhältnisse schafft, so dass der eine Partner weiß, wie es um den anderen steht, wie es ihm geht und woran er mit ihm ist. Vor allem bei Kontakten im privaten Bekanntenkreis ist es wichtig, miteinander ehrlichen Umgang zu pflegen, damit nicht Missverständnis und Misstrauen aufkommt. Wenn eine Mauer am Haus der Ehe zu bröckeln beginnt, entstehen bald einmal Schlupflöcher für heimliche Außenbeziehungen. Sobald der eine Partner anfängt, über den anderen bei unbeteiligten Drittpersonen zu urteilen, gar ihn zu verurteilen oder zu verunglimpfen, ist eine gefährliche Bresche in der Mauer des Schweigens gebrochen, die nur schwer dichthält. Kommt diese verbale Untreue dem anderen Partner zu Ohren, kann das Vertrauen für immer getrübt sein.

Auch gegenseitige *Offenheit* ist in einer Ehe ein wichtiges Erfordernis. Soll die Partnerschaft eine Tischgemeinschaft sein, gehört es sich, dass beide ihre Karten offen auf den Tisch legen, um das Spiel gegenseitig durchsichtig zu machen. Wer da mit gezinkten Karten zu spielen versucht, hat das Vertrauen schon verloren. Zur gegenseitigen Offenheit gehört, dass man seine Wünsche, Bedürfnisse und Erwartungen darlegt. Aber auch, dass man seine Sorgen und Befürchtungen nicht verheimlicht. Nach *Erich Fromm* ist Liebe „die tätige Sorge für das Leben und Wachstum dessen, was wir lieben. Wo diese tätige Sorge fehlt, ist auch keine Liebe vorhanden." (56) Das macht ja eine intime Partnerschaft erst möglich, dass man sein Herz öffnet und seine Gedanken dem anderen kundtut. Diese Offenheit setzt freilich eine gefestigte Beziehung voraus, die auch Erschütterungen standhält. Dies verlangt, dass man sich im ernsten Gespräch dem Partner gegenüber öffnet und ihm ein offenes Ohr leiht. In der Liebe wird man dem anderen selbst seine persönlichen Geheimnisse offenbaren. Es gibt in dieser Hinsicht sicher auch „gebrannte Kinder", die mit der vertraulichen Offenheit schlechte Erfahrungen gemacht haben. Deshalb halten sie sich an die Weisung: „Vertrauen ist gut – Kontrolle ist besser." Es mag in einer Ehe gelegentlich auch Situationen geben, wo man dem Partner gewisse Wahrheiten vorenthalten muss, um ihn zu schützen oder um ihn nicht unnötig zu belasten. Dies gilt etwa beim Berufs- und Amtsgeheimnis, zu dem man sich verpflichtet hat.

Eine weitere Bedingung, die das gegenseitige Vertrauen stützt, ist *Sicherheit* in der Beziehung. Diese bringt Stabilität in die Partnerschaft. Auf diese Weise entsteht ein Gefühl der Geborgenheit und Zugehörigkeit gegenüber dem geliebten Du. Gemeint ist sowohl die notwendige materielle Absicherung als auch das seelische Heimatgefühl. Wie man sich in einer langen ehelichen Gemeinschaft gegenseitig diese Sicherheit geben kann in der Gewissheit, dass man schicksalshaft zusammengehört, hat der waadtländische Schriftsteller *Charles-*

Ferdinand Ramuz (1896-1947) in seinem Tagebuch ergreifend schön beschrieben: „Komm, Frau, setz dich nieder neben mich auf die Bank vor dem Haus. Es ist dein gutes Recht, nach vierzig Jahren, die wir zusammen sind. Heute Abend, da es so schön ist, und da es auch der Abend unseres Lebens ist, hast du wohl verdient, einen Augenblick auszuruhen. Nun sind die Kinder versorgt. Sie haben ihren Weg durch die Welt gefunden, und wiederum sind wir beide allein, wie damals, als wir anfingen. Erinnerst du dich? Wir hatten nichts, um anzufangen. Alles war erst noch zu schaffen. Wir sind daran gegangen, aber es war schwer. Es braucht Mut und Willen zum Durchhalten. Es braucht Liebe. Und die Liebe ist nicht das, was man meint, wenn man anfängt. Sie besteht nicht nur aus diesen Küssen, die man einander gibt, aus den Worten, die man sich ins Ohr flüstert, oder darin, dass man sich fest aneinander schmiegt. Die Zeit des Lebens ist lang. Die Hochzeit dauert nur einen Tag. Erst dann, weißt du noch? Erst dann hat das Leben begonnen. Man muss aufbauen. Es wird wieder abgebaut. Man muss wieder aufbauen, es wird wiederum abgebaut. Die Kinder kommen; man muss sie ernähren, sie kleiden, sie erziehen. Es will kein Ende nehmen. Es kommt auch vor, dass sie krank sind. Du warst die ganze Nacht auf. Ich arbeitete vom Morgen bis zum Abend. Manchmal ist es zum Verzweifeln. Die Jahre folgen aufeinander, und man kommt nicht vorwärts, und man meint, es gehe wieder rückwärts. Weißt du noch, Frau? All diese Sorgen, all diese Ängste! Aber du warst da. Wir sind einander treu geblieben. Und so habe ich mich auf dich stützen können und du stütztest dich auf mich. Wir haben das Glück gehabt, beisammen zu sein. Wir sind beide an die Arbeit gegangen, wir haben gekrampft, wir haben standgehalten. Die wahre Liebe ist nicht das, was man meint. Die wahre Liebe dauert nicht eine Zeit, sondern allezeit. Und nach und nach sieht man, dass es doch recht herauskommt. Die Kinder sind groß geworden. Sie haben ihren Weg gefunden. Wir haben ihnen das Beispiel gegeben. Wir haben den Grund des Hauses gefestigt. Wenn alle Häuser im Land fest sind, dann wird auch das Land fest sein. Darum komm hierher neben mich und schau: Es ist die Zeit der Ernte und die Zeit zum Einspeichern. Wenn die Luft rosig ist, wie heute Abend, und rosiger Duft überall zwischen den Bäumen aufsteigt, komm ganz neben mich, wir wollen nichts reden. Wir haben es nicht mehr nötig zu reden. Wir haben es nur noch nötig, noch einmal beieinander zu sein und die Nacht kommen zu lassen in der Zufriedenheit des vollbrachten Werkes.“ (57)

Die vierte Säule des Vertrauens ist das Gewähren der persönlichen *Freiheit.* Gemeint sind damit nicht Freiheiten, wo jeder tun und lassen kann, wie es ihm passt. Wer dies für sich beansprucht, ist nicht partnerfähig. Unter Freiheit in der Ehe sind die individuelle Selbstbestimmung und die persönliche Entscheidungsfreiheit gemeint. Diesen Freiraum sollte nicht nur jeder erwachsene Mensch für sich beanspruchen können, sondern sie auch jedem anderen zugestehen. Dabei muss man sich klar bewusst sein, dass die eigene Freiheit an der Freiheit das anderen aufhört. Eines Tages kam eine verheiratete Frau in meine psychologische Sprechstunde und klagte, dass ihr Ehemann ihre persönliche Eigenständigkeit enorm einschränke, indem er häufig das, was sie in guter Absicht sage oder tue, kritisiere, korrigiere und ihr keine eigene Meinung lasse. Als ich Tage später ihren Mann zu einem Gespräch einlud und ihm im Einverständnis mit seiner Ehefrau von deren Schwierigkeiten berichtete, antwortet dieser leicht entrüstet und erstaunt: „Ich gebe doch meiner Frau genügend Freiheit!“ Darauf habe ich ihm geantwortet: „Sie können ihrer Frau nicht geben, was sie schon von Natur aus besitzt, nämlich ihre eigene Gedanken- und Willensfreiheit.“ So manche Ehe wirkt beklemmend und einengend, wenn der eine Partner den anderen bevormunden und beherrschen will. „Die Liebe ist ein Kind der Freiheit“, heißt ein Buchtitel. (58) In einem Brief schrieb eine Frau ihrem Lebenspartner: „Nie hat mir ein Mensch die Freiheit gegeben, die du mir gibst, und darum liebe ich dich. Nie durfte ich unter Menschen so sehr die sein, die ich bin, wie wenn ich bei dir bin, und darum liebe ich dich! Nie habe ich mich so entdeckt wie in der Freiheit, die du mir lässt, und darum liebe ich dich!“

Die Liebe lässt sich weder herbeireden noch erbetteln, weder erzwingen noch aufdrängen. Dies meint *Kahlil Gibran*, wenn er Liebenden empfiehlt: „Lasset Raum zwischen eurem Beieinandersein, und lasset Wind und Himmel tanzen zwischen euch. Liebet einander, doch macht die Liebe nicht zur Fessel. Schafft eher daraus ein wogendes Meer zwischen den Ufern eurer Seelen.“ (59)

Teil III
Sinngebung im Leiden

Das Leiden ist das schnellste
Pferd zur Vollkommenheit.
MEISTER ECKHART

7. Am Leben leiden

Wer einem Leiden, einer unheilbaren Krankheit oder einem unwiederbringlichen Verlust einen tieferen Sinn abzuringen weiß, der vollbringt einen tapferen Schritt auf dem Weg der Sinnfindung und Sinngebung. Da alles seinen Sinn hat, muss auch dem Leiden eine sinnvolle Seite abzugewinnen sein. Das Leben ist wie ein Tal. Dieses hat seine Höhen und Tiefen, seine Sonnenseite und seine Schattenseite, so auch unser Leben. *Ludwig van Beethoven,* der oft im Leben verzweifelt war, erkannte aus eigener Erfahrung: „Wer die Tiefe nicht kennt, der kann die Höhe nicht ermessen, und wer das Leid nicht kennt, hat Seligkeit nie geahnt." In seinem „Lied des Harfenspielers" dichtete Goethe:

> Wer nie sein Brot mit Tränen aß,
> Wer nie in kummervollen Nächten
> Auf seinem Bette weinend saß,
> Der kennt euch nicht, ihr himmlischen Mächte.

Nebst der Liebesfähigkeit besitzt der Mensch auch eine Leidensfähigkeit. Diese unterscheidet ihn vom Tier. Das Tier leidet zwar auch und verlangt unser Mitleid; aber es weiß nicht warum und wozu es leidet. Auch vermag es sich an frühere Schmerzen nicht zu erinnern. Deshalb konnte *Erich Fried* schreiben: „Wenn einer lebt wie ein Hund und weiß, dass er lebt wie ein Hund; und wenn einer leidet wie ein Hund, und weiß, dass er leidet wie ein Hund; und wenn einer stirbt wie ein Hund und weiß, dass er stirbt wie ein Hund – das ist ein Mensch." (1) Das Leiden ist das Wissen um den Schmerz. Daher hören wir manchmal einen Menschen klagen: „Es tut mir heute noch weh, wenn ich daran denke." Dagegen ist der Schmerz ein Kind des Augenblicks, und wir können mit *Wilhelm Busch* sagen: „Gehabte Schmerzen hab' ich gern."

Als *Gautama Buddha* nach siebenjährigem asketischen und hauslosem Leben in Goa unter dem Bodhi-Baum die Erleuchtung zuteilwurde, sprach er zu seinen Mönchen. „Leben ist Leiden, Geborenwerden ist Leiden, Krankheit ist Leiden, Alter ist Leiden, Sterben ist Leiden; Kummer, Jammer, Schmerz, Gram und Verzweiflung sind Leiden. Vereint sein mit denjenigen, die man nicht liebt, ist Leiden, getrennt sein von denen, die man liebt, ist Leiden. Bekommen, was man nicht erstrebt, ist Leiden. Alles ist Leiden." (2) Als Ursache all dieser Leiden erkannte er unsere Lebensgier. Damit predigte er nicht eine verneinende Lebenshaltung, sondern eine sinnvolle Lebensgestaltung. Nach buddhistischer Lehre besteht der Sinn des Lebens darin, sich vor allem Leiden zu bewahren oder zu befreien. Dies kann erreicht werden durch den Verzicht auf übertriebenen Lebensgenuss, wodurch der Lebensdurst allmählich versiegt und das Leiden aufhört, so wie eine Flamme erlischt, wenn sie keinen Sauerstoff mehr bekommt. Bedürfnislosigkeit, Wunschlosigkeit und Absichtslosigkeit ist also nach buddhistischer Lehre der Weg zur Leidbefreiung. Auch für den pessimistischen Denker *Arthur Schopenhauer*, der mit dieser östlichen Philosophie vertraut war, ist das menschliche Leben ein leidvoller Zustand, so dass fast jede Lebensgeschichte zur Leidensgeschichte wird.

7.1 Ursachen des Leidens

Manche Leiden erleben wir wie von außen uns zugeworfen, oder sie scheinen uns völlig unbegründet und ohne unser Dazutun zu treffen. Schauen wir näher zu, handelt es sich dabei keineswegs um bloße Zufälligkeiten oder um ungerechte Schicksalsschläge, sondern um Folgen von Ursachen, die wir uns selber zuzuschreiben haben. Um dies zu verstehen, müssen wir freilich lernen, in größeren Zusammenhängen zu denken. Vorerst sollten wir uns fragen, wer oder was wir Menschen eigentlich sind. Ein esoterischer Lehrsatz heißt: Die hauptsächlichste Leidensursache ist die Selbstvergessenheit. In diesem Sinne schrieb der chinesische Weise *Lao Tse*: „Wer sein Nichtwissen für Wissen hält, der leidet." Weil wir vergessen haben, wer wir eigentlich sind, schafft dieses Nichtwissen uns Leiden. Wir müssen uns also zunächst unseres wahren Wesens bewusst werden. Geschieht dies, erkennen wir, dass wir nicht bloß materielle Geschöpfe sind, geschaffen aus vergänglichem Stoff. Wir Menschen bilden eine Dreiheit von Körper, Seele und Geist. Daher sind die Ursachen unserer gegenwärtigen Leiden auf drei Ebenen zu suchen: Auf der körperlichen, auf der seelischen und auf der geistigen Ebene. Diese werden verursacht durch unser dreifaches Tun, nämlich durch unser Tun in Gedanken, durch unser Tun in Worten und durch unser Tun in Werken. Auch die Folgen dieses Tuns wirken sich auf denselben drei Ebenen aus. Sind diese negativer Art, erleiden wir diese als körperliche, seelische und geistige Leiden.

Was die *körperlichen* Leidensursachen betrifft, sind diese zum großen Teil einer angeborenen körperlichen Schwäche und einer verfehlten Lebensweise zuzuschreiben. Denken wir an die falsche oder mangelhafte Ernährung. Mehr als die Hälfte aller Krankheiten und Leiden sind ernährungsbedingt. Auch der Missbrauch zahlreicher Genussmittel kann zu gesundheitlichen Schäden, Leiden und Krankheiten führen. Unser menschlicher Organismus ist ein ausgeklügeltes Ökosystem und ein biologisches Wunderwerk, in dem alle körperlichen Vorgänge fein aufeinander abgestimmt sind. Wenn diese aus dem Gleichgewicht geraten, wird der Körper zu leiden haben.

Im *seelischen* Bereich sind es fehlgeleitete, blockierte oder verdrängte Energien, verursacht durch Konflikte, Sorgen, Süchte und Verstimmungen. Was das seelische Gleichgewicht stört, ist der Mangel an innerer Ausgeglichenheit und Harmonie mit sich und der Umwelt. Wer mit Angst, Ärger, Unfrieden, Eifersucht und Missgunst lebt, der kann auf die Dauer nicht gesund bleiben. Deshalb konnte der Dichter *Novalis* (1772-1801) behaupten: „Ein Mensch in Harmonie wird nicht krank."

Was die *geistigen* Ursachen angeht, schreibt der frühere Chefarzt und Herzspezialist *Frank Nager*: „Der eigentliche Ursprung des Leidens ist nicht außen zu suchen, sondern innen, zum Beispiel im Geist, in Unordnung, in grundsätzlichen Fehleinstellungen und Einseitigkeiten des Denkens, im geistigen Stillstand, in einer dem inneren Wachstumsgesetz feindlichen Lebensweise und in negativer menschenfeindlicher Grundgesinnung." (3) Es sind negative Gedanken des Hassens und der Rachsucht, die unser Leben vergiften können. Der Schlüssel zur ganzheitlichen Gesundheit liegt demnach in unserem Denken und in unserer Gesinnung. Daher beruhen Krankheiten und Leiden vielfach auf einer Fehlhaltung im Denken, die im seelischen Energiesystem zu Fehlschaltungen und damit zu Blockaden und Hemmungen führen, die sich ins Seelische hinein symptomatisieren und ins Körperliche hinein materialisieren.

Weiter ist zu beachten, dass viele Leidensursachen und deren Folgen nicht an Raum und Zeit gebunden sind. Wir kommen nicht, wie *C.G. Jung* einmal sagte, „als unbeschriebene Blätter zur Welt", vielmehr haben wir eine große Vergangenheit, die wir unserem vorgeburtlichen Dasein verdanken. Der Psychologe *Alfred Dalliard* hält fest: „Wer das Leid der Menschen verstehen will, kommt nicht um deren Präexistenz herum." Er sieht darin den Schlüssel zum Leidensverständnis. (4) Die Ursache für ein Leiden kann daher in einem früheren Leben liegen, und deren Folgen mögen sich erst heute oder in der Zukunft einstellen. Dies geschieht nach dem Gesetz von Saat und Ernte, auch Karma-Gesetz genannt. So könnten schicksalshafte Leiden erklärt werden, die wir als Erbkrankheiten oder als Geburtsgebrechen bereits zu Beginn unseres Erdendaseins angetreten haben. Diese sind nicht als göttliche Strafe oder als erbarmungsloses Schicksal zu werten, sondern vielmehr als Gelegenheiten zur Wiedergutmachung eines früheren Fehlverhaltens. So schreibt der evangelische Theologe und Pfarrer *Till A. Mohr,* ein überzeugter Verfechter der christlichen Wiedergeburtslehre: „Das Leiden hat also seine tiefe Ursache und seinen hohen Sinn und dient letztlich auch dazu, dass einmal alle einst Verlorengegangenen trotz ihres freien Willens, Unglaubens und schweren Verschuldens durch Gericht und Gnade über wiederholte Erdenleben den Weg zu Gott und Christus und damit zum ewigen Heil finden." (5)

Nach den asiatischen Welterklärungsmodellen des Hinduismus und Buddhismus ist es dem persönlichen und kollektiven Karma zuzuschreiben, wenn uns anscheinend unbegründete Leiden treffen. Dies geschieht aufgrund der karmischen Gesetze der Gegenläufigkeit, der ausgleichenden Gerechtigkeit und der Wiedergutmachung. Leiden gelten so gesehen als Möglichkeiten, karmische Altlasten im gegenwärtigen Leben abzutragen. Wir sollten begreifen, dass so manche leidvolle Erfahrung für uns notwendig ist, damit wir erkennen, dass wir nicht *wegen* unserer Sünden, sondern *durch* unsere Sünden zu leiden haben.

In den monotheistischen Kulturkreisen des Judentums, des Christentums und des Islam werden derartige Leiden gerne dem „Zorne

Gottes“ zugeschrieben, der strafend in das menschlichen Leben eingreift, indem er Leiden schickt oder zulässt. Theologisches Denken will uns das Leiden erklären als eine von Gott verhängte Straf-Maßnahme für begangene Untaten. Es wird sogar gelehrt, nach den Worten des Apostels *Paulus* in seinem Hebräerbrief, unsere Leiden seien ein Zeichen besonderer Erwählung und Bevorzugung: „Welchen der Herr liebt, den züchtigt er; er schlägt mit der Rute jeden Sohn, den er gern hat.“ (Heb 12,6) Die Hiob-Erzählung der Bibel wird hierfür gerne als Beispiel angeführt. (Hi 1-42) Dass Gott uns das Leiden schickt, um uns zu strafen, ist sicher eine veraltete Ansicht des patriarchalischen Denkens. So heißt es im biblischen Buch der Sprüche: „Den, wen der Herr liebhat, den züchtigt er wie ein Vater den Sohn, dem er wohlwill.“ (Spr. 3,12) „Wer die Rute spart, der hasst seinen Sohn; wer ihn liebhat, der züchtigt ihn beizeiten.“ (Spr. 13,24) Dagegen ist es denkbar, dass uns ein sogenanntes „unverschuldetes Leiden“ zukommt zur Prüfung und Bewährung im jetzigen Leben oder als Folge von Wirkungen, die wir in früheren Existenzen selber verursacht haben.

Nach *psychologischem* Verständnis sind Leiden häufig eine Art neurotische Selbstbestrafungen für unverarbeitete Konflikte. Hierzu ein Beispiel: Vor etlichen Jahren wurde ich nach einem Vortrag vom Ortspfarrer zu einem Glas Wein eingeladen. Da erzählte er mir, er habe in seiner Gemeinde eine junge Frau, die eine uneheliche Schwangerschaft abgebrochen habe. Seither versuche sie immer wieder, sich selber zwanghaft mit einem Küchenmesser schwere Schnittwunden an Armen und Beinen zuzufügen. Mit Überzeugung eiferte der geistliche Herr mit erhobenem Mahnfinger: „Sehen Sie, so streng ist Gott!“ Gerne hätte ich ihn gefragt, woher er denn wissen wolle, wie streng Gott sei. Da er bei mir aber den Anschein erweckte, als habe er gestern Abend mit dem lieben Gott noch Schach gespielt, hütete ich meine Zunge. Bei mir aber dachte ich: Nicht Gott ist es, der da strafend eingreift, sondern es sind eher die schweren Schuldgefühle dieser armen Frau, die unbewusst versuchen, Gleiches mit Gleichem zu vergelten, indem sie sich selber sühnend das antut, was sie ihrem ungeborenen Kind angetan hat. *C.G. Jung* empfiehlt daher, das notwendige Leiden bewusst in unser Leben einzuordnen, es als Teil der ganzen Psyche anzunehmen, denn ohne Dunkel und Schwere ist das Leben nicht lebbar. „Das angenommene Leiden kann sich allmählich in Gelassenheit, in Heiterkeit und Kraft verwandeln. Das Leiden fordert den Menschen heraus, zwingt ihn zur Wandlung." (6)

Schließlich ist auch ein stellvertretendes Leiden denkbar. Es ist vorstellbar, dass „Opferseelen" bestimmte Leiden stellvertretend für andere auf sich nehmen, um deren geistige Entwicklung zu fördern. So gibt es medial begabte Menschen, die mit Verstorbenen in Verbindung treten können und von deren Leiden in den jenseitigen Dunkelwelten erfahren. Der moderne Mystiker *Carl Welkisch* (1889-1984) aus Überlingen am Bodensee besaß diese Gabe. Er vermochte mit Geistwesen in Verbindung zu treten oder diese kamen auf ihn zu, oft sogar gegen seinen Willen, um ihn um Hilfe zu bitten. In seinem Buch „Im Geistfeuer Gottes" aus dem Jahr 1957 erzählt er von einer jungen Frau, die sich aus Verzweiflung das Leben nahm: „Sie erkannte am Tage nach dem verhängnisvollen Schritt die Bedeutung ihrer Tat. Wie eine Furie raste sie gegen sich selbst, raufte sich die Haare, schrie und verwünschte sich und die Welt. Sie war, wie das mit solchen Zuständen verbunden ist, in Dunkelheit und abgeschlossen von anderen Wesen. Doch eine Hilfe gab es noch für sie. Das wusste sie aus ihrem natürlichen Gedächtnis. Sie hatte mich ja im Leben flüchtig gekannt als den merkwürdigen Menschen, von dem es hieß, er reiche mit seinen Sinnen bewusst ins Jenseits. Wissbegierig, aber scheu und skeptisch hatte sie sich dies von mir erzählen lassen; nun gedachte sie meiner und wusste mich zu finden. Sie wusste auch einen Augenblick zu erspähen, der ihr günstig war, um mich regelrecht zu überfallen. Sie drang mit großer Gewalt in mich hinein und machte mich beinahe besessen. Gerade noch behielt mein Geist die Zügel in der Hand, nur so weit, dass ich nicht mein Bewusstsein an sie verlor." Der Seher geriet nun stellvertretend für diese arme Seele mit seinem Astralkörper in die gleiche Dunkelheit und Gottverlassenheit, während er sich mit seinem vollbewussten Geist in Himmelshöhen befand. Hierzu schreibt er: „So fühlte ich das Leid der Unglücklichen wie mein eigenes Leid. Während ich mich nur mit Mühe gegen dämonische Geister wehrte, die auch mich zur Tobsucht treiben wollten, hatte ich zugleich geistige Wahrnehmungen. Engel erschienen mir und spendeten mir Trost und Kraft. Sie sagten, ich solle diese Zustände ertragen, indem ich darin eine Gnade sähe für jene Unglückliche, die aus ihrer Hölle keinen anderen Weg zur Selbstbesinnung wisse als den Weg durch mich. Ich habe den seelischen Zustand meines Schützlings ein Jahr lang täglich durchkosten müssen, nicht immer in gleicher Stärke, aber immer als eine mich seelisch und sogar körperlich bedrückende Last." (7)

Mehr oder weniger sind wir Menschen von Leiden belastete Kreuzträger. Der Dichter *Adelbert von Chamisso* (1781-1838) verfasste eine Poesie unter dem Titel „Die Kreuzschau". Darin schildert er einen Erdenpilger, dem das aufgeladene Kreuz zu schwer geworden war. Als er sein bisheriges Kreuz zurückgegeben hatte, wünschte er, ein leichteres wählen zu dürfen. Nachdem er in eine himmlische Halle gelangte, wo eine große Zahl von Kreuzen aufbewahrt wurden, hörte er eine Stimme: „Hier aufgespeichert ist das Leid; du hast zu wählen unter diesen Kreuzen allen." Nun prüfte er ein Kreuz nach dem anderen: Große und kleine, leichte und schwere, goldene und eiserne. Keines wollte ihm passen. Schließlich wählte er ein schlichtes Marterholz, nicht allzu schwer und ihm zusagend. Da stellte sich heraus, dass er ausgerechnet jenes Kreuz wieder wählte, das er schon vorher getragen hatte.

7.2 Mut zum Leiden

Den meisten Menschen bleibt es im Leben nicht erspart, leidvolle Erfahrungen zu machen. Leben und Leiden gehören zusammen. Gewiss hat das Leben auch seine freudvollen und freundlichen Seiten. Doch ist das Leiden ein wichtiges Element unseres menschlichen Daseins. So nannte die lettische Schriftstellerin *Zenta Maurina* (1897-1978) das Leiden „das verbindende Band aller Lebendigen"; und die schwedische Pädagogin *Ellen Key* (1849-1926) erkannte: „Das Leben hält in der einen Hand den goldenen Königsreif des Glücks, in der anderen die Dornenkrone des Leides; seinen Lieblingen reicht es beides." *C.G. Jung* verstand das Leiden als den notwendigen Gegenpol zur Gesundheit. (8) Insofern Leiden und Schmerzen nicht bewusst verleugnet oder durch Medikamente aus dem Bewusstsein verdrängt werden, gehören diese zu den normalen Erscheinungen des Lebens. Dies anzuerkennen, erfordert Mut, Lebensmut. Nur pessimistische Lebensverneiner würden dem Satiriker *Erich Kästner* (1899-1974) zustimmen: „Darin liegt das Verhängnis: Von der Empfängnis bis zur Leichenbegängnis nichts als Bedrängnis."

Der Mensch ist das einzige Lebewesen hier auf unserer Erde, das fähig ist, bewusst zu leiden und seine Schmerzen mutig zu ertragen. Er kann gegenüber seinem Leiden bewusst Stellung nehmen, indem er dieses bejaht oder verneint, als sinnvoll oder unsinnig bezeichnet. Ein Professor der Medizin erklärte mir einmal: „Für mich hat der Schmerz keinen Sinn." Daher war er großzügig im Verschreiben von Schmerzmitteln. Ich entgegnete ihm, dass Schmerzen eine Signalwirkung haben und Leiden einen Aufforderungscharakter besitzen. Von dieser Erkenntnis hängt es ab, ob wir leidvolle Erfahrungen als sinnreich empfinden oder ob wir sie für lästig und störend halten. *Viktor Frankl,* der die Höllen von Auschwitz und Treblinka durchgestanden hat, schrieb später hierzu: „Im Erfüllen von Sinn verwirklicht der Mensch sich selbst. Erfüllen wir nun den Sinn von Leiden, so verwirklichen wir das Menschlichste am Menschen. Es kommt nicht darauf an, an was man leidet, sondern wie man es auf sich nimmt." (9)

Gewiss verlangt es Mut, ein unheilbares Leiden geduldig auf sich zu nehmen. So muss ein Leidensprozess nicht nur passiv und widerwillig ausgehalten werden. Es kann auch zu einem aktiven Hinterfragen der schmerzlichen Erfahrung und deren Ursachen führen und, was noch wichtiger ist, uns zu einer heilsamen Auseinandersetzung mit uns selbst, mit der eigenen Gesinnung und Lebensführung veranlassen. Der Leidende, der hierzu fähig und willig ist, beweist hierin einen beachtenswerten Mut. Heute sind zahllose Menschen nicht bereit, ihr unausweichliches Leiden mutig zu hinterfragen und anzunehmen. Die Tapferkeit, als seelische Stärke Schmerzen auszuhalten, ist weitgehend abhandengekommen, was zu Verwöhnung und Verweichlichung führt. Man verlangt allzu oft nach schmerzstillenden Spritzen, Pillen und Tabletten, um die körperlichen und seelischen Plagegeister möglichst rasch loszuwerden. Damit betreibt man bloß Symptombehandlung, was vielfach nur zu einer Symptomverschiebung führen wird.

Leiden, Schmerzen und Behinderungen können zu einem veränderten Bewusstsein führen, indem sie uns zu notwendigen Abräum- und Aufräumarbeiten in unserem Alltag zwingen. Die in kranken Tagen gewonnenen Einsichten werden uns eher zur Vernunft bringen als die vielen gutgemeinten, aber oft nutzlosen Ratschläge und Ermahnungen, die wir von anderen erhalten. Ein orientalisches Sprichwort lehrt uns: „Das Leiden macht uns nachdenklich, das Nachdenken macht uns weise und die Weisheit macht uns das Leiden erträglich." Darin kann eine Chance zur Gesundung liegen. Wo aber ein Leiden zu unserem ständigen Begleiter wird, müssen wir uns mutig damit abfinden, um das Beste daraus zu machen. Ein Beispiel für die positive Einstellung zu einer Behinderung gibt uns der Psychiater *Erwin Ringel.* Er teilte in einem Gespräch mit: „Ich zögere nicht, Ihnen heute zu sagen, dass ich diesem Leiden viel verdanke. Ich habe in meiner Antrittsvorlesung als Ordinarius für klinische Psychologie gesagt: ‚Als ich begann, schwerer zu gehen, habe ich begonnen, bewusster zu gehen.' Ich bin im Geistigen beweglicher geworden, doppelt und dreifach." (10)

Wir Menschen wissen nicht nur um unsere eigenen Leiden. Wenn wir mitfühlend Anteil nehmen an Leiden und Schmerzen unserer Mitmenschen, beweisen wir Mitleid. Auch hierzu ist Mut erforderlich.

Dadurch vergessen wir leichter, was uns selber bedrückt. Indem wir uns anderen leidenden Geschöpfen zuwenden, seien es Menschen oder Tiere, bleiben wir nicht in den Fesseln unserer eigenen Nöte gefangen. So kann uns das eigene Mitleiden dazu befähigen, anderen beizustehen, was zahlreiche Frauen und Männer dazu bewegt, in helfenden und heilenden Berufen tätig zu sein.

Das einzige Leid, das zu keinem inneren Fortschritt und geistigen Gewinn führt, ist das sinnlose Selbstmitleid. Wer ihm verfällt, nervt mit seinem selbstsüchtigen Klagen und Jammern seine Mitmenschen, die sich aus Gründen des Selbstschutzes zunehmend von ihm entfernen müssen, um nicht selber leiden zu müssen. Das Selbstmitleid ist ein gesuchtes, oft auch herbeigewünschtes Leiden, um andere an sich zu binden und ausnützen zu können. Es ist, wie *C.G. Jung* bestätigt, ein „unbewusster Betrug und hat kein moralisches Verdienst wie das Leiden an den eigentlichen Dingen". (11) Da hilft nur eines: Den Mut aufbringen, sich von dieser Person so weit als möglich fernzuhalten, denn anders ist dieser kaum zu helfen. Freilich fühlt sich diese in ihrer auf sich selbst bezogenen Haltung von ihrer Umwelt vernachlässigt und ungerecht behandelt. Leider gibt es in einer solchen Situation oft nur diese Notwendigkeit des Wehtun-Müssens, um ihre Not zu wenden. Solchen Menschen kann man meistens nur helfen, indem man ihnen so lange die helfende Hand entzieht, bis sie hinter ihrer selbst gebauten Mauer von Selbstsucht uns bereitwillig die Hand entgegenstrecken, um echte Hilfe anzunehmen. So hat mir einmal ein wehleidiger und alkoholabhängiger junger Mann zugegeben: „Geholfen hat es mir erst, als mir keiner mehr half."

Wer sich mutig der Frage nach dem Sinn des Leidens stellt, dem verhilft eine sinngebende Antwort dazu, zahlreiche äußere Schmerzen und innere Beschwerden entweder zu überwinden oder zu ertragen. So wie die Dunkelheit erhellt wird, wenn wir ein Licht anzünden, so wird auch das Leiden erleichtert, sobald wir ihm einen Sinn verleihen. (12) Es braucht Mut, dies einzusehen. Nur kleinmütige Menschen verlangen dauernd nach Erleichterung. Der mutige Mensch weicht den Erschwernissen des Lebens nicht aus, sondern packt sie entschlossen an, weil er sie als Hindernisse auf dem Weg nach oben überwinden will.

Wer die eigene Leidensfähigkeit unter Beweis stellen will, der muss sich mutig darin üben, eigene Leiden und Schmerzen tapfer zu ertragen, um daraus zu lernen, über sie hinauszuwachsen. Der aus Lettland stammende Dichter *Werner Bergengruen* (1892-1964) versichert uns:

Jeder Schmerz entlässt dich reicher.
Preise die geweihte Not.
Und aus nie geleertem Speicher
nähret dich das geheime Brot.

7.3 Erschwernisse des Lebens

Ein Mann beklagte sich bei seinem Apotheker: „Das Leben ist schwer." Dieser ermahnte ihn: „Sagen Sie nicht, das Leben sei schwer. Sagen Sie lieber: Das Leben ist wie eine Medizin, sie schmeckt nicht gut, aber sie tut gut." Es ist angesichts der vielen Erschwernisse im menschlichen Leben nicht immer leicht, diesen einen erkennbaren Sinn abzuringen. Das kann nur dem gelingen, der es für denkbar hält, dass manches Geschehen im Leben vorgesehen und vorgeplant ist, weil es zum Entwicklungs- und Heilsprogramm unserer Seele gehört. (13) Es kann nämlich gut sein, dass belastende Ereignisse, deren Ursachen in einem früheren Leben grundgelegt wurden und durch den "Karma-Code" (14) weitergereicht wurden, sich im gegenwärtigen Leben auf beschwerliche Weise auswirken.

Was dem einzelnen Menschen als Lebensaufgabe zugemutet werden kann, ist sowohl eine Frage der geistigen Reife der Persönlichkeit als auch der körperlichen und seelischen Belastbarkeit, die von seiner Konstitution abhängt. Was den einen fast umbringt, macht den anderen stärker. Es ist notwendig, den Menschen auf der Suche nach dem Sinn eines schweren Schicksals die Augen zu öffnen und sein Gehör zu schärfen, um ihn einer vertieften Sinn-Erfahrung zuzuführen. Ich habe es in der psychologischen Beratung viele Male erfahren, dass so manches schwere Schicksal eines Menschen vordergründig nicht zu erklären und nicht zu ändern ist. Was wir aber ändern können, ist seine Einstellung und seine Sichtweise dazu. Dann wird uns die Sinnsuche nicht immer als Heilmittel gelingen, aber wir können darin ein Mittel zum Heil erkennen. Ein tapferes Ja zu sagen, ist hierzu das heilbringende Hilfsmittel, das dazu führen kann, die schwere Last des Lebens zu ertragen. Daher forderte *Albert Schweitzer*: „Die einzige Möglichkeit, seinem Dasein einen Sinn zu geben, besteht darin, dass dem Mensch in seinem Unterworfensein unter das Weltgeschehen trotz schicksalshafter Fügungen der Durchbruch zur inneren Freiheit gelingt. Den Sinn des Ganzen zu verstehen, ist uns unmöglich." (15)

Viele Beschwernisse unseres Lebens schaffen wir uns selbst. Es ist unser Eigensinn und unser Egoismus, der uns das Leben schwermacht. Das Ich-Denken, das sich durch seine selbstsüchtigen Bedürfnisse dauernd zu behaupten und durchzusetzen sucht, schafft Lasten und Leiden. Häufig ist es ein unbefriedigtes Geltungs- und Selbstdarstellungsbedürfnis aufgrund von verkappten Unsicherheits- und Minderwertigkeitsgefühlen, die uns leidend machen. Der auf sich selbst bezogene Mensch ist so eine Quelle vielfältigen Leidens. Sein Ego „kann ein großes Interesse daran haben, Schmerzen und Leiden aufrechtzuerhalten". (16) Der egozentrische Mensch projiziert jene negativen Eigenschaften, die er bei sich selber nicht wahrhaben will, auf seine Mitmenschen. An diesen ärgert er sich, indem er an ihnen benörgelt und beschimpft, was er bei sich selber beanstanden sollte. „Die Hölle, das sind die anderen", hat *Jean Paul Sartre* eines seiner Theaterstücke genannt. Mit seinem Ich grenzt er sich von den anderen ab und leidet an ihnen. Auf diese Weise wehrt sich das Ich gegen das Du und damit gegen die Liebe. Wo keine Liebe ist, da ist das Leben ein fensterloses Gefängnis. Es fehlt ihm der Zugang nach außen und zu den anderen. Dadurch ist ihm der Austausch von Geben und Nehmen verwehrt. Auf diese Weise entsteht in ihm ein Gefühl des Abgetrenntseins, des Unverstandenseins und der

Vereinsamung. Daher leidet er an sich selber. Dieses Ich-Denken nannte *Leopold Szondi* den „Eisenbetonfaktor“ der Seele“, und *J. Brückner* sprach vom „Egopanzer“ unserer Ichsucht. (17)

Bei all unserem alltäglichen Sinnen und Trachten, Suchen und Streben ist unser wahres Wesen eingesponnen in Ego-Gedanken wie die Seidenraupe in ihrem Kokon. Erst wenn sie sich davon befreit, beginnt ihr eigenständiges Leben. Auch wir sind häufig gefangen im Gespinst unserer ichsüchtigen Gedanken, die uns daran hindern, auf andere zuzugehen. Daher ist zu empfehlen, dass wir unser niederes Ich nicht allzu wichtig nehmen und uns stattdessen auf unser höheres Ich, das wir unser Selbst nennen, besinnen. Das niedere Ich kreist um sich selber; um das, was man *hat*. Das höhere Ich beschäftigt sich mit dem, was man *ist*. Mit diesem Selbst-Bewusstsein können wir uns über die belastenden Erschwernisse des Lebens erheben. Eine Bestätigung hierfür kam mir vor dreißig Jahren wie „von oben“ zu, als ich mich in den Bergen allein inmitten von Eis und Schnee auf einer Winterwanderung befand. Die mir damals vermittelte Botschaft habe ich an Ort und Stelle niedergeschrieben und seither nicht mehr verändert. Sie lautet:

Wann immer du leidest, ich versichere dir, es ist stets dein Ich, das leidet. Dein Ich ist es, das enttäuscht ist. Dein Ich ist es, das sich betrogen und vernachlässigt fühlt. Dein Ich ist es, das sich unverstanden und unbeachtet glaubt.
Sobald du dein Ich aufgibst und nichts mehr erhoffst, nichts mehr verlangst, um nichts mehr bittest, hört dein Leiden auf.
Glaube nicht, dass dein Leben dann leer und sinnlos werde. Im Gegenteil: Du wirst freudig überrascht sein, wie viel Schönes dich unerwartet beglückt, wie viel Zuneigung du ungebeten empfängst, wie viel Liebe dir ungerufen zukommt.
Du wirst nichts mehr als selbstverständlich hinnehmen, weil du nichts mehr erwartest, und was dir begegnet, nimmst du dankbar hin wie ein Wunder, das dir geschieht.
Wenn du dein Ich aufgibst, eröffnet sich dir erst die Welt, und dein Blick tut sich auf für das, was hinter den Dingen verborgen ist. So erfährst du den Reichtum und das Glück deines Daseins wie nie zuvor.

Weil du nichts verlangst, hast du alles, was du brauchst. Weil du nichts erhoffst, bleibt dir jede Enttäuschung erspart. Du entbehrst nichts, weil du nichts begehrst, und weil du genügsam bis, hast du von allem genug.
So gibst du den anderen ständig von deinem Überfluss und lebst glücklich in deiner Wunschlosigkeit."

Auf keinen Fall sollten wir Gott für unsere Leiden verantwortlich machen, wie das die Anhänger aller Großreligionen immer noch tun. ER hat sicher kein Interesse daran, uns zu quälen. Die evangelische Theologin *Dorothee Sölle* warnt uns, Gott für das Leiden in der Welt haftbar zu machen und ihm sadistische Züge anzulasten. Er wäre dann mitschuldig an all den Katastrophen, Hungersnöten und Seuchen, denen Millionen leidgeplagter Menschen alljährlich zum Opfer fallen. Sie fährt fort: „Dann wäre das Leid dazu da, dass unser Stolz gebrochen, unsere Ohnmacht erwiesen, unsere Abhängigkeit ausgenutzt wird; das Leiden hat dann den Sinn, uns zu einem Gott zurückzuführen, der nur erst groß wird, da er uns klein gemacht hat." (18) Aus der Sicht des modernen Geistchristentums gibt es überhaupt kein von Gott gewolltes Leiden. Wären wir als ehemals reine Geistwesen wirklich schuldlos geblieben, wären wir gar nicht hier in unserer diesseitigen Welt, sondern immer noch in unserer himmlischen Heimat, die weder Leid noch Tod kennt. Am Beginn der unheilvollen Tragik, unter der die ganze Menschheit bis zum heutigen Tag zu leiden hat, steht eine präkosmische Katastrophe, die darin bestand, dass ein großer Teil der Himmelsbewohner sich der göttlichen Ordnung widersetzte. In der Folge fielen unzählige Engelwesen aus der Einheit in die gespaltene Zweiheit und damit in Zweifel, Zwist, Zwiespalt und Verzweiflung, was sie erst zur Menschwerdung in unserer *Strafkolonie Erde* zwang. (19)

Wir können zur Zeit nichts anderes tun, als dem vermeidbaren Leiden vorzubeugen und das unvermeidbare Leiden klaglos anzunehmen. Hierzu eine lehrreiche Symbolgeschichte: Ein junger Mann strebte eifrig nach Erleuchtung. Eines Tages begegnete er einem alten weißhaarigen Mann, der mühsam einen steilen Bergpfad hinaufstieg. Auf seinen Schultern trug er einen schweren Sack. Diesen sprach er an: „Alter, sage mir, wie erlange ich die Gabe der wahren Erleuchtung?" Der alte Mann sah in lächelnd an, ließ seine Last zu Boden gleiten und richtete sich auf. „Ich verstehe!“, rief der Wahrheitssucher. „Ich danke dir für deine Belehrung. Bitte erlaube mir noch eine Frage: „Was kommt nach der Erleuchtung?“ Abermals lächelte der weise Alte. Er hob die Bürde wieder auf seine Schultern, rückte diese zurecht und ging seines Weges.

7.4 Das Leiden am Sinnlosigkeitsgefühl

Das schlimmste aller Leiden ist sicher das Kranksein am Lebenssinn. Deshalb meinte *Rilke*: „Nicht das ist der Tod, dass einer stirbt. Der Tod ist, dass einer lebt und es nicht weiß.“ Heute leiden viele Menschen an einem Gefühl der Sinnlosigkeit. Dies hinterlässt in ihnen ein seelisches Vakuum, eine Sinnleere, die ihnen jede Lebensfreude raubt. Der Arzt *Helmut Hark* schrieb: „Letztlich ist einer der wesentlichen Gründe für unsere Krankheiten die Sinnlosigkeit in unserem Leben oder genauer gesagt: unser Konflikt mit der Lebenswirklichkeit. Man versteht sein Leben, sein Schicksal nicht und sträubt sich dagegen; das führt zur Zerstörung der inneren Harmonie, des Seelenfriedens.“ (20)

Was jeder Mensch dringend benötigt, ist ein *Warum zum Leben*. Dieses hängt nicht bloß von äußeren Zufälligkeiten und Notwendigkeiten ab, sondern wesentlich von einem tragfähigen Welt- und Menschenbild, das spirituell begründet sein muss. Die Logotherapeutin *Elisabeth Lukas* wies in einem Vortrag ihre Zuhörerinnen und Zuhörer darauf hin: „Sie werden staunen, wenn sie einen Blick in die Praxis des Psychotherapeuten von heute werfen. Die wenigsten Patienten, die Sie da antreffen werden, befinden sich in einer äußeren Notlage. Sie verhungern nicht und sie erfrieren nicht, sie haben keine außergewöhnlichen Strapazen zu erdulden, sie müssen sich im Allgemeinen nicht einmal mit Arbeit überanstrengen. Die Mehrzahl der Patienten ist im Gegenteil gesund, ohne sich an ihrer Gesundheit zu erfreuen. Sie sind mit Gütern ausreichend ausgestattet, ohne dafür dankbar zu sein, sie werden von ihren Mitmenschen mit Fürsorge und Nachsicht behandelt, ohne es zu merken. Sie sind von allen möglichen Aufgaben entlastet, ohne sich darüber die geringsten Gedanken zu machen… Ausgesprochen psychisch Kranke finden sich in der Mittel- und Oberschicht. Es sind, ob Sie es glauben oder nicht, Menschen, denen es äußerlich gut geht und die glücklich sein könnten. Dass sie es nicht sind, liegt vielfach daran, dass sie am Sinn ihres Lebens zweifeln oder dass sie den Sinn ihres Lebens verloren haben." (21)

Ein inhaltsleeres und sinnloses Leben ist nicht nur todlangweilig, sondern auf die Dauer kaum zu ertragen. Der Mensch braucht einen tragfähigen Daseinsgrund für sein Leben, für sein Lieben und für sein Leiden. Zahlreiche Menschen wissen nicht wirklich, warum sie dieses tun und jenes lassen sollten und was das Ganze überhaupt für einen Sinn hat. *Albert Einstein* (1879-1955) war überzeugt: „Wer auf die Frage nach dem Sinn des Lebens und seiner Entwicklung keine Antwort weiß, der ist nicht nur unglücklich, sondern auch kaum lebensfähig." (22)

Nicht wenige Menschen sind heute von einem Gefühl der Sinnlosigkeit wie von einer Krankheit befallen. Orientierungslos und absichtslos leben sie in den Tag hinein. Sie sind in jungen Jahren schon des Lebens überdrüssig und klagen: „Wir haben alles ausprobiert: Ideologien, Sekten, Räusche, Utopien. Wir haben das meiste verworfen, sehen schwarz, sind blauäugig und nehmen vieles auf die leichte Schulter. Wir drücken uns ein Leben lang um die entscheidenden Fragen herum: Was ist der Sinn der Veranstaltung, die Leben heißt?" (23) So ist es verständlich, wenn *Paul Tiedemann* schreibt: „Die Sinnleere setzt Enttäuschung voraus." (24) In seinem Buch „Was ist der Mensch?" schreibt der Philosoph *E. Coreth*, dass unsere heutige moderne technische Welt mit ihrem Fortschrittsglauben und ihrem Wohlstandsdenken keine tragfähige Sinngebung erbringen kann. Er hält fest: „Wer keine gültigen Werte und Ziele hat, die seinem Leben Sinn und Richtung geben, weiß in all dem nicht mehr, wozu und wohin. Er fühlt eine innere Leere, ein tiefes Unbehagen und lehnt sich dagegen auf." (25)

Schwere Verlusterlebnisse können bei vielen Menschen zu einem Gefühl der Sinnlosigkeit führen. Liebesverlust, Partnerverlust oder Verlust der Arbeitsstelle stürzen die Betroffenen nicht selten in eine tiefe Lebenskrise. Bei Männern schlägt die Arbeitslosigkeit viel stärker auf das Gemüt als bei Frauen. So wurde festgestellt, dass das Depressionsrisiko bei Frauen durch einen Stellenverlust auf das Achtfache ansteigt, bei den Männern, die stärker leistungs- und karriereorientiert sind, sogar um das Dreiundzwanzigfache.

Wer an einem sinnlosen Leben leidet, dem fehlt jeder Grund, sich am Leben zu erfreuen. Er spürt in sich keine Notwendigkeit, nach etwas Sinnvollem zu streben. Er sieht kein Ziel vor sich, auf das hinzuleben es sich lohnen würde. Im äußersten Fall wird das Leben an sich verneint. Wie sehr ein Mensch an der Sinnlosigkeit seines Daseins leiden kann, bejammert sich selbst bedauernd der französische Dramatiker rumänischer Herkunft *Eugène Ionescu* in seinem Tagebuch: „Was hätte ich alles machen, was hätte ich alles hervorbringen können, wenn nicht diese unvorstellbare, enorme Müdigkeit gewesen wäre, die seit ungefähr fünfzehn Jahren oder vielleicht noch viel länger auf mir lastete. Eine Müdigkeit, die mich das Leben nicht genießen lässt, die mich hindert, mich zu freuen, mich zu entspannen, und die es mir unmöglich macht, mich mehr den anderen zuzuwenden, so wie ich es gerne gewollt hätte, statt mein eigener Gefangener zu sein, Gefangener meiner Müdigkeit, dieser Last, dieser Bürde, die die Bürde meiner selbst ist…“ Kein Arzt unter den dreißig oder vierzig, die er aufgesucht hatte, konnte ihm helfen, keiner verstand es, ihn von seiner Mattigkeit zu heilen. Schließlich fand er selber die Ursache seines Leidens: „Es ist die nagende, verzweifelte Frage ‚wozu‘, es ist die Klage über die Sinnlosigkeit meines Lebens.“ (26)

An der Sinnfrage des Lebens scheitern heute viele Menschen. Dies beweist uns die Zahl der Freitodfälle in unserer Gesellschaft. Die Suizidrate aus dem Jahr 2011 zeigt uns ein erschreckendes Bild: Am größten ist diese Zahl, bezogen auf 100‘000 Einwohner, in den osteuropäischen Ländern Litauen (34,15), Weißrussland (25,3), Ungarn (24,6), Lettland (22,9) Slowenien (21,9) und Russland (21,4). Dann folgen: Schweiz (18,0), Belgien (17,6) Finnland (17,6), Frankreich (16,2), Österreich (15,2), Polen (14,9), Tschechien (14,0), Schweden (12,7), Norwegen (11,9), Dänemark (11,9), Irland (11,8), Deutschland (9,5), Holland (8,5), Portugal (7,9), Luxemburg (7,8), Spanien (7,6), Großbritannien (6,9), Italien (6.3) und Griechenland (3,5). (27) Der Psychologe *Werner Schaeppi* bringt in seiner Dissertation eine ähnliche Statistik und fragt: „Müsste man nicht annehmen, dass die Frage nach dem Sinn des Lebens in einem Umfeld von materiellem Wohlstand, sozialer Sicherheit und uneingeschränkter Freiheit für die individuelle Entfaltung eo ipso hinfällig wird? Tatsächlich scheint eher das Gegenteil der Fall zu sein.“ (28)

Wer in seinem Leben keinen Sinn zu erkennen vermag, der bekommt es mit der Angst zu tun – und zwar mit der Lebensangst, mit der Daseinsangst und mit der Todesangst. Diese Ängste können ihn körperlich und seelisch krank machen. Deren Hauptsymptome sind Depression, Aggression und Suchtgefahr. Nach den neuesten Schätzungen der Weltgesundheits-Organisation WHO aus dem Jahr 2014 leiden weltweit jährlich 100 Millionen Menschen an depressiven Sinnlosigkeitsgefühlen und rund 800 000 Menschen beenden freiwillig ihr Leben, weil sie dieses nicht mehr für lebenswert halten. (29) In den Lebenserinnerungen von *C.G. Jung* lesen wir: „Ich habe oft gesehen, dass Menschen neurotisch werden, wenn sie sich mit ungenügenden oder falschen Antworten auf die Frage nach dem Sinn des Lebens begnügen. Ihr Leben hat keinen genügenden Inhalt, keinen Sinn." Und er ergänzt hierzu: „Etwa ein Drittel meiner Neurosenfälle leidet überhaupt an keiner bestimmbaren Krankheit, sondern an der Sinnlosigkeit ihres Lebens." (30) Ähnliche Erfahrungen machte der Wiener Psychiater *Rudolf Allers*: „Ich habe noch keinen Fall von seelischer Erkrankung gesehen, bei dem nicht die Frage nach dem Sinn des Lebens unbeantwortet geblieben ist." (31) Für den Psychotherapeuten *Harry Stroeken* ist das Gefühl der Sinnlosigkeit bei vielen depressiven Menschen der tiefere Grund für ihre seelische Krankheit. (32) Nach *Daniel Hell* kann das Sinnlosigkeitsgefühl sowohl die Ursache als auch die Folge einer andauernden *depressiven* Verstimmung sein. (33)

Zu meinen, dass die moderne Psychologie und Psychotherapie uns davor bewahren könnte, an der Sinnlosigkeit zu leiden, ist eine Illusion. Ist es nicht seltsam, dass heutzutage viele Psychologen, Psychotherapeuten und Psychiater das Sinnlosigkeitsgefühl als Ausdruck einer neurotischen oder veranlagten Depression bewerten und diese mit Psychopharmaka zu beheben versuchen? Wenn dies bei manchen Patienten auch tatsächlich zutreffen mag, gibt es doch viele Fälle, bei denen die Ursache ihrer Verstimmung weder im Körper noch in der Vitalseele, sondern in der Geistseele zu suchen ist, nämlich in ihrer spirituellen Gesinnung und Geisteshaltung. Sie sehen in ihrem Leben keinen Sinn. Eine Lehrerin, die diesen therapeutischen Weg während zwanzig Jahren mit ihrem Psychiater gegangen ist, vertraute mir an: „Ich komme mir vor, als würde ich ständig nur leeren Sand schlucken." Sie empfand keine Wut und keine Angst mehr, sondern nur noch gähnende Leere in sich. *Erich Fromm* hält dieses sinnlose Lebensgefühl bei zahlreichen Menschen als Grund für „die Entfremdung von sich selbst, von den Mitmenschen und von der Natur; für das Bewusstsein, dass uns das Leben wie Sand durch die Finger rinnt, dass wir sterben werden, ohne gelebt zu haben". (34)

Mindestens zehn Menschen habe ich im Verlauf der Jahre kennengelernt, die freiwillig aus dem Leben schieden. Unter diesen fand sich kein einziger, der hierfür einen äußeren Grund gehabt hätte. Alle litten verzweifelt an einem Gefühl der Sinnlosigkeit. Ihnen fehlte ein sinngebender Grund zum Leben. Eine junge Krankenschwester, die mir mehrmals ankündigte, sie wolle Schluss machen, konnte ich vor diesem unheilvollen Schritt abhalten, indem ich sie auf eine sinnvolle Lebensaufgabe bei einem sozialen Hilfswerk hinwies. Bald darauf meldetet sie sich bei einer Organisation für internationale Entwicklungshilfe. Aus den Philippinen schrieb sie mir: „Endlich weiß ich, wozu ich auf der Welt bin."

Der entscheidende sinnstiftende Gedanke ist und bleibt der religiöse Glaube. Wenn man Gott auch nicht rein vernunftmäßig beweisen kann, wie *Immanuel Kant* behauptet hatte, so ist doch der Glaube an eine letzte sinngebende Instanz der einzige Grund, unsere Existenz für sinnvoll zu halten. Wer dies nicht anerkennen will, liefert sich früher oder später einer Sinnkrise aus, spätestens dann, wenn er sich eigenen Leiderfahrungen gegenübergestellt sieht. Der bloße Lebensgenuss, wie ihn die heutigen Freidenker mit ihrem Werbespruch empfehlen: „Da ist wahrscheinlich kein Gott, also sorge dich nicht und genieße das Leben", hilft in einer schweren Lebenskrise auch nicht weiter. Die unsinnigste Einstellung zum Leben lehrt der philosophische Nihilismus (lat. *nihil*: nichts), wie er noch heute von manchen Materialisten und Atheisten vertreten wird. Diese behaupten, der Mensch komme aus dem Nichts, gehe ins Nichts und habe keinen Daseinssinn. Ein typischer Vertreter dieser Ansicht war der amerikanische Schriftsteller *Ernest Hemingway* (1899-1961). Für ihn ist das Leben „ein dunkler Weg nach Nirgendwo, der nach Nirgendwo führt und weiter nach Nirgendwo und noch einmal nach Nirgendwo, immer und ewig nach Nirgendwo". Daher hielt er das Leben für zwecklos und sinnlos. Diese nihilistische Geisteshaltung verneint jede Art von Lebenssinn, weil alles, was dem Leben Sinn verleiht, sich früher oder später als Einbildung und Täuschung erweist. Alles erscheint sinnlos und wertlos, weil alles zugrunde geht. Dieses Denken führt unweigerlich zu einem totalen Verlust an Lebenssinn. Aus dieser Sicht würde das menschliche Leben einer Hängematte gleichen, die frei schwebend in der Luft hängt und nirgends verankert ist. Wer sich da hineinlegt, fällt in einen bodenlosen Abgrund, ins Nichts. Wie tröstlich ist dagegen der Gedanke von *Rilke* in seinem Herbstgedicht: „Und doch ist Einer, welcher dieses Fallen / unendlich sanft in seinen Händen hält."

7. 5 Krankheiten sind Hilfeschreie der Seele

Bei jedem natürlichen Geschehen haben wir dessen Ursache von deren Wirkung zu unterscheiden. Nicht immer laufen diese beiden Ereignisse auf der gleichen Ebene ab. Zumeist geht einer Auswirkung im körperlichen Bereich eine entsprechende Verursachung auf dem seelischen Hintergrund voraus. Zwischen Körper (gr. *soma*) und der Seele (gr. *psyche*) besteht eine Wechselwirkung, wie dies bei den psychosomatischen Krankheiten immer der Fall ist.

Jede Krankheit und jedes Leiden ist gekennzeichnet durch das äußere Erscheinungsbild und dessen inneren Bedeutungsinhalt. Betrachten wir zum Vergleich die Kristallform eines Minerals. Hier handelt es sich um einen nach außen sichtbar geformten grobstofflichen Körper, der nach einem unsichtbaren inneren Raumgittersystem aufgebaut ist. Dessen feinstoffliche Bausteine sind die Atome und Moleküle. Diese bestimmen die Kristallstruktur des Gesteins. Vor der äußeren Form besteht also die innere formgebende Kraft. (35) Immer dann, wenn die innere Struktur nicht im Gleichgewicht ist, gerät die äußere Gestalt aus den Fugen. So ist es auch bei jeder Krankheit, bei jedem Leiden und jedem Gebrechen.

In jedem Geschehen lässt sich ein Sinn erkennen. Nichts geschieht zufällig, ohne Ursache. Allerdings bedeutet eine Krankheit selten unmittelbar das, als was sie uns äußerlich erscheint. Hinter dem erkennbaren Krankheitssymptom steht meist eine symptomfreie seelische Vorform, die sich nach einer kürzeren oder längeren Dauer dem Körper als Warnsignal oder Hilfeschrei mitteilt. Dieser Annahme liegt die Tatsache zugrunde, dass zwischen Vitalseele und Körper eine Art Informationsaustausch besteht. Hierzu stehen der Natur zwei Ausdrucksformen zur Verfügung: die Symptomsprache und die Symbolsprache.

Die *Symptomsprache* einer Krankheit spricht durch äußere Anzeichen. Sie besitzt Hinweis-Charakter und zeigt an, was wir an Schmerzen *haben* und *wo* es uns wehtut. Wenn es uns nur darum geht, durch Medikamente das leidige Symptom zu beseitigen, ohne dessen Ursache zu beheben, betreiben wir lediglich oberflächliche Symptombehandlung, die häufig zu einer Symptomverschiebung führt. Wir würden einem Autofahrer gleichen, der die Warnlampe, die am Schaltbrett des Fahrzeugs aufleuchtet, lediglich herausschraubt, um diese nicht mehr beachten zu müssen. Besser wäre es, wenn er sich fragen würde, welche Betriebsstörung dieses Signal anzeigt. Ein äußeres Krankheitssymptom ist auch mit dem Warnschuss vor den Bug eines Schiffes zu vergleichen, welcher den Kapitän darauf hinweisen soll, dass er auf falscher Fahrt ist. Statt diesem Beruhigungs- und Schlafmittel zu geben, wäre es wohl besser, ihn aufzufordern, seinen Kurs zu ändern. So deuten auch krankhafte Alarmzeichen in Körper und Seele nur darauf hin, dass etwas falsch läuft und nicht in Ordnung ist. Daher ist es sehr wichtig, solche Signale durch sorgfältige Selbst- und Fremdbeobachtung rechtzeitig wahrzunehmen, um dann eine zutreffende Diagnose zu erstellen. Dies ist die erste Voraussetzung für jede heilende Maßnahme.

Wenn es um die körperliche Symptomsprache geht, sprechen wir von *Organsprache.* Hierzu wird als „Sprachrohr" ein körperlicher Bereich gewählt, der sich besonders gut eignet. Das kann einerseits ein Organ sein, das vom unwillkürlichen (parasympathischen) Nervensystem gelenkt wird und daher nicht der strengen Kontrolle des Bewusstseins unterliegt, zum Beispiel ein Organ des vegetativen Systems. Andererseits dient dazu auch ein geschwächtes Organ mit der geringsten Widerstandskraft. Hier lässt sich vergleichsweise sagen: Jede Kette ist so stark wie das schwächste Glied an ihr.

Eigentlich deutet jeder körperliche Ausdruck in Form von Mimik, Gestik und Gebärde auf eine seelische Entsprechung hin. Solches gilt auch für die meisten Schmerzen und Leiden. Demnach weisen körperliche Krankheitssignale häufig auf eine verfehlte seelische Haltung oder Einstellung hin, welche ein Leiden auslösen können. Zugleich gibt diese Information an, auf welchem Weg die Gesundheit wieder zu erreichen ist. So schlagen sich Unsicherheitsgefühle häufig in den Atemwegen nieder und zeigen sich als Kurzatmigkeit, nervöser Husten, Bronchitis und Asthma. Negative Gefühle wie Zorn, Wut und Eifersucht ziehen Galle und Leber in Mitleidenschaft. Nierenprobleme haben häufig zu tun mit einem Mangel an ehrlicher Gesinnung und seelischer Lauterkeit. Derartige innere Zusammenhänge spielen bei der *Organsprache* eine wichtig Rolle, wie folgende Beispiele zeigen:

Rückenschmerzen:	Falsche Haltung einer Aufgabe oder Pflicht gegenüber.
Schwindelgefühle:	Mangel an seelisch-geistigem Gleichgewicht.
Herzbeschwerden:	Gefühl, bedrängt, überfordert zu werden; Liebeskummer, Verlustangst.
Kurzsichtigkeit:	Sich von Kleinigkeiten belastet zu fühlen.
Weitsichtigkeit:	Angst, den Überblick für das Ganze zu verlieren.
Hautausschläge:	Verheimlichte oder verdrängte Kontaktschwierigkeiten.
Migräne:	Verkrampftes Sorgendenken, übertriebenes Problemdenken
Sprechhemmungen:	Unsicherheits- und Minderwertigkeitsgefühle.
Gedächtnismangel:	Man will nicht an Unangenehmes erinnert werden.
Saures Aufstoßen:	Auf jemanden „sauer“ sein. Ärger und verdrängter Groll.
Schluckbeschwerden:	Belastende Tatsachen nicht annehmen können.
Verdauungsbeschwerden:	Erlebnisse nicht verarbeiten können.
Schulterschmerzen:	Überforderung, Stress, Burnout-Syndrom.

Die *Symbolsprache* bedient sich passender Bilder. Dabei handelt es sich um Krankheitsbilder, die nicht das vordergründige Symptom ansprechen, sondern den Zusammenhang zwischen Seele und Körper aufzeigen und damit auf die hintergründige Ursache einer Krankheit oder eines Leidens hinweisen. (36) Das Symbol zeigt nicht an, was wir an Krankheitssymptomen haben, sondern das, woran es uns mangelt. Wenn der Arzt uns fragt Was *fehlt* Ihnen?“, geben wir gerne an, was wir *haben*, nämlich Schmerzen, Leiden, statt ihm zu erklären, was uns fehlt, nämlich Ruhe, Zufriedenheit, Liebe. Was uns tatsächlich fehlt, ist häufig das, was wir verdrängen, verneinen, verleugnen, übersehen und nicht wahrhaben wollen. Ein Mann erzählte mir, dass er nach fünf Gallenstein-Operationen erst dann von seinem Leiden befreit wurde, als er seine Ehe wieder in Harmonie brachte, wodurch er sich viel Ärger ersparte. Mit seinem Aufforderungs-Charakter fordert das Krankheitssymbol uns auf, in uns und um uns herum Ordnung zu schaffen.

Die Symbolsprache äußert sich nicht selten mit Hilfe des Traums. Dies war schon in der Antike bekannt, als Kranke im Tempelschlaf von einer Gottheit heilsame Weisungen erhielten, die ihnen Gesundheit versprachen. (37) Dass dies noch heute in einem Traum geschehen kann, habe ich mehrfach erfahren. Eine junge Frau berichtete mir, dass sie des nachts geträumt habe, sie hätte einen Knoten in ihrer linken Brust. Tags darauf ging sie zu ihrem Arzt, der ihr eine Mammographie empfahl. Diese bestätigte ihren Verdacht. Durch die Operation eines bösartigen Tumors konnte sie gerettet werden. Ein Mann, der an Nierenschwäche litt, wurde im Traum von seinem Arzt ermahnt: „Du musst unbedingt mehr Wasser trinken." Er tat dies, was ihm Linderung verschaffte. Als ich wegen Zugluft im Auto an Nackenbeschwerden litt, sah ich mich im Traum in einem tibetischen Kloster auf einer Liege. Ein Lama stand neben mir, streckte mir die Zeigefinger seiner Hände entgegen und sagte: „So musst du es machen." Am folgenden Tag fragte ich eine Physiotherapeutin, was der Tibeter wohl damit gemeint haben könnte. Sie erklärte: „Akupressur." Ich befolgte diese Anweisung mit gutem Erfolg. Ein Kaufmann, der wegen Burnout seine Arbeit vorübergehend aufgeben musste, sah im Traum einen Teich im Wald, in dem ein Klavier lag. Nachträglich erinnerte er sich, dass er in seiner Jugend zur Entspannung gerne Klavier gespielt hatte, hierfür aber seit Jahren keine Zeit mehr fand. Nun nahm er sein Musizieren wieder auf, was ihm viel Zufriedenheit und wohltuende Befreiung von seinem beruflichen Stress schenkte.

Wie sehr körperliche Organe seelisches Empfinden zum Ausdruck bringen können und wie die Seele mit Hilfe des Körpers zu sprechen vermag, hat *Rainer Maria Rilke* einem feinsinnigen Gedicht anvertraut, das er seiner Freundin *Lou Andreas-Salomé* (1861-1937) gewidmet hat:

Lösch mir die Augen aus: ich kann dich sehen,
wirf mir die Ohren zu: ich kann dich hören,
und ohne Füße kann ich zu dir gehen
und ohne Mund kann ich dich beschwören.
Brich mir die Arme ab, ich fasse dich
mit meinem Herzen wie mit einer Hand,
halt mir das Herz zu und mein Hirn wird schlagen,
und wirfst du in mein Hirn den Brand,
so werd‘ ich dich auf meinem Blute tragen.

7.6 Lernen oder Leiden

Unser Erdendasein gleicht dem Aufenthalt in einer Schule. Unsere Erde ist unser Schulhaus. Das Lernprogramm ist schicksalshaft vorgegeben. Das Lernziel heißt: Geistige Entwicklung und Bewusstwerden über unser Wesen und unsere Bestimmung. Entsprechend unseren geistigen Lernfortschritten steigen wir Klasse um Klasse und Leben um Leben immer höher auf der Stufenleiter der Vergeistigung, bis wir in jene allumfassende Einheit zurückkehren, die wir vor unserem „Fall in die Zweiheit" verloren und verlassen haben. Auf die Frage „Wohin gehen wir?" antwortete *Novalis*: „Immer nach Haus!" Dieser Nachhause-Weg kann recht beschwerlich sein, wie das Lernen in einer Schule. Die Ärztin und Sterbeforscherin *Elisabeth Kübler-Ross* nannte unser Erdenleben „eine Schule des Lernens". Wir müssen hier in dieser unangenehmen physischen Existenz leben, um Dinge zu lernen, die wir anders nicht zu lernen vermögen. (38) Wir Menschen kommen mit einem bestimmten Lern- und Lebensplan zur Welt. Wenn wir diesem gerecht werden, kommen wir in unserer geistigen Entwicklung weiter voran, wenn nicht, müssen wir die entsprechende Lektion oder Klasse wiederholen. Das ist einer der Gründe, warum die Erdbevölkerung ständig zunimmt, weil die Zahl der Repetenten immer größer wird. Bei diesem Heimweg, den wir in mehreren Etappen in wiederholten Erdenleben zu bewältigen haben, stehen uns zwei Wege offen – der Lernweg und der Leidensweg.

Der *Lernweg* führt uns über mehrere Schulklassen nach oben, wobei wir zahlreiche Prüfungen mit Erfolg zu bestehen haben. Unser Lernauftrag heißt: Lernen durch Wissenserwerb. Dabei sollen wir uns bewusst werden, wer wir Menschen sind, woher wir kommen, warum wir hier sind und wohin wir unterwegs sind. Dies erreichen wir, indem wir lernen und uns belehren lassen. Das Ziel dieser Schulung ist, dass wir vernünftiger, einsichtiger, wissender und weiser werden. Menschen, die in dieser Hinsicht einen Wissensvorsprung errungen haben, dürfen uns als Lehrer weiterhelfen. Lernhilfen können wir auch von höheren Geistwesen erfahren, die uns auf dem Weg medialer und inspirierender Belehrungen in die Gesetzmäßigkeiten der göttlichen Schöpfungsordnung einführen und das erforderliche Wissen vermitteln, das uns über den Sinn unseres Daseins aufklärt.

Dieser Lernweg verlangt von uns ein *aktives* Bemühen. Unser Lernen beginnt damit, dass wir uns mit dem eigenen Schicksal auseinandersetzen. Dabei geht es nicht in erster Linie darum, dass wir Reichtum, Glück und Erfolg erstreben, sondern dass wir eine vertiefte Erkenntnis der Wirklichkeit und eine Erweiterung unserer Bewusstheit sowie eine innere Begegnung mit jener Instanz erfahren, die wir das Göttliche nennen. (39)

Der *Leidensweg* ermöglicht es uns, im Leben auch das zu lernen, was wir uns auf dem Weg des aktiven Lernens nicht aneignen wollten oder konnten. So müssen wir auf dem leidvollen Weg des passiven Erduldens und Ertragens zu weiteren Lernerfahrungen kommen; denn wer nicht an sich arbeitet, an dem wird gearbeitet. Was wir von innen her nicht leben, müssen wir von außen her er-leben. Der Psychologe *Thorwald Dethlefsen* bestätigt dies: „Je mehr ein Mensch sich weigert, bestimmte Probleme lernend zu lösen, je mehr er auf Widerstand mit seinem Schicksal geht, umso mehr wird er nur den negativen Aspekt des Schicksals, das Leid, kennen lernen." (40) Auf dem Leidensweg haben wir unsere Fehler und Irrtümer einzusehen und diese einzugestehen, um daraus eines Besseren belehrt zu werden. Dies soll uns dazu führen, unsere Denkweise zu ändern, unsere Gesinnung zu verwandeln und unseren Egoismus abzubauen, damit wir mit der Zeit versöhnlicher, gütiger, wohlwollender, friedfertiger und liebender werden. Hierzu können uns folgende vier Überlegungen weiterhelfen:

1. Wir sollten lernen, den unvermeidbaren Schmerz zu *bejahen*, statt ihn zu verneinen, und ihn anzunehmen, ohne uns gegen ihn zu wehren. Dadurch wird das ängstliche Schmerzempfinden deut-

lich herabgesetzt. Solange wir das Leiden als etwas Schlechtes ansehen, können wir aus ihm nichts Gutes lernen. Indem wir den Schmerz bejahen, anstatt ihn zu verwünschen oder zu verneinen, nehmen wir ihm seinen empfindlichen Stachel.

2. Da alles in unserer Welt einen Sinn hat, müssen auch Schmerzen und Leiden ihren Sinn haben. Dies einzusehen, ist heilsam. Was auch immer auf uns zukommt, was uns widerfährt oder zustößt, hat einen verborgenen Sinn. Wir können uns also fragen: Was will der Schmerz mir sagen? Was will er mich lehren? Auf was will er mich hinweisen? Einer, der dies verstanden hat, war der Schweizer Schriftsteller *Friedrich Dürrenmatt,* der in seinen jungen Jahren ein gern gesehener Gast in den zahlreichen Gourmet-Restaurants seiner Umgebung war. Nachdem bei ihm ein schwerer Diabetes festgestellt wurde, musste er sich mäßigen. Jahre danach gestand er: „Wenn ich nicht Zucker hätte, wäre ich schon längst an meiner Gesundheit gestorben."

3. Alles in unserer Welt hat seine zwei Seiten: Eine Lichtseite und eine Schattenseite. So besteht auch jedes Blatt in unserem Lebensbuch aus zwei Seiten. Die eine Seite beschreibt die Freuden unseres Erdendaseins, die andere dessen Entbehrungen, Verzichte und Leiden. Daher gehören Freud und Leid, Wonne und Weh zu den menschlichen Grunderfahrungen wie Tag und Nacht. Wenn wir beides erfahren, werden wir uns unserer umfassenden Ganzheit bewusst. Die erfolgreiche Schriftstellerin *Ruth Rieser*, die in ihrer Jugend an Kinderlähmung erkrankte, hat erfahren: „Jede Erkrankung und jedes Leiden will uns etwas lehren und uns eine Mitteilung oder Botschaft über unsere Lebenshaltung und Lebenseinstellung überbringen. Jede Krankheit könnte zu einem enormen Lern- und Reifungsprozess werden, sofern wir uns innerlich öffnen und nicht eine starre Lebenshaltung beibehalten." (41)

4. Eine weitere Überlegung führt uns zur Frage: Warum trifft dieses Leiden gerade mich? Da es in unserer Welt keine Wirkung ohne die entsprechende Ursache gibt, müssen auch Schmerzen und Leiden verursacht sein. Die hauptsächlichste Verursachung liegt bei

> uns selbst. Ein Großteil unserer Krankheiten sind selbstgemacht. Treffend sagte es *Voltaire*: „In der ersten Hälfte des Lebens geben wir eine Menge Geld aus, um unsere Gesundheit zu ruinieren. In der zweiten Lebenshälfte geben wir nochmals viel Geld aus, um zu versuchen, unsere Gesundheit wiederherzustellen. Und inzwischen rinnt das Leben davon." Es kann aber auch sein, dass wir in unserer Vergangenheit, nämlich in einem früheren Leben, durch eigene Fehler und Irrtümer das grundgelegt haben, woran wir erst in späteren Erdenleben zu leiden haben. In diesem Sinne gibt es wohl kein unverdientes oder ungerechtes Leiden. Wir ernten bloß, was wir früher selber gesät haben. Durch Leiden schaffen wir den gerechten Ausgleich und erhalten zugleich die Möglichkeit zur Wiedergutmachung. Daher können wir *Lao Tse* beipflichten: „Leiden kann nur durch Leiden geheilt werden."

Wer weder auf dem Lernweg noch auf dem Leidensweg lernen will, der sieht sich immer wieder erneut vor die gleichen Lebens-und Prüfungsaufgaben gestellt, bis er die Notwendigkeit einsieht, diese zu lösen. Es ging *C.G. Jung* stets darum, seinen Patienten dahin zu bringen, „das notwendige Leiden in das Leben einzuordnen, es als Teil der Ganzheit anzunehmen und zu tragen, denn ohne Dunkel und Schwere ist kein Leben. Es wegtrösten oder ausschließen wollen, würde ihn einer Lebenserfahrung berauben, während der Kern der Krankheit bestehen bliebe, um sehr bald neues Leiden zu wecken." (42)

Ein jeder Mensch wird auf jenen Leidensweg geführt, der seinen Lernmöglichkeiten entspricht. (43) Das Leiden ist grundsätzlich nicht als „Strafe Gottes" anzusehen, denn Gott straft nicht. Vielmehr geht es darum, dass wir uns bewusst werden, dass es kein ungerechtes oder unverdientes Leiden gibt, das wir nicht selbst in irgendeiner Form selbst verursacht haben. Dies veranschaulicht uns in klarer Weise die biblische Parabel vom „Verlorenen Sohn" (Lk 15,11-24). Nachdem dieser eigenwillig von Zuhause ausgerissen war und in der Fremde das väterliche Erbe verprasst hatte, bekam er durch schmerzvolle Erfahrungen die Folgen seines Fehlverhaltens zu spüren. Reumütig und demütig geworden, entschloss er sich zur Heimkehr in sein Vaterhaus. Der mühsame und leidvolle Heimweg wurde ihm dabei aber nicht erspart. Als er endlich zu Hause ankam, erwartete ihn nicht eine Strafpredigt seines Vaters. Im Gegenteil: Dieser lief ihm freudig entgegen, umarmte und küsste ihn, gab ihm anstelle seiner Lumpen, die er trug, ein neues Gewand und ließ ein üppiges Mahl zubereiten. Aus dieser Erzählung können wir lernen, dass wir nicht für unsere Sünden von einem göttlichen Richter bestraft werden. Vielmehr haben wir die Folgen unserer eigenen Fehlleistungen zu tragen, wodurch wir zu besserer Einsicht gelangen. Dadurch soll auch unser Wille zur Wiedergutmachung geweckt werden.

Es fehlt in der Regel nicht an den Schuleinrichtungen, wenn ein Schüler zu keinem Lernfortschritt kommt, sondern eher an seiner Lernbereitschaft. Es hat auch wenig Sinn, sich über die Schlechtigkeiten dieser Welt zu beklagen. Ein wacher Geist findet unsere Erde als geeignetes Schulhaus gut genug, um uns Menschen jenes Wissen zu vermitteln, das wir für unser Lernprogramm nötig haben.

7.7 Liebe dein Schicksal

Als junger Psychologe glaubte ich, wenn nicht die Welt, so doch Menschenschicksale verändern und verbessern zu können. Mit den Jahren sah ich ein, dass dies nur in seltenen Fällen möglich ist. So musste ich mich immer häufiger damit begnügen, den ratsuchenden Menschen zu helfen, ihr unabänderliches Schicksal klaglos hinzunehmen. Bei den allerwenigsten Menschen gelang mir eine grundlegende Veränderung oder eine wesentliche Weichenstellung in ihrem Leben. Viele kamen gleichsam wie mit einer verschnürten Last daher, von Sorgen gedrückt, von Leiden geplagt, voller Unzufriedenheit und Ungeduld. Was konnte ich da anderes tun, als ihnen diese Last für kurze Zeit abzunehmen, um dessen Inhalt zu prüfen. Vielleicht konnte ich Ursache und Sinn dieser Belastung erahnen. Dann musste ich ihnen die gleiche Bürde erneut aufladen, um ihnen eine mögliche Antwort auf ihr Warum zu geben. Dabei dachte ich wohl an eine Aussage des leidgeplagten *Friedrich Nietzsche*: „Wer ein Warum hat zum Leben, der erträgt fast jedes Wie." Einmal habe ich einem jungen Mann, der von Geburt an eine schwere Behinderung zu ertragen hatte, dadurch helfen können, dass ich ihn anwies, zu bejahen, was er bis dahin verwünscht hatte, und auf sich zu nehmen, was er bisher anderen anlasten wollte. Dadurch sollte er lernen, sein unerwünschtes Schicksal anzunehmen und darin eine Möglichkeit zu sehen, etwas Positives daraus zu machen. Wer ein schweres Schicksal unzufrieden und missmutig durch sein Leben schleppt, der hat dabei wahrscheinlich wenig gelernt. *Elisabeth Lukas* hat immer wieder erfahren: „Der moderne Mensch ist jederzeit geneigt, gegen sein Schicksal zu revoltieren, aber er hat es verlernt, sein Schicksal anzunehmen. Zu ersterem hat er den Mut nicht, zum letzteren fehlt ihm die Demut.“ (44)

Zu jedem Erdenleben gehört ein Schicksalsplan. Kein Schicksal zu haben, wäre schlimmer, als planlos, namenlos und heimatlos durch das Leben gehen zu müssen. Niemand hätte uns dann auf den Weg geschickt. Absichtslos, sinnlos und ziellos wären wir hier unterwegs, von keinem gefragt und von niemandem erwartet. Es ist also gut, ein persönliches Schicksal zu haben, denn dieses enthält nicht nur den Kontoauszug aus unseren früheren Existenzen, sondern auch unseren Lebensauftrag. Was wir unser Schicksal nennen ist also der uns mitgegebene Lebens-, Entwicklungs- und Heilsplan. So wie ein Schauspieler seine Rolle wählt und einstudiert, bevor er die Theaterbühne betritt, so haben auch wir Menschen unsere Schicksalsrolle, die von den jenseitigen „Herren des Karma“ für uns entworfen wurde und die wir ehemals frei gewählt haben, bevor wir in dieses Erdenleben traten. Wäre dem nicht so, würde uns jede Wahl- und Entscheidungsfreiheit fehlen, und wir wären bloß willenlose Marionetten am Gängelband eines blinden Schicksals.

Für *Viktor Frankl* hat auch ein leidvolles Schicksal seinen Sinn. Er hat es an sich selber während einer vierjährigen Haft in einem Konzentrationslager erfahren. Auch an vielen seiner Patienten konnte er erleben, wie diese einem unabwendbaren Leiden einen tieferen Sinn abzuringen vermochten, indem sie das Leiden zur Leistung und die Trauer zum Triumpf werden ließen. Es ist dies weit mehr als ein willenloses Sichabfinden mit einer schicksalshaft gegebenen Lebens- und Leidenssituation. Es geht dabei um eine Haltung, die *Frankl* als *Selbstdistanzierung* und *Selbsttranszendenz* bezeichnet hat, nämlich als ein „Über-sich-selbst-Hinauswachsen“ um höherer geistiger Werte willen, nach dem Motto: Was mich nicht umbringt, macht mich stärker.

Wir Menschen sind durch die schöpferische Kraft unseres Denkens in der Lage, unser Schicksal zu gestalten und zu meistern. Durch unser Denken ziehen wir auch an, was uns schicksalshaft von außen zukommt. Der französische Schriftsteller und Nobelpreisträger für

Literatur (1911) *Maurice Maeterlink* (1862-1949) war der Meinung: „Nichts stößt uns zu, was nicht von derselben Art ist wie wir selbst. Sogar die am wenigsten erwarteten Launen des Schicksals nehmen mit der Zeit die Form unserer Gedanken an." Wir haben zu begreifen, dass die Ursachen für das, was wir schicksalshaft erfahren oder erleiden, in uns selber zu suchen sind. Wir werden so lange vom Schicksal heimgesucht oder herausgefordert, bis wir jene Seelenanteile in uns bewusst entwickeln, die wir bisher unbewusst vernachlässigt haben.

Eines Tages kam eine Frau wegen Partnerproblemen zu mir. Bald fiel mir auf, dass sie extrem unpünktlich war und Termine nicht einhalten konnte. Sie selber aber zog immer wieder gegensätzliche Partnertypen an, die viel Gewicht auf Pünktlichkeit und Zuverlässigkeit legten. Kein Wunder, dass ihre Beziehungen nur von kurzer Dauer waren. Oft habe ich erlebt, dass Frauen und Männer in Freundschaft und Partnerschaft immer wieder ihr Wahlschicksal zwanghaft wiederholten, bis sie sich ihres unbewussten Wahlmusters bewusst wurden und anfingen, sich selber zu ändern. Wer nämlich nicht an sich arbeitet, an dem wird gearbeitet durch schicksalshafte Fügungen.

Im Bewältigen unseres Schicksals vollziehen wir einen notwendigen Lernprozess. Ein problemloses und sorgenloses Leben bringt uns keinen Schritt weiter und ist daher kein Glücksfall. Es ist wie in einer Schule. Je höher ein Lernender aufsteigt von Klasse zu Klasse, desto schwerer und anspruchsvoller werden die Prüfungsaufgaben, die er zu bestehen hat. Wer in der Lernschule des Lebens zur Reife drängt, der nimmt hohe Anforderungen wissend und willig auf sich. Sogenannte Schicksalsschläge wertet er als korrigierende Eingriffe einer höheren Regie, die ihn immer wieder auf die richtige Ziellinie zurückführen, wenn ihm Gefahr droht, davon abzuweichen. Es hat daher keinen Sinn, dem zugemessenen Schicksal eigenwillig entfliehen zu wollen. Wir machen es uns dadurch nur noch schwerer. Wer aus dem eigenen Geschick etwas lernt, der ist auf dem besten Weg, dieses zu überwinden. Meister des Schicksals ist nämlich nicht jener, der sein Los abwirft oder missachtet, sondern jener, der es annimmt, durchsteht und dadurch bewältigt. Dies war der Rat von *Johann Gottfried Herder*: „Was die Schickung schickt, ertrage! Wer ausharrt, wird gekrönt."

Verhältnisse und Lebensumstände, in die wir durch unser Schicksal hineingezwungen werden, können wir oft nicht ändern. Wir haben nur die Wahl, entweder uns von ihm unwissend unterjochen zu lassen oder es mutig zu bezwingen. Die italienische Schauspielerin *Eleonore Duse* (1859-1924): empfahl: „Sage ja zu deinem Schicksal, und alles wird leichter zu tragen sein." Wer also sein Schicksal annimmt, sich mit ihm anfreundet, ja sogar es liebgewinnt, dem wird es nicht zum Kreuz und Knüppel, sondern zur willkommenen Gelegenheit zu innerem Werden und Wachsen, das ihn am schnellsten zur Leidüberwindung führt. „Alles Große", sagte der Schriftsteller *K.O. Schmidt,* „entspringt der Liebe, das Größte aber der Liebe zum Schicksal. Vor ihrem Lichte fliehen die Schatten nichterkennender Ich- und Sorgensucht. Darum sei lieb zu dir selbst und liebe dein Schicksal."

Das menschliche Schicksal ist eine gestaltende und verwandelnde Kraft, die Großes schafft, überlässt man sich vertrauensvoll ihrem Walten. (45) Was wir Schicksal nennen, ist nicht blinde Fügung, sondern weise Führung. Was Hammer und Meißel in der Hand des Künstlers zu gestalten vermögen, das sind im Leben die Schickungen und Geschicke, die uns von jener wohlmeinenden Macht zukommen, die wir Vorsehung, Karma oder Schicksal nennen mögen. Lassen wir diese an uns bewirken, was wir aus eigener Kraft nicht erwirken können. *Rainer Maria Rilke* war sich dessen bewusst, als er dichtete:

Wie ist das klein, womit wir ringen,
was mit uns ringt, wie ist das groß;
ließen wir, ähnlicher den Dingen,
uns vom großen Sturm bezwingen,
wir würden weit und namenlos.
Was wir besiegen, ist das Kleine,
Und der Erfolg selbst macht uns klein.
Das Ewige und Ungemeine
will nicht von uns gebogen sein.

8. An der Liebe leiden

Liebesfreud und Liebesleid sind voneinander nicht zu trennen. Die Menschenliebe besitzt eine lichte und eine trübe Seite. Schon *Euripides* empfand die Liebe als das „Süßeste und Bitterste zugleich."

Und *Ovid* wusste: „Wie viele Muscheln am Strand, so viele Schmerzen bietet die Liebe." Der mittelalterliche Minnesänger *Gottfried von Straßburg* dichtete in seinem Versepos „Tristan" aus dem Jahr 1210: „Wem nie durch Liebe Leid geschah, / dem ward auch Lieb' durch Lieb' nie nah. / Wohl kann Leiden ohne Lieb' / doch Lieb' kann nicht ohne Leiden sein." *Thomas von Aquin* (1225-1274) sah in der menschlichen Liebe eine der hauptsächlichsten Ursachen für das Leiden." Ähnlich stellte *Goethe* in seinem Gedicht „Rastlose Liebe" fest:

„All das Neigen
Von Herzen zu Herzen,
Ach, wie so eigen
Schaffet das Schmerzen."

Heinrich Heine (1797-1856) verglich die Liebe mit einer Blume auf einem Haufen Mist. Das Doppelgesicht der Liebe fasste *Kahlil Gibran* in folgende Worte:

„Denn gleich wie die Liebe dich krönt, so wird sie dich kreuzigen,
Wie sie deinen Lebensbaum entfaltet, so wird sie ihn beschneiden.
Wie sie emporsteigt zu deiner Höhe
und die zartesten Zweige liebkost, die in der Sonne erbeben,
Ebenso wird sie herabsteigen zu deinen Wurzeln
und sie aufrütteln in ihrem Festklammern am Erdboden.
Gleich Garben von Korn rafft sie dich an sich.
Sie drischt dich, um dich zu entblößen.

Sie siebt dich, um dich von Spreu zu befreien.
Sie zermalmt dich, bis du weiß wirst,
Sie knetet dich, bis du geschmeidig bist.“ (1)

Wir erleben in der Liebe Entzückendes und Ergreifendes, aber auch Niederdrückendes und Leidvolles. Die Liebe ist also nicht bloß das, was die Herzen erregt, sondern auch das, was sie schmerzlich bewegt. *Graf von Oettinger* fand: „Liebe ist Leides Anfang.“ Als der bekannte Literaturkritiker *Marcel Reich-Ranicki* im Jahr 1991 gefragt wurde, was Liebe sei, antwortete er. „Ein Glück ist es, das Leiden bereitet, und ein Leiden ist es, das den Menschen beglückt.“ (2) So wird die Partnerliebe häufig zur Gratwanderung zwischen Eros und Pathos, zwischen dem Lieben und dem Leiden. Dies war die Erfahrung *C.G. Jungs*: „Das Problem der Liebe gehört zu den großen Leiden der Menschheit, und niemand sollte sich der Tatsache schämen, dass er seinen Tribut zu bezahlen hat.“

Wohl die meisten Leiden in der Liebe entstehen durch falsche Erwartungen, durch Selbst- und Fremdtäuschungen und auf dem Grund seelischer Unreife. Es gibt Wonnen und Wirren in der Liebe, die nach langer Zeit wohl noch den Verstand beschäftigen können, während in der Seele langsam Ruhe einkehrt. Umgekehrt mag es auch Liebesleiden geben, wie sie das französische Chanson „Maladie d‘amour“ besingt, die wie ein unterschwelliger Brand noch lange nachglühen.

8.1 Krisenzeiten in der Liebe

Auch die Liebe scheint ihre Gezeiten zu haben wie das weite Meer. Wir nennen sie Krisenzeiten der Liebe. Diese haben ohne äußere Ursache mit dem rhythmischen Ablauf des Lebens zu tun. Mit einem gewissen Recht spricht man in der Ehe vom „verflixten siebten Jahr“ nach dem gleichnamigen Film von *Billy Wilder* aus dem Jahr 1955 mit *Marilyn Monroe* in der Hauptrolle.

Erich Kästner hatte eher das 8. Ehejahr im Verdacht, besonders kritisch zu sein. (3) In seiner Poesie „Sachliche Romanze“ dichtet er:

Als sie einander acht Jahre kannten,
Und man kann sagen, sie kannten sich gut,
Kam ihre Liebe plötzlich abhanden,
Wie anderen Leuten ein Stock oder Hut.

Eine besonders krisenanfällige Zeit für die Ehe stellt sich häufig um die Lebensmitte der beiden Partner ein. Hier kann es zu deutlichen Ermüdungssymptomen und Abnützungserscheinungen in der Paarbeziehung kommen. Dabei handelt es sich um die altersbedingte „midlifecrisis" mit ihren körperlichen und seelischen Veränderungen, die sich auch in einer Zweierbeziehung leistungsvermindernd auswirken können. Es handelt sich um eine normale Entwicklungsphase, in der sich Abbruchs-, Umbruchs- und Ausbruchsstimmungen einstellen können. Nicht wenige spüren eine Art zweiten Frühling, andere geraten in eine Torschlusspanik. Neigungen, Interessen und Beziehungen ändern sich. Eine Art Umpolung in der Lebens- und Erlebnisweise findet statt. Dies geschieht recht häufig um das 45. Lebensjahr. Daher wird dieser Haltepunkt auf der astrologischen Lebensuhr gerne als Talpunkt, Qualpunkt und Totpunkt bezeichnet. (4) Es ist also nicht verwunderlich, dass sich in dieser Zeit die Lebenszufriedenheit auf dem Tiefpunkt befindet, wie eine neue Studie aus England zeigt. (5)

Mancher Mann entdeckt um die Zeit seiner mittleren Jahre auf einmal bei sich eine romantische Gefühlsseite, die er bisher wegen beruflichem und familiärem Stress vernachlässigt hat. Leicht kann es nun geschehen, dass er sich in eine Außenbeziehung verliert und verliebt. Auch manche Frau entdeckt um die Mitte ihres Lebens die maskuline Seite ihres Wesens. Sie lässt sich nicht mehr nur von ihren gefühlsbetonten Abhängigkeiten leiten. Vielmehr fängt sie an, vernunftbetont ihre eigenen Ansprüche bewusster als früher wahrzunehmen und diesen nachzuleben. Auf einmal entdeckt sie für sich neue Lebensmöglichkeiten, gewinnt eine neue Sichtweise und erkennt neue Wege, die sie in eine sinngebende Zukunft führen kann.

Hinzu kommt als äußere Ursache oft noch das „Empty-Nest-Syndrom", die „Leernest-Situation". Es handelt sich um ein häusliches und familiäres Leeregefühl, das vor allem von Müttern als bedrohlich empfunden wird, wenn der eigene Nachwuchs flügge geworden und ausgeflogen ist. Da kann ein Gefühl der Vereinsamung aufkommen, wenn niemand mehr da ist, der durch das Haus rennt und den Eltern beweist, dass sie lebensnotwendig sind. Andere Ursachen, die mit Veränderungen in der näheren Umwelt zusammenhängen können, sind: Berufswechsel, Stellenwechsel und Wohnortswechsel mit all ihren Veränderungen im eigenen Beziehungsfeld.

Die meisten Frauen und Männer, die wegen Partnerkrisen persönliche Hilfe bei einer Fachperson suchen, gehören nach meinen Beobachtungen dieser mittleren Altersgruppe an. Auf jeden Fall ist die Zeit um das 44./45. Lebensjahr eine typische Stirb- und Werdephase, nicht zuletzt auch in den eigenen mitmenschlichen und partnerschaftlichen Beziehungen. Diese Umstellung und Neuorientierung gehört zum menschlichen Wachstumsprozess. Deshalb schreibt *Goethe* in seinem Gedicht „Selige Sehnsucht“:

Lange hab ich mich gesträubt,
Endlich gab ich nach.
Wenn der alte Mensch zerstäubt,
Wird der neue wach.
Und so lang du das nicht hast,
Dieses: Stirb und Werde!
Bist du nur ein trüber Gast
auf der dunklen Erde.

8.2 Kritische Partnerkonflikte

Von einem Konflikt sprechen wir, wenn zwei gegensätzliche Ansichten, Behauptungen oder Haltungen aufeinanderprallen (lat. *confligere*: zusammenstoßen). Es geht hier zunächst nicht um die großen Krisen, die eine Ehe schwer erschüttern können, sondern vielmehr um den alltäglichen „Kleinkrieg“ in einer Partnerschaft, der dem Salz in der Suppe gleicht. Positiv ausgedrückt, sind Konflikte wie Windstöße, die für frische Luft in der Zweierbeziehung sorgen. Die meisten werden ausgelöst durch Meinungsverschiedenheiten, Missverständnisse, egoistische Erwartungen oder durch Selbst- und Fremdtäuschungen. Liebesbeziehungen ohne derartige Auseinandersetzungen geraten früher oder später gerne in eine Flaute oder gar zum Stillstand, wie ein Segelschiff bei Windstille.

Die „Gesellschaft für rationale Psychologie" in München hat bei 3693 verheirateten Männern und Frauen deren häufigste Ehekonflikte untersucht. Danach wurde als Hauptgrund das „liebe Geld" genannt, das für 70% der Befragten öfters zu Streitereien in der Beziehung führt. Eifersucht wurde von 59% als die zweithäufigste Ursache für Missstimmungen erwähnt. Derartige Scherereien scheinen bei mehr als der Hälfte der Befragten zu den alltäglichen Konflikten im Eheleben zu gehören. „Was immer wieder kracht, zerbricht nicht leicht", sagt der Volksmund. Eine Ehe ohne Konflikte gleicht einem Zündholz, das ohne Reibung nicht zum Leuchten gebracht werden kann. So ist eine konfliktlose Partnerbeziehung eine Seltenheit. Daher meinte *Rilke* einmal: „Es fällt niemandem ein, von einem Einzelnen zu verlangen, dass er glücklich sei. Heiratet er aber, so ist man sehr erstaunt, wenn er es nicht ist." (6)

Eine eheliche Partnerschaft ist etwas Lebendiges, das sich fortwährend erneuern und entwickeln muss, soll sie erhalten bleiben. Dies kann sich nicht ohne Krisen wie von selbst ergeben. *C.G. Jung* bestätigt aus seiner reichen Erfahrung: „Selten oder sozusagen nie entwickelt sich eine Ehe glatt und ohne Krisen zu einer individuellen Beziehung. Es gibt keine Bewusstwerdung ohne Schmerzen." (7) Partnerkonflikte können daher wichtige Wegmarkierungen sein, die uns zur Selbsterkenntnis führen. Wann immer uns etwas an einem anderen Menschen stört, ist es ratsam, sich zu fragen, welche dunkle Seite in uns dadurch angerührt wird. Daher können wir *E. Cantor* zustimmen: „Die Ehe ist ein Versuch, zu zweit mit jenen Problemen fertig zu werden, die man allein niemals gehabt hätte." (8) In jahrzehntelanger Paar- und Eheberatung habe ich folgende zehn Konfliktursachen beobachtet, die als Krisenherde eine eheliche Partnerschaft belasten können:

1. Der Mangel an offener *Gesprächsbereitschaft* kann auf die Dauer eine Partnerbeziehung ernsthaft gefährden. Der Psychologe *Michael Lukas* kam in einer wissenschaftlichen Untersuchung zum Ergebnis, dass in den USA Ehepaare im Durchschnitt vier Minuten pro Tag miteinander reden, in Japan sind es zehn Minuten, in europäischen Ländern stehen die Ehepaare in dieser Hinsicht irgendwo dazwischen. (9) Sollte dies tatsächlich zutreffen, lägen diese Zahlen weit unter der Forderung des unverheirateten *Nietz-*

sche, der behauptete, Ehe sei zu Dreiviertel Gespräch. In dieser Hinsicht besteht bei uns ein beachtenswerter Nachholbedarf. Dass die Ehefrauen gesprächsfreudiger sind als ihre Männer, ist eine bekannte Tatsache. Dies hängt wohl mit ihrem von Natur aus größeren Kontakt- und Mitteilungsbedürfnis zusammen. Außerdem hat die Frau häufig andere Vorstellungen von einer intimen Partnerschaft als der Mann, weil eines ihrer bevorzugten Liebesorgane das Ohr ist. Bei den Männern steckt hinter den Liebesbeteuerungen oft Berechnung. Ein erfahrener Liebeskünstler brachte es auf die einfache Formel: „Ich spreche mit ihr, damit sie mit mir schläft. Sie schläft mit mir, damit ich mit ihr spreche." Schlimm ist die absichtliche Sprechverweigerung durch ein trotziges tage- und wochenlanges Schweigen. Durch diesen zermürbenden Psychoterror wird versucht, den eigenen Partner durch unversöhnliche Stummheit zu strafen.

2. Einer der gefährlichsten Konfliktverursacher ist sicher der *Egoismus.* Wo ein Mensch, ob Frau oder Mann, nur an sich denkt, kann sich kein Gemeinschaftsgefühl entfalten. Wer immer nur sein Ich in den Vordergrund stellt, gönnt dem Du wenig Raum. Wer alles nur von seiner Warte aus beurteilt und stets nur seine eigenen Ansichten und Interessen durchsetzen will, ist kaum beziehungsfähig. Eine der schwerwiegenden Folgen dieser Ich-Sucht sind Neid, Missgunst und Misstrauen.

3. Eine häufige Ursache für Partnerkonflikte ist die *Eifersucht.* Sie ist keinesfalls ein Beweis für Liebe, sondern eher ein Beweis für Mangel an Liebe und Vertrauen. Die Eifersucht entspringt der besitzergreifenden Liebe. Ich kann mich an eine Frau erinnern, deren Mann eine Freundin hatte. Mit dieser verbrachte er die Wochenenden in einer Ferienwohnung auswärts, weil er sich zu Hause ständig kontrolliert fühlte. Seine Ehefrau war deshalb zutiefst enttäuscht, war sie doch in den vergangenen zwanzig Jahren sozusagen rund um die Uhr für ihren Mann da, hatte ihn treu umsorgt und dabei kaum aus den Augen gelassen. Und dies alles aus lauter Liebe, wie sie meinte. Der Ehemann hatte diese überbesorgte Überwachung schließlich nicht mehr ausgehalten. Um sich

etwas Freiraum zu verschaffen, war er in eine Außenbeziehung geflüchtet. Ganz in Schwarz gekleidet, kam seine Frau in meine Sprechstunde. Meine kurze Therapie bestand nun darin, dieser Frau bewusst zu machen, dass sie ihren Mann nicht in eine Leibeigenschaft zwingen könne, um ihn selbstsüchtig zu besitzen. Beim dritten Besuch kam diese Frau in einem buntfarbigen Kleid daher und erklärte mir: „Ich habe meinen Mann nun losgelassen." Die Folge davon war, dass der ungetreue Ehemann seine Wochenendbeziehung auflöste, weil er sich zu Hause nicht mehr dermaßen in Besitz genommen und eingeengt fühlen musste.

Ein gewisses Eifersuchtsdenken gehört wohl zu unserem alltäglichen Sicherheitsbedürfnis. Dahinter lauert aber häufig ein verstecktes Unsicherheitsgefühl. Der Psychologe *Ulrich Beer* nennt dieses den „aufmerksamen Wachhund in einer Liebesbeziehung". Eine übertriebene Eifersucht aber, die sogar krankhafte Formen annehmen kann, ist häufig zurückzuführen auf einen Mangel an Sicherheit und Geborgenheit, begleitet von Verlustangst und Verlassenheitsfurcht in der frühen Kindheit. Eine Frau, die von Jugend an darunter litt, klagte: „Wenn du nicht in meiner Nähe bist, bin ich mir selber fern. Wenn ich keine Beziehung zu dir habe, fehlt mir die Beziehung zu mir. Wenn ich keine Macht über dich habe, fühle ich mich machtlos. Wenn ich dich nicht kontrollieren kann, gerate ich außer Kontrolle. Wenn ich mich bei dir nicht sicher fühle, bin ich meiner selbst nicht sicher." (10) Eifersucht gilt allgemein als eine negative Einstellungen zum Partner, die aufgeladen ist mit kräfteraubenden Energien. Diese können sich schädigend auswirken sowohl auf den, der sie verursacht, als auch auf jene, die davon getroffen werden. *Katarina Michel* hat in einem Buch zehn Übungen empfohlen, um diese negativen Energien loszulassen und sie wieder der eigenen Lebenskraft zur Verfügung zu stellen. (11)

4. Auch der *Widerspruchsgeist* ist ein häufiger Konfliktauslöser. Hier handelt es sich um eine ichbezogene Neigung zur Selbstdurchsetzung bei Meinungsverschiedenheiten. Wer sich dessen bewusst ist und weiß, dass wir in der Regel nur in Teilwahrheiten und Halbwahrheiten denken und reden, der sollte eigene und fremde Behauptungen nicht auf die Goldwaage legen. Die ganze Wahrheit

ist ohnehin kaum je zu ergründen. Außerdem geht es in den meisten Fällen nur um Kleinigkeiten und Nebensächlichkeiten, für die es sich nicht lohnt, den Seelenfrieden infrage zu stellen. Wo ein Mensch unentwegt auf seiner eigenen Meinung beharrt, kommt es leicht zu kleinlichen Machtkämpfen und unwürdigen Rangeleien. Diese äußern sich im Rechthabenwollen, in Nörgeleien und Besserwissereien sowie im Anspruch, stets das letzte Wort haben zu wollen. Der tiefere Grund hierfür sind zumeist verkappte Unterlegenheitsgefühle und ein uneingestandener Mangel an gesundem Selbstwertgefühl.

5. Ein weiterer Grund für häufige Partnerkonflikte ist die *seelische Unreife*. Ich war in der Paarberatung immer wieder überrascht zu sehen, wie oft erwachsene Männer und Frauen in ihren partnerschaftlichen Beziehungen eine erstaunliche seelische Unreife an den Tag legten. Manche Ehestreitereien mögen dem Unbeteiligten vorkommen wie das Gezanke kleiner Kinder in einem Sandkasten. Da kann man nur *C.G. Jung* recht geben: „Nicht wenige sinken als Kindsköpfe ins Grab.“ (12) Seelisch unreife Menschen haben ein schwaches Ich-Bewusstsein, das nicht belastungsfähig ist. Leicht verlieren sie ihre Beherrschung und werden ausfällig oder abfällig in ihren Vorwürfen. Auch fällt es ihnen nicht leicht, eigene Fehler einzugestehen und sich dafür zu entschuldigen, weil sie dies als eingestandene Schwäche empfinden würden. Naive Gemüter neigen gern dazu, ihre eigenen Unarten, die ihnen selber zu wenig bewusst sind oder die sie bei sich nicht wahrhaben wollen, auf andere Menschen zu übertragen. Hierzu eignet sich der Ehepartner besonders gut. Während es in der ersten Verliebtheit vorwiegend positive Seelenanteile sind, die dem geliebten Du angedichtet werden, können es in den späteren Jahren, nachdem eine gewisse Ernüchterung eingetreten ist, auch negative Eigenheiten sein, die dem Partner zugeschrieben werden. Der Psychologe *D. Sharp* hat als Ehetherapeut die Erfahrung gemacht, „dass der Mann seine Anima auf die Frau projiziert und die Frau ihren Animus auf den Mann“ (13), um sich dadurch gegenseitig zu bekämpfen. Wer sich seines eigenen Seelenschattens nicht bewusst ist, lebt nur halbseitig und sieht

seinen Partner nur einseitig, was die Partnerschaft in eine gefährliche Schieflage bringen kann.

Schwierig gestaltet sich das Zusammenleben bei einer ausgesprochenen *Entwicklungs-Asynchronie*, wenn der seelisch-geistige Entwicklungsabstand der Partner zu groß wird. Dies ist der Fall, wenn der eine Partner sich stetig weiterbildet, intellektuell interessiert und geistig regsam ist, während der andere auf bescheidenem kulturellen Niveau stehen bleibt. Auch kommt es vor, dass die beiden weltanschaulich und religiös das Heu nicht auf dem gleichen Boden haben. Dann wird es mit der Zeit zu gegenseitiger Entfremdung kommen. Die gemeinsamen Gespräche drehen sich dann um alltägliche banale Dinge ohne jeden Tiefgang. So bleibt man aus Gewohnheit beisammen und wahrt wenigstens nach außen die Form einer intakten Gemeinschaft, ohne sich je wirklich vertraut zu werden.

6. Ungerechtfertigte *Schuldzuweisungen* können ein weiterer Grund für Beziehungskonflikte sein. Der Vorwurf: „Du bist schuld“ oder „Es ist deine Schuld“ geht oft am gesunden Gerechtigkeitsgefühl vorbei, weil sich dahinter das egoistische Bestreben nach eigener Rechtfertigung versteckt. Im verunsicherten Partner werden dadurch subjektive Schuldgefühle geweckt, die dazu führen können, dass er sich schließlich selber für schuldig hält und sich daher nicht zu rechtfertigen getraut. Bereits der mittelalterliche persische Dichter *Rumi* erkannte: „Wenn du einen Fehler an deinem Mitmenschen siehst, so ist der Fehler, den du in ihm siehst, in dir selber. Die Welt ist ja gleich einem Spiegel, in dem du dein eigenes Bild erkennst. Reinige dich von den Fehlern in dir, denn was dich an dem anderen stört, schmerzt dich in Wirklichkeit selber.“ (14)

7. Auch die *Überforderung* in Stress-Situationen enthält beachtliches Konfliktpotenzial. Dieses kann entstehen im Zusammenhang mit familiärer und beruflicher Überbeanspruchung oder wegen gesundheitlicher Schwächen. So kommt es vor, dass sich Paare den alltäglichen Anforderungen und Drucksituationen nicht mehr gewachsen fühlen. Deswegen bleibt für die Pflege einer harmonischen Zweierbeziehung oft wenig Freiraum. Dies ist vor allem

dann der Fall, wenn der Stress am Arbeitsplatz in den privaten Bereich hineingetragen wird und sich dort unheilvoll auswirkt in gehässigen Auseinandersetzungen, in mangelnder Ansprechbarkeit oder in fehlendem gegenseitigen Verständnis. Oft bleibt dann nur noch die Flucht hinter die Tageszeitung, vor den Fernseher oder Heimcomputer. Psychologen des Instituts für Familienforschung und Familienberatung der Universität Freiburg untersuchten die Auswirkungen von Stress auf die Partnerbeziehung. Sie fanden, dass die Harmonie dadurch um 40% abnimmt, weil die Bereitschaft zu emotionaler Offenheit und zur Mitteilung von Gefühlen wegen schlechter Erfahrungen stark vermindert ist. (15)

8. Ein weiterer Konfliktherd ist der gegenseitigen *Entfremdung im Intimleben* zuzuschreiben. Heute wird von Fachleuten geschätzt, dass in der Hälfte aller Ehen nach wenigen Jahren die sexuelle Intimität auf Sparflamme gesetzt wird. Der Psychologieprofessor *Ulrich Clement* hält es für den Normalfall, dass das Bedürfnis nach intimer Nähe zum Partner mit der Zeit deutlich nachlässt, weil sich die Lust gern am Neuen, Einmaligen und Ungewohnten orientiert. Bei Gewöhnung und Eintönigkeit verglüht das erotische Feuer bald. (16) Eine Studie mit rund 500 Personen aus Holland, Spanien, Großbritannien, den USA und der Türkei hat vor kurzem ergeben, dass bei 25% der Ehepaare das Intimleben gestört ist. (17) Die häufigsten Gründe hierfür sind Mangel an gegenseitiger Rücksichtnahme, Angst vor Ungenügen und Überforderung. Auch Stress und Übermüdung, hormonelle Veränderungen und gesundheitliche Schwierigkeiten können dafür verantwortlich sein. Am häufigsten vermissen die Frauen sensible Zuwendung und Zärtlichkeit, weil der Mann zu schnell „zur Sache" kommt. Es liegt viel Wahres in der Aussage: „Wenn die Zärtlichkeit rationiert wird, beginnt der heimliche Schwarzhandel." In diesem heiklen und sensiblen Bereich des intimen Zusammenlebens sind Frauen wie Männer besonders leicht verletzbar, gibt es doch hier viel Unausgesprochenes, Verklemmtes und Verdrängtes. (18) Nicht selten mangelt es auch an Phantasie und Einfallsreichtum, denn auch Sex und Eros beginnen im Kopf. Die meisten Menschen sind auch in dieser Hinsicht „Gewohnheitstiere". Ein bisschen Romantik

und weniger Technik könnten hier Wunder wirken. Die ehemalige Schönheitskönigin von Miami, *Marabel Morgan,* gab einer frustrierten Freundin den Rat: „Speise mit ihm bei Kerzenschein, dann wird auch ihm ein Licht aufgehen."

9. Unterschiedliche religiöse und weltanschauliche Auffassungen können entzweienden Konfliktstoff bieten. Dann fehlt die solide Grundlage für ein gegenseitiges Verständnis. Ohne das einvernehmliche Übereinstimmen gerade in den wichtigsten und letzten Dingen des Lebens, nämlich in der Frage, woher wir kommen und wohin wir gehen, kann es zu keiner vertieften Gemeinsamkeit auf der geistigen Begegnungsebene kommen. In meinen Eheberatungsfällen versuchte ich daher die Tiefe ihrer weltanschaulichen Gedankenwelt auszuloten mit den Fragen: „Wo waren Sie vor hundert Jahren? Was ist der Sinn des Lebens? Welches sind in dieser Hinsicht Eure übereinstimmenden Gemeinsamkeiten?" Aus den gegebenen Antworten konnte ich ermessen, auf welcher Stufe die bestehenden Schwierigkeiten anzugehen sind und ob für deren Bewältigung überhaupt eine Chance besteht.

10. Recht erschwert bis verunmöglicht wird eine sachliche Diskussion vor allem dann, wenn es bei den stark emotional gefärbten Diskussionen des Paares zu Pauschalurteilen, verallgemeinernden Behauptungen und unbegründeten Verdächtigungen kommt. Wenn ständig alte Geschichten aufgewärmt werden, wenn man Vergangenes und vom Partner vielleicht längst Vergessenes nicht auf sich beruhen lässt oder wenn man stets die gleichen Vorwürfe dem anderen an den Kopf wirft und alte Wunden aufreißt, ist an ein versöhnliches Gespräch kaum zu denken. Hierzu braucht es meist eine vermittelnde neutrale Drittperson, in der psychologischen Fachsprache Mediator oder Mediatorin genannt. Und noch eins sollte beachtet werden: Vor allem Menschen mit geringem Selbstwertgefühl benötigen immer wieder lobende Worte der Anerkennung wie die Luft zum Atmen. In einer mangelhaft ernährten Seele, kann auch die Liebe nicht gedeihen.

Entscheidend ist immer, wie Paare in alltäglichen Konfliktsituationen miteinander umgehen. Der Paarberater *Werner Wolf* hat untersucht, wie sich Eheleute bei Konflikten verhalten und wie sie diese zu bewältigen suchen. Er fand verschiedene Verhaltensmuster, die er in drei Gruppen zusammenfasste: Bei 25% der Befragten stellte er ein unangepasstes Benehmen fest, wobei es häufig zu Streit, zu massiven Vorwürfen und sogar zu handfesten Tätlichkeiten kam. Ein angemessenes Verhalten konnte er bei 65% der Befragten beobachten. Diese waren fähig, ihre Probleme miteinander zu besprechen und gemeinsam nach einvernehmlichen Lösungen zu suchen. Eine zu passive oder ausweichende Haltung in kritischen Ehesituationen fand er bei 10%. Man muss also feststellen, dass in 35% der Fälle keine annehmbare und vernünftige Krisenbewältigung möglich war. (19)

Eine einfühlsame Partnerschaft ist eine sinnvolle Möglichkeit, um mit sich und dem anvertrauten Weggefährten geistig weiterzukommen. Daher führt die positive Streitkultur zu einer günstigen Auseinandersetzung mit sich und mit dem eigenen Gegenüber. Dabei braucht es Mut zur Ehrlichkeit, um auch Unliebsames und Verletzendes mit Anstand zur Sprache zur bringen. Der Lohn dafür kann Verständnis, gegenseitiges Vertrauen und Friedfertigkeit sein. Wer bereit ist, hierfür selbst unter erschwerten Umständen auch den abverlangten Preis zu entrichten, dem winkt am Ende des Weges vielleicht ein spätes Glück oder zumindest die Gewissheit, dass man miteinander eine beachtliche Wegstrecke zurückgelegt hat, um zu einer wünschenswerten Persönlichkeitsreife zu gelangen.

8.3 Ehen in der Zerreißprobe

Die gegenseitige Entfremdung in einer Partnerschaft beginnt schleichend, wenn man in einer Beziehung anfängt, allzu viel als selbstverständlich hinzunehmen und die gemeinsame Liebe nicht mehr als „permanentes Wunder“ erlebt. Fast unbemerkt gewinnt die egoistische Selbstbehauptung die Oberhand, gegenseitige Höflichkeiten und Nettigkeiten werden spärlicher und das tägliche Zusammenleben wird zur Gewohnheit. Wenn dann noch die seelische Belastbarkeit zunimmt, kann es zu ernsten Zerreißproben in der Ehe kommen. In der Textilindustrie gilt die Reißprobe als Test, um die Reißfestigkeit eines Stoffes zu prüfen. Dort, wo das aufgehängte Probestück aufgrund seiner eigenen Schwerkraft reißt, ist die Grenze der Belastbarkeit erreicht. Ähnlich verhält es sich in einer Ehe. Jede Liebes- und Ehekrise kann für die Partnerbeziehung zu einer Zerreißprobe werden, dann nämlich, wenn diese die Belastungsgrenze an Zumutbarkeit erreicht hat. Daraus ergibt sich die Frage: Wie viel Tragkraft kann von den beteiligten Ehepartnern in schwierigen Situationen erwartet werden? Wie viel an Durchhaltevermögen vermögen sie aufzubringen? Die Antwort auf diese Fragen kann uns nur die seelische *Toleranzfähigkeit* der daran beteiligten Personen geben und nicht ein sittliches Gebot oder ein ziviles Gesetz.

Das Wort Toleranz hat seine sprachlichen Wurzeln im Lateinischen „tolerare", was so viel heißt wie ertragen, hinnehmen, aushalten und erdulden. Wer tolerant ist, der verhält sich also nachsichtig, rücksichtsvoll und belastbar. Im Gegenzug dazu bedeutet Intoleranz eine engherzige, unduldsame und sture Geisteshaltung. *Voltaire* hielt die Toleranz für die „schönste Gabe der Menschlichkeit", weil sie Hindernisse zu überwinden, Grenzen zu überschreiten und Gefährdungen auszuhalten vermag. Tolerant zu sein, heißt freilich nicht, sich gesinnungslos allem anpassen und sich wie eine Windfahne nach jedem Wetter zu drehen. Im partnerschaftlichen Zusammenleben von zwei Menschen können wir fünf Arten von Toleranz unterscheiden: Die Ambivalenz-Toleranz, die Konflikt-Toleranz, die Frustrations-Toleranz, die Stress-Toleranz und die Schmerz-Toleranz.

1. Unter *Konflikt-Toleranz* ist die Fähigkeit zu verstehen, Konflikte unbeschadet zu ertragen, durchzustehen und zu überstehen. Gerungen wird dabei um die bessere Einsicht oder auch um das Recht des Stärkeren, wie bei einem Zweikampf. Nähern sich die beiden Standpunkte an und kommt es zu wechselseitigen Zugeständnissen, kann ein gemeinsamer Nenner gefunden werden. In diesem Fall spricht man von Kompromiss oder Konsens. An der Konflikt-Toleranz entscheidet sich häufig der Bestand einer Ehe. Der amerikanische Mathematiker *John Gottmann* hat während zwanzig Jahren das Konfliktverhalten von 600 Ehepaaren auf Videofilmen aufgezeichnet und ausgewertet. Aufgrund seiner Beobachtungen entwickelte er eine Formel, aus der er die Erfolgsaussichten von

Ehen berechnete. Für seine Datenbank wertete der Forscher nicht nur die wesentlichen Streitpunkte aus, sondern auch die Körpersprache wie Mimik, Gestik und Lautstärke der „Streithähne". Für negative Gefühlsausbrüche wie Wut, Grobheiten und Aggressionen gab es Minuspunkte, für positive Reaktionen wie Humor, Tränen und Versöhnlichkeit vermerkte er Pluspunkte. Auf diese Weise fand er drei unterschiedliche Verhaltenstypen. Die erste Gruppe wurde gebildet von Paaren, die möglichst jeden Streit vermeiden wollen. Bei unterschiedlichen Meinungen gibt der tolerantere Partner nach, so etwa wie in jenem Fall, wo die Frau ihrem Ehemann vorschlug: „Wenn wir beide gleicher Meinung sind, machen wir es so, wie du willst, und wenn wir nicht gleicher Meinung sind, machen wir es so, wie ich will." Diese überangepasste Gesinnung „dem Frieden zuliebe" verspricht auf die Dauer eine konfliktarme, aber auch energieschwache Ehe. Die zweite Gruppe setzte sich aus streitbaren Paaren zusammen, bei denen gelegentlich die Fetzen flogen. Trotz heftigen Auseinandersetzungen finden sie in der Regel eine für beide annehmbare Einigung. Solche Verbindungen lassen eine mittlere Ehedauer erwarten. In der dritten Gruppe befinden sich die stabilen Ehepaare. Diese pflegen miteinander eine versöhnliche Gesprächskultur. Sie hören dem Partner geduldig zu. Sie respektieren gegenteilige Meinungen, nehmen diese aufmerksam zur Kenntnis. Sie versuchen trotz unterschiedlicher Ansichten und Standpunkte einander zu verstehen. Diese konflikt-toleranten Ehen haben die besten Aussichten auf eine andauernde Beständigkeit. Solche Daten hat *John Gottmann* in einer Kurve graphisch dargestellt. Dabei stellte er fest: Sobald diese unter einen kritischen Konfliktpunkt fällt, deutet dies auf Scheidung innerhalb der kommenden fünf Jahre hin. Ein mäßiges Abrutschen der Kurve lässt auf eine Trennung oder Scheidung innerhalb von sechzehn Jahren erwarten. Paare, die jedoch deutlich über dem gefährlichen Zerreißpunkt liegen, dürfen mit beständigem Eheglück rechnen. (20)

2. Unter *Ambivalenz-Toleranz* wird die Fähigkeit verstanden, anzuerkennen und hinzunehmen, dass der Ehepartner in mancherlei Hinsicht anders geartet ist, anders denkt und sich anders verhält,

als man dies erwartet oder gewünscht hat. Der Begriff Ambivalenz setzt sich zusammen aus den lateinischen Wörtern „ambi“ für beidseitig, zweiseitig und „valere“ für gelten, wert sein. Ambivalent heißt also doppelwertig oder anderswertig sein. Wer sich bewusst ist, dass zwei Menschen auch geteilter Meinung sein können und dass ihre Aussagen zumeist nur Halb- oder Teilwahrheiten sind, der besitzt eine gute Ambivalenz-Toleranz. Er kann sich den römischen Philosophen und Kaiser *Marc Aurel* (121-180 n. Chr.) zum Vorbild nehmen, der in seinem Tagebuch vermerkte: „Ich werde heute Menschen begegnen, die mit mir nicht einverstanden sind. Aber das soll mich weder überraschen noch beunruhigen, weil ich mir die Welt ohne solche Menschen nicht vorstellen kann.“ (21) Nach *Viktor Frankl* besteht die Toleranz nicht darin, „dass man die Ansicht eines anderen teilt, sondern darin, dass man ihm das Recht einräumt, überhaupt anderer Ansicht zu sein“. (22)

Es ist also wichtig, das Anderssein des Ehepartners anzunehmen und hinzunehmen, denn dies kann eine Partnerschaft auch bereichern. Eine selbstbewusste Frau erklärte ihrem Mann: „Ich bin nicht wie du, und ich will auch nicht sein wie du!“ Auch dies ist eine Form der Liebe. Nach der Ansicht von *Arno Plack* ist echte Liebe nicht möglich „ohne Abstand voneinander und ohne Anerkennung des anderen. Liebe setzt solche Anerkennung nicht voraus, sie schließt sie ein, indem sie immer schon mehr ist als bloße Anerkennung, nämlich ausdrückliche Bejahung des anderen in seinem Anderssein.“ (23) *Walter Münerg* ergänzt hierzu: „Die wahre Ursache der Ehekonflikte liegt im Nicht-Verstehen der Eigenart des Partners und im Nicht-Einsehen der eigenen Besonderheit.“ (24) Außerdem ist zu akzeptieren, dass jeder Mensch im Verlauf der Jahre sich ändert und verändert, nicht nur körperlich, sondern auch seelisch und geistig. Wenn dies zum gegenseitigen Vorteil geschieht, ist dies ein Anzeichen von innerem Wachstum und Reifen. Die Andersartigkeit des Partners anzunehmen, begünstigt das Zusammenleben, fördert das gegenseitige Verstehen und ermöglicht den ehelichen Frieden. Wer tolerant ist, der ist nicht bestrebt, den anderen ändern zu wollen. Dies meint folgende Symbolgeschichte: Eine Frau ging zu einem weisen Meister und fragte ihn: „Was kann ich tun, damit mein Mann sich ändert?“

Dieser antwortete: „Vor allem versuche, eine bessere Ehefrau zu werden.“ „Wie kann ich dies erreichen?“, wollte sie wissen. Der Meister antwortete: „Indem du nicht versuchst, deinen Mann zu einem besseren Ehemann zu machen. Wenn du etwas ändern willst, dann fange an, dich selber zum Besseren zu ändern.“

3. Die *Stress-Toleranz* ist eine gefragte Tugend bei Überforderung, Ausgelaugtsein und Burnout. Ein gesundes Maß an Stress fordert und fördert uns. Es verhält sich hier wie bei einem Saiteninstrument. Eine schlaffe, zu wenig angespannte Saite tönt hohl, eine überspannte Saite erzeugt einen schrillen Ton. Ebenso sind ein erträgliches Mittelmaß an Spannung und Herausforderungen auch in einer ehelichen Partnerschaft wünschenswert. Aber zu viel Stress kann eine Ehe ruinieren, wie folgendes Beispiel zeigt: Eine junge Ehefrau, Geschäftsfrau und Mutter von zwei kleinen Kindern fasste ihre Partnerschwierigkeiten mit folgenden Worten zusammen: „Ich konnte nicht ständig die gutgelaunte Ehefrau, die liebevolle Mutter, die tüchtige Geschäftsfrau, die attraktive Geliebte und die stets freundlich lächelnde Gastgeberin sein.“ Eines Tages brannten ihre seelischen Sicherungen durch, die Batterien waren leer, ihr Geduldsfaden riss und sie war mit ihren Nerven am Ende: Sie verlangte die Scheidung. Eine Studiengruppe von Psychologen konnte in den 1990er-Jahren aufgrund der Bewältigung von Beziehungsstress mit einer Treffsicherheit von 70% voraussagen, welchen Verlauf eine Partnerschaft in Zukunft nehmen wird. (25)

4. Bei gut der Hälfte der Ehen wird auch *Frustrations-Toleranz* erwartet. Frustriert kann ein Mensch sein, wenn er nicht bekommt, was er will, und dafür erhält, was er nicht wünscht. In der Ehe sind es Verzichtsleistungen und der Zustand des Unbefriedigtseins, was oft die Grenze des Tolerierbaren übersteigt. Die Folgen davon sind Unzufriedenheit, Gereiztheit und Gehässigkeit. Die meisten Frustrationen sind allerdings selbstgemacht, weil die Erwartungen und Lebensansprüche aufgrund von Selbstüberschätzung zu hoch gesteckt sind. So folgt nach der Selbst- und Fremdtäuschung die Enttäuschung. Nicht selten liegt dahinter eine verwöhnende und verweichlichende Erziehung im Elternhaus. Die Frustra-

tions-Toleranz stößt immer an die Grenzen des Ertragbaren im Verzicht auf Wunschbefriedigung, und die ist bei den einzelnen Menschen recht verschieden. Es ist stets eine Frage der inneren Stärke, wie weit wir in der Lage sind, Durststrecken, Misserfolge und Enttäuschungen schadlos durchzuhalten. Aus der Sicht einer erfahrenen Frau schreibt *Meta Zweifel*: „Frustrationstoleranz hat mit jener Kraft zu tun, die mit Ermüdungserscheinungen in der Liebesbeziehung, mit unvermeidlichen Enttäuschungen, mit Alltagsmief und Kindergeschrei, mit finanziellen Problemen und mit Attraktivitätsschwund umgehen kann." Dabei zitiert sie eine Frankfurter Scheidungsanwältin mit folgenden Worten: „Ich habe den Eindruck, dass die Frustrations-Toleranz heute gering ist. Man hält es mit der Ehe wie mit dem Konsum von Dingen. Wenn es nicht gefällt, tausche ich es um oder werfe es weg." (26) Die Partnerliebe wird heute vielfach zum bloßen Tauschgeschäft im Bedürfnisladen der Gefühle und Triebe. Trotz der täglichen Nähe bleibt zwischen dem Paar eine Kluft von Fremdheit bestehen. „Es scheint ein Symptom heutiger Beziehungen zu sein", schreibt die Psychologin *Ursula Nuber,* „dass viele Paare über dieses Stadium nicht hinauskommen: Wie lange eine Beziehung auch dauern mag, wie sehr sich die Partner auch nach Nähe und Zuwendung sehnen – sie tun *unbewusst* alles dafür, um Intimität zu vermeiden." (27)

5. Die *Schmerztoleranz* ist ein weiteres wichtiges Merkmal für eine tragfähige Dauerbeziehung. Schmerzen lassen sich nicht objektiv messen. Diese werden recht unterschiedlich von Mensch zu Mensch empfunden. Was den Wehleidigen bereits die Wände hochgehen lässt, nimmt der andere gefasst und gelassen hin. Es ist dies nicht nur eine Angelegenheit des angeborenen Temperamentes, sondern auch eine Frage der Selbstdisziplin. *C.G. Jung* empfahl bei Ehekonflikten, diese zu ertragen, anstatt gegen die drückende Notwendigkeit zu kämpfen. Eine seiner Patientinnen träumte, sie befände sich in einem schmerzenden Feuerpfuhl. Da habe ihr Psychiater *Jung* sie am Kopf gefasst und noch tiefer hinabgedrückt mit den Worten: „Nicht heraus, sondern durch!" (28) Die Bereitschaft, schmerzliche Erfahrungen hinzunehmen und

dennoch den Mut nicht zu verlieren, die ehrliche Bereitschaft, das Zusammenbleiben immer wieder neu zu versuchen, war in vielen Fällen, die ich gesehen habe, die vernünftigste und bestmögliche Lösung, um Schlimmeres zu verhindern. Oft musste ich in kritischen Situationen dem Paar raten, mit ihrem Scheidungsgrund miteinander leben zu lernen.

8.4 Fremdgehen und Verlassenwerden

Das erste Treueversprechen nehmen Liebende zwar ernst, doch der Ernstfall steht ihnen noch bevor. Ein gefährlicher Sprengsatz, welcher später eine Ehe ruinieren kann, ist eine außereheliche Beziehung des einen oder beider Partner. Gemeint ist in erster Linie die sexuelle Untreue, die nach landläufigen Moralvorstellungen zumeist als *Ehebruch* bezeichnet wird. Damit wird zunächst nur ein Teilbereich der Ehe gebrochen und selten wird der gesamte Bereich der Partnerschaft infrage gestellt. In den meisten Fällen gleicht dieses erste Fremdgehen einem Obstdiebstahl in Nachbars Garten. In einer Auswärtsbeziehung suchen die meisten Männer nicht eine neue Ehefrau, sondern eine Geliebte. Und für die Frauen ist es eine Ersatzhandlung oder ein flüchtiges Abenteuer. Die eigene Familie zu verlassen, daran denken die wenigsten.

Wenn ein Partner fremdgeht, aus welchen Gründen auch immer, ist die Partnerschaft in Gefahr. Will man neueren Umfragen glauben, nehmen es in mitteleuropäischen Ländern 60% der Verheirateten mit der sexuellen Treue nicht so genau. (29) Zur Häufigkeit des Fremdgehens bringt die Psychologin *Julia Onken* einige ernüchternde Zahlen. Die statistischen Angaben hierzu sind allerdings nicht einheitlich. Diese schwanken von 38-64% bei den Frauen und 42-73% bei den Männern. Geht man den Ursachen nach, welche Verheiratete in fremde Betten locken, findet man: Frust und Langweile in der eigenen Ehe, der Wunsch nach Abwechslung, das Bedürfnis nach mehr Zuwendung und Zärtlichkeit, das Vermissen der Gesprächsbereitschaft beim Partner, die Angst, nicht mehr begehrt zu werden, und die fehlende gegenseitige Wertschätzung. (30)

Die eheliche Untreue geschieht nicht ohne ihre Vorgeschichte. Häufig geht eine schleichende Entfremdung voraus, oft auch nicht endenwollende Zwistigkeiten und Streitereien und chronische Unzufriedenheit.

In nicht wenigen Fällen geht dem Eheverrat des einen der Liebesverrat des anderen Partners voraus. Ein Mann schrieb mir: „Ehe ich die Ehe gebrochen habe, hat mich die Ehe gebrochen." Die tieferen Ursachen werden oft übersehen. Da ist zunächst die eigene Unsicherheit, die dazu verleiten kann, auswärts Bestätigung zu suchen. Auch wer glaubt, in seinen Ansprüchen zu kurz zu kommen oder in seinen Wünschen zu eng gehalten zu werden, wird vielleicht diesen Ausweg und Ausbruch wagen. Durch die Flucht in eine Außenbeziehung sucht man bei einem Freund oder bei einer Freundin Anteilnahme und Verständnis. Dies mag dann der Fall sein, wenn die Eheleute sich während längerer Zeit auseinander gelebt haben, wenn wenige oder keine gemeinsamen Interessen mehr die beiden verbindet oder wenn kaum noch ein vertrautes Gespräch zustande kommt. Nachdem derartige Gründe vorhanden sind, läuft das Drama einer außerehelichen Beziehung immer wieder nach ähnlichem Muster ab: Am Anfang steht eine Begegnung, welche die Flamme der Sympathie entzündet. Danach folgt ein freundschaftliches Kennenlernen und Näherkommen. Plötzlich hat das eigene Herz anderswo zu tun. Das Feuer der gegenseitigen Zuneigung beginnt zu knistern. Heraus sprühen nun flüchtige Funken der Leidenschaft, die früher oder später tatsächlich Leiden schaffen. Wird jetzt nicht die Notbremse gezogen, kommt es zu Heimlichkeiten und ersten Unehrlichkeiten dem eigenen Ehepartner gegenüber. Dies kann von einem One-Night-Stand über eine längere Affäre bis hin zur festen Bindung gehen. Wer jetzt keinen kühlen Kopf bewahrt, der schlittert ungewollt in eine verliebte Abhängigkeit hinein. Bald stellen sich Konflikte und Krisen ein, denen Zerwürfnisse und Verdächtigungen folgen. Später kommt es zu ersten Ernüchterungen und Enttäuschungen. Vom sogenannten *unschuldigen Ehepartner* wird dieser Vorfall weniger als Unfall, sondern vielmehr als *Sündenfall* bewertet und oft genug auch überbewertet. Weil sich dieser in seinem Stolz und Selbstwertgefühl verletzt fühlt, wird unnötig viel Porzellan zerschlagen, um den Treulosen und Ungetreuen zu bestrafen.

Ein Kaufmann verliebte sich flüchtig in seine Sekretärin. Als dies auf Umwegen seiner Ehefrau zu Ohren kam, wollte sie von mir wissen, ob sie sich scheiden lassen solle. In der ersten Trotzreaktion wollte sie mit ihren drei kleinen Kindern zu ihrer Schwester nach Südamerika flüchten. Ich verglich den Flirt ihres Mannes mit einer vorübergehenden Fieberkrankheit und empfahl ihr, den Patienten nicht in ihrem Gekränktsein vorzeitig aus dem Bett zu werfen, sondern zu warten, bis er von seiner Verliebtheit wieder genesen sei. Nun überlegte sich die erboste Ehefrau ihren voreiligen Entschluss nochmals. Sie folgte meinem Rat und unternahm vorerst nichts. Damit war ihre Ehe, wie sich später herausstellte, auf Jahre hinaus gerettet. Wenn aber der betrogene Partner in Wut und Eifersucht überstürzt zum Scheidungsanwalt rennt, setzt er ein größeres Unheil in Gang, das kaum noch aufzuhalten ist. Die Schlussbilanz ist zumeist negativ, weil man dabei viel investiert und wenig gewonnen hat, außer einigen schmerzvollen Erfahrungen. Daraus ergibt sich zumeist die späte Erkenntnis: „Der Weise lässt, was er nicht tun kann; der Narr tut, was er nicht lassen kann."

Wenn es bei einem Seitensprung auch nicht immer um einen Ehebruch im eigentlichen Sinne geht, so doch um einen schwerwiegenden Vertrauensbruch, begleitet von Schuldgefühlen und schlechtem Gewissen. Der betrogene Partner fällt aus den Wolken seiner Illusionen und Selbsttäuschungen. Nachdem eine 45-jährige Ehefrau feststellen musste, dass ihr Ehemann seit längerer Zeit eine heimliche Freundin hatte, jammerte sie mir in der Eheberatung vor: „Das hätte ich nie für möglich gehalten; das hätte ich ihm nie zugetraut!" Das war ihr persönlicher Fehler. Ich musste ihr klarmachen, dass die Ehe keine Absicherung auf Lebenszeit verspricht. Wenn man in einer Partnerschaft seiner Sache zu sicher ist, bemüht man sich nicht mehr um sie. Es ist mit der Liebe wie mit der Wahrheit: Wer da glaubt, diese zu besitzen, der sucht sie nicht mehr.

Indem ein Partner fremdgeht, sind Vertrauensverlust und persönliche Kränkung beim verlassenen Partner die Folgen. Dabei wird oft alles nur auf diese eine Karte gesetzt. Eine betroffene und enttäuschte Ehefrau schrieb mir: „Wir investierten so viel von uns selbst, so viele Hoffnungen, Träume, Erwartungen in unsere Ehe, und suchten einen Menschen, dem wir wirklich restlos vertrauen können, jemanden, bei dem wir das Gefühl haben, wir können uns jederzeit auf ihn verlassen".

Das Eheberaterpaar *Judith* und *James Seller* hat bei seinen Klienten öfters gefunden, dass „ein Mann unter dem Seitensprung seiner Frau stärker leidet und viel mehr Mühe hat, darüber wegzukommen, als umgekehrt". (31) Wahrscheinlich deshalb, weil viele Männer das, was sie bei sich für ein gelegentliches Kavaliersdelikt halten, bei der Ehefrau viel schwerwiegender werten. Unter einer ehelichen Dauerkrise aber haben die Frauen in der Regel mehr zu leiden als die Männer. Die meisten der ausgescherten Treulosen kehren über kurz oder lang doch zur Normalität zurück, weil es zu schwierig wird, gleichzeitig auf zwei Hochzeiten zu tanzen. Ein Versteckspiel und ein Doppelleben wird auf die Dauer zu belastend. Erfahrungsgemäß erweist sich die Bindung an die eigene Familie stärker als die Liaison an Freund oder Freundin. Daher muss eine kurzfristige Außenbeziehung keineswegs immer das Ende einer Ehe bedeuten, obwohl dies der häufigste Scheidungsgrund ist.

So wie das körpereigene Immunsystem durch eine Infektion gestärkt werden kann, indem es die Selbstheilungskräfte herausfordert, ebenso kann eine Liebesenttäuschung eine Ehe festigen, weil die Partner erkennen, was auf dem Spiel steht. Wenn ein Teil krank ist, sollte man nicht sogleich an Amputation denken, sondern an dessen Rettung durch Sanieren und Heilen. So ist es auch, wenn der eheliche Haussegen schiefhängt. Voraussetzung ist, dass die beiden Partner einsichtig und lernwillig sind. Nun stellten sich für beide die Fragen: Was ist bei uns falsch gelaufen? Was hätte anders sein sollen? Was haben wir versäumt, vernachlässigt oder übersehen? Die Einsicht in das eigene Fehlverhalten und an die gemeinsamen Fehler und Versäumnisse kann zur rettenden Chance werden für einen Neuanfang. Der Weg zurück verläuft an den Meilensteinen von Reue, Wiedergutmachung und Verzeihen vorbei und kann auch zu einer längeren Durststrecke werden, die Geduld und Nachsicht verlangt.

In früheren Jahrzehnten wurden Ehekrisen vielfach von der eigenen Sippe aufgefangen und mitgetragen. Das verlieh der Partnerschaft mehr Rückhalt und Festigkeit. In der heutigen Kleinfamilie ist dies viel seltener der Fall. Bei Streitigkeiten wollen sich Verwandte und Bekannte nicht einmischen, um nicht Partei ergreifen zu müssen. So sind Paare häufig auf sich selbst gestellt. Ihre einstige Liebes- und Lebensgemeinschaft wird so zur gemeinsamen Leidensgemeinschaft. Heute finden zahlreiche Paare immer weniger Gründe, um zusammenzubleiben. Daher kommt es zum nächsten Schritt: Zu Trennung und Scheidung.

8.5 Trennung und Scheidung

Nicht wenige Ehepaare sehen sich eines Tages vor die Frage gestellt, ob sie in Zukunft getrennte Wege gehen wollen. Viele behalten zwar den bisherigen Eherahmen bei und trennen sich intern von Tisch und Bett, wobei oft schon getrennte Schlafzimmer genügen. Dies vermag manche schwere Konfliktsituation etwas zu mildern und muss noch nicht das Ende einer Beziehung bedeuten. Wegen der eigenen Kinder oder aus familiären, sozialen und finanziellen Gründen ist man bestrebt, den äußeren Schein zu wahren. Es kommt aber auch vor, dass Paare aus lauter Gewohnheit und seelischer Trägheit zusammenbleiben, doch sie vermögen ihrer Beziehung keine neuen Inhalte mehr zu geben. Dadurch wird der Ehealltag grau und griesgrämig. Vor allem für die Ehefrau bleibt die Situation meist unbefriedigend und auf die Dauer unerträglich. Eine aktuelle Umfrage des Forschungsinstituts „Amorex“ zeigt: Rund 60% der Trennungsbegehren werden von Frauen eingereicht und durchgesetzt. Bei 40% der Frauen liegt der Hauptgrund darin, dass sie einen anderen Partner gefunden haben, in 30% der Fälle ist es der Ehemann, der sich in eine andere Frau verliebt hat. 48% der Befragten gaben an, sie hätten sich in der Ehe seit längerer Zeit auseinandergelebt. (32) Eheliche Untreue steht auch heute noch in der Skala der Scheidungsgründe ganz oben, obwohl diese für gewöhnlich nicht der eigentliche Scheidungsgrund ist, sondern lediglich der äußere Aufhänger und Anlass. Deshalb wird die Schuldfrage vor dem Scheidungsrichter heute nicht mehr geklärt. Man spricht stattdessen von allgemeiner Ehezerrüttung.

Wird nun die Ehe infrage gestellt, meist in einer schwerwiegenden Krise, schwanken die beiden Partner zunächst zwischen Zweifel und Verzweiflung, zwischen Unmut und Mutlosigkeit, zwischen Ablehnung und Anlehnungsbedürfnis, zwischen Vermutungen und Verdächtigungen. Durch Fremdvorwürfe und Selbstvorwürfe errichten sie zwischen sich eine Mauer der Verweigerung und des Schweigens. Um einen ernsthaften Ehekonflikt zu entschärfen, kann eine kurzfristige *Trennung* über Tage und Wochen als „Auszeit“ zur Beruhigung und Entspannung beitragen. Durch diese erhält das Paar die Gelegenheit, sich zu besinnen und zu beruhigen, vermehrt zu sich selber zu kommen, die bestehende oder entstandene Situation zu überdenken und um fachlichen Rat einzuholen. Wenn der Gemütssturm sich gelegt hat und die gröbsten Gefühlswallungen verebbt sind, sieht so manches anders aus. Jedenfalls können die Getrennten prüfen, ob sie sich gegenseitig vermissen, ob sie sich nach ihrer Gemeinsamkeit sehnen, ob sie den Mut aufbringen, sich zu versöhnen, und gewillt sind, wieder neu miteinander anzufangen. Jetzt kann sich erweisen, ob ihre Trennung wirkt wie der Wind, der kleine Flammen auslöscht und große Feuer entfacht. Je länger die Trennung jedoch dauert, umso größer wird die Gefahr, dass sie den Weg zueinander nicht mehr finden. Wenn es in einer Ehe immer wieder zu massiven Auseinandersetzungen, Grobheiten und Gewaltanwendungen kommt, ist die rote Linie des Zumutbaren überschritten. Viele Leidtragende ziehen dann ein Ende mit Schrecken dem Schrecken ohne Ende vor, vor allem wenn auch die Kinder darunter zu leiden haben.

In unseren Breitengraden gilt für mehr als die Hälfte der Ehepaare: „Einst trafen sich ihre Augen, dann ihre Lippen, jetzt ihre Rechtsanwälte.“ Zur Zeit werden bei uns rund 50% der geschlossenen Ehen getrennt oder geschieden. Wir leben heute in einer Zeit, wo viele Partnerbeziehungen recht locker gestaltet sind. Nicht wenige Paare gehen, kaum dass sie zusammengezogen sind, wieder auseinander. Von einer Dauerbeziehung kann vielfach keine Rede mehr sein. Dennoch erwarten und erhoffen laut einer Univox-Umfrage aus dem Jahr 1998 rund 85% der Jugendlichen für sich eine Liebesbeziehung von lebenslanger Dauer und fast 65% sehen die Ehe als eine wünschenswerte Form der Partnerschaft an. (33)

Seit den 1960er Jahren, als das Schlagwort von der „freien Liebe“ aufkam, hält der Scheidungstrend unaufhaltsam an. Hinzu kommt, dass Frauen sich heute mehr auf ihren Eigenwert besinnen und daher nach mehr Unabhängigkeit und Selbstständigkeit streben. Im Zuge der Gleichberechtigung stellt auch das weibliche Geschlecht vermehrt seine Ansprüche an eine gelungene Partnerschaft. Außerdem können die Frauen aufgrund des neuen Scheidungsrechtes in vielen Ländern ihren Anliegen mehr Geltung verschaffen. Auch sind sie wegen ihrer besseren Ausbildung eher in der Lage, durch eigene berufliche Tätigkeit ihre zukünftige Existenz zu sichern. Die durchschnittliche Ehedauer vor der Scheidung beträgt heute etwa sieben Jahre. Die meisten Ehen scheitern zwischen dem 5. und 9. Ehejahr. Dann treten die ersten ernsthaften Abnützungserscheinungen in der Partnerschaft zutage. Eine Untersuchung an der Universität Kiel ergab, dass 52% der befragten Frauen nach sechs Ehejahren bestätigten, sie würden ihren Partner nicht noch einmal heiraten. Ein zweiter Höhepunkt der Scheidungshäufigkeit zeigt sich nach durchschnittlich achtzehn Ehejahren. (34) Aufgrund der höheren Lebenserwartung sprechen Heiratswillige heute eher von einer Lebensabschnittpartnerschaft auf Zeit als von lebenslanger Ehe „bis der Tod sie scheidet". Viele können sich heute vorstellen, ein zweites und ein drittes Mal zu heiraten. Manch einem mag es dabei ergehen wie dem Dramatiker und Regisseur *Bertold Brecht* (1898-1956). Als dieser gefragt wurde, wie er sich als geschiedener Mann so fühle, meinte er: „Ich bereite meinen nächsten Irrtum vor." Nach einer Meinungsumfrage aus dem Jahr 1987 heiraten 75% der Geschiedenen ein zweites Mal. Von diesen lassen sich 45% erneut scheiden. (35)

Die heutigen Ansprüche an das eigene Leben und an den Ehepartner sind erheblich gestiegen. Wenn die wenigen eigenen Kinder ausgezogen sind, wenn das eheliche Zusammenleben sich abgenutzt und totgelaufen hat, denkt mancher Mann und manche Frau daran, das Wagnis einer neuen Partnerschaft einzugehen, da man für sich ausrechnet, noch das halbe Leben vor sich zu haben. Ein weiterer Grund für die deutliche Zunahme der Scheidungen liegt in der modernen Familienstruktur. Die heutige Kleinfamilie bietet keinen günstigen Rahmen für eine Dauerehe. Sie gewährt, im Gegensatz zur früheren Großfamilie, zu wenig Schutz und zu wenig gemeinsame Aufgaben für ein ganzes langes Leben. Der äußere Druck von Familie, Gesellschaft und Kirche, der ein dauerhaftes Zusammenbleiben erwartete, ist heute deutlich schwächer geworden.

Jede *Scheidung* bedeutet das Scheitern einer Beziehung zwischen zwei Menschen, die einst auf Liebe und gegenseitigem Vertrauen aufgebaut werden sollte. Wenn die eheliche Partnerschaft einem wackeligen Kartenhaus gleicht, ist es nicht verwunderlich, dass es bei jedem heftigen Windstoß in sich zusammenfällt. Wenn Scheidungsrichter scheidungswillige Paare zu mir in die psychologische Beratung geschickt haben, war ich immer wieder erstaunt, mit welcher Bestimmtheit diese ihre Ehe als gescheitert erklärten. Auf meine Frage nach ihren Gründen hörte ich meistens nur vordergründige Ursachen und wenig von tiefgründigen Zerwürfnissen. Von einer Ehe erwarten wir, dass sie wie ein Bollwerk, wie eine uneinnehmbare Burg oder gleich einer sturmsicheren Festung auf solidem Grund stehe. In sehr vielen Fällen ist dies aber nicht so. Hierzu braucht es nicht bloß Gefühle, sondern Überzeugungen und Grundsätze, die nicht so leicht zu erschüttern sind. Eine Scheidung ist in der Regel ein tragisches und schmerzvolles Ereignis. Es ist nicht zu bestreiten, dass eine Scheidung eine über Jahre andauernde zermürbende Situation entschärfen kann. Allerdings ist es häufig so, dass nur der eine Partner dadurch seine Lebensqualität verbessern kann. Der andere steht als Verlierer da und bleibt mit seelischen Verletzungen sowie mit sozialen und finanziellen Nachteilen zurück. Gestritten wird danach oft noch lange um das Unterstützungsrecht, um das familiäre Sorgerecht, das Mitbestimmungsrecht und um das Besuchsrecht der Kinder.

Außerdem nehmen Geschiedene in vielen Fällen ein beträchtliches gesundheitliches Risiko auf sich. Nachweislich sind diese häufiger als Verheiratete zahlreichen körperlichen und seelischen Gefährdungen ausgesetzt. Sie ernähren sich schlechter, verfallen vermehrt Suchtkrankheiten und Depressionen, weil sie für ihre Gesundheit weniger Sorge tragen. Der frühere Zürcher Stadtarzt *Jürg Willi* hat erfahren, dass sich psychosomatische Erkrankungen und Freitod nach einer Scheidung auffallend häufen. Die Sterberate liegt bei geschiedenen Frauen eineinhalbmal und bei geschiedenen Männern sogar doppelt so hoch wie bei den Verheirateten. (36) Nach einer amerikanischen Studie ist das Risiko für Geschiedene, ernsthaft zu erkranken, wesentlich höher als für Verheiratete. Nach einer britischen Bevölkerungsstatistik aus dem Jahr 1992 haben geschiedene Männer eine um 76% höhere Wahrscheinlichkeit, vorzeitig zu sterben, als Verheiratete. Zu ähnlichen Ergebnissen kam eine Forschergruppe des Max-Planck-Instituts in Rostock. Sie stellte fest: Geschiedene Männer haben im Alter von fünfundvierzig Jahren eine um fast sechs Jahre kürzere Lebenserwartung als verheiratete Männer. Dagegen finden sich bei geschiedenen Frauen auffallend viele Depressive. (37) Die Ärzte *Holmes* und *Rahe* haben festgestellt, dass der Verlust des Lebenspartners durch Trennung und Scheidung bei den Betroffenen recht häufig zu ernsthaften körperlichen und seelischen Erkrankungen führt. (38) Die Weltgesundheitsorganisation WHO hat berechnet, dass nach einer Scheidung die Zahl der Selbsttötungen um 20 bis 30% steigt. Auch die Beziehungsdramen nehmen deutlich zu.

Die Sozialwissenschaftlerin *Judith Wallerstein* hat in einer Langzeitstudie sechzig geschiedene Paare befragt. Dabei zeigte sich: Jüngere Frauen verarbeiteten eine Scheidung besser als ältere. Die über Vierzigjährigen konnten selten auf eine neue Partnerschaft hoffen, vor allem dann nicht, wenn sie noch minderjährige Kinder hatten. Der Wiedereinstieg in den früheren Beruf war bei vielen erschwert. Auch viele junge Männer gehörten zu den Verlierern, weil sie finanziell unter Druck gerieten. Ihre zweite Ehe scheiterte in neun von zehn Fällen. Männer über dreißig fanden sich nach ihrer Scheidung besser zurecht. Sie heirateten schnell wieder, und ihre zweite Partnerbeziehung ließ sich in der Regel besser an als die erste. Auch wurden hunderteinunddreißig Kinder von sechzig geschiedenen Ehen untersucht. Rund 50% behielt mindestens zu einem Elternteil ein gespanntes Verhältnis. Die Hälfte von ihnen fielen noch beim Eintritt ins Erwachsenenalter durch schlechte Leistungen in der beruflichen Aus- und Weiterbildung auf. (39) Alleinerziehende Mütter und Väter haben es oft enorm schwer, Kinderbetreuung und Berufsarbeit miteinander in Einklang zu bringen. Sie gleichen in ihrer Überforderung wie Kerzen, die an zwei Enden brennen. Hinzu kommen finanzielle Engpässe, eingeschränkte Wohnverhältnisse, Verlust des Freundeskreises, Schwierigkeiten am Arbeitsplatz und gesundheitliche Probleme.

So erstaunt es nicht, dass zahlreiche Geschiedene ihre Trennungsentscheidung am liebsten wieder rückgängig machen möchten, um von zwei Übeln das geringere zu wählen. Wahrscheinlich bedeutet in zahlreichen Fällen eine Scheidung bloß eine Scheinlösung, weil die anstehenden Probleme nicht gelöst, sondern lediglich verdrängt und verschoben werden, ohne diese wirklich zu beheben. Was in der Ehekrise eigentlich zu lernen war, bleibt auf der Strecke: Gegenseitige Akzeptanz und Toleranz sowie der Abbau von egoistischen Erwartungen, von Fremdbeschuldigungen und übertriebenen Forderungen. Würde dies aus- und durchgehalten, könnte es zu geistigem Wachstum und zu einer höheren Entwicklung der Persönlichkeit kommen. Jedenfalls kann in manchen Fällen eine schwierige Partnerschaft zum hervorragenden Übungsplatz werden, um Geduld, Demut, Rücksichtnahme und Verzeihen zu lernen. Wer ein höheres geistiges Wissen besitzt und dadurch um die geistigen Gesetzmäßigkeiten von Ursache und Wirkung, von der Gegenläufigkeit, von der ausgleichenden Gerechtigkeit und von der Forderung nach Wiedergutmachung weiß, der gewinnt daraus einen starken Beweggrund, um zu ertragen, was ihm schicksalhaft aufgetragen ist. (40) Er sieht darin nicht die Folgen einer verfehlten Partnerwahl, sondern eine willkommene Möglichkeit, auf seinem spirituellen Entwicklungsweg ein gutes Stück weiterzukommen. Aus dieser spirituellen Sicht könnte eine Ehe auch unter erschwerten Umständen einen tieferen Sinn erhalten.

Wenn wir noch den Gedanken an die wiederholten Erdenleben berücksichtigen und die Möglichkeit bedenken, dass zwei Menschen vielleicht aus früheren Leben durch ein gemeinsames Schicksal verbunden sind, dann könnte dies auch für eine schwierige Ehe einen tieferen Sinn ergeben, der im Lebensplan der beiden bereits vorgezeichnet ist. In diesem Fall würde durch eine Scheidung der karmische Auftrag zum Ausgleich und zur Wiedergutmachung verhindert werden. Diese Lektion müsste dann in anderer Form, bei anderer Gelegenheit oder in einem späteren Leben wiederholt werden. Eine Frau, deren gewalttätiger Ehemann ihr im Bett den linken Arm gebrochen hatte, versicherte mir, dass sie den Gedanken an eine Scheidung von sich weise, damit sie nicht in einem nächsten Dasein das gleiche Schicksal erleiden müsse. Es ist für mich denkbar, dass es sich im Leben oft so verhält wie in einem Kaufhaus: Weiche ich dort der einen Kasse aus und gehe an die nächste, werde ich auch dort für den gleichen Betrag zur Kasse gebeten.

8.6 Was Paare zusammenhält

Es gibt Ehepaare, die über Jahrzehnte zusammenbleiben, und es gibt solche, die schon nach kurzer Zeit wieder auseinandergehen. Worin liegt das Geheimnis einer dauerhaften Paarbeziehung? Was ist es denn, das Paare in unverbrüchlicher Treue zusammenhält? (41) Eine liebende Paarbeziehung ist nicht ein unveränderlicher Dauerzustand, sondern ein fortschreitender Lern- und Wachstumsprozess, der sich über die verliebte Anfangssituation hinaus weiterentwickeln sollte, wie ein zarter Keimling, der mit den Jahren zum wetterharten Baum heranwächst. Auf jeden Fall will das Zusammenbleiben gelernt sein. Hierzu werden heute sogar Ehe-Überlebenstrainings angeboten. (42)

Eine wichtige Voraussetzung für Frieden und Harmonie in der Ehe ist die *Akzeptanz* des Partners. Diese besteht in der Annahme von dessen Eigenart und dessen Eigenheiten und Verhaltensweisen, die wir Charakter nennen. Jemanden akzeptieren (lat. *acceptare*: gutheißen, annehmen, billigen) heißt: Seine menschlichen Besonderheiten, die wir kaum ändern können, anerkennen, hinnehmen und sich damit zufriedengeben. Dies gilt vor allem für die naturgegebenen geschlechtstypischen Unterschiede von Frau und Mann, welche die gegenseitige Anziehung und Ergänzung bedingen. Wenn wir diese unserem Liebespartner zugestehen, können diese zur Bereicherung in der Ehe führen. Wenn wir sie aber ablehnen und bekämpfen, enthalten diese eine unübersehbare Menge an Konfliktstoff. Zu einer gelungenen Partnerschaft gehört, dass wir bereit sind, die anfängliche verliebte Idealvorstellung von einer Liebesbeziehung durch eine realistische Einschätzung zu ersetzen. Nach dem Schweizer Historiker *Jean Rudolf von Salis* gehört hierzu, „dass man sich erträgt. Aber das ist das Minimum; das Maximum wäre, dass man sich nicht missen möchte." (43) Zu dieser Akzeptanz gehören Anerkennung und Wertschätzung des Partners. Dies sind für die Psychologin *Julia Onken* die „Ingredienzen, die zum Gefühl gehören, man werde rundum geliebt". (44)

Eine zweite wichtige Eigenschaft, die Paare zusammenhält, ist die *Empathie.* Dieses Wort ist sprachlich verwandt mit dem Begriff Sympathie und bedeutet Mitgefühl und übereinstimmende Anteilnahme an einem fremden Gefühlszustand. Der amerikanische Psychologe *Daniel Goleman* (geb. 1946) nennt dies „emotionale Intelligenz". Damit meint er die Fähigkeit, die Gefühlsregungen eines anderen Menschen nachzuempfinden, sich in dessen Gemütslage hineinzudenken, einzufühlen und seine Gefühle richtig zu deuten. Er schreibt: „Bei einem Mindestmaß an Empathie ist man fähig, die Emotionen eines anderen zu deuten; bei einem Mehr an Empathie kann man die unausgesprochenen Sorgen und Gefühle eines anderen wahrnehmen und darauf eingehen; bei einem Höchstmaß an Empathie versteht man die Probleme und Konflikte, die hinter den Gefühlen des anderen stecken." (45)

Besonders wichtig in einer Ehe ist die gepflegte *Gesprächskultur.* Das Geheimnis einer stabilen Partnerschaft ist mit Sicherheit das gemeinsame Gespräch. Der sprachliche Gedankenaustausch kann zur Bereinigung von Unstimmigkeiten, Missverständnissen und Meinungsverschiedenheiten beitragen. Nicht selten werden auch Fehlinformationen jahrelang schweigend mitgeschleppt, ohne dass diese ausgesprochen und mitgeteilt werden. In der Ehe-Therapie kann es vorkommen, dass der eine Partner zum anderen sagt: „Das höre ich von dir zum ersten Mal!“ oder „Warum hast du das nicht schon viel früher gesagt?“

Einige beachtenswerte Grundregeln für eine partnerfreundliche Gesprächskultur sind folgende:

1. Der *Gesprächspartner* will ernst genommen werden. Daher sollte man sich bemühen, seine Aussagen zur Kenntnis zu nehmen. Der Anstand gebietet es, dass man ihm Aufmerksamkeit schenkt und ihn ausreden lässt, ohne dass man seine Rede ständig unterbricht. Der sprechgewandtere Partner sollte sich zurückhalten, damit der andere auch gebührend zu Wort kommt und seine Sicht der Dinge darlegen kann.

2. *Ich-Botschaften* an Stelle von Du-Botschaften sind vorzuziehen. Statt den Partner mit Vorwürfen und Anschuldigungen in der Du-Form anzugreifen, ist es sinnvoller, in der Ich-Form zu erklären, wie man sich selber fühlt, was einen verletzt, was einen stört, was man vermisst oder befürchtet. Hierzu gehört auch, dass man zu den eigenen Schwächen und Fehlern steht und diese bedauert. Mit Ich-Aussagen wird die eigene Betroffenheit angesprochen, statt mit Vorwürfen den Partner zuzudecken.

3. Die Kunst des *Zuhörens* bedeutet mehr, als nur „den Mund zu halten“. Sie verlangt eine konzentrierte Aufmerksamkeit auf das Wesen des Partners, auf seine Gedanken, seine Sorgen und Nöte, um diese ernst zu nehmen. Indem wir zuhören, vernehmen wir mehr, als wenn wir reden. In Streitgesprächen mag es sinnvoll sein, die Mitteilungen des Partners kurz zu wiederholen, um sicherzugehen, dass man ihn richtig verstanden hat. Auch einige wichtige Aussagen zu notieren, kann nützlich sein.

4. Bei gegenseitigen Vorhaltungen und Vorwürfen sollten verallgemeinernde *Behauptungen* mit den Wörtern „nie“, „ständig“, „dauernd“ und „immer“ vermieden werden, weil sie kaum je zutreffen.

5. Das Gespräch sollte möglichst *sachbezogen* sein. Persönliche Vorwürfe oder Angriffe sollten möglichst ausbleiben. Vermeiden wir es, vom Thema abzuweichen und vom Hundertsten ins Tausendste zu kommen. Auch sollte man davon absehen, alte Geschichten aufzuwärmen, die nicht zum aktuellen Problem gehören.

6. Vermeiden wir es, unserem Partner bei seinen Mitteilungen ins Wort zu fallen und ihn mit *Widerspruch* und *Einspruch* dauernd zu unterbrechen.

7. Unterstellen wir dem Partner nicht Gefühle, Absichten oder Wünsche, die lediglich auf Vermutungen beruhen. Dies führt zu *Verdächtigungen*, die das gegenseitige Vertrauen und die Ehrlichkeit untergraben.

8. Wenn die Gefühle in Wallung geraten, wenn Tränen fließen oder sobald die Wortgefechte in einen heftigen Schlagabtausch und in lautstarke Auseinandersetzungen ausarten, ist es besser, das Gespräch zu *unterbrechen*, bis die Wellen der Erregung sich geglättet haben. Es ist dann von Vorteil, einen neuen Gesprächstermin zu vereinbaren.

9. Das Ziel eines jeden klärenden Gesprächs soll das gegenseitige Verstehen und Einsehen sein, um dann gemeinsam einen versöhnlichen Ausgleich zu finden. Oft ist hierzu ein *Mediator* als neutraler Vermittler erforderlich.

10. Vermeiden wir es, den Partner in seinem *Selbstwertgefühl* anzugreifen, zu demütigen oder seine persönlichen Schwächen an den Pranger zu stellen.

11. Eigene Ansichten, Erwartungen, Bedürfnisse und Befürchtungen sollten gegenseitig offen zur Sprache kommen, damit Missverständnisse ausgeräumt werden.

12. Auch nach langen Ehejahren sollten immer noch die gleichen alltäglichen *Umgangsformen* und der gleiche freundliche Umgangston gelten, welche die erste Verliebtheit verzauberten. Dies darf nicht nur für die nach außen zur Schau getragene Aufmachung dienen, die oft trügt und lügt, sondern sollte auch innerhalb der eigenen vier Wände gelten, die nicht im Blickfeld der Öffentlichkeit stehen. Hierzu gehören: Höfliche Manieren, die mit Lob und Anerkennung für alltägliche Nettigkeiten danken und kleine Hilfeleistungen und Handreichungen des Partners nicht für selbstverständlich halten, können den grauen Ehealltag bereichern. Es sind vielfach die kleinen Aufmerksamkeiten und nicht die vollmundigen Beteuerungen, in denen sich der Charakter eines Menschen offenbart.

13. Hierzu gehört auch ein höfliches Benehmen in der *Wortwahl*, das derbe Kraftausdrücke, Fluchworte und Vergleiche aus dem Zoologiebuch vermeidet. In Mimik, Gestik und Gebärde verraten wir, mehr unbewusst als bewusst, unsere Einstellung dem Partner gegenüber. Ein freundlicher Blick, ein gewinnendes Lächeln und eine zärtliche Umarmung verzaubern das tägliche Zusammensein. Aus eigener Erfahrung schreibt die Ärztin *Elisabeth Kübler-Ross*: „Es ist eine schwere Lektion, mit jemandem eine lange Zeit zusammenzuleben und dabei fortwährend den gleichen Grad von Anstand und gegenseitigem Respekt zu bewahren." (46)

14. Da Ehepaare häufig *Gegensatzpaare* sind, kommt es öfter vor, dass der eine Partner extravertiert und damit umweltzugewandt, gesprächsfreudig und mitteilsam ist, während der andere als introvertierter Typ sich eher wortkarg gibt und in sich gekehrt benimmt. Da ist es sehr wichtig, dass man diese Eigenart des anderen respektiert und ihn nicht zu bevormunden versucht.

Entscheidend ist ein ungetrübtes Zusammenleben. Dazu gehört, dass Liebende einfühlsam und behutsam miteinander umgehen. Die körperliche Nähe zum Partner, die gefühlsmäßige Wärme, die beide umgibt, und die vertraute Anteilnahme halten die beiden zusammen. Hierzu gehören immer wieder Umarmungen, Küsse, Liebkosungen, Zärtlichkeiten und Streicheleinheiten als notwendige Vitamine der Seele. Diese werden mit den Jahren wichtiger als Sex. Den eigenen Kindern geben sie dadurch ein verstärktes Gefühl der Zusammengehörigkeit und gleichzeitig ein nachahmenswertes Vorbild für ihre spätere Liebesbeziehung. Was wir unseren tierischen Hausgenossen, sei es Hund oder Katze, Meerschweinchen oder Hamster, an freundlicher Zuwendung großzügig gewähren, sollten wir auch unserem Lebenspartner und unseren Kindern nicht vorenthalten. Laut einer Partnerstudie bei 8000 Paaren erklären 44% der Frauen und 40% der Männer, dass sie fast täglich ihre Zuneigung und Liebe ihrer Partnerin oder ihrem Partner zeigen. Während knapp 60% der unter 30-jährigen dem Lebenspartner jeden Tag anvertrauen „Ich liebe dich“, geschieht dies bei den über 60-Jährigen nur zu 30%. Ebenso kommen derartige Liebesgeständnisse bei Akademikern seltener vor als bei Männern und Frauen ohne Hochschulabschluss, was eigentlich einen schlechteren Bildungsgrad in Herzensangelegenheiten verrät. (47) Wichtig ist auch immer wieder die liebevolle Nachfrage: Wie geht es dir? Wie fühlst du dich? Was kann ich für dich tun? Wie hast du geschlafen? Was hast du geträumt? Was macht dir Sorgen? Vor was hast du Angst? Dadurch schaffen sich Liebende vertraute Oasen der Zweisamkeit, in denen sie sich begegnen und geborgen fühlen können. *Margrit Haller* beschreibt die Geborgenheit, die liebende Paare einander schenken, „als ein Gefühl von Sicherheit, das getragen ist von Liebe, Rücksichtnahme, gegenseitigem Verständnis und einer erfüllten Sexualität, was einem den Mut gibt, sich mit einem anderen Menschen auf die Dauer einzulassen“. (48) Nach dem Psychologieprofessor *Guy Bodenmann* schaffen Sicherheit, Geborgenheit und Vertrauen die Basis für Intimität. (49) In Ihrem Aufsatz „So nah und doch so fern“ versteht die Psychologin *Ursula Nuber* unter Intimität ein bedingungsloses Geben, das dem anderen freiwillig und mit Freude gibt, damit es ihm gut geht, die Bereitschaft, für den anderen zu sorgen, weil sie sich gegenseitig brauchen und einander verpflichtet und füreinander verantwortlich sind. Dabei gibt es keine völlige Freiheit für den Einzelnen, aber auch keine ungeteilte Machtausübung. (50)

Besonders wichtig scheint die *mentale Übereinstimmung* in wichtigen Lebens- und Sinnfragen und im weltanschaulichen Denken zu sein. Für den Eheberater *Hannes Spillmann* ist die gedankliche Absprache in der Frage, was im Leben und in der Paarbeziehung Sinn macht, eine grundlegende Voraussetzung für das, was Paare zusammenhält. (51) Hierzu gehört auch die weltanschauliche Denkweise. Durch diese finden Ehepartner überzeugende Beweggründe, um auch schwierige Zeiten und Zustände gemeinsam tapfer zu ertragen und diesen einen Sinn zu verleihen. Der amerikanische Psychologe *David Larson* hat aufgrund mehrerer vergleichender Forschungsergebnisse festgestellt, dass religiös gläubige Menschen eine deutlich geringere Scheidungsquote aufweisen. (52) Zweifellos binden gemeinsame Aufgaben, eine übereinstimmende Weltanschauung und Gesinnung sowie eine tragfähige religiöse Überzeugung zwei Menschen ein Leben lang aneinander und verleihen ihrer Partnerschaft trotz aller Konflikte und Schwierigkeiten, die nicht ausbleiben können, soliden Bestand.

Auf die Frage: Was Liebespaare zusammenhält, seien abschließend in Kurzform folgende Empfehlungen gegeben:

- Gedanken und Gefühle austauschen und mitteilen.
- Interesse am Wohlergehen des anderen bekunden.
- Mit kleinen Freundlichkeiten die Freundschaft erhalten.
- Die Erwartungen an den Partner begrenzen, um ihn nicht zu überfordern.
- Großzügig Kleinigkeiten übersehen, die einen stören oder ärgern können.
- Zu seinen eigenen Wünschen und Bedürfnissen stehen.
- Das intime Zusammensein pflegen, denn dieses mehrt die Liebe.
- Dem Partner genügend Raum für seine persönliche Selbstständigkeit zugestehen.
- Die Selbstverwirklichung des Partners unterstützen.
- Sich um gegenseitige Hilfeleistungen bemühen.
- Dem Partner gegenüber dessen Eigenwertgefühl achten und wahren.

Das Beachten dieser Grundregeln kann einem Ehepaar die innere Gewissheit geben, dass sie beide in einer Lebens- und Liebesgemeinschaft zusammengehören und daher gegenseitig aufeinander angewiesen sind.

8.7 Verzeihen und Vergeben

Vergeben und Verzeihen sind nicht dasselbe. Unter dem *Verzeihen* ist die Fähigkeit und die Bereitschaft zu verstehen, jemandem einen Fehltritt nachzusehen, ihm eine Beleidigung oder seelische Verletzung nicht mehr länger nachzutragen. Wer verzeihen kann, der empfindet weder Wut noch Ärger oder Groll und ist bereit, Vergangenes mit dem „Schleier des Vergessens" zuzudecken, als wäre es nie geschehen. Dagegen geht es bei der *Vergebung* um den Erlass einer persönlichen Schuld, die durch bloßes Verzeihen nicht aus der Welt zu schaffen ist. Voraussetzungen dafür, dass die Folgen eines Fehlverhaltens vergeben worden sind: Bessere Einsicht, Bekenntnis zur Schuld, Reue durch Gesinnungswandel und Wille zur Wiedergutmachung. Es geht um Versöhnlichkeit und Friedfertigkeit und nicht um das Heimzahlen nach dem alttestamentlichen „Aug um Aug, Zahn um Zahn." (2 Mo 21-24) Im neutestamentlichen Sinne gilt vielmehr die Mahnung des Apostels *Paulus* in seinem Brief an die Christengemeinde von Ephesus: „Lasst die Sonne nicht über eurem Zorn untergehen!" (Eph 4,26). Jemandem einen Fehler, eine Beleidigung oder eine seelische Verletzung zu verzeihen, bewirkt, dass wir nicht weiterhin im negativen Sinn emotional und mental durch unser Denken daran gebunden bleiben. Dies meint auch folgende Symbolgeschichte über das nachtragende Denken:

Zwei buddhistische Mönche begaben sich auf Wanderschaft. Als sie an einen Fluss kamen, führte dieser wegen des Monsunregens mehr Wasser als sonst. Eine junge Frau stand hilflos am Ufer und getraute sich nicht, in die Fluten zu steigen. Da nahm der eine Mönch sie kurzentschlossen auf seinen Rücken und watete mit ihr hinüber. Danach gingen die beiden Mönche weiter ihres Weges. Nun verhielt sich der eine mürrisch und missmutig. Nach einer Weile blieb der andere stehen und wollte von seinem wortkargen Mitbruder wissen, was ihn bedrücke. Dieser warf ihm vor: „Du weißt doch, dass es uns Mönchen verboten ist, je eine Frau zu berühren! Wie konntest du es wagen, diese

Frau auf deinem Rücken über den Fluss zu tragen?" Der Angesprochene rechtfertigte sich: „Ich wollte dieser Frau bloß behilflich sein; das ist doch nicht verboten." Nach einer Weile fügte er bei: „Ich habe sie am anderen Ufer wieder abgestellt – du aber trägst sie immer noch!"

Eine Frau aus Anatolien verlor im Jahr 1993 durch einen ausländerfeindlichen Brandanschlag im deutschen Solingen ihre zwei eigenen Kinder, zwei ihrer Enkelkinder und eine Nichte. Wenige Jahre danach erhielt sie das Deutsche Bundes-Verdienstkreuz, weil sie den Mut aufbrachte, den jugendlichen Tätern zu verzeihen. Sie begründete dies mit folgenden Worten: „Ich konnte mit diesen Gedanken an die Schreckenstat nicht mehr weiterleben. Also versuchte ich, sie in mir auszulöschen. Dies konnte ich nur durch mein Verzeihen." Unversöhnlicher Hass erzeugt die gefährlichen Seelengifte Gram, Grimm und Groll, durch die unsere Gesundheit gefährdet wird, weil sie unser Immunsystem schwächen und uns anfällig machen für allerlei Krankheiten. Eine Frau, deren Tochter bei einem Ferienaufenthalt in Spanien einem Tötungsdelikt zum Opfer fiel, bestätigte mir: „Gesundheitlich ging es mir erst wieder besser, als ich anfing, dem Mörder meines Kindes zu verzeihen." Das Verzeihen ist eine Art Schutzfaktor, der verhindert, dass negative Gedanken sich wie schmerzende Stacheln in unsere Seele eingraben. Als der südafrikanische Freiheitskämpfer *Nelson Mandela* nach langjähriger Haft in die Freiheit entlassen und zum Führer seines Landes gewählt wurde, rächte er sich an seinen politischen Gegnern nicht, sondern rief alle zur Versöhnung auf. Eine ähnliche friedliche und verzeihende Haltung nahmen die Freiheitskämpfer *Mahatma Gandhi* und *Martin Luther King* ein, nachdem auf beide ein Mordanschlag verübt wurde. Dadurch bereiteten sie den Weg vor zum friedlichen Miteinander der Völker.

Das nachtragende Denken ist kleinmütig und wird vom Egoismus genährt. Häufig sind es nicht einmal schwerwiegende Vorkommnisse, die dazu führen. Vielfach beruht es auf kleinlichem und engherzigem Egoverhalten, um andere mit Ablehnung und Verachtung zu bestrafen. Dagegen liegt im Verzeihen die erlösende Kraft der Liebe. (53) Statt anderen Menschen Schuld zuzuweisen, sollten wir uns fragen, was wir selber in vermeintlicher Selbstgerechtigkeit dazu beigetragen haben, dass er sich schuldig machte. Eine Frau kam zu einem weisen Eremiten und fragte ganz verzweifelt: „Herr, ich weiß nicht mehr, was ich gegen die Untreue meines Mannes tun kann. Ich habe alles versucht, aber nichts hat geholfen!" Der Weise antwortete: „Vergebung!" Die Ratsuchende beteuerte: „Aber ich habe ihm schon mehr als hundertmal vergeben. Ich habe es satt, dieses ewige Vergeben!" Und wieder gab der Weise zur Antwort: „Vergebung". „Das führt nur dazu, dass er meine Nachsicht ausnützt, um weiter untreu zu sein", gab die betrogene Ehefrau zurück. Doch der Befragte blieb dabei und erklärte: „Wenn ich dir zur Vergebung rate, meine ich nicht, dass du deinem Mann seine Fehltritte vergeben solltest, sondern dass du ihn um Vergebung bittest, für das, was du ihm nicht gegeben hast, was du ihm vorenthalten hast an Zuneigung und Verständnis, so dass er dies auswärts suchen musste."

Vergebende und verzeihende Gedanken sollten wir auch jenen Menschen zukommen lassen, die bereits in die Jenseitswelt hinübergegangen sind. Ohne Aussöhnung über das Grab hinaus gibt es in der geistigen Welt keinen Fortschritt. Die Seele der Verstorbenen findet keine Ruhe und wird wie vor einer Schranke am Weiterkommen gehindert. Der folgende mediale Jenseitsbericht kann dies verdeutlichen: Zwei benachbarte Bauernfamilien waren wegen Grenzstreitigkeiten über Jahrzehnte miteinander verfeindet. Als der eine Bauer starb, wurde ihm in der Jenseitswelt erklärt, dass es für ihn keinen geistigen Weiteraufstieg gebe, solange dieser nachbarliche Streit nicht behoben sei. Daher wurde ihm von seinem Führergeist empfohlen, in das Haus seiner früheren Nachbarn zurückzukehren, um zu versuchen, sich mit ihnen zu versöhnen. So tat er es, indem er versuchte, zunächst mit dem Bauer, dann mit der Bäuerin und schließlich mit deren Sohn in ein friedliches Gespräch zu kommen. Doch diese nahmen sein Bemühen nicht wahr. Nun lebte in jedem der beiden Bauernhöfe ein Wachhund. Aber auch diese Tiere waren einander nicht gut gesinnt, denn bei jeder Gelegenheit knurrten und bellten sie sich an, als würden sie von den Hass- und Neidgedanken der Bauersleute angetrieben. Der Verstorbene bemühte sich nun, zwischen seinem Hund und dem der Nachbarn Frieden zu stiften. Schließlich gelang es ihm, seinen Hund in den benachbarten Hof zu locken, wo sich beide Tiere tatsächlich gegenseitig anfreundeten. Wie eines Tages Bauer und Bäuerin zum Fenster hinaus schauten, sahen sie, wie die beiden Hunde einvernehmlich miteinander spielten. „Vielleicht findet die Seele unseres früheren

Feindes keine Ruhe“, überlegte die Bäuerin, „daher sendet er nun seinen Hund zu uns.“ Nach einer Weile sagte der Bauer: „Gott sei ihm gnädig! Nachdem sich beide Hunde vertragen, wollen wir auch ihm nichts mehr nachtragen. Gott möge ihm verzeihen und uns auch!“ In diesem Moment ging in der Jenseitswelt eine Barriere hoch, und der verstorbene Bauer durfte seinen Aufstieg fortsetzen. (54) *Karl Heinrich Waggerl* gibt uns zu bedenken: „Es ist in der Ehe nicht anders als auch sonst unter Menschen: Wer seinen Nächsten verurteilt, der kann immer irren. Wer ihm verzeiht, der irrt nie.“ (55)

Schuld kann nicht einfach nur verziehen werden, sondern muss durch eigenes Bemühen abgebaut und wiedergutgemacht werden. Nach der östlichen Karma-Lehre gibt es drei verschiedene Arten von Schuld: 1. Die Urschuld, fälschlicherweise als „Erbschuld“ bezeichnet. Diese meint unseren geistigen Ungehorsam im präkosmischen Paradies, durch den wir ehemals selbstverschuldet in die Gottferne gefallen sind. 2. Die karmische Schuld, als die Summe aller Sünden, die wir im Verlauf unserer verschiedenen Erdenleben in uns angehäuft haben. 3. Die Lebensschuld, die uns von den jenseitigen „Herren des Karma“ für das gegenwärtige Leben zur Verarbeitung aufgeladen wurde. All diese Schuldenlasten müssen wir nun auf verschiedenen Daseinsebenen und Aufstiegsstufen wieder abtragen, damit wir eines fernen Tages schuldfrei zu Hause in unserer himmlischen Heimat ankommen können. Was die Kirchen uns mit ihren Heilsversprechungen und Erlösungstheorien in Aussicht stellen, genügt hierzu sicher nicht. (56) Vielmehr sollten wir uns an die christliche Vaterunser-Bitte halten: „Vergib uns unsere Schuld, wie auch wir all jenen vergeben, die schuldig sind.“ Wir Menschen befinden uns also alle im gleichen Boot, weil wir insgesamt schuldig geworden sind und daher der Vergebung bedürfen.

Mit dem Bekennen eigener Schuld bauen wir eine Brücke der Versöhnlichkeit, auf der wir uns in Frieden begegnen können.

Dem Leiden aus dem Weg gehen zu wollen, heißt,
sich einem wesentlichen Teil des Lebens zu entziehen.
Konrad Lorenz

9. Leiden als Leistung

Von den meisten Menschen wird ein unheilbares Leiden als unerwünschtes Übel empfunden. Es könnte aber auch als Leistung wahrgenommen werden, insofern wir es tapfer ertragen, um unseren Geist zu klären, unseren Willen zu stählen und unseren Glauben an den Sinn der Leiderfahrung zu festigen. Durch dieses selbsttätige Wirken gelingt uns ein Werk, das wir selber schaffen und das uns als Gewinn zukommt. Dass unser Leiden dann nicht umsonst gewesen ist, mag uns die folgende Erzählung lehren: An einem warmen Sommertag ging ein Mann an einem Waldrand entlang über ein Feld. Unverhofft beobachtete er an einem Strauch einen jungen Schmetterling, der sich abmühte, seiner Puppenhülle, die ihn seit langem schützend umgab, zu entschlüpfen. Der Wanderer hatte Mitleid mit dem armen Tierchen. Er nahm sein Taschenmesser zu Hand und schlitzte die Puppe auf, um ihm seine mühsame Eigenleistung zu ersparen. Doch bevor der junge Falter seine Flügel ausbreiten und an der Sonne trocknen konnte, fiel er ins Gras und starb. Hätte der Mensch in den natürlichen Vorgang nicht eingegriffen, wäre der junge Schmetterling dabei erstarkt, um danach den Flug in die Freiheit anzutreten.

Ähnlich kann sich auch die unstoffliche Geistseele des Menschen im körperlichen oder seelischen Leiden von seinem stofflichen Leib allmählich ablösen. Indem wir unser erdgebundenes Bewusstsein durch unsere geistige Vorstellungskraft von unserer Körperhülle abheben, erheben wir unser Geistbewusstsein darüber hinaus in einen leidfreien Zustand. Körper und Vitalseele mögen leiden, der Geist aber leidet nicht. Daher sind die Begriffe wie „Geisteskrankheit“ und „Geistesschwäche“ falsch. Wohl können Körper und Vitalseele krank oder schwach sein, unsere Geistseele aber ist es nicht. Dies ist das Geheimnis jener Menschen, die im Zustand der Hypnose und der Ekstase (lat. *ex-stare*: austreten, außer sich sein) aus ihrem grobstofflichen Körper vorübergehend hinaustreten und daher den Schmerz nicht empfinden. *Viktor Frankl* sprach in diesem Zusammenhang von „Selbsttranszendenz“ als Methode der bewussten Leidüberwindung. In diesem Sinne nannte er das Leiden eine Leistung zur Selbstgestaltung. (1)

9.1 Vom Sinn des Leidens

Wenn das Leben einen Sinn hat, muss auch dem Leiden, das unabwendbar zum Leben gehört, ein Sinngehalt zugesprochen werden. Daher schreibt *Frankl*: „Um die Frage nach dem Sinn des Leidens ist es nicht anders bestellt als um die Frage nach dem Sinn des Lebens.“ (2) Es geht hier nicht um ein widerwilliges Sich-Abfinden mit einer schicksalshaft gegebenen Lebens- und Leidenssituation, sondern um ein zustimmendes Bejahen eines Geschehens, dem etwas Sinnvolles abgerungen werden soll. Wer den Mut nicht aufbringt, sein Leiden zu bejahen, der geht am Leben vorbei. Er begreift nicht, was *Rilke* in einem Brief an die Gräfin Sizzo schrieb: „Wer nicht der Fürchterlichkeit des Lebens irgendwann mit einem endgültigen Entschluss zustimmt, ja ihr zujubelt, der nimmt die unsäglichen Vollmächte unseres Daseins nie in Besitz, der geht am Rande hin, der wird, wenn einmal die Entscheidung fällt, weder ein Lebendiger noch ein Toter gewesen sein.“ Freilich geht es nicht darum, sein Leiden masochistisch auszukosten, um sich in Trauer und Tränen selber zu bemitleiden. Vielmehr muss es sich um ein Über-sich-selbst-Hinauswachsen handeln um höherer geistiger Werte willen. Dies kann zu geistigem Wachstum und zu geistiger Reife führen. Damit gewinnt der Leidende eine größere innere Freiheit, weil er freiwillig auf sich nimmt, was er notgedrungen doch nicht abwenden kann. Das Leiden muss demnach einen Sinn haben. Dieses bekommt nur dann einen Sinn, wenn es uns als Mittel und Weg über uns selbst hinaus zu einem leidfreien Ziel führt, nämlich zur Verwirklichung geistiger, unverlierbarer Werte. In außerordentlichen Fällen kann dies sogar dazu führen, dass körperliche Schmerzen nicht mehr wahrgenommen werden. Beispiele hierfür finden wir in den Lebens- und Leidensgeschichten zahlreicher Märtyrer in Ost und West, die um ihres Glaubens willen sozusagen schmerzbefreit in den Tod gingen, weil sie den Schmerz loslassen konnten.

Während die Palliativ-Medizin sich darum bemüht, die leidenden Patienten möglichst schmerzfrei zu halten, sollte sich die Psychotherapie darum bemühen, den Menschen leidensfähig zu machen und sein Leiden mit Sinn zu erfüllen. Der übermäßige Einsatz von Psychopharmaka und schmerzstillenden Mitteln macht uns nicht nur wehleidig, sondern schmälert auch den inneren Widerstand gegen Krankheit und Schmerz und schwächt gleichzeitig unsere Geisteskraft. Nach dem esoterischen Wissen ist es nicht der menschenfreundliche Gott, der uns das Leiden schickt, um uns zu strafen oder zu prüfen. Wir sind es immer selbst, die es verursachen, indem wir die natürlichen und übernatürlichen Gesetzmäßigkeiten missachten, welche der gesamten Schöpfung innewohnen. Wenn wir dies auch auf alle unsere ehemaligen Existenzformen in früheren Leben beziehen, gibt es kein ungerechtes oder unverdientes Leiden. Stets fällt nach einem inneren Gesetz, das wir das Karma-Gesetz nennen, im Guten wie im Schlechten genau das auf uns zurück, was wir selber verursacht haben. Fragen wir uns deshalb: „Was will es mich lehren? Was kann ich daraus gewinnen?“ Wie wir dem scheinbar sinnlosen Leiden einen Sinn geben können, erklärt *Elisabeth Lukas*: „Die Wendung zum Positiven, das ist eine Wandlung zum Sinnvollen, das ist die Bereitschaft, aus den bestehenden Gegebenheiten das Beste zu machen, sozusagen auch dem Unglück noch einen Sinn abzuringen und diesen zu erfüllen.“ (3)

Wer viel unternimmt, um das unabwendbare Leiden zu verhindern oder zu bekämpfen, der verstärkt es noch zusätzlich um das Quantum an Energie, das er hierfür einsetzt. Hier bekommen wir das Gesetz von der gegenläufigen Wirkung zu spüren: Was wir verdrängen, das drängt sich uns mit der gleichen Kraft auf, mit der wir es unterdrücken. Es geht hier nicht darum, dem Leiden untätig zuzusehen. Aber wenn einmal der Punkt der Unumkehrbarkeit erreicht ist, müssen wir versuchen, es ohne Selbstmitleid anzunehmen. *Jiddu Krishnamurti* (1895-1986) sah im Selbstmitleid eine Hauptursache des Leidens. Er war der Ansicht: Leid müsse verstanden werden, so wie alles andere. Deshalb rät er uns: „Verleugnen Sie es nicht, unterdrücken Sie es nicht, sondern verstehen Sie es, schauen Sie, was es ist.“ (4) Fragen wir also nach dessen Ursachen, nicht bloß nach den Symptomen, die uns weh tun.

Statt unsere Leiden zu verdrängen, sollten wir bewusst versuchen, über diese hinauszuwachsen, indem wir unsere Gedanken davon ablenken und unsere Aufmerksamkeit höheren geistigen Werten zuwenden. Es fällt mir auf, wie sehr kranke Menschen ihr Kranksein hegen und pflegen, wie sie jedem Besucher ausführlich schildern, was ihnen fehlt, wo und wie sie ihre Schmerzen empfinden und wie sie diese benennen wollen. Der ehemalige Chefarzt *Frank Nager* ist der Ansicht: „Krank ist, wer sich krank fühlt." (5) Im psychologischen Sinne ist ein Mensch krank, wenn er in seinem Leiden keinen Sinn finden kann. Das sinnlose Leiden ist wohl das schwerste aller Leiden.

Statt uns krank zu fühlen, wäre es besser, uns gesund zu denken. Wer keinen Weg heraus aus dem Schmerz findet, für den gibt es nur einen Weg, nämlich hindurchzugehen, ihn tapfer durchzustehen, ähnlich wie in einem finsteren Straßentunnel, der an seinem Ausgang ans Tageslicht führt. In diesem Sinne schrieb *Lao Tse*: „Leiden kann nur durch Leiden geheilt werden." Wer seinen Schmerz auf künstlichem Weg, sei es durch Medikamente, durch Rauschmittel oder Drogen vertreibt, der trübt dadurch seine geistige Wachheit." Wohl deshalb hat *Sigmund Freud*, der die schmerzstillende Wirkung des Kokains entdeckt hatte, trotz jahrelanger heftiger Schmerzen zufolge seiner Krebserkrankung bis zum letzten Lebenstag jedes Schmerzmittel abgelehnt mit der Begründung: „Ich will lieber in Schmerzen denken, als nicht denken können." (6)

Der tiefere Sinn des Leidens erschließt sich uns schlussendlich aus dem Bewusstsein der eigenen Schuld. Deshalb konnte *Thorwald Dethlefsen* behaupten: „Wer nach dem Sinn sucht, findet zuerst die Schuld. Akzeptiert er die Schuld, offenbart sich ihm der Sinn." (7) Dann sehen wir ein: Es gibt eigentlich kein unverschuldetes und ungerechtes Leiden. Wir alle lebten ursprünglich als geistige Wesen in einem leidlosen und schuldlosen Zustand in der geistigen Welt. Erst durch unser eigenes Fehlverhalten sind wir aus der Einheit mit der göttlichen Welt in einen leidverursachenden Zustand gefallen. Daraus folgten im Verlauf verschiedener Leben und Existenzen noch zusätzliche leidvolle Fehlentwicklungen, deren Summe wir das „Karma" nennen. Der Weg in die Leidbefreiung kann folgerichtig nur darin bestehen, dass wir diese vergangenen Leidensursachen, die sich bis in unsere verfehlte Denkweise, Gesinnungsweise, Verhaltensweise und Lebensweise auswirken, wieder rückgängig machen und lernen, was falsch gelaufen ist. Nicht Gott straft uns *für* unsere Sünden, sondern wir strafen uns selbst, *durch* unsere Sünden. Als der Filmschauspieler *Kurt Jürgens* mit einem schweren Herzinfarkt in ein Wiener Spital eingeliefert wurde und dort starb, fragten Journalisten den Chefarzt nach der Diagnose. Seine Antwort lautete: „Das ist die Summe aller Sünden eines ganzen Lebens." Durch Krankheit und Leiden müssen wir in Schmerzen lernen, unsere Fehler einzusehen, die wir in gesunden Tagen begangen haben. Für den Arzt *Edward Bach* (1886-1936), den Begründer der Bach-Blüten-Therapie, ist Krankheit „weder Grausamkeit noch Strafe, sondern einzig und allein ein Korrektiv; ein Werkzeug, dessen sich unsere Seele bedient, um uns auf unsere Fehler hinzuweisen, um uns vor größeren Irrtümern zurückzuhalten, um uns daran zu hindern, mehr Schaden anzurichten, und uns auf den Weg der Wahrheit und des Lichtes zurückzuführen, von dem wir nie hätten abweichen sollen". Weiten wir diese Erkenntnis aus auf all unsere früheren Erdenleben, begreifen wir, dass uns nichts anderes zustößt als das, was wir selber verursacht haben.

Statt zu versuchen, die Krankheit zu heilen, sollten wir uns darum bemühen, die Gesundheit zu erhalten. Aus dieser Sicht ist das Leiden ein Läuterungs- und Reinigungsprozess, der uns wieder in den Zustand der körperlichen, seelischen und geistigen Gesundheit zurückführen kann. Im Leiden ist dem Menschen die Möglichkeit gegeben, sich zu verwandeln und zu veredeln. So kann der Mensch am eigenen Leiden gesunden, indem er daran wächst und reift und über sich selbst hinausgreift zu einem übermenschlichen Sinngewinn. *Katarina und Peter Michel* schreiben über das Leid: „Es kommt die uralte Weisheit zum Einsatz: Leid leitet! Es leitet zurück zum Pfad, nicht weil es irgendeiner höheren Instanz gefällt, den Menschen zu ‚strafen' oder ihn ‚büßen' zu lassen, sondern weil er sich ohne das leitende Leid noch mehr verirren würde." (8)

9.2 Leben trotz allem

Von *Christian Morgenstern* stammt der Satz: „Wenn man zum Leben ja sagt – das Leben sagt aber zu einem nein – so muss man auch zu diesem Nein ja sagen!" Dies gilt für all jene Menschen, denen das

Schicksal schwere Steine in den Weg gelegt hat, nämlich für die Behinderten, für die Benachteiligten und Gebrechlichen. Dass diese ihr Leben trotz aller Schwierigkeiten oft erstaunlich gut meistern, grenzt an ein Wunder.

In mehreren europäischen Ländern kennt die internationale Pfadfinderbewegung eine Abteilung, die sich „Malgré tout" (Trotz Allem) nennt. In ihr finden sich Jugendliche zusammen, die trotz ihrer körperlichen oder seelischen Behinderung an ihrem Wahlspruch „Tapfer und Treu" und an ihren hohen ethischen Zielen der gegenseitigen Hilfsbereitschaft festhalten. (9) Sie folgen in ihrer Lebenseinstellung der Ballade „Die Worte des Glaubens" von *Friedrich Schiller*, in welcher er festhält: „Der Mensch ist frei geschaffen, ist frei, / Und würd' er in Ketten geboren!" Der leidende Mensch erfährt in Krankheit und Behinderung die Grenzen seiner Leidensfähigkeit. Was für die Tapferen der ferne Horizont der Hoffnung sein kann, das erscheint den Mutlosen wie die enge Mauer eines Gefängnisses. Im eigenen Leiden wird der eine zum Helden der Geduld, der andere zum wehleidigen Feigling, je nach seiner Vorstellung von den eigenen Möglichkeiten der Sinngebung.

Bei Besuchen in zwei Paraplegiker-Kliniken habe ich im Gespräch mit Querschnittgelähmten erfahren, dass die meisten von ihnen auf kompensatorischem Wege durch tapfere Ausdauer und enormen Willenseinsatz gelernt haben, trotz ihrer schweren Beeinträchtigung ein sinnvolles Leben zu führen. Jedenfalls habe ich keinen einzigen getroffen, der lebensüberdrüssig war und den Tod herbeisehnte. Durch ihre Behinderung gelang es ihnen, sich von seelischen Zwängen zu befreien und geistig reifer und wissender zu werden. Manch einer fühlte sich nicht vom Schicksal benachteiligt, sondern sogar von ihm bevorzugt. Nachfolgend möchte ich, stellvertretend für viele andere Schwerstbehinderte, fünf Persönlichkeiten vorstellen, die ein sehr schweres Schicksal gewählt haben und trotzdem ein bewundernswertes Leben führen. Es sind Menschen unserer Zeit, die durch die „Trotzmacht des Geistes", wie *Viktor Frankl* sie nennt (10), eine heroische Lebensleistung vollbringen.

Zu ihnen gehört die querschnittgelähmte *Ruth Rieser* (*1943), die seit mehr als fünfunddreißig Jahren in einem Zürcher Spital liegt. In ihrem Buch „Ich liebe mein Leben trotz allem" schildert sie, wie sie bereits mit dreizehn Jahren an Kinderlähmung und danach an einer schweren Meningitis erkrankte. Seither ist sie von der Halswirbelsäule abwärts vollständig bewegungsunfähig. Deshalb benötigt sie ständig ein Beatmungsgerät und ist an einer Lungenmaschine angeschlossen. Trotz ihrer schweren Behinderung als Tetraplegikerin ist ihr Lebens- und Lernwille nie versiegt. Im Selbststudium hat sie sich fünf Fremdsprachen angeeignet. Sie hat sich durch ein Psychologiestudium ein reiches Erfahrungswissen erworben, mit dem sie hilfesuchende Menschen beraten kann. Obwohl sie selber ständig auf fremde Hilfe und Betreuung angewiesen ist, durfte sie für zahlreiche sorgengeplagte Menschen zu einer echten Lebensberaterin werden. Sie hat mehrere Bücher geschrieben, indem sie mit einem Stift im Mund mit unermüdlicher Ausdauer Buchstabe um Buchstabe in eine Schreibmachine oder in den Computer tippte. Auch ist sie zu einer erfolgreichen Mundmalerin geworden. Mit Mut und Zuversicht meistert sie ihr Leben, indem sie sich immer wieder sagt: „Zwar bin ich schwach und gebrechlich, aber in mir wohnt ein Riese, der mir Kraft gibt." Von ihrem Spitalbett oder Rollstuhl aus kann sie sich an vielen kleinen Dingen erfreuen, an denen die Gesunden meist achtlos vorübergehen. Über den Anblick von Blumen im Garten schreibt sie: „Ich kann nicht genug schauen und staunen. Ich bin fasziniert, begeistert. Welche Pracht! Welche Vielfalt! Welche Intensität! Welche großartige Symbolik des Lebens! Wie glücklich bin ich doch, diese ganze Pracht zu sehen, wahrnehmen und genießen zu können."

So hat sie erkannt: „Eine Krankheit, eine Behinderung sind mögliche, begehbare Wege zu einem erweiterten Bewusstsein, zur tiefen Lebenserfahrung hin. Jede Erkrankung und jedes Symptom will uns etwas lehren, uns aus unserer tiefsten Seele eine Mitteilung oder Botschaft über unsere Lebensgestaltung und Lebenseinstellung überbringen. Jede chronische Krankheit könnte zum enormen Lern- und Reifungsprozess werden, sofern wir uns innerlich öffnen und nicht eine starre Lebenshaltung beibehalten." Und weiter: „Um ein Leben, und ganz besonders eines wie meines, selber voll in die Hände zu nehmen, muss ein tiefgründiger Selbstbewusstseins- und Selbstwerdungsprozess vorangegangen sein." Trotz mancher Tiefschläge waren ihre Lebenskräfte nie ganz verstummt. Sie bestätigt: „Nach jedem Tief, nach jedem Rückschlag war ich wieder zuversichtlich und tröstete oft jene, die einfach nicht verstehen und annehmen konnten. Ich spürte in mir immer wieder eine sehr starke Kraft, eine Hoffnung, die mich von einem Wellental über das andere trug." (11)

Ein ähnliches Beispiel für ein bewundernswertes Leben „trotz allem" gibt uns der Psychologe *Georg Fraberger*. Er kam im Jahr 1974 als „Rumpfmensch" ohne Arme und Beine zur Welt. Heute ist der kleinwüchsige, schwer behinderte Mann glücklich verheiratet und Vater von vier gesunden Kindern. Er ist mit künstlichen Gliedmaßen versorgt, die er mit großem Geschick zu gebrauchen versteht. Als ausgebildeter Psychologe berät und betreut er in einem großen Wiener Spital amputierte Menschen. In seinem Buch „Ohne Leib mit Seele" beschreibt er eine sinngebende Kraft, die es ihm ermöglicht, in der orthopädischen Abteilung die schweren Eingriffe an Patienten zu begleiten und den Kranken und Behinderten hilfreich zur Seite zu stehen. (12)

Ein drittes Beispiel von einem sinnvollen Leben „trotz allem" ist die studierte Theologin *Simea Schwab* aus Kerzers in der Schweiz. Sie kam im Jahr 1970 ohne Arme und mit verschiedenen körperlichen Missbildungen zur Welt. Deswegen ist sie zur Fortbewegung auf ihren Elektro-Rollstuhl angewiesen. Ihre Füße sind ihre Hände, mit denen sie zahlreiche Tätigkeiten verrichtet, vielfältige Schreibarbeiten erledigt und Predigten und Referate verfasst. Daher nennt sie ihr Buch „Fußnotizen aus meinem Leben". Sie ist heute als freischaffende evangelische Seelsorgerin tätig und führt als Erwachsenenbildnerin immer wieder Vortragsveranstaltungen und Seminare durch. Der Journalist *Thomas Kutschera* berichtet über sie, dass sie jeden Tag spürt, dass ihr Körper anders ist und sie an Schmerzen und Behinderungen leidet, aber trotzdem ihre Fröhlichkeit und ihr gewinnendes Lächeln nie verloren hat. (13)

Ein viertes Beispiel von enormem Überlebenswillen ist die junge Biochemie-Studentin *Liliane Wyss* (*1978), die im Alter von zweiundzwanzig Jahren einen schweren Hirninfarkt erlitt. Seither ist sie als Tetraplegikerin nahezu vollständig bewegungsunfähig und leidet am „Locked-in-Syndrom", was so viel bedeutet wie „in sich selber eingeschlossen" zu sein. Weil sie nicht schlucken kann, muss sie durch eine Magensonde ernährt werden. Lange Zeit musste sie künstlich beatmet werden. Tagsüber ist sie auf einen Rollstuhl angewiesen. In ihrem Buch „Rosenmeer. Eingeschlossen im eigenen Körper" (14), das sie mühsam mit dem linken Zeigefinger Buchstabe um Buchstabe tippte, schildert sie ihren Alltag mit all seinen Hoffnungen und Ängsten, mit ihren Zukunftsplänen und Verzichten. Sie kann klar denken, sie vermag Gefühle zu empfinden und ihre Sinne sind hellwach. Sie ist in der Lage, durch SMS und Mails mit ihrer Umwelt schriftliche Kontakte aufzunehmen. Mit einem Lesegerät kann sie Bücher bearbeiten. Heute ist sie imstande, mit Hilfe eines Sprechcomputers, den sie mit ihrem linken Zeigefinger bedient, sich über eine künstliche Stimme zu äußern. So ist sie in der Lage, Vorträge zu halten und Seminare durchzuführen. Zur Zeit absolviert sie ein Psychologie-Studium der internationalen Fernuniversität „Open University". Sie beschreibt ihr Leben in einem Behinderten-Wohnheim mit folgenden Worten: „Lang und unerfüllt ist meine Wunschliste, etwas kürzer ist die Aufzählung dessen, was mir geblieben ist. Und doch ist mein neues Leben durchaus lebenswert und sinnvoll."

Eines der erstaunlichsten Beispiele für den Triumph des menschlichen Geistes über schwerste körperliche Behinderung ist für mich der in England lebende berühmte Astrophysiker *Stephen Hawking* (*1942). Er war von 1979 bis 2008 Professor für Mathematik auf dem bekannten Lukasischen Lehrstuhl an der Universität von Cambridge, den vor ihm im 17. Jahrhundert der große Naturforscher *Isaac Newton* innehatte. In seinen gesunden Jahren hielt er sein Leben als Physikstudent in Oxford für langweilig und wenig sinnvoll. Mit einundzwanzig Jahren erkrankte er an fortschreitender amyotropher Lateralsklerose (ALS). Dieses Leiden änderte sein Leben grundlegend. Kurz nachdem er damals das Krankenhaus verlassen hatte, träumte er, er solle hingerichtet werden. Plötzlich begriff er, dass es eine Reihe wertvoller Dinge gab, die er tun könne, wenn ihm ein Aufschub gewährt würde. Er nahm sich vor, in Zukunft sich nur noch auf Dinge zu konzentrieren, die ihm möglich waren, statt solchen nachzutrauern, die ihm nicht mehr gelingen würden. Heute, mehr als ein halbes Jahrhundert danach, ist er zwar nahezu bewegungsunfähig; daher wird er das „Genie im Rollstuhl" genannt, trotzdem veröffentlicht er noch heute Jahr für Jahr mit Hilfe seines Sprech- und Schreibcomputers, den er lediglich durch kurze Gesichts- und Augenbewegungen bedienen kann, hochwissenschaftliche Artikel und Fachbücher über die Entstehung des Weltalls, über Raum und Zeit, über die dunkle Materie oder über Anfang und Ende des Kosmos. Heute gilt der 80-jährige, dem mit einundzwanzig Jahren von den Medizinern nur geringe Überlebensmöglichkeiten eingeräumt wurden, als einer der brillantesten Wissenschaftler der Gegenwart. Sein Geist ist ungebrochen. Er gesteht: „Ich hatte ein gutes und erfülltes Leben." (15)

Diese fünf Namen beweisen, wie Menschen trotz schwerster Einschränkungen ein sinnvolles und glückliches Leben führen können, wenn sie von einer Idee überzeugt sind, wenn sie von einer Aufgabe begeistert sind und die Kraft aufbringen, unbeirrt und unermüdlich ihrem Ziel zuzustreben. *Ruth Rieser* beschrieb ihren harten Lebens- und Leidensweg mit nachfolgendem Gedicht:

Durch die Angst
Schritt für Schritt alleine
Durch die Macht der Ohnmacht
Durch die Dunkelheit der Nacht
Durch die Trauer, Schritt für Schritt alleine
Durch die Wüste der Einsamkeit
Durch die Leere der Verlassenheit
In das Licht, Schritt für Schritt alleine
In das Geheimnis des Einsseins
In das Einssein des Ewigen Du.

9.3 Sekundärer Leidensgewinn

In unserer geschaffenen Welt ist nie etwas einseitig nur gut oder nur schlecht. Aufgrund der polaren Gegensätzlichkeit ist stets das eine im anderen keimhaft enthalten. So birgt die Gesundheit die Möglichkeit des Krankwerdens in sich und das Kranksein die Chance zur Gesundung. Aus diesem Grunde stellt das Leiden nicht bloß einen schmerzvollen Verlust an Gesundheit dar, sondern ebenso einen Gewinn an Erfahrung. Dieser besteht im Begreifen, was uns krank gemacht hat und was wir ändern müssen, um wieder gesund zu werden. Letzteres nennen wir den *sekundären Leidensgewinn*. Zu diesem können wir auf einem zweifachen Weg kommen: Entweder durch das passive Erdulden eines unabwendbaren Leidens oder durch die aktive Auseinandersetzung mit der Frage, was aus dem Ruder gelaufen ist und uns leidend gemacht hat. Dadurch kommen wir dem Sinn des Leidens auf die Spur. Voraussetzung ist freilich, dass man das Leiden annimmt und es nicht verleugnet oder verdrängt. Hierzu gehört eine positive Einstellung zum Leiden. „Das angenommene Leiden kann sich allmählich in Gelassenheit, in Heiterkeit und Kraft verwandeln" hat *C.G. Jung* bei seinen leidgeprüften Patienten erfahren. (16) Die Psychotherapeutin *Margrit Erni* nennt dieses Akzeptieren „die höchste Stufe der bewussten Leiderfahrung". (17)

Der *passive Leidensgewinn* besteht darin, dass wir uns dem unabänderlichen Geschehen einer Krankheit oder eines Leidens unterziehen, indem wir es zulassen, um das Beste daraus zu machen. Dabei sollten wir uns fragen: Wer weiß, wozu das gut ist? In diesem wehrlosen Annehmen geben wir einen inneren Widerstand auf und lassen die Möglichkeit einer besseren Einsicht zu. Manches schmerzliche Ereignis, das wir nicht dem Zufall zuschreiben, kann sich nachträglich als Glücksfall erweisen, wenn wir daraus die richtigen Lehren ziehen. So konnte schon mancher Mensch durch sein Leiden das lernen, was er in gesunden Tagen nicht gelernt hat. Deshalb sah der Psychologe *Thorwald Dethlefsen* in der Krankheit eine günstige Gelegenheit, sich notgedrungen mit einem bestimmten Prinzip bekannt zu machen, das wir freiwillig nicht einlösten. (18) Man muss bloß am Radio das „Wunschkonzert für die Kranken" hören, um festzustellen, wie viele Patienten auf einmal empfänglich werden für besinnliche Musik und religiöse Gesänge, für die sie in gesunden Tagen kein Gehör hatten. Ein junger Mann, dem ich zu einer gesünderen Lebensweise geraten hatte, entgegnete mir: „Da hat man ja nichts vom Leben!" Heute liegt er nach einem Unfall schwer darnieder und hat nun Zeit und Gelegenheit, über den Wert oder Unwert seines Lebens nachzudenken. Kein Geringerer als *Goethe* konnte von sich sagen: „Ich habe viel in der Krankheit gelernt, das ich nirgends in meinem Leben hätte lernen können." (19)

Ein längeres Leiden kann dem Kranken die Möglichkeit gewähren, eine Schonzeit oder Auszeit zu gewinnen, in der er zeitweise oder dauerhaft von familiären oder beruflichen Verpflichtungen entbunden wird. Dadurch kann er Verantwortung abgeben und von belastenden Situationen befreit werden, was er als Gewinn erfahren wird. Ein mir bekannter Generaldirektor eines Großunternehmens antwortete seinem Arzt, nachdem dieser ihm keine Hoffnung auf Heilung seiner schweren Krebserkrankung geben konnte: „Das erleichtert natürlich vieles." Damit meinte er die Übergabe der Konzernleitung an seinen Nachfolger, was ihn sehr entlastete. Wie eine chronische Erkrankung auch eine positive Auswirkung haben kann, zeigt folgendes Beispiel: Eine Frau, die in früheren Jahren regelmäßig mit ihrem Mann in aller Welt auf Geschäftsreisen war, erkrankte an Multipler Sklerose (MS) und ist seither schwer gehbehindert. Sie gestand mir, dass sie recht froh sei, nun zu Hause bleiben zu dürfen und genügend Zeit zu haben, sich mit esoterischer und spiritueller Literatur zu beschäftigen. Nachdem sie von der Außenwelt genug gesehen hatte, entdeckte sie nun eine faszinierende Innenwelt, die ihr früher fremd geblieben war. Mit der Dichterin *Cécile Marmet* kann sie sich sagen:

Wenn ich meine Augen schließe
seh' ich eine andere Welt,
die mit allen Sinnen ich genieße,
weil sie mir so gut gefällt.
Ich ruh' in dieser Wunderwelt,
bin eins mit ihr und mir
und schweb' im Licht, das mich erhellt.
Bin nur noch Teil von ihr.

Im Zustand des Krankseins werden wir vielleicht eine Antwort finden auf das Warum eines leidverursachenden Zustandes. Nur so ist die Aussage des leidenden *Friedrich Nietzsche* zu verstehen: „Wer ein Warum hat zum Leben, erträgt fast jedes Wie." *Viktor Frankl* schreibt ergänzend hierzu: „Meine Überzeugung ist es, der Mensch wird mit jedem „Wie" fertig, wenn er auf das „Warum" eine verständliche Antwort hat." (20)

Entscheidend dabei ist, ob wir ein Leiden, eine Krankheit oder ein Gebrechen von der Verliererseite oder von der Gewinnerseite ansehen. Der Psychiater *Boris Cyrulnik* (geb. 1937), der selber aus recht ungünstigen Verhältnissen stammt, versucht in seinem Bestseller „Rette dich, das Leben ruft" die Frage zu beantworten: Wie gelingt es Menschen, selbst unter erschwerten Bedingungen und in schwierigsten Situationen, das Leben zu meistern? Seine einfache Antwort lautet: „Es kommt auf die seelische Robustheit an." Diese wiederum hängt einerseits von der Veranlagung des Menschen ab und andererseits ist entscheidend, ob seine Seele in der Kindheit durch Liebe und Zuwendung genügend ernährt worden ist. (21) Diese seelische Stärke und Widerstandskraft ist entscheidend, wenn uns unerwartet ein schwerer Schicksalsschlag trifft. Was der eine erträgt, erschlägt den anderen fast. Der eine nimmt das Schwere gelassen hin, während der andere sich von allen guten Geistern verlassen fühlt. Auch hängt vieles davon ab, wie man zuvor in besseren Tagen sein Leben gestaltet und ob man sein Dasein als sinnvoll oder sinnlos bewertet hat. Auf jeden Fall bildet eine solide Weltanschauung die notwendige Grundlage, um lebensbedrohende Erschütterungen schadlos zu überstehen. Nicht jeder, der schlechte Karten hat, ist von vornherein ein hoffnungsloser Fall. Aus einem Unglück kann auch Glück erwachsen. Ein Querschnittgelähmter, der sich durch seine Tetraplegie nicht benachteiligt, sondern geradezu bevorzugt fühlt, hat erfahren. „Wo der Körper ausgeschaltet wird, erhöhen sich die geistigen Fähigkeiten, die Konzentration nimmt zu, der Kopf wird besser als früher." (22)

Das eigene Leiden kann uns auch vor größeren Dummheiten bewahren. Auch darin liegt ein Gewinn. So betrachtete *Friedrich Dürrenmatt* seinen Diabetes in späteren Jahren als Chance für sein Gesundbleiben. In einem Gespräch gab er zu: „Ich bin ein so vitaler und lebensfreudiger Mensch, dass ich ohne diese Krankheit mich zu Tode gelebt hätte." (23) Selbst eine schwächliche Konstitution, die einem Menschen von Natur aus mitgegeben ist, kann ihn davor bewahren, allzu sehr über die Stränge zu schlagen und dadurch seine Gesundheit zu gefährden. So ergibt sich bei manchem die Sittlichkeit aus dem Mangel an Gelegenheit. Wie eine gefährdete Gesundheit uns zu einer vorsichtigen und vernünftigen Lebensweise veranlassen kann, zeigt folgendes Beispiel: Ein Mann beklagte sich bei seinem Arzt, indem er bedauerte, dass man ihm sein Magengeschwür wegoperiert hatte und er nun ohne diesen unbequemen Mahner nicht mehr genau wissen könne, wann er seine Belastungsgrenze erreicht habe. (24)

Einen willkommenen Leidensgewinn kann ein kranker Mensch auch darin finden, dass er von seiner Umwelt erhöhte Aufmerksamkeit und Zuwendung erfährt, die er sonst nicht oder zu wenig erhalten hätte. Nicht selten kann der Leidensgewinn auch eine Flucht ihn die Krankheit bedeuten. Dadurch wird es dem Leidenden gestattet, sich von unliebsamen Anforderungen vonseiten der Umwelt zu bewahren. Dies ermöglicht, „durch bewusste und darüber hinaus durch unbewusste Antriebskräfte und Motivationen sich mit Hilfe ihrer Symptombildung in eine Ersatzwelt zurückziehen zu können" (25), wo sie statt des Aufrufes zur Pflichterfüllung verstehende Rücksichtnahme und nachsichtiges Bedauern erfahren können. Eine schmerzliche Erfahrung kann auch einen Weckruf bedeuten, um einen spirituell Schlafenden zum geistigen Erwachen zu bringen. Eine Heimsuchung kann zum Aufruf werden, bei sich selber einzukehren und in seinem Inneren wieder Ordnung zu schaffen.

Als *aktiven Leidensgewinn* bezeichnen wir die Fähigkeit, durch eigene Gedankenarbeit unsere Situation zu überdenken, neue Wege zu deren Änderung zu suchen und unser Leben neu auszurichten, um daraus einen positiven Ertrag zu erzielen. Nicht selten gehen wir aus einer überstandenen Krankheit gestärkt und gereift hervor und fangen an, manche Dinge mit anderen Augen zu sehen. So ist es gut möglich, dass wir in kranken und leidvollen Tagen zu einem Erkenntnisgewinn gelangen, der uns auf eine höhere Wirklichkeit hinweist, die uns zu einem geistigen Fortschritt verhilft. Die erzwungene Unterbrechung des gewohnten Alltags infolge von Krankheit oder Unfall kann Raum und Zeit schaffen, um seinen privaten, beruflichen und gesellschaftlichen Lebensweg zu überdenken und nach Neuorientierungen zu suchen. Der Psychologe *Alfred Dalliard* ist überzeugt, dass Leid und Krankheit dafür sorgen können, „dass der Mensch in seiner Entwicklung nicht stehen bleibt; sie drängen ihn zur Suche nach Erkenntnis und Wahrheit, sie fördern die Läuterung und machen ihn demütig und bescheiden". (26) Ein Symbol für diesen Leidensgewinn schenkt uns die Perlmuschel. Diese ist imstande, einen schmerzenden Fremdkörper, beispielsweise ein Sandkorn, das in ihre inneren Weichteilfalten eingedrungen ist, mit einem Sekret aus Calciumkarbonat zu umgeben. Es sind dies gleichsam die Tränen des Muscheltieres. Durch diese werden die scharfen Kanten des Eindringlings mit einer glatten Perlmutterschicht umhüllt. Auf diese Weise entsteht in der Muschel eine weiße oder rosafarbene Perle, die seit dem Altertum als kostbarer Schmuck gehandelt wird. Deshalb heißt es: „Sei klein die Muschel oder groß. / Man schätzt sie nach der Perle bloß."

Wer sich ernsthaft um das eigene Gesundwerden bemüht, der wird aus gemachten Fehlern lernen, in Zukunft durch verändertes Verhalten möglichst Leiden zu verhindern. So vermag er seine Selbstheilungskräfte zu aktivieren, indem er alles unterlässt, was diese beeinträchtigen könnte. Die Erfahrung lehrt uns, dass mindestens zur Hälfte Gesundheit und Krankheit von unserer eigenen Lebensweise abhängt. Jedes körperliche oder seelische Leiden verfällt früher oder später der Vergänglichkeit. Die Geistseele allein überlebt jedes Leiden und jeden Schmerz, sobald sie ihr irdisches Kleid abgelegt hat. Dies erfuhr eine Frau, die seit Jahren an Weichteilrheuma litt, bei einer außerkörperlichen Nahtoderfahrung. Seither lebt sie, wie sie schreibt, in Gedanken bewusster außerhalb ihres Körpers, mit dem sie sich nicht mehr identifiziert. Sie weiß, dass ihr körperliches Leiden ein Ende haben wird, sobald sie ihre Leibeshülle verlassen kann. Auf diese befreiende Zukunft lebt sie hin. (27) Wer je den „Weg durch den Schmerz“ (28) gegangen ist, gewinnt Seelenstärke und findet am Ende sich selbst. So kann dem Wissenden zum Segen gereichen, was dem Unwissenden wie ein Fluch erscheint.

Rilke bekannte daher von sich: „Doch ich lerne täglich, manchmal sogar unter Schmerzen, denen ich etwas später dankbar bin.“ Seinem Tagebuch hat er wenige Tage vor seinem Tod, als letzte Eintragung ,folgende Worte anvertraut (29):

Komm du, du letzter, den ich anerkenne,
heilloser Schmerz im leiblichen Geweb:
wie ich im Geiste brannte, sieh, ich brenne
in dir; das Holz hat lange widerstrebt
der Flamme, die du loderst, zuzustimmen,
nun aber nähr‘ ich dich und brenn in dir.
Mein hiesiges Mildsein wird in deinem Grimmen
ein Grimm der Hölle nicht von hier.
Ganz rein, ganz planlos frei von Zukunft stieg
auf des Leidens wirren Scheiterhaufen,
so sicher nirgends Künftiges zu kaufen
um dieses Herz, darin der Vorrat schwieg.
Bin ich es noch, der da unkenntlich brennt?
Erinnerungen reiß ich nicht herein.
O Leben, Leben: Draußensein,
Und ich in Lohe. Niemand, der mich kennt.

9.4 Wachstumsschmerzen der Seele

Der Mensch hat den Auftrag, sich zu entwickeln und sein Bewusstsein zu erweitern. Zu diesem Lebens- und Lernprogramm schrieb *Thorwald Dethlefsen*: „Der Mensch wird nicht in diese Welt hineingeboren, um in Faulheit den Schein der Sonne zu genießen, sondern um sich zu entwickeln und nach seinen Fähigkeiten der Welt zu dienen." (30) Dieses geistige Wachstum geschieht in der Regel nicht ohne Schmerzen. Wenn von Wachstumsschmerzen die Rede ist, denkt man in erster Linie an jene Beschwerden, die mit dem *Körperwachstum* in Kindheit und Jugendalter zu tun haben. Es handelt sich da um wachstumsbedingte Dehnungen und Streckungen von Muskeln, Sehnen und Zellgeweben, die vorübergehend Schmerzen verursachen können. Diese entstehen meistens im Zusammenhang mit dem körperlichen Gestaltwandel und sind vor allem erkennbar am Längenwachstum, an der Gewichtszunahme und an hormonellen Veränderungen während bestimmter Wachstumsperioden. Solche Wachstumsschmerzen sind demnach natürliche Begleiterscheinungen der körperlichen Entwicklung.

Ähnliches gilt auch für die Entfaltung der *Vitalseele* in ihrem lebenslangen Bewusstwerdungsprozess. Deshalb musste *C.G. Jung* feststellen: „Ohne Leiden geschieht in der Seele nichts." Er war überzeugt, dass Leiden ein wesentlicher Bestandteil des menschlichen Lebens sind, ohne die wir niemals etwas Wesentliches tun würden. Daher empfahl er seinen Patienten, einen Weg zu finden, der es ihnen ermöglichen sollte, ihre Leiden zu ertragen, welche das Los einer jeden menschlichen Existenz sind. Er hat immer wieder betont: „Wenn es jemand wenigstens erreicht, unausweichliches Leiden zu ertragen, hat er schon fast eine übermenschliche Aufgabe erfüllt." (31) Und der Jung-Schüler *Franz Alt* zitiert den Meister mit den Worten: „Es gibt kein Bewusstwerden ohne Schmerzen." (32)

Leiden können, wenn wir sie willig annehmen, als Geburtsschmerzen eines höheren Bewusstseins verstanden werden. Diese helfen uns, Wichtiges und Nebensächliches in unserem Leben zu trennen. Sie lehren uns auch, Vergängliches vom Bleibenden zu unterscheiden. Eine 40-jährige Frau erzählte mir, dass die Zeit nach ihrem Hirnschlag, der sie an den Rand des Grabes brachte, zu den wertvollsten Erfahrungen ihres bisherigen Lebens gehört. Es wurde ihr bewusst, an welch dünnem Faden ihr Leben hing. Heute lebt sie viel erwachter und dankbarer für jeden Tag, der ihr geschenkt wird. Dadurch erlebt sie eine wunderbare Daseinsfreude, die sie früher nie gekannt hat. So bestätigt sich die Aussage des ersten Bundeskanzlers der Bundesrepublik Deutschland, *Konrad Adenauer* (1876-1967), der fand: „Für die Entwicklung des Menschen sind bittere Stunden unerlässlich." Gleicher Meinung war die weltbekannte Sterbeforscherin *Elisabeth Kübler-Ross* (1926-1967): „Jedes Leid ist eine Wurzel des Wachstums." (33)

Auch von der *Geistseele* dürfen wir annehmen, dass diese im Verlauf ihrer verschiedenen Existenzformen auf unterschiedlichen diesseitigen und jenseitigen Daseinsebenen spirituell wachsen und reifen kann, um sich zunehmend ihrer wahren Natur und Herkunft bewusst zu werden. Dies kann sie nicht nur auf dem geistigen Weg des Erlernens erreichen, sondern auch auf dem Weg des Erleidens. Unter diesen Bedingungen können sich geistige Wachstumsschmerzen einstellen, die entweder freudvoll oder leidvoll erfahren werden. Diese sollen den Menschen dazu führen, über sich selbst hinauszuwachsen. Hier eröffnet sich ihm das Tor zur inneren Freiheit, das ihm erst den tieferen Sinn zu seinem Leben und zu seinem Leiden erschließt. Ein Beispiel hierfür finden wir bei *Hermann Hesse*, der in seinen Lebenserinnerungen schrieb: „Und ich begann zu verstehen, dass das Leid und die Enttäuschungen und die Schwermut nicht da sind, um uns verdrossen und wertlos und würdelos zu machen, sondern um uns zu reifen und zu verklären."

Wie Leiden in uns Kräfte freisetzen können, die uns zu bewussterem Leben und schöpferischem Tun hinführen können, zeigt uns das schriftstellerische Lebenswerk des Kardinals *Henri de Lubac,* Verfasser von über fünfzig wissenschaftlichen Büchern. Wegen einer schweren Kopfverletzung im Ersten Weltkrieg litt er häufig an heftigen Migräne-Anfällen. Er lenkte die Energie seiner Schmerzen auf den geistigen Pfad, der es ihm ermöglichte, sein Leiden in einen großartigen Erfolg bei jahrzehntelanger Lehr- und Forschertätigkeit umzuwandeln. Im Leiden vermag der Mensch geistige Höhen zu erreichen, zu denen er in gesunden Zeiten kaum gelangen würde. Die amerikanische Schriftstellerin und Hochschuldozentin *Ariel Tomioka* wurde von ihrem spirituellen Meister belehrt: „Der Schmerz ist oft die einzige Möglichkeit für den Geist, dem inneren Körper einen Eindruck zu vermitteln, der stark genug ist, um Verständnis und inneres Wachstum zu bewirken." (34) Wir können an den schmerzlichen Widerständen wachsen und reifen, ja sogar über uns selbst hinauswachsen. Diesem seelischen und geistigen Entwicklungsprozess begegnen wir in folgenden Tagebuchnotizen einer unheilbaren Krebspatientin: „Es hat mich erwischt, es ist endgültig. Warum gerade ich? Das Leben war so schön für mich! Soll es schon zu Ende sein? Der gepeinigte Leib – früher wusste ich nicht, was das heißt. Die Bäume, diese verfluchten Bäume! Sie werden im nächsten Frühling wieder blühen, und ich? Meine Kinder und mein Mann, wie werden sie es bewältigen? Friede ganz tief innen in mir – kostbar!" (35) Leiden bringt Wachsen und Reifen. Nach *Ludwig Böhme* ist der Schmerz „der große Lehrer des Menschen. Unter seinem Hauch entfaltet sich die Seele." Für die Psychologin *Elisabeth Lukas* ist das Leiden ein seelischer Reifungsprozess, der darauf beruht, „dass der Mensch zur inneren Freiheit gelangt – trotz äußerer Abhängigkeit". (36) Es geht hier nicht darum, eine Antwort zu finden für das *Warum* eines Leidens, sondern um dessen *Wozu*.

Leiden und Schmerzen dienen auch dazu, unseren Egoismus abzubauen und dankbar zu werden für fremde Hilfe, die wir notgedrungen annehmen müssen. An die Stelle von Eigenbezogenheit treten, wenn es gut geht, Geduld und Demut. Dies sind Tugenden, die wir am ehesten lernen, wenn wir auf die freundliche Zuwendung anderer angewiesen sind. Der tibetische Mönch *Sogyal Rinpoche* hält es sogar für möglich, dass der leidende Mensch mit der Zeit eine geheimnisvolle Dankbarkeit empfindet, weil es ihm eine kostbare Gelegenheit bietet, mit ihm zu arbeiten und sich zu veredeln. Dem Leidenden empfiehlt er, sich bewusst zu werden, dass er ohne seinen Schmerz niemals zur Erkenntnis gelangt wäre, „dass tief in der Natur des Leidens ein Schatz an Glückseligkeit und Wonne verborgen liegt". (37) Und der indische Philosoph *Rabindranath Tagore* (1861-1941) hat erkannt: „Das Leid ist die harte Münze, die wir für alles Wertvolle im Leben, für unsere Kraft, Weisheit und Liebe zahlen müssen." So erfahren wir die Wahrheit eines orientalischen Sprichwortes: „Das Leiden macht uns nachdenklich. Das Nachdenken macht uns weise. Die Weisheit macht unser Leben erträglich." Leidvolle Erfahrungen sind sogar imstande, unser geistiges Wachstum zu beschleunigen. In diesem Sinne schrieb *Christian Morgenstern:*

Jede Schmach und jede Schande,
jeder Schmerz und jedes Leiden
wird bei richtigem Verstande
deinen Aufstieg mehr entscheiden.

9.5 Sinnfindung im Leiden

Ob das Leiden einen Sinn hat, hängt davon ab, ob man ihm einen Sinn geben kann. Leider halten zahlreiche Menschen ihr Leiden für sinnlos, weil sie in ihm keinen Sinn sehen. Selbst ein leidgeplagter Mensch könnte sein Leben als sinnvoll empfinden, sofern es ihm gelänge, am unveränderlichen Leiden sich selber zu ändern, um dadurch ein besserer Mensch zu werden. Entscheidend ist immer die eigene Einstellung zu Schmerz und Leid. Je nachdem ob wir es bedauern und verwünschen oder ob wir ihm einen positiven Wert verleihen, erkennen wir darin Sinn oder Unsinn.

Jedes Leiden lässt mehrere Sinnmöglichkeiten erkennen. Eine erste Sinngebung kann darin liegen, dass wir anfangen, nach dessen Ursachen zu fragen. Dies sollte uns dazu veranlassen, die bisherige eigene Lebensweise zu überdenken. Der schwedische Arzt *Are Waerland* (1876-1955) war überzeugt: „Wir haben es nicht mit Krankheiten zu tun, sondern mit falschen Lebensgewohnheiten. Schaffen wir diese ab, und die Krankheiten werden von selbst verschwinden." Die heutige Medikamentenflut hilft uns zwar, Krankheitssymptome zu mildern, zu mindern und zu beheben, jedoch wirklich heilen kann sie nicht, solange deren Ursachen nicht erkannt werden. Symptomfreiheit ist noch lange nicht ein Beweis für Gesundheit. Das Kranksein ist mit einem Eisberg zu vergleichen: Der kleinere, sichtbare Teil über der Wasseroberfläche gleicht dem Symptom. Der viel größere, unsichtbare Teil in der Meerestiefe entspricht dem krankmachenden Hintergrund. Vielen Arten von Leiden geht zunächst ein Zustand von seelischer Unordnung und Entgleisung voraus, der sich nach längerer oder kürzerer Zeit ins Wahrnehmbare und Spürbare hinein materialisiert. In seinem Aufsatz „Der Weg aus der Krankheit" versichert *Fritz Hoffmeister*, dass mindestens 80% aller körperlichen Krankheiten einen seelischen Ursprung haben. (39) Mit dem Erfinder der Blütentherapie, *Edward Bach* (1886-1936), lässt sich sagen: „Krankheit ist weder Grausamkeit noch Strafe, sondern einzig und allein ein Korrektiv; ein Werkzeug, dessen sich unsere eigene Seele bedient, um uns auf unsere Fehler hinzuweisen, um uns vor größeren Irrtümern zurückzuhalten, um uns daran zu hindern, mehr Schaden anzurichten, um uns auf den Weg der Wahrheit und des Lichtes zu bringen, von dem wir nie hätten abkommen sollen." (40)

Eine zweite Sinngebung kann sich aus einem chronischen Leiden ergeben. Dieses geht in der Regel auf lang andauernde körperlich-seelische Fehlhaltungen zurück, die nicht rechtzeitig erkannt wurden. Mit den Jahren haben sich diese verfestigt, sind festgefahren und lassen sich nur schwer rückgängig machen. Also bleibt vielfach nichts anders übrig, als damit leben zu lernen. Daraus kann sich eine Einschränkung in den ursprünglichen Lebensmöglichkeiten ergeben. Das kann auch die Folge eines bleibenden Schadens nach einem Unfall sein. Auch dies muss dem betroffenen Menschen nicht nur zum Nachteil gereichen. Es kann sich daraus für ihn auch ein Vorteil ergeben, indem er sich durch anderweitige Betätigung einen sinnvollen Ausgleich schafft. Wenn sich ein Mensch mit einem chronischen Leiden auf die Suche nach neuen und anderen Betätigungsformen macht, kann er oft erstaunliche Fähigkeiten entwickeln, die ihn weit über seine bisherigen Lebensmöglichkeiten hinaustragen und bereichern. Auf diese Weise kann er seinem Leben einen neuen Sinn verleihen, wenn er nur daran glaubt, dass dies möglich ist. (41)

Eine dritte Sinnmöglichkeit kann der Mensch gewinnen, wenn er an einem unheilbaren Leiden oder Gebrechen schwer zu tragen hat und dieses als mitgegebenes Lernprogramm für das gegenwärtige Leben annimmt. Es kann sich um ein Leiden handeln, das auf dem Weg der Vererbung oder durch frühkindliche Schädigung vor oder während der Geburt oder durch Krankheit oder Unfall verursacht wurde. Im Verlauf meiner beruflichen Tätigkeit hatte ich häufig mit behinderten Menschen und deren Angehörigen zu tun und war immer wieder erstaunt, wie viel Sinn die Betroffenen ihrem schweren Geschick abzuringen vermochten.

Eine vierte Sinngebung gilt dem unabwendbaren Leiden, das uns schicksalshaft aufgetragen ist, damit wir es tragen und ertragen ohne lange zu fragen „warum". Vermutlich handelt es sich um Nachwirkungen aus früheren Erdenleben, die uns nach dem Karma-Gesetz eine Möglichkeit des Ausgleichs oder der Wiedergutmachung bieten, um frühere Schuld abzutragen, gleich einer alten Hypothek, die noch nicht vollständig getilgt und abbezahlt ist. So hat jedes Leiden seine Vorgeschichte, die meist weit zurückreicht, jedenfalls über das Heute und Gestern hinaus. Es wird verursacht durch eine Harmoniestörung, sei es im Kleinen oder im Großen. Wenn wir die Spuren unseres Daseins zurückverfolgen, stoßen wir immer wieder auf selbstverschuldete Verluste an innerer Harmonie und zuletzt auf unser Fehlverhalten gegenüber der göttlichen Welt, die unsere wahre Heimat ist. Durch unseren früheren Fall aus der Einheit in die Zweiheit sind wir ins Abseits geraten. Dadurch ist letzten Endes alles Üble, Unharmonische und Leidvolle in der Welt entstanden. Dieser leidvolle Zustand kann erst wieder aufgehoben werden, wenn wir nach einem langen spirituellen Aufstieg wieder in höhere Bewusstseinssphären gelangen.

Jedes Leiden hat also seine ihm entsprechende Ursache. Es gibt kein sinnloses oder unsinniges Leiden, das uns rein zufällig trifft. Auch ein unverdientes oder unverschuldetes Leiden ist nicht denkbar. Ein Ungemach ereilt uns nicht von ungefähr. Es kommt uns nur zu, was zu uns gehört. Suchen wir nach den Hintergründen eines Leidens, stoßen wir auf die Schuld. Akzeptieren wir die Schuld, verstehen wir dessen Sinn. Wer in seinem Leiden nicht einen sinnlosen Zufall, sondern eine ihm zubemessene Aufgabe erkennt, der leidet nicht umsonst. Die tiefere Sinnbedeutung eines Leidens lässt uns verstehen, was wir daraus zu lernen haben. *Thorwald Dethlefsen* sah es richtig: „Die Krankheit macht den Menschen heilungsfähig. Dazu muss er sie durchwandern, nicht umgehen.“ (42)

Der Weg aus dem Leiden führt daher über die Selbsterkenntnis. Wir müssen erkennen, was wir in unserer körperlich-seelisch-geistigen Ganzheit auf Kosten unserer Gesundheit verursacht haben und wodurch wir unser inneres Gleichgewicht verloren haben. Ein wegen Magengeschwüren operierter Mann sagte seinem behandelnden Arzt: „Am liebsten möchte ich an die Wände meines Krankenzimmers die Bilder all meiner Widersacher am Arbeitsplatz aufhängen, die schuld sind an meiner Erkrankung!“ Der Arzt aber riet ihm, er möge sein eigenes Bild dort platzieren, damit er die Ursache seines Magenleidens bei sich selber erkenne.

Unheilbar ist, wer unbelehrbar bleibt. Jede echte Heilung ist letzten Endes eine Selbstheilung. Was auch immer einem Leidenden als Hilfe angeboten wird, ist nur erfolgreich, wenn er sich ernsthaft darum bemüht, sich selber wieder in die innere Harmonie zu bringen. Alle äußeren Hilfeleistungen genügen da nicht. Ein Suchtkranker bestätigte mir: „Geholfen habe ich mir selbst erst dann, als mir niemand mehr geholfen hat.“

Die Karma-Lehre weist uns darauf hin, dass wir nicht als unbeschriebenes Blatt zur Welt kommen. Vor der menschlichen Einkörperung auf Erden haben höhere Geistwesen unseren Lebensplan entworfen und diesen uns zur Einsicht vorgelegt und zur freiwilligen Annahme empfohlen. In diesem Plan sind auch die vorgesehenen Leiden enthalten, die uns nicht als Strafe und Buße auferlegt werden, sondern als Lektionen und Prüfungsaufgaben in der Schule des Lebens zugeführt werden. Wem sein Leiden als fragwürdig oder gar ungerecht erscheint, den ermahnen die Worte des Dichters *Eduard Mörike* (1804-1875) zu gläubiger Zuversicht: (43)

Herr! Schicke, was du willst,
Ein Liebes oder Leides;
Ich bin vergnügt, dass beides
Aus deinen Händen quillt.

9.6 Loslassen und freigeben

In jungen Jahren meinen wir, wer nicht erobert, zupackt, ergreift und festhält, der kommt im Leben nicht weit. Je älter wir werden, desto häufiger wird von uns erwartet, dass wir loslassen, um uns von unnützem Ballast zu befreien. Wer loslässt, der entspannt und entkrampft sich und wird gelassen. Indem wir uns von allem Überflüssigen entlasten, erfahren wir eine nie geahnte Freiheit und Ausweitung unseres Bewusstseins. „Wer loslässt, hat die Hände frei“, heißt der Titel eines Buches von *Kathrin Wiederkehr.* (44)

Was wir loslassen, das lässt uns los und macht uns frei. Wenn der Sämann die Saat aus der Hand gibt, um sie in seinen Acker zu streuen, wird sie reiche Frucht tragen. So verhält es sich auch mit unseren eigenen Saatgedanken, die wir in Form von Absichten, Erwartungen und Hoffnungen den schöpferischen Kräften unseres Unbewussten anvertrauen, damit sich diese verwirklichen können. So sieht es der amerikanische Lebenslehrer *Marden*: „Was du in Gedanken wohnen lässt, ist Samen, der in deinem Leben aufgeht und seinesgleichen hervorbringt."

Lassen wir zunächst unsere Gedanken von *Angst, Furcht und Sorge* los. Diese hemmen uns mit ihren blockierenden Einbildungen wie „ich kann nicht", „ich mag nicht", „ich bin zu schwach, zu dumm, zu unfähig". Machen wir uns frei von solchen Misserfolgsgedanken und werden wir uns der Freiheit und Gestaltungskraft unseres Geistes bewusst. Gewöhnen wir uns folgende Gedankenübung an: „Ich lasse alles Ungute in mir los. Das Negative hat keine Macht über mich. Ich gewähre ihm keinen Platz in meinem Denken. Ich bejahe alles, was gut, schön und wahr ist." Versuchen wir, über den Dingen zu stehen, die uns das Leben schwermachen, indem wir uns nach Möglichkeit nicht mehr mit ihnen befassen und sie loslassen. Freilich gibt es Bindungen und Abhängigkeiten, zu denen wir stehen müssen, weil sie zu unserem Lebensprogramm gehören. Sie wegzudenken, würde bedeuten, uns der Möglichkeit zu berauben, eine wichtige Aufgabe zu erfüllen. Wir sollten auch unsere *Irrtümer* loslassen, nämlich unsere erstarrten Anschauungen, unsere falschen Ansichten und verfehlten Denkgewohnheiten, aber auch unsere verstaubten Vorurteile und fixen Ideen. Das Leben ist immer wieder neu zu überdenken, damit wir lernfähig bleiben. (45)

Eine weitere Forderung ist die, dass wir möglichst alles *Unliebsame* und *Traurige* aus unserer Vergangenheit loslassen, um uns davon zu befreien. Einmal kam eine Frau zu mir, die mir in ihrem Schmerz und Leid wie versteinert schien. Sie hatte ein Jahr zuvor ihren Mann durch einen tödlichen Unfall verloren. Danach geriet sie in eine seelische Schockstarre. Sie konnte ihren schweren Verlust nicht annehmen; sie verdrängte jedes Gefühl, jede Trauer und jede Träne. Äußerlich funktionierte sie zwar, doch nach innen blieb sie in der Zeit, die ihr das Liebste genommen hatte, stehen. Auf meine Fragen gab sie keinerlei Antwort. Während einer vollen Stunde habe ich ihre Hand gehalten und ihr im Stillen das hilfreiche Herzensgebet zugedacht: „Herr Jesus Christus, Sohn Gottes, erbarme dich ihrer, führe sie zum Licht und gib ihr deine Liebe und deinen Frieden." Schließlich stand sie auf und verließ mich wortlos. Von Angehörigen vernahm ich später, dass sie danach tagelang geweint habe, was sie vorher nicht konnte. Diese kurze Begegnung und Berührung hat in ihr offenbar einen Bann durchbrochen und den Tränenstrom zum Fließen gebracht. Nun vermochte sie ihre Gefühlsblockaden zu lösen und ihrer Trauerarbeit endlich Raum zu geben. Sie war nun fähig, ihren Mann, den sie vor einem Jahr durch den plötzlichen Tod verloren hatte, loszulassen und freizugeben. Denn Liebe bedeutet auch, jemanden gehen zu lassen, wenn es gilt, Abschied zu nehmen.

Wie sehr ungeweinte Tränen den Menschen krank machen können, hat der Gymnasiallehrer *Frederico Angst* unter dem Namen *Fritz Zorn* in seinem Buch „Mars“ beschrieben. Dort bezeichnet er seine tödlichen Krebstumore als „verschluckte Tränen“, die er nicht geweint hatte. An anderer Stelle heißt es: „Hätte ich je eine Frau geliebt, wäre ich nicht krebskrank geworden.“ (46) Es hat auch keinen Sinn, seinen *Groll* oder *Gram* über Jahre und Jahrzehnte in seiner Seele mit nachtragenden Hass- und Rachegedanken zu füttern und es dem Dichter *Stefan George* (1868-1933) gleichzutun, der sich vornahm: „Ich kann mir zehn Jahre lang überlegen, wie ich mich an einem Menschen rächen will.“ Welch unnützer Verschleiß an Gedanken- und Gefühlskräften für eine unwürdige Sache!

Auch jeder *Macht- und Besitzanspruch* engt unsere Freiheit ein und macht uns besessen. Mit *K. O. Schmidt* werden wir eines Tages erkennen: „Was ich verbrauchte, das hatte ich. Was ich sammelte, verlor ich. Was ich gab, das habe ich.“ Dies lehrt uns auch folgende Symbolgeschichte: Ein Mann träumte, er wäre gestorben und in den Himmel gekommen. Dort stand er nun vor einer reich gedeckten Tafel mit himmlischen Gaben. Als er nach dem Preis dieser Köstlichkeiten fragte, wurde ihm erklärt: „Alles kostet nur eine Kleinigkeit.“ Der Mann war erstaunt, dass im Paradies alles so billig zu haben sei, denn er war auf Erden reich und geizig. Als er nach der üppigen Mahlzeit bezahlen wollte, schüttelte der diensthabende Engel nur seinen Lockenkopf und sagte: „Bei uns kann man nur mit jenem Geld bezahlen, das man auf Erden verschenkt hat.“ Da wurde der Mann arg verlegen und kam sich bettelarm vor, denn er hatte in seinem Leben niemandem etwas geschenkt. (47)

Jedes Besitzergreifen führt vor allem in einer *Liebesbeziehung* zu Abhängigkeiten und Hörigkeit. *Rilke* hat es immer wieder schmerzlich erfahren: „Wir haben, wo wir lieben, ja nur dies eine: Einander lassen;

denn dass wir uns halten, das fällt uns leicht und es ist nicht erst zu erlernen." (48) Was wir lieben, sollen wir lassen, damit es uns liebenswert bleibt. Echte Liebe will geben, nicht nehmen. Im Loslassen seiner selbst wird die Liebe nicht kleiner, sondern größer. Auch der Schriftsteller *August Hohler* ist überzeugt, „dass ich einen geliebten Menschen am besten ‚halte', wenn ich ihn ‚loslasse'; und dass wechselseitige Freiheit die verlässlichste Gewähr für wirkliche Verbundenheit bietet". (49)

In der *Eltern-Kind-Beziehung* ist loszulassen und sich allmählich überflüssig zu machen ein wichtiges erzieherisches Erfordernis. Mit welchem Besitzdenken hört man oft Eltern von ihren Kindern reden, die nach ihren Vorstellungen und nach ihren ehrgeizigen Plänen heranwachsen, Berufe ergreifen und sich passend verheiraten sollen. Väter und Mütter, die es mit ihren Söhnen und Töchtern wirklich gut meinen, machen sich immer mehr überflüssig. Sie entlassen ihre Kinder ins Leben, halten sie nicht zurück und fesseln sie nicht an sich, weil sie die wahren Worte *Kahlil Gibrans* verstehen: „Deine Kinder sind nicht deine Kinder. Sie sind die Söhne und Töchter der Sehnsucht des Lebens nach sich selbst. Sie kommen durch dich, aber nicht von dir, und obwohl sie bei dir sind, gehören sie dir nicht."

Es gehört zum menschlichen Leben, dass wir *Altes* und *Vergangenes* loslassen, damit Neues entstehen kann. Was wir lieben und was wir hassen, wird bindend für unser Leben sein; nur von dem, was wir lassen, können wir uns selbst befreien. Daher mahnt Meister *Eckhart*: „Geh aus dir heraus und lasse dich los!" Letzten Endes müssen wir lernen, unser eigenes Ich loszulassen. Gemeint ist das kleine, selbstsüchtige und eigenwillige Ego. Solange dies in uns denkt, bleiben wir der Selbstsucht verfallen. *Buddha* hat den „siebten Himmel" jenen in Aussicht gestellt, die absichtslos und selbstlos das Gute tun.

Auch Menschen, die wir im Tod nicht freigeben, bleiben über das Grab hinaus an uns gebunden. So sind sie gezwungen, mit uns zu trauern und mit uns zu leiden, statt ihren Weg in der jenseitigen Welt antreten zu können. Dadurch hindern wir sie an ihrer geistigen Weiterentwicklung. Aber auch jene, die nicht an ein Weiterleben nach dem Tod glauben können, bleiben oft über eine recht lange Zeit an unser diesseitiges Dasein gebunden. Sie sind nicht imstande, sich von ihrer irdischen Verbundenheit und Abhängigkeit zu lösen. Die hellsichtige

Silvia Stolzmann schildert in ihrem Buch „Besetzungen“, wie Verstorbene es oft lange nicht wahrhaben wollen, dass ihr jetziges Leben zu Ende ist. „Sie sträuben sich vehement dagegen und wollen einfach nicht loslassen von ihrem bisherigen Dasein, denn viele meinen noch, dass es nur ein Leben gibt. Sie verbleiben in der Zwischenebene und leben ein armseliges Dasein.“ In diesem Zustand heften sie sich häufig an lebende Menschen und machen diese besessen. (50) Nach den Weisungen des „Tibetischen Totenbuches“ wird einem soeben verstorbenen Menschen durch einen Lama-Priester folgende Mahnung ins Ohr geflüstert: „Du musst jetzt bedenken, dass du nun auf unserer Erde für tot giltst. Du kannst nicht mehr zurück. Klammere dich an nichts. Auch nicht an irgendwelche Vorstellungen. Wenn du noch an etwas hängst, lasse los! Du sollst jetzt etwas anderem folgen, nämlich deinem inneren Licht, das dir den Weg ins Jenseits erhellt.“ (51)

Zur klugen Lebensführung gehört auch, dass wir unser besitzergreifendes Denken loslassen. Was meinen wir doch alles unser eigen zu nennen. *Friedrich Schiller* mahnt uns in seinem Drama „Die Braut von Messina“: „Nicht an die Güter hänge der Mensch sein Herz, / Die das Leben vergänglich zieren! / Wer besitzt, der lerne verlieren, / Wer im Glück ist, der lerne den Schmerz.“ (52) Was wir festhalten, das hält auch uns fest im Griff und engt unsere Freiheit ein. Nur wer Überfälliges loslässt, kann sich wandeln und verändern. (53) In Wirklichkeit ist unser Besitztum uns bloß anvertraut.

9.7 Alter und Abschied

Das Seniorenalter gehört zum vierten und letzten Lebensabschnitt. Es ist der Abend des Lebens und es ist die Zeit der Ernte. „Wir altern in den Erntetagen“, heißt es in *Rilkes* „Stundenbuch“. Das Alter bekommt seinen eigenen Wert, wenn es unser geistiges Bewusstsein erweitert und uns zur vielgerühmten Altersweisheit führt. Diese kündet sich an, wenn der Mensch anfängt, Abstand zu nehmen von den banalen Alltäglichkeiten und beginnt, sich auf Gültiges und Endgültiges zu besinnen. Dazu gehört die Einsicht, dass so manches, das wir ehemals bedauert oder gar verwünscht haben, sich nun als Gunst, Glück und Gnade erweist. Eine tiefe Dankbarkeit erfüllt nun das vom harten Lebenskampf ermattete Herz in der Gewissheit, dass alles gut wird für den, der das Gute will. Wer so in seinen alten Tagen wissend und weise geworden ist durch die gewonnenen Erfahrungen und geleisteten Verzichte, weiß den Ertrag seines Lebens in der sicheren Obhut zeitloser Speicher aufbewahrt. Die späten Jahre sind eine Chance zum Aufbruch in neue Lebensmöglichkeiten. Das Programm der Seniorinnen und Senioren sollte daher heißen: Nicht nur dem Leben mehr Jahre, sondern den Jahren mehr Leben geben.

Die durchschnittliche Lebenserwartung hat in den vergangenen Jahrzehnten deutlich zugenommen. Dennoch ist das Älterwerden für alle Menschen ein fortschreitender, unumkehrbarer Vorgang, wie das Reifen einer Frucht. Es ist auch eine Art Läuterungsprozess, indem wir zurücklassen und uns verabschieden, was auf der Strecke geblieben ist: Beziehungen, Abhängigkeiten, Verpflichtungen und Bindungen. Spätestens von der Lebensmitte an muss man sich der Tatsache bewusst werden, dass wir uns nicht mehr länger ins Leben hinaus bewegen, sondern dass wir uns zunehmend nach innen wenden. Indem wir in Würde und Zufriedenheit alt werden, erfüllen wir einen Sinn. Allerdings müssen wir uns bereits in jüngeren Jahren ernsthaft darum bemühen, gemäß dem chinesischen Sprichwort: „Man muss den Stecken beizeiten schneiden, wenn man sich im Alter darauf stützen will."

Im *Alter* soll es uns vergönnt sein, auf das Leben zurückzublicken wie auf ein gelungenes Werk. Dann werden die späten Jahre wie ein wohnliches Haus sein, von dessen Balkon aus wir einen weiten Blick gewinnen in unsere Vergangenheit und auf unsere Zukunft. Jene, die immer nur die „gute, alte Zeit" rühmen, mögen sich vom französischen Schriftsteller *Anatole France* (1844-1924) sagen lassen: „Nichts ist so sehr verantwortlich für die gute alte Zeit wie ein schlechtes Gedächtnis." Das Älterwerden gibt uns Gelegenheit, das gelebte Leben aus einer gewissen Distanz zu betrachten, so wie man ein Gemälde beschaut, indem man weniger die einzelnen Pinselstriche beachtet, sondern mehr das ganze Bild auf sich wirken lässt. Aus dieser Gesamtsicht meinte an ihrem 70. Geburtstag die Schriftstellerin *Louise Rinser*: „Gelebt muss man haben mit allen Enttäuschungen, mit allen Schmerzen und mit allen Erfahrungen des Daseins."

Nicht weniger wichtig ist der zuversichtliche Ausblick in die eigene Zukunft. Statt Gewesenes zu bedauern und Vergangenem nachzutrauern, ist es besser, auf neue Daseinsmöglichkeiten zu hoffen. Wer an der Vergangenheit mehr interessiert ist als an seinen kommenden Tagen und Jahren, der ist wirklich alt geworden. In seinem englischen Fernsehinterview „Face to Face“ aus dem Jahr 1959 wurde der damals 85-jährige *C.G. Jung* gefragt, welchen Rat er älteren Menschen geben würde, damit sie auf eine Zukunft hin leben können, wo doch die meisten glauben, der Tod sei das Ende von allem. Der große Psychologe antwortete: „Das Leben verhält sich so, als gehe es immer weiter, und deshalb glaube ich, dass es für einen alten Menschen besser ist, wirklich weiterzuleben, sich auf den nächsten Tag zu freuen, wie wenn er noch Jahrhunderte lang leben würde. Dann lebt er richtig. Wenn er aber Angst hat und den Blick nicht vorwärts richtet, so schaut er zurück und wird verknöchern, er wird erstarren und vor seiner Zeit sterben. Wenn er jedoch vorwärts auf das große Abenteuer gerichtet ist, das ihn erwartet, dann lebt er.“ (54).

Wenn das Leben zur Neige geht und das Lebensende in Sichtweite kommt, wird man sich auch mit dem *Abschied* befassen müssen. Es ist ratsam, diese Möglichkeit frühzeitig ins Auge zu fassen. Einen klugen Rat gibt uns *Rainer Maria Rilke* in seinen „Sonetten an Orpheus“: „Sei allem Abschied voran, als wäre er hinter dir, wie der Winter, der eben geht.“ Die Gewissheit von Sterben und Tod, die uns alle angeht, wird von vielen zeitlebens verdrängt oder beiseitegeschoben. Man redet sich ein: Sterben tun immer die anderen. Lieber hält man sich an den Schlager: „Es wird in hundert Jahren wieder so ein Frühling sein.“ Wer begreift, dass unser Leben begrenzt ist und unsere Tage gezählt sind, der lebt bewusster und verleiht seinem Dasein mehr Sinn und Gehalt. Es braucht freilich Mut zu solchen Gedanken. Das Leben zu lieben und den Tod nicht zu fürchten, galt schon bei den alten römischen Philosophen als Schlüssel zur Weisheit. Auch der 86-jährige *Jung* gewann diese Einsicht in seiner allerletzten Aufzeichnung wenige Tage vor seinem Tod: „Der Archetypus des alten Menschen, der genug gesehen hat, ist ewig wahr. Auf jeder Stufe der Intelligenz erscheint dieser Typus und ist sich selber identisch, ob es ein alter Bauer ist oder ein großer Philosoph wie Lao Tse. So ist das Alter also eine Beschränkung. Und so gibt es so viel, was mich erfüllt: Die Pflanzen, die Tiere, die Wolken, Tag und Nacht und das Ewige in den Menschen. Je unsicherer ich über mich selbst wurde, desto mehr wuchs in mir ein Gefühl der Verwandtschaft mit allen Dingen. Ja, es kommt mir vor, als ob jene Fremdheit, die mich von der Welt so lange getrennt hat, in meine Innenwelt übergesiedelt wäre und mir eine unerwartete Unbekanntheit mit mir selber offenbart hätte." (55) Ähnlich empfand es *Rainer Maria Rilke* in seinen Abschiedsworten: „Ich lerne sehen. Ich weiß nicht, woran es liegt, es geht alles tiefer in mich ein und bleibt nicht an der Stelle stehen, wo es sonst immer zu Ende war. Ich habe ein Inneres, von dem ich nichts wusste. Alles geht jetzt dort hin. Ich weiß nicht, was dort geschieht."

Wer den Tod nicht als das Ende, sondern als die große Wende versteht, der behält die Daseinsfreude über sein Grab hinaus bei. Dem alten *Goethe* war diese Zuversicht eigen, als er seinem Sekretär *Eckermann* anvertraute: „Wenn einer 75 Jahre alt ist, kann es nicht fehlen, dass er mitunter an den Tod denkt. Mich lässt dieser Gedanke völlig in Ruhe, denn ich habe die feste Überzeugung, dass unser Geist ein Wesen ist ganz unzerstörbarer Natur. Es ist ein Fortwirkendes von Ewigkeit zu Ewigkeit. Es ist der Sonne ähnlich, die bloß unserem Auge unterzugehen scheint, die aber eigentlich nie untergeht, sondern unaufhörlich fortleuchtet." (56)

Das Alter ist nicht nur der Abend des diesseitigen Lebens, sondern auch der Morgen zum jenseitigen Erwachen. Wer diesen Gedanken annehmen kann, der wird sich seiner Unvergänglichkeit bewusst. Er weiß: Sterblich ist nur die schwach gewordene Körperhülle, unsterblich bleibt der Geist, der wir sind. Wer so denkt, der fürchtet sich nicht mehr vor der Hinfälligkeit im Alter, sondern freut sich auf die kommende Jugendfrische in einem neuen Leben. Selbst die Schwelle des Todes vermag uns nicht von der Quelle des Lebens zu trennen, denn diese spendet uns auch auf einer höher schwingenden Daseinsebene neue Lebenskraft. Bewahren wir die gläubige Zuversicht, die *Hermann Hesse* im letzten Vers seines Gedichtes „Stufen" zum Ausdruck bringt: „Es wird vielleicht auch die Todesstunde / uns neuen Räumen jung entgegen senden, / des Lebens Ruf an uns wird niemals enden. / Wohlan denn Herz, nimm Abschied und gesunde."

Das Alter kann als Vorbereitung auf das Leben nach dem Tod angesehen werden. Wohl dem, der einzusehen beginnt: „Gerade im Alter gilt es, der Wahrheit innezuwerden, dass jeder Lebensabschnitt dann, wenn er durchschritten wird, den Höhepunkt des Daseins bildet, dass jeder Augenblick der Tod für alles Vergangene ist und zugleich die Geburtsstunde der Zukunft." (57) Dann wird uns das Abschiednehmen von allem Vergänglichen leichter fallen, indem wir den Worten des persischen Dichters *Awari Soheili* folgen

Hast du einer Welt Besitz verloren,
sei nicht voll Schmerz darüber,
es ist nichts.
Hast du einer Welt Besitz gewonnen,
sei nicht erfreut deswegen,
es ist nichts.
Vorüber gehen die Schmerzen und die Wonnen,
geh an der Welt vorüber,
es ist nichts.

Teil IV
Wege der Sinnerfahrung

Ein Leben ohne Sinn kann der
Mensch nicht ertragen.
C.G. JUNG

10. Das rechte Denken

Ein sinnerfülltes Dasein ist zu erreichen durch rechtes Denken, durch die Suche nach der Wahrheit und durch das Verstehen, wozu wir Menschen hier auf unserer Erde leben. Wer sich danach richtet und versucht, einleuchtende Antworten auf diese Grundfragen des Menschen zu finden, dessen Streben und Erleben kann nicht umsonst gewesen sein. Er fühlt sich erfüllt von einem tiefen Daseinssinn, der ihn sein Leben meistern lässt. Zur wahren Lebenskunst gehört das rechte Denken. „Denn nur wer recht zu denken und wirklich zu leben gelernt hat, verwandelt auch seine Arbeit und sein Unternehmen in einen Segen, in ein Mittel zur Sichtbarmachung seiner Liebe, zur Selbstverwirklichung wie zur Beglückung anderer und damit zur Sinnerfüllung seines Lebens." Mit diesen Worten weist uns *K. 0. Schmidt* auf die Wichtigkeit unseres Denkens hin und versichert jedem: „Dein Leben ist das Ergebnis deines Denkens. Durch die Richtung deiner Gedanken bestimmst du den Ablauf deines Lebens, durch deine innere geistige Haltung deine äußeren Verhältnisse." (1) Von *Tolstoi* stammt die Aussage: „Der Gedanke ist alles. Er ist der Anfang von allem. Gedanken lassen sich lenken. Daher ist das Wichtigste und Entscheidende die Arbeit am rechten Denken." Am Anfang war nicht das Wort, sondern der kreative Gedanke, aus dem alles geworden ist. Daher lässt sich sagen: Gedanken schaffen Tatsachen. (2)

Es gibt keine gedankenlose Wirklichkeit. Gedanken sind der Urstoff des Universums. Alles, was entsteht, beginnt stets als Gedankenkraft. Das Weltbild der heutigen Naturwissenschaften entfernt sich immer weiter vom rein materialistischen Denken. Daher konnte der englische Astrophysiker *James Jeans* (1877-1946) behaupten: „Das Weltall beginnt immer mehr einem großen Gedanken als einer großen Maschine zu gleichen." Das ganze Universum ist aus einer gewaltigen Energieverdichtung entstanden, die sich nach geistigen Gesetzen ordnete und gestaltete. Alles ist durchdacht worden von einem schöpferischen Geist, der durch seine geistigen Gesetze alles Sein ins Dasein gerufen hat.

Bei der Frage nach dem rechten Denken ist stets zu überlegen, *was* wir denken und *wie* wir denken. Das Denken gehört zum ersten und wichtigsten der drei Arten des Tuns. Das rechte Denken soll uns zum rechten Reden und zum rechten Handeln führen. Halten wir es mit *Blaise Pascal*: „Der Mensch ist offenbar zum Denken geschaffen, das ist seine ganze Würde und sein ganzes Verdienst; und es ist seine Pflicht, richtig zu denken." (3) Mit der Gestaltungskraft unserer Gedanken schaffen wir unsere Welt, in der wir leben, lieben und leiden. Der Stoff, aus dem die Welt entstanden ist, besteht letzten Endes aus Gedanken.

Durch unser Denken bauen wir Brücken, die uns tragen, wir erklimmen Berge, die uns überragen, und dringen vor in ferne Welten. Die Welt der Gedanken ist des Menschen bevorzugter Lebensbereich, in dem er sich frei bewegen und entfalten kann. Nach *Friedrich Schiller* ist der Gedanke die einzige Wirklichkeit, die Grenzen überwindet, und die einzige Kraft, die uns frei macht. Deshalb schrieb er: „Mich hält kein Band, mich hindert keine Schranke. / Frei schwing ich mich durch alle Räume fort. / Mein unermesslich Reich ist der Gedanke / und mein geflügelt Werkzeug ist das Wort."

10.1 Die fünfte Grundkraft

Aus der modernen Physik kennen wir vier Grundkräfte der Natur: Die Schwerkraft, die dafür sorgt, dass Körper sich gegenseitig anziehen. Die elektromagnetische Wechselwirkung, welche die Elektronen in ihre Bahnen um den Atomkern zwingt. Die Atomkraft, welche den Atomkern zusammenhält, und die schwache Wechselwirkung, die den radioaktiven Zerfall der Elemente bewirkt. Daneben muss es noch eine *fünfte* Grundkraft geben, nämlich die *Gedankenkraft*. Es ist dies die stärkste Kraft, die wir kennen. Sie ist imstande, Weltbilder und Weltanschauungen zu verändern. Mit der Kraft der Gedanken wurden Kontinente entdeckt, Planeten erforscht, Weltreiche begründet und wieder zerstört, Revolutionen angezettelt und Atome gespalten. Es gibt nichts in der von uns Menschen geschaffenen Welt, das nicht durch unser Denken bestimmt und beeinflusst wäre. So lässt sich sagen: Gegenstände sind materialisierte Gedanken, verstofflichte Ideen und verdichtete Vorstellungen.

Sind Gedanken einmal gedacht, können wir sie nicht mehr zurückholen, weil sie ihre Eigendynamik entwickeln. Sie können sich verselbstständigen und unkontrolliert weiterwirken, indem sie als Wunsch-, Bedürfnis- oder Zwangsgedanke so lange keine Ruhe geben, bis sie ihr Ziel erreicht haben oder durch gegenteiliges Denken wieder aufgehoben werden. Gedanken sind schwingende Energieformen, denen je nach ihrem Gehalt eine bestimmte Qualität zu eigen ist. Glückwünsche und liebevolle Segensworte weisen mit Sicherheit eine höhere Frequenz auf als Fluchworte, aggressive Kraftausdrücke, Beschimpfungen und Verwünschungen. So prägen wir mit der Art unseres Denkens unsere eigene Gedankenwelt.

Gedanken sind nicht Produkte des Gehirns, wie oft behauptet wird. Vielmehr ist es unsere Geisteskraft, die das Gehirn als Organ des Denkens benutzt. Unser Hirn erzeugt ebenso wenig die Gedanken wie eine Uhr die Stunden. (4) Das kann bewiesen werden durch das hirnunabhängige Denken, wie dies bei außerkörperlichen Erfahrungen in der Narkose, in der medialen Trance oder im Nahtod-Zustand vorkommt. (5)

Durch Gedanken können Informationen über riesige Entfernungen und ohne technische Hilfsmittel übertragen werden. Dass Gedankenströme dynamische Kräfte sind, die unabhängig von den materiellen Beschränkungen wirken, zeigen folgende Beispiele: Im Jahr 1965 konnten aus einer Taucherglocke vom Meeresgrund vor Florida Gedankensendungen in ein Labor in Zürich auf telepathischem Wege zielgenau empfangen werden, obwohl in der Meerestiefe normalerweise Funkstille herrscht. (6) Anlässlich des amerikanischen Apollo 14-Fluges vom Februar 1971 wurden durch den Astronauten *Edgar Mitchell* von der Rückseite des Mondes, wo üblicherweise kein Funkkontakt möglich ist, Gedankensendungen aus einer Entfernung von 400 000 Kilometer an vier Sensitive in eine Versuchsstation in Housten übertragen. (7) Gedanken durchdringen auch einen Faradayschen-Käfig, der durch ein Metallgeflecht völlig von elektrischen Feldern und Kraftlinien abgeschirmt ist. Die Sensitiven *Walter Grey* und *Uri Geller* vermochten mehrmals allein durch ihre konzentrierte Gedankenkraft einen Fernseher einzuschalten und eine Rolltreppe anzuhalten. (8) Ebenso gelang es ihnen, Sicherheitsnadeln und Büroklammern, die in einer geschlossenen Glaskugel isoliert waren, mit der Kraft ihrer Gedanken zu biegen und Schrauben herauszudrehen. (9) Der amerikanische Parapsychologe *J. B. Rhine* hat experimentell nachgewiesen, dass Gedanken messbare Kräfte sind, die sich über die materiellen Schranken der physikalischen Welt hinwegsetzen können und sogar dicke Bleiplatten zu durchdringen vermögen. (10) Dies alles lässt den Schluss zu, dass Gedanken physikalisch etwas völlig anderes sind als beispielsweise Radiowellen oder Lichtwellen.

Unsere Gedankenwege sind keine Einbahnstraßen. Auf derselben Spur, auf der wir unsere Gedanken in die Welt hinaussenden, auf dem gleichen Weg kommen sie zu uns zurück. So erschaffen wir unsere Welt, in der wir leben, durch unser eigenes Denken. Der Mensch *ist*, was er denkt. Wir leben in den Spiegelbildern unserer eigenen Gedanken. Sogar die Auswahl unserer Nahrungsmittel geschieht durch unser Denken. Daher gilt auch der Satz: Der Mensch *isst*, was er denkt. Gedanken können auch unsere Gesundheit beeinflussen und sogar Krankheiten heilen. Ob sich ein Mensch gesund oder krank fühlt, hängt weitgehend von seinem Denken ab. Eine östliche Weisheit lehrt uns: „Der Schlüssel zum Glück liegt in der Gesundheit; der Schlüssel zur Gesundheit aber liegt im richtigen Denken." Wer gesundheitsbewusst denkt, bemüht sich gewiss um eine gesunde Lebensweise und bleibt gesund. Alles ist eine Frage unseres Bewusstseins, welches uns das Denken erlaubt. Gedanken können von Mensch zu Mensch gesendet, empfangen und gegenseitig ausgetauscht werden. Mit Recht sagen wir einem Mitmenschen „Ich werde an dich denken!" und meinen damit, dass wir ihm wohltuende, helfende und heilende Gedankenenergien zusenden. Auf diese Weise entstehen mitmenschliche Beziehungen. Gedanken hinterlassen auch für längere Zeit ihre Spuren und imprägnieren Orte und Gegenstände. Der Parapsychologe Prof. *Hans Holzer* konnte nachweisen, dass die Nachwirkungen von stark gefühlsgeladenen Gedanken, wie sie etwa bei einem tragischen Ereignis gedacht werden, noch nach Jahrzehnten am Ort des Geschehens medial und sogar mittels Infrarotaufnahmen feststellbar sind. (11)

Mit unseren Gedanken säen wir gleichsam eine Saat, deren Frucht wir eines Tages ernten werden. Weil Gedanken lange fortwirken und ihre Spuren hinterlassen, sollten wir uns ernsthaft überlegen, was wir den ganzen Tag so daherdenken und in welchen Gedankengängen wir uns bevorzugt bewegen. Da jede Gedankenkraft früher oder später wie ein Bumerang zu ihrem Ursprung zurückkehrt, werden wir eines Tages unserem eigenen Denken begegnen und die Früchte unserer Gedanken ernten. Deshalb versichert der spirituelle Lehrer *White Eagle:* „Niemand kommt umhin, das Resultat seiner Gedanken zu ernten." (12) Da Gedanken schneller sind als Licht, lässt sich auch über unseren diesseitigen Erdenbereich hinausdenken und in jenseitigen Welten mit deren Bewohnern in Kontakt treten. Vor Jahren stand bereits früh am Morgen eine Frau vor meiner Sprechzimmertüre. In heller Aufregung berichtete sie mir: „Gestern Abend hatte ich mit meinem Mann einen heftigen Streit. Unversöhnt gingen wir zu Bett. Ein jeder zeigte dem anderen die kalte Schulter. Am Morgen lag mein Mann tot neben mir." Mit tiefer Betroffenheit stellte sie fest, dass sie beide ohne ein gutes Wort für immer auseinandergegangen waren. Ich versuchte, sie zu beruhigen, indem ich sie darauf hinwies, dass es möglich sei, auch über den Tod hinaus an eine verstorbene Person zu denken, ihr versöhnliche, verzeihende und liebende Gedanken nachzusenden, welche auch jenseits der Todesschwelle empfangen werden können. Daher sind unsere Gedanken auch verantwortlich für unser eigenes jenseitiges Schicksal. Diese ziehen uns nach unserem Hinübergang in die andere Weilt unmittelbar in jene Sphäre, die unserer gelebten Gesinnung entspricht. (13)

Die Gedanken sind wie die Saat in der Ackerfurche. Zunächst keimt sie im Verborgenen, schlägt ihre Wurzeln im Unsichtbaren, wächst schließlich empor ins Wahrnehmbare und trägt ihre Früchte im Sichtbaren. So sah es der Schweizer Dichter *Gottfried Keller* (1819-1890), indem er schrieb: „Wer heute einen Gedanken sät, erntet morgen die Tat, übermorgen die Gewohnheit, danach den Charakter und endlich sein Schicksal." Ebenso verwirklichen sich Gedanken in unseren Taten und Werken. Oberflächliche Gedanken ohne Tiefgang ähneln der Saat, die auf offenem Feld liegen bleibt und bald in alle Winde verweht wird. Ein gründlich durchdachter Kerngedanke jedoch wirkt wie ein Pflanzholz, mit dem wir das Gedankengut in die richtige Tiefe bringen. Die Ernte kann aber nicht anders sein als die Saat. Daher ist es ratsam, rechtzeitig zu bedenken, was wir in die Seele sähen. Unser Unbewusstes verhält sich recht unkritisch und wenig wählerisch. Es nimmt bedenkenlos alles auf und lässt üppig wuchern, was man ihm als Gedankensaat zuführt.

Der belastende Gedankenmüll, mit dem wir tagtäglich durch die Massenmedien überflutet werden, schädigt jeden edlen Keimling. Es ist bedauerlich, wie das Gift negativer Gesinnung, beißender Kritik und banalen Geredes wie gefräßige Schädlinge die zarten, verletzbaren Gedankenschößlinge verdirbt. Schließlich braucht es Geduld. bis die Saat aufgeht – nach der Erfahrung von *Matthias Claudius*: „Alles fügt sich und erfüllt sich, / musst es nur erwarten können. / Und dem Werden deines Glückes Jahr und Felder reichlich gönnen, / Bis du eines Tages den vollen Duft der reifen Körner spürest / und dich aufmachst, und die Ernte in die tiefen Speicher führest."

Gedanken sind wirkende Kräfte, mit denen wir unsere Innenwelt und unsere Außenwelt formen. Die Gestaltungsenergie unseres Denkens ist es, die unser Dasein erhebt und erhellt oder erniedrigt und entwürdigt. Die Welt, in der wir uns glücklich oder unglücklich, zufrieden oder unzufrieden, geliebt oder ungeliebt fühlen, ist jener Daseinsbereich, den wir mit den Bausteinen unserer Gedanken aufbauen.

10.2 Gedanken schaffen Tatsachen

Alles, was uns im Leben gelingt oder misslingt, nimmt seinen Anfang im Denken. In erster Linie sind es Gedanken, die Tatsachen schaffen, und nicht der Wille, wie oft angenommen wird. Man hört nicht selten die Aufforderung an einen jungen Menschen: „Du musst nur wollen!" Zu Unrecht wird allein der Wille als die entscheidende Kraft und Macht zur Erfolgstat hingestellt, so etwa in dem kleinen Gedicht des österreichischen Schriftstellers *Friedrich Halm* (1806-1781): „Ich will!" Das Wort ist mächtig, spricht's einer ernst und still. / Die Sterne reißt's vom Himmel, das eine Wort: „Ich will." Eltern und Erzieher halten oft die Willensanstrengung für den Schlüssel zum Erfolg. Mancher bemüht sich krampfhaft und verbissen, um zu wollen, und erreicht doch nichts, weil er sich zu wenig klar vorstellen kann, was er eigentlich will.

Bereits die mittelalterlichen Philosophen prägten den Lehrsatz: „Nichts kann gewollt werden, was vorher nicht erkannt wird." Daher ist die gedankliche *Vorstellung* dessen, was man erreichen will, wichtiger als die bloße Willensenergie. Der Wille ist nämlich eine blinde Kraft, die notwendig das schafft, was der erkennende Geist ihm als erstrebenswert vorstellt. Der menschliche *Wille* ist mit einer Naturkraft vergleichbar, ähnlich dem Wasser oder dem Wind. Nur wenn deren Energie in geordnete Bahnen gelenkt und einem Ziel zugeführt wird, kann sie nutzbringend eingesetzt werden. So verhält es sich auch mit der Willenskraft. Diese muss durch das bewusste Denken erfasst, kontrolliert und für eine Tat in Dienst genommen werden. Nicht der blinde Wille, sondern das planende Bewusstsein bejaht oder verneint, ermöglicht oder verhindert, regt an und entscheidet. Wer also ein Ziel erreichen will, der muss zunächst an Stelle des Willens seine Vorstellungsgabe aktivieren. Dies schafft er mit Hilfe seiner gedanklichen Phantasie, mit der er sich sein Ziel wie ein Bild vor Augen hält. Dieses durchdachte Vorstellungsbild liefert dem Willen den erforderlichen Grund, um tätig zu werden. Es ist daher wichtig, dass wir dem Willensimpuls einen genügenden Anreiz geben, damit er sich in Bewegung setzt. Diesen Beweggrund nennen wir das Motiv (lat. *movere*: bewegen) zum Handeln. Ohne diesen Willensantrieb bleibt die gedankliche Vorstellung ein unerfüllter Wunsch.

Ein willenloser Gedanke ist lahm, ein gedankenloser Wille ist blind. Die Gedankenvorstellung gibt die Zielrichtung an, doch die Zielverwirklichung obliegt der Willensanstrengung. Ohne klare Zielvorstellung verpufft jede Willensanstrengung ins Leere. Bereits *Paracelsus* (1493-1541) erkannte: „Ein plastisches Vorstellungsvermögen und ein zielsicherer Wille sind die beiden Säulen, die das Tor zum Tempel der Verwirklichung stützen. Ohne diese beiden Pfeiler kann man keinen Erfolg haben." Dabei sollte die gedankliche Vorstellung dem Willen vorauseilen, so wie das Pferd dem Wagen vorausläuft.

Schopenhauer hat dem Thema „Wille und Vorstellung" ein umfangreiches Werk gewidmet. (14) Nicht selten widersprechen sich Vorstellung und Wille. So beklagte sich der Apostel *Paulus* in seinem Römerbrief: „Ich begreife mein Handeln nicht. Ich tue nicht das, was ich will, sondern das, was ich hasse." (Röm 7,15) Wie Vorstellung und Wille entgegengesetzt laufen können, lässt sich bei einem unsicheren Fahrrad- oder Autofahrer beobachten. Je mehr er sich ein Hindernis gedanklich vorstellt, um diesem auszuweichen, desto sicherer fährt er ungewollt darauf zu. Die dem Willen entgegenwirkende Gedankenkraft lässt sich leicht durch folgendes Gedanken-Experiment nachweisen: Pressen wir beide Handflächen fest zusammen und verschränken wir die Finger ineinander. Dann erteilen wir uns den Willensbefehl, die Hände auseinanderzureißen. Gleichzeitig aber geben wir uns den Gedankenbefehl: „Ich kann nicht, ich kann nicht!" Und tatsächlich gelingt uns dies nicht, solange unsere gedankliche Vorstellung dem Willensimpuls entgegensteht und diesen blockiert. Erst in dem Augenblick, wo wir uns sagen „Jetzt kann ich", bekommen wir die Hände wieder frei. Die Gedankenvorstellung erweist sich demnach als stärker als der Wille. Es handelt sich hier um die Methode der „paradoxen Intention" oder der „gegenteiligen Absicht", die bei der Überwindung von Angstzuständen, Suchtkrankheiten und Zwangsvorstellungen mit Erfolg angewendet werden können. Dabei müssen wir uns das Gegenteil von dem in Gedanken vorstellen, was uns ängstigt, was wir befürchten oder was wir überwinden wollen. (15)

Bei diesen autosuggestiven Versuchen erleben wir, dass die Vorstellung stärker ist als der Wille. Daraus ersehen wir, dass wir durch „Ich-kann-nicht-Gedanken" wie „Das schaffe ich nicht", „Das ist unmöglich" oder „Dies gelingt mir nicht" unsere eigene Willensanstrengung lähmen und uns in eine Versagersituation hineindenken. Im Widerstreit zwischen Gedankenvorstellung und Wille obsiegt nämlich stets die Vorstellung. Das Sprichwort „Wo ein Wille ist, da ist auch ein Weg" stimmt so nicht, denn die Zielvorstellung ist entscheidend, nicht der Wille. Hier wirkt das „Gesetz der das Gegenteil bewirkenden Vorstellung". Es verhält sich wie bei einem Schiff, dessen Fahrtrichtung nicht von der Motorenkraft, sondern durch die Steuerung bestimmt wird. Mit der gedanklichen Vorstellung peilen wir ein Ziel an, das wir mit der Willensenergie anzustreben versuchen. Deshalb nennen wir die Willensenergie auch das Strebevermögen. Außerhalb des steuernden Bewusstseins kann der Wille keine Zielrichtung angeben.

Bei erfolglosen Menschen ist in der Regel nicht die Antriebsenergie des Willens schwach, sondern es fehlt ihnen meist an der klaren und bildhaften Vorstellung dessen, was sie erreichen wollen. Es geht hier also um die richtige *Visualisation,* nämlich um die Technik der bildhaften Vorstellung in Gedanken, die der Erfolgstat stets vorausgehen muss. Man soll sich bildlich vor Augen halten, was man erreichen will, und zwar so lebhaft, als wäre es bereits erreicht. Vom bekannten

Alpinisten *Reinhold Messner*, dem Bezwinger aller Achttausender, wird berichtet, dass er sich bei jedem Berg, den er im Alleingang besteigen wollte, zunächst und im Voraus alle schwierigen Passagen in jeden Einzelheiten gedanklich vorstellte. Große Sportler denken sich bereits Tage vor dem eigentlichen Wettkampf als Sieger aufs Podest. Der Schweizer Schwingerkönig aus dem Jahr 1986, *Heinrich Knüsel,* bestätigte: „Es verlief alles so, wie ich es mir vorgestellt habe." Der Schachweltmeister *Dragan Janosevic* bestritt im Jahr 1982 in einem blinden Simultanspiel zehn Partien gleichzeitig, in dem er sich jedes Schachbrett lediglich visuell vorstellte und seinen Gegnern den Rücken zukehrte. Ein Architekt erklärte mir: Wenn er einen Auftrag für eine größere Überbauung erhält, schaut er sich zunächst das vorgesehene Gelände im Freien an, bis er vor seinem inneren Auge alle Bauten plastisch vor sich sieht. Erst dann geht er an deren Ausführung. Auch künstlerische Werke entspringen stets vorausgedachten kreativen Gedankenbildern. Ein Bildhauer denkt sich die zu schaffende Figur in den rohen Stein hinein, ehe er zu Hammer und Meißel greift. Auch Erfinder verdanken ihre Entdeckungen in der Regel nicht dem Zufall, sondern einer gedanklichen Vorstellung. Hier erkennen wir das Denkgesetz: Was wir uns in Gedanken als bereits vollzogene Handlung vorstellen, das kann sich verwirklichen. Der Grundgedanke der „Selbstbemeisterung durch Gedankenkraft" von *Emil Coué* (1857-1926) lautet deshalb: „Jeder Gedanke, den wir uns zu eigen machen, hat die Neigung, sich zu verwirklichen." (16)

Diese Regel lässt sich auch wirksam anwenden, wenn wir eine schlechte Gewohnheit oder eine Sucht ablegen wollen. Das Wort „bekämpfen" ist hier schlecht gewählt. Es geht hier nicht um einen willensstarken Kampf, sondern um eine einfache Gedankenstrategie. Wer beispielsweise von Nikotin oder Alkohol loskommen will, muss hierzu nicht seinen Willen anstrengen, sondern lediglich eine andere Gedankenvorstellung einsetzen. Dabei darf er nicht ständig an das denken, auf was er verzichten will, sondern an das, was er an dessen Stelle gewinnen wird. Es verhält sich hier wie mit der Neueinrichtung einer Wohnung. Solange wir unser Herz an die alten Möbel hängen, bringen wir diese nicht los. Wenn wir uns aber die Wohnung mit neuen Möbeln gedanklich vorstellen, befreien wir uns leichtherzig vom alten Mobiliar. Und noch ein Trick zur Suchtentwöhnung: Stellen wir uns ein bestimmtes Kalenderdatum vor, an dem wir endgültig auf das Suchtmittel verzichten wollen, und geben wir dieses unseren Freunden und Bekannten mit. So sind wir diesen gegenüber zu dessen Einhaltung verpflichtet, wenn wir nicht als schwächliche Versager dastehen wollen.

Dem triebgesteuerten Lustprinzip muss das vernunftbetonte Realitätsprinzip entgegengesetzt werden. Die bewusste Ich-Kontrolle darf ihren Führungsanspruch nicht aus der Hand geben. Es sind häufig nicht die vom Schicksal benachteiligten Menschen, die in Not und Elend geraten, sondern die ich-schwachen, unreifen, irgendwo kindlich gebliebenen Leute, die ihr Leben nicht meistern können. Wer nicht frühzeitig gelernt hat, auf Wünsche zu verzichten, seine Lebensbedürfnisse einzuschränken und seine Erwartungen vernünftig einzugrenzen, dem wird es kaum erspart bleiben, dass er vom Leben selbst in die Schranken gewiesen wird. So wird er darunter leiden, dass er nicht bekommt, was er will, und dass er erhält, was er nicht will. Wir gehorchen immer den eigenen Vorstellungsbildern und nicht unseren Willensabsichten. Wir gehen auf das zu, was wir in Gedanken uns vorstellen. Wir begegnen unseren selbst erzeugten Visionen und Illusionen. Wir sind stets zu dem unterwegs, was wir in Gedanken erhoffen oder befürchten. In diesem Sinne ist jeder seines eigenen Glücks oder Unglücks Schmied. Von *Friedrich Rückert* (1788-1866) stammen folgende Dichterworte:

> Nichts ist auf der Welt, das nicht Gedankenkraft enthält,
> und kein Gedanke, der nicht mitbaut an der Welt.
> Drum liebt mein Geist die Welt, weil er das Denken liebt,
> und sie ihm überall so viel zu denken gibt.

10.3 Lernen wir umdenken

Zweifellos stehen wir am Beginn eines neuen Weltenmonats und eines neuen Weltenjahres. Das leidgeplagte Fische-Zeitalter geht nun zu Ende, und es beginnt das geistige Wassermann-Zeitalter. Wir stehen jetzt am Übergang eines Zeitenwandels. Dieser wurde schon vor Jahren angekündigt mit den Schlagwörtern New Age, Paradigmenwechsel oder Perestroika, um anzudeuten, dass nun ein Umbau, ein Wandel und eine Neuorientierung im Denken fällig ist. Gemeint sind damit eine Neubesinnung und eine Sinnesänderung. Nur wer umdenkt, kann sich selbst und die Welt verändern. Dieses Umdenken hat auf allen drei Ebenen des menschlichen Tuns zu geschehen, nämlich im Denken, im Reden und im Handeln.

Das Umdenken muss sich zunächst in unserer Gedankenwelt ereignen. Mit einem gutgesinnten und wohlwollenden Denken schaffen wir in uns und um uns ein positives Gedankenklima, durch das wir Ordnung und Harmonie in unser Leben und in das unserer Mitmenschen bringen. Die spirituelle Lehrerin *Diana Cooper* empfiehlt: „Ist etwas in deiner äußeren Welt nicht so, wie du es haben möchtest, dann schaue nach innen und verändere das, was du über dich selbst fühlst. Dann wirst du automatisch andere Menschen und Erfahrungen anziehen." (17) Die Genfer Philosophin *Sundari* rät: „Verändere dein Denken und die Welt wird sich verändern." (18) Wir können unser Leben tatsächlich verändern, indem wir unser Denken umstellen.

Die zweite Art des Umdenkens betrifft unser *Reden*. Was wir denken, das äußert sich zumeist auch in unserer Redensart, denn Worte sind verbalisierte Gedanken. Es ist deshalb wichtig, über die Wirkung unserer Worte nachzudenken. Mit Wortbildungen machen wir uns Gedanken und Gefühle bewusst. Was unserem Bewusstsein nicht zugänglich ist, für das finden wir keine zutreffenden Worte. Das Unnennbare und Unaussprechbare lässt uns verstummen. Was wir mit dem Herzen denken, lässt sich schwer in Worte fassen. Was wir nur mit dem Kopf denken, geht selten zu Herzen.

Worte enthalten oft geballte Energie. Daher können sie Macht und Gewalt ausüben. Deshalb sprechen wir von Machtworten und von Schlagwörtern. Segensworte, Wunschworte, Schimpfworte und Fluchworte können durch ihre Eigendynamik lange nachwirken. Worte vermögen zu beruhigen, zu besänftigen und zu trösten. Sie sind aber auch imstande, zu verletzen, zu beleidigen und zu zerstören. Deshalb ist es wichtig, seine Wortwahl sorgfältig abzuwägen und zu kontrollieren.

Mit unseren Worten schaffen wir auch Karma und hinterlassen Spuren, für die wir uns dereinst verantworten müssen gemäß dem Bibelwort: „Aufgrund deiner Worte wirst du freigesprochen, und aufgrund deiner Worte wirst du verurteilt." (Mt 12,36) Mit falschen Worten geben wir selbst einer positiven Mitteilung einen negativen Beigeschmack. Wer kennt sie nicht diese unschönen Beiwörter wie „wahnsinnig", „schandbar", „irrsinnig" oder „toll", mit denen wir unsere Aussagen bekräftigen. Es erstaunt, wie solch negative Kraftausdrücke unsere Alltagssprache vergröbern. Dabei gäbe es genug positive Worte wie „herrlich", „prächtig", „wunderbar" oder „großartig". Deren bewusste Wahl kultiviert nicht nur unsere Sprechweise, sondern wir hinterlassen auch eine wohlklingende Schwingung in unserem Umfeld.

Es ist bezeichnend für das oft negative Denken der Massenmedien, die sich nach dem Schlagwort richten: „Only bad news are good news." Deshalb ist es bis heute nicht gelungen, den „Tag der guten Nachricht" offiziell in unserem Jahreskalender einzufügen. Ein bekannter Journalist erklärte hierzu, dass allen bisherigen Versuchen dieser Art ein Misserfolg beschieden war. Neuigkeiten mit negativem Inhalt interessieren mehr und haften länger im Gedächtnis als erfreuliche Mitteilungen. Daher können die billigen Boulevardblätter ihre hohen Auflagenzahlen halten, während seriöse Zeitungen und Zeitschriften um ihr Überleben kämpfen müssen. Schaut man sich zudem die Programme bekannter Fernsehsender an, stellt man regelmäßig fest, dass in den Abendsendungen mit ihren hohen Einschaltquoten vor allem Krimi- und Brutalo-Filme sowie Horror- und Skandalgeschichten überwiegen. Wenn es sich häufig auch um gestellte Szenen handelt, verfehlen diese ihre Wirkung in der Seele der Zuschauer nicht. Hier spielt das Gesetz von der *psychischen Identität* eine wichtige Rolle. Danach ist es für unser Unbewusstes einerlei, ob ein Ereignis in der Realität tatsächlich stattfindet oder ob es bloß bildhaft nachgezeichnet ist. Dies beweisen uns die Angstträume, in denen wir echt seelisch leiden können, obwohl deren Ursache hierfür in der äußeren Wirklichkeit nicht zu existieren braucht. Seien wir uns einer Aussage von *C.G. Jung* bewusst: „Das Böse betrachten heißt, das Böse in der Seele verursachen."

Hüten wir uns auch, unbedacht etwas Ungutes nachzusagen oder weiterzusagen, wir könnten uns damit selber belasten. Hierzu eine lehrreiche Symbolgeschichte: Zum weisen Sokrates kam einmal einer seiner Schüler und flüsterte ihm zu: „Ich muss dir sofort berichten, was ich soeben auf dem Markt über einen deiner Freunde gehört habe." „Halt ein!", gebot ihm der Meister. „Hast du das, was du mir so eilig berichten willst, zuerst durch die drei Siebe gefiltert?" Da fragte der Schüler: „Was für drei Siebe meinst du?" Der Weise gab zu bedenken: „Das erste Sieb ist das der Wahrheit. Ist das, was du mir mitteilen willst, auch wahr." „Ich habe es nicht überprüft", gestand der Zuträger. „Dann hast du es wohl durch das zweite Sieb geläutert?", fragte Sokrates, es ist das Sieb der Güte. „Ist es gut für dich, dass du mir diese Geschichte erzählst? Ist es gut für jenen, um den es sich handelt? Und schließlich: Ist es gut für mich, dass ich davon erfahre?" Als der Schüler beschämt verstummte, wollte Sokrates von ihm wissen, ob er wenigstens an das dritte Sieb gedacht habe, nämlich an das Sieb der Notwendigkeit. So erkundigte er sich: „Ist es notwendig für dich, dass du mir hinterträgst, was du von meinem Freund erfahren hast? Ist es notwendig für ihn, dass du dies weitererzählst? Ist es notwendig für mich, dass ich davon erfahre?" „Notwendig? Nein, eigentlich nicht", gestand der Jüngling. „Nun gut", sagte der Philosoph, „wenn es weder wahr, noch gut, noch notwendig ist, dann behalte diese Geschichte für dich, ich will sie nicht hören!"

Ähnlich verhält es sich mit unserem alltäglichen *Tun*. Auch hier muss ein Umdenken und ein Gesinnungswandel stattfinden. Hierzu ist es wichtig, sich auf einige Handlungsprinzipien zu besinnen: Da ist zunächst das Prinzip vom *Streben nach der Goldenen Mitte*. Die Natur kennt kein unbeschränktes Wachstum. Sie verliert sich nicht in Extremen, sondern trachtet nach dem gesunden Mittelmaß. Ohne diese Beschränkung hätte sie die vergangenen Jahrmillionen nicht überlebt. Ein weiteres Prinzip ist das vom *Aufbau und Abbau,* das dem natürlichen Wachstum dient, ohne zu überborden. Nur so kann das biologische Gleichgewicht bewahrt werden. *Herbert Gruhl* schreibt in seinem Buch „Ein Planet wird geplündert": „Die Lehre vom dauernden Wirtschaftswachstum war der größte Schwindel, dem die Völker aufgesessen sind. Die Industrieländer betrogen sich damit selbst, und die Entwicklungsländer wurden ebenso betrogen." (19) Das Prinzip des ausgewogenen *Gebens und Nehmens* sorgt dafür, dass die Natur uns zurückgibt, was wir ihr geben, und uns verweigert, was wir ihr vorenthalten. Für deren allzu intensive Nutzung und Ausnützung wird sie uns früher oder später die Rechnung präsentieren. *Ordnung und Sauberkeit* im Haushalt der Natur, wir sprechen von Ökologie (gr. *oikos:* Haus), ist ein weiteres Prinzip, das heute vermehrt ein Umdenken verlangt, um die Natur vor Belastungen mit Schad- und Giftstoffen zu bewahren. Ein weiteres wichtiges Lebensprinzip ist das vom *biolo-*

gischen Ausgleich. Seitdem der Mensch in jüngerer Zeit angefangen hat, zwischen Kraut und Unkraut, zwischen Nutztieren und Schädlingen zu unterscheiden, um durch Züchtungs- und Ausmerzaktionen die Produktion zu steigern, ist so manches aus dem natürlichen Gleichgewicht geraten. Die meisten Umweltprobleme, die uns heute zu schaffen machen, sind Auswirkungen und Auswüchse unseres einseitigen Denkens.

Immer deutlicher erkennen wir die Gefahren, vor denen der große Erzieher *Heinrich Pestalozzi* schon vor 200 Jahren gewarnt hat: „Früher oder später, aber gewiss immer wird sich die Natur an allem Tun des Menschen rächen, das wider sie selbst ist.“ Umdenken tut not! Der naive Fortschrittsglaube und das egoistische Profit- und Genussdenken müssen abgebaut werden zugunsten eines verantwortungsbewussten und natürlichen Verhaltens gegenüber der lebendigen Natur. Es ist, wie *Goethe* schrieb: „Die Natur hat stets Recht, und die Fehler und Irrtümer sind immer des Menschen. Der Verstand reicht zu ihr nicht hinauf; der Mensch muss fähig sein, sich zur höchsten Vernunft zu erheben, um an die Gottheit zu rühren.“

Als anlässlich eines Radio-Interviews ein Journalist dem damals 85-jährigen *Carl Gustav Jung* vorgehalten hat: „Sie können doch bei all Ihrem Wissen die Welt nicht ihren Lauf gehen lassen“, antwortete dieser: „Ja, was ist die Stimme eines Einzelnen? Wenn ich ein Mittel wüsste, dass man Zehntausenden auf einmal einspritzen könnte, das wäre populär, namentlich wenn man selber dabei nichts zu tun braucht. Aber dass einer bei sich selber anfangen sollte, ja das gibt‘s schon gar nicht. Man muss immer etwas haben, das für Hundertausende gut ist, für eine Million, aber nicht für den einzelnen Menschen. Der ist zu uninteressant. Wir sind zu sehr von der Naturwissenschaft her überzeugt, wie nichtig ein Menschenleben ist. Und die Geschichte der neuesten Zeit hat es uns ja vor Augen demonstriert, wie Menschenleben eigentlich nichts gelten.“ (20) Wie es da auf jeden Einzelnen ankommt, wenn unsere Welt sich ändern soll, zeigt nachfolgende Symbolgeschichte: Ein Vater sollte abends seinen sechsjährigen Sohn hüten, während die Mutter auswärts an einer Veranstaltung war. Der Kleine lag dem Vater ständig in den Ohren: „Papi, was ist das? Wie heißt das? Wie macht man das? Warum ist das so?“ Mit seiner ständigen Fragerei brachte er seinen Vater beinahe zur Verzweiflung. Dieser wollte unbedingt einen Stoß Akten für die morgige Sitzung durcharbeiten, doch der kleine Bengel ließ ihm keine Ruhe. Da erblickte er auf seinem Sofa eine Illustrierte. Auf einer Seite war die Weltkarte groß abgebildet. Nun hatte der Vater eine rettende Idee: „Bring mir eine Schachtel und eine Schere! Ich weiß ein spannendes Zusammensetzspiel für dich.“ Wie der Bub das Gewünschte brachte, zerschnitt der Vater die Weltkarte in viele kleine und größere Stücke und warf diese in die Schachtel. „So, jetzt verschwinde in dein Zimmer und lasse dich nicht mehr blicken, bis du die Weltkarte richtig zusammengesetzt hast!“, forderte der genervte Vater, der hoffte, nun eine Weile seine Ruhe zu haben. Nach zehn Minuten erschien der Störenfried schon wieder und hielt in seinen Händen die zusammengesetzte Weltkarte. Verärgert über die erneute Störung, doch zugleich stolz über die Tüchtigkeit seines Sohnes, fragte der Vater: „Wie hast du das so schnell fertig gebracht?“ Dieser antwortete: „Ganz einfach! Wie du die Welt zerteilt hast, habe ich gesehen, wie du auf der Rückseite einen Menschen zerschnitten hast. Nun musste ich bloß den Menschen richtig zusammensetzen – und dann war auch die Welt wieder in Ordnung.“

10.4 Das Gute herbeidenken

So manches, was sich in unserem Leben ereignet, hat seine Vorgeschichte in unserem Denken. Bereits *Marc Aurel* war der Ansicht: „Das Glück deines Lebens hängt von der Beschaffenheit deiner Gedanken ab.“ Was wir unser Schicksal nennen, ist keineswegs nur das, was auf uns zukommt, sondern in vielen Fällen auch das, was wir mit unserem Denken anziehen und verursachen. So vieles ist selbstgemacht, weil selbstgedacht. Durch unsere gedanklichen Vorstellungen bringen wir uns in eine Erwartungshaltung, die anzieht, was wir wünschen oder befürchten. Dies lässt sich mit folgenden Versuchen beweisen: Eine Lehrerin erklärte ihren Schülern, eine wissenschaftliche Untersuchung habe ergeben, dass Menschen mit blauen Augen begabter seien und in der Schule mehr leisten könnten als solche mit braunen Augen. Nach wenigen Wochen hatten die blauäugigen Mädchen und Knaben dieser Klasse ihre schulischen Leistungen gegenüber ihren Mitschülern mit braunen Augen deutlich verbessert. Einige Monate später verkündete die Lehrerin, sie hätte sich geirrt. Tatsächlich sei es so, dass Menschen mit braunen Augen intelligenter und leistungsfähiger seien als jene mit blauen Augen. Von diesem Zeitpunkt an kam es bei den Blauäugigen zu einem deutlichen Leistungseinbruch, während die Leistungskurve der Schüler mit brauner Augenfarbe eindeutig anstieg. (21) Bei einem ähnlichen Versuch in einem Ferienlager sollte den Jugendlichen das Schwimmen beigebracht werden. Der Schulleiter teilte seinen Schwimmlehrern mit, dass er die Schüler in zwei Gruppen aufgeteilt habe. In der ersten Gruppe befänden sich Mädchen und Knaben, die ein besonderes Schwimmtalent aufwiesen. In der zweiten Gruppe seien Jugendliche platziert worden, die im Schwimmunterricht vermutlich wenig erfolgreich sein dürften. Diese Gruppierung war freilich rein zufällig, aber die Schwimmlehrer wussten dies nicht. Doch wurde bei diesen im Voraus eine Erwartungshaltung ausgelöst, welche den Schwimmerfolg entsprechend beeinflusste, so dass die erste Gruppe deutlich bessere Resultate erzielte als die zweite. (22) Aus diesen Beispielen lassen sich folgende Regeln ableiten: Was wir uns wünschen, müssen wir uns möglichst bildhaft vorstellen und herbeidenken. Was wir nicht wünschen, sollten wir auch nicht denken. Was wir denken, ziehen wir herbei, ob wir es wollen oder nicht. Seien wir also vorsichtig mit unseren Wünschen, denn diese könnten sich erfüllen.

Wenn wir eine neue Welt herbeidenken wollen, geht es nicht in erster Linie um ein äußeres Fortschritts- und Erfolgsdenken, es geht auch nicht nur um ein verändertes Umweltbewusstsein. Was wir heute anstreben müssen, ist ein erweitertes globales Denken, ein kollektives Bewusstsein, ja ein planetares und ein kosmisches Bewusstsein, mit dem wir alles einbeziehen, was in uns und um uns west und lebt. Alles hängt mit allem zusammen. In diesem Sinne ist der Gedanke zu verstehen: „Wer unbedacht einen Grashalm bricht, der rüttelt am Universum." Wer so zu denken vermag, der denkt allumfassend und ganzheitlich. Durch unser Gewohnheitsdenken ziehen wir jene Verhältnisse und Geschehnisse an, die unseren eigenen Gesinnungen und Stimmungen entsprechen. Daher trifft der Satz zu: „So wie du denkst, so bist du." Es ist, wie *K. 0. Schmidt* in seinem „Optimisten-Brevier" schreibt: „Alles, was dich trifft, ist selbst-bedingt, selbstgewollt, selbst-gewirkt. Alle Fäden deines Schicksals führen zu dir. Knüpfe sie darum bewusst, indem du richtig denkst und handelst und nur zu gutem Geschick die Keime legst." (23)

Mit unseren Wünschen können wir das Gute herbeidenken, genauso wie wir durch Verwünschungen das Böse herbeiziehen. Indem wir unsere Vorstellungen mit unseren Gefühlen aufladen, erzeugen wir eine gedankliche Energieschwingung, die sich fortsetzt und nach Verwirklichung drängt. Zudem erzeugen sie eine Art Echo, das über kurz oder lang auf uns zurückfällt. Mit segnenden Gedanken vermögen wir auch negative Gedanken in positive umzupolen. Auf diese Weise ist es möglich, einen Angreifer zu entwaffnen, indem wir ihm mit dem Gedanken entgegentreten: „Ich grüße das göttliche Licht in dir!“ Wer dies für naiv hält, der möge dies versuchen. Segens- und Fluchworte können tatsächlich Wandlungsworte sein. Sie verwandeln jenen, der sie ausspricht, und sie verwandeln jene, denen sie gelten, wie folgende wahre Geschichte beweist: Nach einem Abendvortrag in Zürich wurde eine ältere Dame von einem jungen Mann auf der Straße angefallen. Er entriss ihr die Handtasche und rannte davon. Statt die Polizei zu alarmieren, rief die bestohlene Frau dem jugendlichen Räuber nach: „Gott segne Sie! Gott segne Sie!“ Der Flüchtige blieb betroffen stehen, drehte sich um und kehrte beschämt zu jener Frau zurück, die ihn mit freundlichem Lächeln empfing. „Es tut mir leid“, sagte der junge Mann verlegen, „ich wusste mir einfach nicht anders zu helfen. Ich bin völlig verarmt, seit Tagen habe ich kaum etwas gegessen, und ich weiß noch nicht, wo ich heute Nacht schlafen werde.“ Die Frau griff in die zurückerstattete Tasche und gab dem Mittellosen einen größeren Geldbetrag. Und beide verabschiedeten sich als Freunde.

Segnende Gedanken und Worte enthalten eine lebenserhaltende Kraft. Daher werden mit Recht nicht nur Menschen, sondern auch Tiere und Pflanzen sowie Hab und Gut gesegnet. Denken wir etwa an den Alpsegen auf den Bergen, an den Haussegen oder an den Erntesegen. Es mag etwas Wahres sein an dem alten Sprichwort: „Des Vaters Segen baut den Kindern Häuser, der Fluch der Mutter reißt sie nieder.“ Auch das Gebet eines Indianerhäuptlings könnte für uns alle wegweisend sein, wenn es um den Erhalt unserer Umwelt und um die Bewahrung der Schöpfung geht: „Großer Geist, gib uns Herzen, die verstehen, nie von der Schöpfung mehr zu nehmen, als wir ihr geben; nie mutwillig zu zerstören zur Stillung unserer Gier, nie zu verweigern unsere Hand, wo es gilt, der Erde Schönheit zu erhalten; nie von ihr zu nehmen, wessen wir nicht bedürfen. Gib uns Herzen, die verstehen, dass wer der Erde Lied zerstört, Verwirrung schafft; wer ihr Angesicht verwüstet, uns blind macht für die Schönheit; wer ihren Wohlgeruch gefühllos stört, eine Wohnstätte schafft voll Unrat und widerlichem Geruch. Wenn wir mit Liebe sie umgeben, wird sie auch für uns sorgen."

Th. Hamblin ist überzeugt: „Jeder Gedanke ist ein Magnet, der das Gedachte heranzuziehen und zu verwirklichen strebt. In einer bestimmten Richtung zu denken, heißt somit, sich in eine bestimmte Richtung zu entwickeln. Durch unser Denken erfüllen wir unser Leben mit Sonne oder Finsternis, immer gemäß der Natur und Richtung unseres Denkens." Statt über die drohende Dunkelheit zu klagen, ist es besser, ein Licht anzuzünden, und sei dies noch so klein, denn die größte Finsternis vermag es nicht, das kleinste Licht auszulöschen.

10.5 Die Zukunft liegt im Denken

Man braucht wahrhaft kein Prophet zu sein, um sich angesichts der heutigen Weltlage um die Zukunft zu sorgen. Wir müssen uns allen Ernstes darüber Gedanken machen, ob und wie wir die drohenden Gewalten und Gestalten, die im falschen Denken zahlreicher Menschen ihren Anfang nehmen, abwehren und zu einem Besseren wenden können. Die Rettung kann nur von einem veränderten Denken erwartet werden. Noch immer gilt, was *Albert Schweitzer* vor Jahrzehnten schon festgestellt hat: „Wir leben in einer gefährlichen Zeit, wo der Mensch gelernt hat, die Natur zu beherrschen, bevor er gelernt hat, sich selber zu beherrschen." (24) In ähnlicher Weise sagte es *Albert Einstein:* „Auf die Füße kommt unsere Welt erst wieder, wenn sie sich beibringen lässt, dass ihr Heil nicht in neuen Maßnahmen, sondern in neuen Gesinnungen besteht." Die Frage ist also: Auf welche Weise können wir gegenüber der weltweiten Bedrohung und Gefährdung ein rettendes Gegengewicht aufbauen? Dies kann gewiss nur durch ein verändertes Zukunftsdenken geschehen, das getragen wird von einem Verlangen nach Frieden, Harmonie und Mitmenschlichkeit, wodurch erst ein Zusammenleben unter den Religionen, Nationen und Völkern möglich sein wird.

Im Verlauf der Menschheitsgeschichte ist noch jede Erneuerung von einzelnen Vordenkern und Wegbereitern ausgegangen, die mit ihren

Ideen die Welt veränderten. Es kommt dabei auf jeden Einzelnen von uns an. Deshalb ist der Fortbestand unserer Kultur und Zivilisation nicht nur eine Frage der militärischen Abrüstung, sondern auch der moralischen Aufrüstung. Nicht nur der Erhalt der natürlichen Biosphäre und der uns umgebenden Atmosphäre ist von Bedeutung, sondern auch der Aufbau einer guten Psychosphäre und Mentalsphäre, um unseren Planeten durch positive Gefühls- und Gedankenkräfte zu stärken. Durch die Verstärkung des kollektiven Bewusstseins mittels rechten Denkens sollte es möglich sein, das Energiefeld unserer Erde zu verbessern. Politische, soziale und konfessionelle Unterschiede, die immer wieder Konflikte und Kriege verursachen, sind eigentlich nur durch Bewusstseinsänderung zu beseitigen. Mit *K. O. Schmidt* lässt sich annehmen: „Je bewusster wir unsere Blicke auf das Positive der Gegenwart lenken, desto mehr Negatives bleibt in der Zukunft von uns fern.“ (25)

Mit unseren Gedanken bereiten wir unsere Zukunft vor. Jede gedankliche Vorstellung trägt in sich den Keim, um sich zu verwirklichen. Daraus folgt, dass wir jene Gedanken, deren Verwirklichung wir nicht wünschen, gar nicht denken dürfen, sonst ergeht es uns wie dem biblischen *Hiob.* Nachdem er Hab und Gut verloren hatte, klagte er: „Was ich befürchtet habe, ist zu mir gekommen.“ (Hi 3, 25) Was wir heute brauchen, ist nicht blinder Fortschrittsglaube und nicht unentwegtes Wachstumsdenken, sondern die verantwortungsvolle Zuversicht, es möge uns gelingen, für die Zukunft neue Lebens- und Überlebensmöglichkeiten zu denken und auf das Verantwortbare zu beschränken. Was uns heute Sorgen macht und Probleme schafft, besteht darin, solche Aufgaben zu lösen. Mit *Alfons Rosenberg* haben wir zu erkennen: „Die Leiden unserer Gegenwart sind die Geburtswehen eines neuen Zeitalters.“ (26) Wir müssen Gefahren erkennen, aber sie nicht noch durch schwächende Furchtgedanken herbeiziehen, sondern im Gegenteil mit kräftigendem Vorwärtsdenken versuchen, diese zum Guten umzupolen.

Dies gilt vor allem für die mit den Jahren angewöhnten Gedankengänge. Diese haben sich durch ständiges Wiederholen in unser Unbewusstes derart eingegraben, dass sie als Denkgewohnheit zu unseren eingeschliffenen Verhaltensmustern wurden. Es ist so, wie es im „Dhammapada“ heißt: „Das, was wir heute denken, folgt aus den

Gedanken, die wir gestern dachten, und mit unserem gegenwärtigen Denken gestalten wir unser Leben, so wie es morgen sein wird." Da unser Verhalten vielfach dem Gesetz der Trägheit unterliegt, besteht die Gefahr, dass wir uns mit der Zeit sogar an schlechte Gepflogenheiten gewöhnen, uns mit üblen Situationen abfinden, ohne diese ändern zu wollen. Wer auf diese Weise in seinem Alltagstrott verharrt und in der Tretmühle gleichförmiger Denkschablonen stecken bleibt, für den kann die Zukunft nichts Neues bieten. Vor dieser stumpfen Gleichgültigkeit kann uns nur ein wacher Geist, ein neugieriges Zukunftsdenken bewahren, das uns ständig wachhält, für Neues empfänglich macht und hoffentlich auch vor Altersdemenz bewahrt.

Unsere Wertvorstellungen bedürfen regelmäßig der Überprüfung und Erneuerung, um für Zukünftiges offenzubleiben. *Nietzsche* rät uns: „Wer seine Seele heilen will, soll über die Veränderung der kleinen Gewohnheiten nachdenken. Mancher sagt zehnmal am Tage ein böses, kaltes Wort an seine Umgebung und denkt sich wenig dabei, namentlich nicht, dass er nach einigen Jahren ein Gesetz der Gewohnheit über sich geschaffen hat, das ihn nunmehr nötigt, zehnmal des Tages seine Umgebung zu verstimmen. Aber genau so kann er sich daran gewöhnen, ihr zehnmal wohlzutun." (27)

Mit unseren Gedanken können wir unserer Gegenwart entfliehen, wenn sie uns Mühe macht, und der Zukunft entgegeneilen. Das ist unser Vorzug gegenüber den Tieren, die stets an die Gegenwart gebunden bleiben und keine Hoffnung auf ein Morgen kennen. Ein wegweisendes Zukunftsdenken können unsere Ideen, Pläne, Vorsätze, Wünsche, Erwartungen und Träume sein, die dazu neigen, sich zu verwirklichen. Selbst Erfahrungen und Erinnerungen aus der Vergangenheit sind geeignet, zukünftiges Verhalten neu zu gestalten gemäß dem Goethe-Wort: „Weil die neuen Tage sich aus dem Schutt der alten bauen, / kann ein ungetrübtes Auge rückwärts blickend vorwärts schauen." Was zur Neugestaltung in zukünftigen Tagen drängt und Gestalt annehmen will, formt sich zunächst nach geistigen Vorbildern zu gedanklichen Vorstellungen, die in die Tat umzusetzen sind. Auf diese Weise entstehen Idole und Ideale. Diesen beiden Begriffen liegt das griechische Wort „eidolon" und das lateinische „imago" zu Grunde, was Bild, Abbild und Bildgestalt bedeutet. Während das Idol eher einem Trugbild gleicht, weil es nur den äußeren Schein der Echtheit vortäuscht, gleicht das Idealbild einem Vorstellungsbild von Vollkommenheit, zu dessen Wesen freilich die Unerreichbarkeit gehört. Dem gegenüber meint der englische Ausdruck „image“ das äußere Vorzeige- und Erscheinungsbild, die Fassade und Maske, die eine Person zur Schau trägt, was für die Zukunft selten von Dauer ist. Wir sollten jene hoffnungsvolle Zuversicht in unser Zukunftsdenken einbauen, mit der *Martin Luther* antwortete, als er auf die Frage, was er tun würde, wenn er wüsste, dass morgen die Welt untergeht, versicherte: „Ich würde ein Apfelbäumchen pflanzen.“

10.6 Echtes und falsches Positivdenken

Wer positiv denkt, der bemüht sich, in allem das Gute zu sehen. Dadurch vollzieht er eine Wendung zum Guten. Dies lässt ihn auf den guten Ausgang eines Geschehens hoffen. Selbst ein Ungemach ist für ihn nicht nur von Übel. Er gesteht ihm auch etwas Positives zu, wie nachfolgende Symbolgeschichte deutlich macht: Ein chinesischer Bauer besaß ein Pferd, das sein ganzer Stolz und Reichtum war. Eines Tages lief ihm das Tier davon. Vergebens suchte er tagelang die ganze Umgebung ab, doch das Pferd blieb verschwunden. Voller Sorge ging der Bauer zu seinem Gemeindevorsteher und beklagte seinen Verlust. Dieser sagte nur: „Was gut ist, ist schlecht, was schlecht ist, ist gut.“ Wenig getröstet, schickte sich dieser widerwillig in sein Los. Nach wenigen Wochen tauchte das entlaufene Pferd wieder auf und kehrte von selbst in seinen Stall zurück. Erneut eilte der Bauer zum Dorfältesten und meldete ihm freudestrahlend, was geschehen war. Doch dieser wusste nichts anders zu sagen als: „Was gut ist, ist schlecht, was schlecht ist, ist gut.“ Einige Zeit danach stellte sich heraus, dass die heimgekehrte Stute trächtig war. Nach fast einem Jahr brachte sie ein junges Fohlen zu Welt. Wie der Dorfvorsteher von dieser freudigen Nachricht hörte, sprach er vor sich hin: „Was gut ist, ist schlecht, was schlecht ist, ist gut.“ Als das junge Tier herangewachsen war, wollte der einzige Sohn des Bauern es zureiten. Das junge Pferd ließ sich dies aber nicht gefallen. Es warf den Bauernsohn ab und dieser brach sich beim Sturz ein Bein. Da eilte sein Besitzer erneut zu seinem Vorgesetzten und jammerte ihm vor, sein Sohn habe mitten in der Erntezeit, wo er seiner Mithilfe so dringend bedürfe, einen Unfall gehabt und liege nun untätig zu Hause. Doch auch diesmal hörte er nur: „Was gut ist, ist schlecht, was schlecht ist, ist gut." Nach einigen Wochen brach in jenem Land ein Krieg aus. Alle jungen Männer wurden eingezogen und mussten an die Front. Der junge Bauernsohn aber blieb davon verschont, da er wegen seines Unfalls nicht einsatzfähig war. So wurde erneut offenbar: Was gut ist, ist schlecht, was schlecht ist, ist gut.

Auch das sogenannte „positive Denken" hat seine zwei Seiten: Eine hilfreiche und eine verderbliche. Einerseits kann dieses tatsächlich zu einer inneren Wandlung zum Guten führen. Anderseits kann es auch einen gefährlichen Selbstbetrug verursachen. Einen Beweis hierfür bringt die Psychologin *Gabriele Oettinger* durch folgendes Experiment: Sie führte mit einer Gruppe übergewichtiger Frauen während eines Jahres ein gedankliches Schlankheitstraining durch, indem sie ihren Teilnehmerinnen empfahl, sich täglich in Gedanken vorzustellen: „Ich werde immer schlanker und schlanker!" Nach zwei Jahren verglich sie diese positiven Wunschvorstellungen mit den tatsächlich erzielten Ergebnissen. Dabei stellte sich heraus, dass jene Versuchspersonen, die sich lediglich einredeten, sie würden an Gewicht verlieren, kein Gramm verloren hatten, weil sie sich lediglich auf ihre positive Gedankenkraft verlassen wollten, ohne gleichzeitig durch eine geeignete Diät ihre ungesunden Ernährungsgewohnheiten zu ändern. (28)

Die autosuggestive Methode des positiven Denkens kann uns auf eine offene Türe hinweisen. Doch hindurchgehen müssen wir selber. Bleibt es bloß bei der äußeren Technik des positiven Denkens und wird dieses nicht begleitet von einer entsprechenden Umkehr oder Umstellung in unseren Lebensgewohnheiten, nützt dies wenig.

Der Psychotherapeut *Günter Scheich* warnt vor der Meinung, man könne sich selbst mithilfe positiver Gedankenformeln auf einen angstfreien Zustand, auf gesicherte Gesundheit und beständige Harmonie gedanklich programmieren, ohne dabei selbst etwas Positives zu tun. (29) Es ist unter den Anhängern der autosuggestiven Selbstbeeinflussung ein weitverbreiteter Irrtum, zu meinen, unser Unbewusstes sei nichts anderes als ein unversiegbares Kräftereservoir, das wir jederzeit bedenkenlos anzapfen können. Aus der Tiefenpsychologie wissen wir, dass in diesem uns wenig zugänglichen Seelenraum auch zahlreiche Gefahren lauern können, die auch viel Verdrängtes, Primitives und Unentwickeltes enthalten, das unkontrolliert sich in unser Tagesbewusstsein drängt. Dies erkennen wir an unseren Träumen und an unseren unbewussten Fehlhandlungen. Positives Denken sollte wahr, echt und wirklichkeitsbezogen sein. Es muss im Rahmen des Möglichen und Zulässigen eingesetzt werden. Daher hat es keinen Sinn, sich selber und anderen etwas vorzutäuschen, indem man sich in aufgeblasener Weise einzureden versucht: „Ich bin der Beste" oder „So gut wie ich ist keiner." Oder auf die Frage „Wie geht es?" in selbstsicherem Ton zu antworten: „Mir geht es hervorragend", „Keine Probleme", „Rundum glücklich". Das sind Übertreibungen aufgrund von Selbsttäuschungen, die nicht der Wirklichkeit entsprechen. Eine weitere Gefahr des „Positiven Denkens" kann in einer überheblichen Risikobereitschaft liegen. Vor allem junge Menschen stellen sich gerne vor: „Mir kann schon nichts passieren" oder „Es wird nichts schiefgehen". Zu viel Wagemut und zu wenig Verantwortungsbewusstsein können Leben und Gesundheit gefährden. Wie bedenkenlos und unvorsichtig ist doch der Gebrauch von Nikotin, Alkohol und Drogen, der sich früher oder später rächen wird.

Beim positiven Denken geht es vor allem um eine Wandlung der eigenen Grundhaltung und Lebenseinstellung hin zu einem verantwortungsbewussten und aufbauenden Denken. Daher muss eine Umpolung in der eigenen Geisteshaltung stattfinden. (30) Damit uns bewusst wird, um was es bei diesem Gesinnungswandel geht, seien die beiden Grundtypen des Optimisten und des Pessimisten mit einigen Merksätzen einander gegenübergestellt:

- Der Optimist sieht an einem Rosenstrauch die Blüten, der Pessimist die Dornen.
- Der Optimist freut sich über das, was er besitzt, der Pessimist ärgert sich über das, was ihm fehlt.
- Das Stimmungsbarometer zeigt beim Optimismus ein stabiles Hoch, beim Pessimisten ein unveränderliches Tief an.
- Der Optimist sieht in jedem Problem eine Chance, der Pessimist sieht in jeder Chance ein Problem.
- Für den Optimisten ist das Glas halbvoll, für den Pessimisten ist es halbleer.
- Der Pessimist ist nur dann zufrieden, wenn der Optimist unrecht hat.

- Der Optimist beachtet in der Tageszeitung die Ziehung der Lottozahlen, der Pessimist die Rubrik „Unglücksfälle und Verbrechen“.

Eine optimistische Lebenseinstellung ist nicht eine naturgegebene Temperamentssache. Man kann sich diese erwerben durch richtiges Denken. (31) Diese gegensätzlichen Werteinstellungen hängen nicht nur von der Veranlagung ab, sondern auch von der anerzogenen und erworbenen Geisteshaltung. Die ungarische Dichterin *Mascha Koleko* schildert die beiden Einstellungstypen wie folgt:

> Wie glücklich ist der Pessimist,
> wenn etwas schiefgegangen ist!
> Und geht es aller Welt auch schlecht,
> ihm bleibt der Trost: Er hatte recht!
> Ein Träger düsterer Unheilsbrillen
> glaubt er nicht mal an „freien Willen“.
>
> Doch gläubig sind die Optimisten,
> seien sie nun Moslem, Juden, Christen.
> Und kommen sie einst alle heil
> in Gottes Himmelreich,
> dann sagt der Optimist: „weil…“
> der Pessimist: „obgleich…“

10.7 Alles zu seiner Zeit

Wir brauchen und verbrauchen unsere Zeit, als wäre sie machbar. Dabei vergessen wir allzu leicht, dass die Zeit nicht uns gehört, sondern wir gehören der Zeit. Die Zeit, in der wir leben, fließt unaufhörlich und unwiederbringlich dahin. Vergeblich sprach *Goethe* zum Augenblick: „Verweile doch, du bist so schön!“ Die Zeit ist ein geliehenes Gut. Ein geflügeltes Wort heißt: „Gott gab uns die Zeit. Von Eile hat er nichts gesagt.“ Der Weise versteht die Zeit, die ihm geliehen ist, sorgsam zu nutzen. Der Unwissende vertreibt und vergeudet sie. Dabei vertreiben nicht wir die Zeit, sondern die Zeit vertreibt uns.

Wir können zwei Arten von Zeit unterscheiden. Die messbare Zeit und die gefühlte Zeit. Die alten Griechen sprachen von der *Quantität* der Zeit, die dem Urgott „Chronos“ geweiht war, und von der *Qualität* der Zeit, die sie „Kairos“ nannten. Heute verstehen wir unter *Chronos* die fließende Zeit, die Zeiteinheit, die wir mit dem Chronometer messen. Was von langer Dauer ist, bezeichnen wir als chronischen Verlauf. Weil jede Stunde gleich lang ist wie jede andere, nennen wir sie auch die objektive Zeit. Demgegenüber sprechen wir auch vom subjektiven Zeitempfindung oder vom Zeitgefühl, das bei Menschen, die in einer Dunkelkammer isoliert sind, völlig aus dem Takt geraten kann. Als *Albert Einstein* seinen Studenten die Relativität der Zeit erklären wollte, zog er folgenden Vergleich herbei: „Wenn ein junger Mann seiner Freundin den Hof macht, kommt ihm eine Stunde vor wie eine Minute. Wenn er aber auf einem heißen Ofen sitzt, erscheint ihm eine Minute wie ein Stunde.“ (32)

Kairos bedeutet der richtige Zeitpunkt, die Fülle der Zeit, die Gunst der Stunde, die einmalige Gelegenheit und die Weihe des Augenblicks. Diese Zeit verleiht jedem Vorkommnis, in dem es geschieht, die Prägung seiner einmaligen Besonderheit. In diesem Sinne heißt es im jüdischen Weisheitsbuch „Kohelet“ aus dem 3. Jahrhundert v. Chr.: „Alles Geschehen hat seine Stunde. Für jedes Ereignis unter dem Himmel gibt es eine bestimmte Zeit.“ (Pr. 3,1) Wir können tatsächlich immer wieder beobachten, dass so manches wichtige Ereignis die Qualität des Tages und der Stunde behält, in der es sich ereignet. Deshalb ist nicht gleichgültig, *wann* wir ein wichtiges Unternehmen beginnen. Das ist kein Aberglaube, sondern eine oft zu beobachtende Tatsache. Das Wort Horoskop, das so viel heißt wie „Stundenschau“, weist auf diese Gegebenheit hin, die weder ein zufälliges noch direkt verursachtes Phänomen ist. Vielmehr handelt es sich um eine seltsame Gleichzeitigkeit, die *C.G. Jung* als „Synchronizität akausaler Zusammenhänge“ bezeichnete. (33)

Ein positives Beispiel, wie ein solcher Augenblick das ganze Leben eines Menschen verändern kann, erzählte *Albert Schweitzer*: Als er als Knabe an einem Sonntagmorgen im elsässischen Günspach auf die Spatzenjagd ging, da fingen in dem Moment alle Kirchenglocken an zu läuten, als er gerade im Begriff war, mit seiner Schleuder auf einen Vogel zu zielen. Das Geläute kam ihm vor wie eine Mahnung vom Himmel. Entsetzt warf er sein Mordinstrument von sich und nahm sich vor, nie mehr gegen ein unschuldiges Leben anzutreten. Von diesem Ereignis her leitete er später seinen Grundsatz „Ehrfurcht vor dem Leben“ ab. Ein weiteres Beispiel für die Zeitqualität schildert der bekannten Kammersänger *Rudolf Schock* (1915-1986). Er schreibt: „Eigentlich bin ich gar nicht abergläubisch. Aber es gibt eine Stunde in meinem Leben, über die ich froh bin, wenn sie vorüber ist.“ Er zählt nun mehrere Unfälle auf, die er mit erstaunlicher Regelmäßigkeit über mehrere Jahre immer am 7. März zwischen 11 und 12 Uhr mittags erlitt. In seiner Biographie bestätigt er: „Fast jedes Jahr passierte mir etwas Neues zu jener bestimmten Stunde meines Lebens.“ (34) In seinem Buch „Schicksal als Chance“ schreibt *Thorwald Dethlefsen*: „Die Zeitqualität hat mit Dauer nichts zu tun, sondern besagt, dass jeder Zeitpunkt oder Zeitabschnitt – das kann eine Stunde, eine Sekunde oder ein Jahr sein – eine bestimmte Qualität besitzt, die nur solche Ereignisse in Erscheinung treten lässt, die dieser Qualität adäquat sind.“ (35)

Das rhythmische Auf und Ab in den Wechselfällen des Lebens spüren wir alle. Es gibt Zeiten, in denen wir in Hochform sind und uns voller Tatendrang fühlen. Dann kommen wieder Stunden und Tage, die uns wie verhext erscheinen. Es ist so, wie uns eine alte chinesische Weisheit lehrt: „Der Mensch kann nicht tausend Tage gute Zeiten haben, so wenig wie eine Blume nicht hundert Tage blühen kann.“ Glücksperioden wechseln mit Pechsträhnen, als hätte auch unsere Seele ihre Gezeiten wie das Meer. Wenn ein bestimmtes Unterfangen zeitweise in Schwierigkeiten gerät, sollten wir nichts auf „Teufel komm heraus“ erzwingen wollen, sondern eine Weile abwarten und zuwarten, bis die Stunde günstig ist, dann aber kurz entschlossen zugreifen und nicht zaudern. Ein eindrückliches Beispiel hierfür finden wir bei *Bill Gates,* dem Begründer der weltbekannten Computer-Firma „Microsoft“. Mit seinem Freund *Paul Allen,* beide noch Studenten an der Harvard-Universität, versuchte er eine leistungsfähige Software herzustellen, ohne dafür Abnehmer zu finden. Er erinnert sich: „Wir waren jung, und wir glaubten, wir hätten unbegrenzte Zeit. Eines Tages kauften wir wie zufällig an einem Zeitungsstand eine technische Zeitschrift, in der ein kleiner Schreib-Computer vorgestellt wurde. Dieser hatte weder Tastatur noch Display und konnte daher nicht programmiert werden. Was er aber enthielt, war ein Mikroprozessor als Gehirn.“ Der reichste Mann der Welt erzählt weiter: „Als wir das sahen, gerieten wir in Panik: ‚Mensch, das läuft ohne uns! Die schreiben echte Software mit diesen Chips!‘ Vom Titelblatt der Zeitschrift blickte uns die Zukunft an. Sie wartete auf uns. Gleich zu Anfang in die PC-Revolution einzusteigen, erschien uns als Chance unseres Lebens, und wir ergriffen sie.“ (36)

Wir sprechen gerne vom „Strom der Zeiten“ und meinen, die Zeit fließe gleichmäßig dahin wie ein Fluss, bevor er sich ins weite Meer ergießt. Dieses Bild stimmt im besten Fall für die Zeit des friedlichen Alters. Zuvor muss ein fließendes Gewässer manches Gefälle überwinden. Bald wird es zum reißenden Strudel, bald schleicht es träge dahin. Es gibt Zeiten, da es zur gefährlichen Flut anschwillt, bald droht es auszutrocknen. So verhält es sich auch mit dem Zeitenstrom. Auch wir Menschen empfinden den Verlauf unseres Lebens mit seinen Hochs und Tiefs ähnlich. Wir reden von Krisenzeiten, von Übergangszeiten, von Durststrecken und von hektischen Zeiten. Wir leben heute in einer schnelllebigen Zeit. Was gestern noch modern war, ist morgen ein alter Hut. Was heute gültig ist, wird schon am nächsten Tag als veraltet verworfen. Die Erkenntnisse von heute sind die Illusionen von gestern und die Irrtümer von morgen.

In der gegenwärtigen Zeit stehen wir am Übergang zu einem neuen Jahrhundert und zu einem neuen Jahrtausend. Da kann es nicht ausbleiben, dass vieles infrage gestellt wird, dass neue Denkmodelle entworfen und alte Denkmuster verworfen werden. Dies kann von den einen als spannend, von den anderen als bedrohend empfunden werden. Schon vor Jahren hat *C.G. Jung* in weiser Voraussicht des Kommenden geschrieben: „Ich bin, ehrlich gesagt, bekümmert um das Los derer, die unvorbereitet von den kommenden Ereignissen überrascht werden und ahnungslos deren Unfassbarkeit ausgeliefert sind.“ (37) So wie das einzelne Menschenleben sein Auf und Ab kennt, so können wir auch in der gesamten Menschheitsgeschichte lichtvolle und dunkle Zeiten beobachten. Im Morgenland spricht man von „Yugas“, bei uns im Abendland kennt man die Weltzeitalter, auch Äonen genannt. Zweifellos stehen wir heute auf dem zwölfteiligen Zifferblatt der kosmischen Weltenuhr zwischen zwei großen Zeitabschnitten von je 2100 Jahren, nämlich auf der Grenze zwischen dem zu Ende gehenden Fische-Zeitalter (0-2100 n. Chr.) und dem aufkommenden Wassermann-Zeitalter (2100-4200 n. Chr.) (38) Nach dem gegenwärtigen kulturellen und spirituellen Tiefstand unserer Zeit können wir für das nächste Jahrtausend einen Wiederaufstieg zu einer geistigen Höherentwicklung erwarten. Ein höheres Bewusstsein scheint sich der Menschheitsfamilie zu bemächtigen. Die Hoffnung ist berechtigt, dass auf der geistigen Entwicklungsspirale der Menschheit eine neue Runde beginnt. Deshalb sprechen wir heute von Zeitenwandel und von Wendezeit (39). In seinem Buch „Die Suche nach Wahrheit" schreibt *Stephen Isaac*: „Wir gehen einem tausendjährigen Reich der Mystik entgegen, in dem sich uns die Geheimnisse des Christus-Bewusstseins im Herzen und auf dem Gebiet übersinnlicher Forschungen enthüllen." (40)

11. Die Suche nach Wahrheit

Es gehört zur Bestimmung des Menschen, dass er auf der Suche nach der Wahrheit ist. In dieser Hinsicht unterscheidet er sich klar vom Tier. Ob er die Wahrheit auch findet, bleibt ungewiss. Eines Tages kam ein Wahrheitssucher zu einem Weisen und klagte: „Meister, jeder Priester und jeder Mönch preist mir seinen Glauben als den allein wahren an und verurteilt jeden anderen als falsch. Zweifel quälen mich. Ich weiß nicht, auf wessen Wort ich hören soll." Der Wissende antwortete: „Deine Zweifel sind wohl begründet. Höre meinen Rat: Glaube nichts auf bloßes Hörensagen hin. Glaube nicht an Überlieferungen, weil sie alt und durch viele Generationen auf uns gekommen sind. Glaube nichts aufgrund von Gerüchten oder weil die Leute viel davon reden. Glaube nicht, weil man dir das geschriebene Zeugnis irgendeines Gelehrten vorlegt. Glaube nie etwas, weil Mutmaßungen dafür sprechen oder weil langjährige Gewohnheiten dich dazu verleiten möchten, es für wahr zu halten. Glaube nichts auf die bloße Autorität irgendwelcher Lehrer oder Prediger hin. Nur was nach deiner eigenen Erfahrung stimmt und aufgrund von logischen Überlegungen dir einleuchtet und zu deinem Wohl und Heil wie zu dem aller anderen Wesen dient, das nimm als Wahrheit an und danach lebe und handele." (1)

Ein jeder Mensch muss selber nach der Wahrheit suchen, denn die „Wahrheit ist ein pfadloses Land", wie *Krishnamurti* immer wieder in seinen Reden betont hat. (2) Der französische Schriftstelle *Romain Rolland* (1866-1944) fand: „Eine Diskussion ist unmöglich mit jemandem, der vorgibt, die Wahrheit nicht zu suchen, sondern sie schon zu besitzen." Gleicher Ansicht war der frühere Schweizer Politiker *Willy Ritschard*: „Ich weiß, dass nicht jene gefährlich sind, die nach der Wahrheit suchen. Gefährlich sind die, welche glauben, sie hätten sie gefunden. Ich habe Angst vor jenen, die behaupten, im Besitz der

Wahrheit zu sein. Ich suche die Wahrheit." (3) Eine östliche Weisheit lehrt: „Wenn ein Mensch die Wahrheit sucht, so ist er ihr nahe. Wer aber glaubt, er habe sie gefunden, der ist ein Narr und ihr ferne."

Von *Lao Tse* stammt die Einsicht: „Vor der Wahrheit ziehen sich die Worte scheu zurück." Es gibt Wahrheiten, welche nicht ausgesprochen werden können, weil uns hierzu die Worte fehlen, und es gibt Wahrheiten, die erst auf dem Weg sind, von den Menschen wahrgenommen zu werden. Deshalb sagte *C.G. Jung* in einem Gespräch: „Wir müssen einfache Worte finden für die großen Wahrheiten; wir müssen versuchen, uns der lebendigen Wahrheit, die hinter den Dingen ist, zu nähern; das ist die älteste Bemühung der Menschheit. Aber ich bin mir wohl bewusst, dass die Wahrheit unaussprechlich ist und jede Annäherung an sie unvollständig." (4)

Wir können uns der Wahrheit auf drei verschiedenen Wegen nähern: 1. Auf dem Weg der äußeren Sinneswahrnehmung. 2. Durch unser logisches Vernunftdenken. 3. Durch die innere Erfahrung bei stiller Selbstbeobachtung und Selbstbesinnung in der Meditation.

11.1 Aspekte der Wahrheit

Unter Wahrheit verstehen wir das vollkommene Übereinstimmen zwischen einer Sache und deren Erkenntniswert. In diesem Sinne ist eine Aussage wahr, wenn wir das Wesentliche einer Sache voll und ganz richtig erfassen. In diesem Fall sprechen wir von einer *absoluten* Wahrheit. Absolute Wahrheiten sind solche, die immer, überall und unter allen Umständen richtig und gültig sind. Solche begegnen uns am ehesten in der Logik und in der Mathematik. Zum Beispiel: 2+2 = 4 oder beim geometrischen Lehrsatz: Die Summe aller Winkel in einem Dreieck beträgt stets 180 Grad. Selbst bei den sogenannten exakten Wissenschaften spricht man heute eher von Wahrscheinlichkeiten als von gesicherten Wahrheiten. So hat sich immer wieder bestätigt, dass wissenschaftliche Erkenntnisse nur so lange für wahr gehalten werden, bis sie sich als falsch herausstellen. „Nichts stellt sich einer neuen Wahrheit so sehr entgegen als ein alter Irrtum", wusste *Goethe* zu sagen.

Bereits im Altertum war der Skeptiker *Heraklit* der Meinung, dass wir eigentlich nichts für wahr und gesichert halten können, da alles in ständigem Wandel begriffen ist; oder weil uns die Sinne täuschen können, worauf *Demokrit* hinwies. So gesehen, sind wohl die meisten Wahrheiten, die wir zu erkennen glauben, nur *relativ* wahr und nur bedingt richtig. Das sieht jeder ein, dem ein neues Kleid im Neonlicht eines Verkaufsgeschäfts gefällt und der später bei Tageslicht von dessen Farbe enttäuscht ist. Ähnlich hat es *Joubert* erfahren: „Was beim Licht der Lampe wahr ist, ist es noch lange nicht beim Schein der Sonne." Wir sehen die meisten Dinge nicht so, wie sie wirklich sind, sondern so, wie wir glauben, dass sie sind.

Gefährlich wird es, wenn wir eine absolute Wahrheit relativieren und eine relative Wahrheit verabsolutieren. Dies kann der Fall sein, wenn wir etwas Absolutes wie das Göttliche herabstufen zu einer unpersönlichen Kraft oder Macht und wenn wir etwas Relatives wie Geld oder Besitztum zu unserem Gott machen. Auch das Suchen nach der *ganzen* Wahrheit könnte uns in Schwierigkeiten bringen, wie folgende Symbolgeschichte erzählt: Eine Frau sah am Eingang eines Geschäftes die Aufschrift „Wahrheit zu verkaufen". Sie trat neugierig ein und fragte den Verkäufer: „Welche Art von Wahrheit ist hier zu haben?" „Wir verkaufen verschiedene Arten von Wahrheiten: Halbwahrheiten, Teilwahrheiten und ganze Wahrheiten." „Ich nehme nur ganze Wahrheiten", meinte die Kundin. Die Verkäuferin hinter dem Ladentisch war etwas überrascht ob des ungewohnten Begehrens und gab zu bedenken: „Der Preis für die ganze Wahrheit ist sehr hoch." „Wie viel?", wollte diese wissen. „Wenn sie diese hier nehmen, bezahlen Sie mit dem Verlust Ihrer Ruhe, und zwar für den ganzen Rest Ihres Lebens. Nehmen Sie jene, kostet das Ihren Seelenfrieden, und wollen Sie diese hier haben, verlieren Sie alle Ihre Freunde." Traurig verließ die Frau den Wahrheitsladen, ohne etwas gekauft zu haben, denn der verlangte Kaufpreis war ihr zu hoch. Hierzu passt der Rat, den die Psychotherapeutin *Elisabeth Lukas* erteilt: „Solange uns eine absolute Wahrheit nicht zugänglich ist, müssen wir uns damit begnügen, dass die relativen Wahrheiten einander korrigieren." (5)

Um eine Wahrheit zu tarnen, verbergen wir sie gerne hinter Höflichkeitslügen oder Notlügen. Der amerikanische Schriftsteller *Mark Twain* (1835-1910) meinte einmal: „Ein Dutzend verlogene Komplimente ist leichter zu ertragen als eine einzige harte Wahrheit." In ihrem Buch „Von der Unmöglichkeit, ohne Lügen zu leben" schreibt die Psychologin *Irmgard Tarr*: „Mit einem Menschen, der tatsächlich ständig die Wahrheit sagt, könnte man nicht zusammenleben. Zum Glück muss das auch niemand. So ein Mensch hätte keinen Charme, wäre langweilig und unmöglich. Und höchstwahrscheinlich wäre er ein Autist. Diese Menschen können gar nicht lügen, weil sie keinen sozialen Umgang haben." (6) Wahrheitsfanatiker sind egoistisch und intolerant, weil sie keine Rücksicht nehmen auf die begrenzte Belastbarkeit ihrer Mitmenschen. Moralisch verwerflich aber ist es, bewusst und in böser Absicht die Unwahrheit zu sagen oder die Wahrheit zu unterschlagen. Wer bestimmte Glaubenswahrheiten für absolut gesicherte Wahrheiten hält, der ist ein Fundamentalist. Jahrtausendealte Texte aus der jüdischen Thora, aus der christlichen Bibel oder aus dem islamischen Koran bedürfen der neuzeitlichen Interpretation durch fachkundige Wissenschaftler und dürfen nicht wortwörtlich genommen werden. Nach dem indischen Jesuiten *Françis D'Sa* befinden sich jene, die sich nicht daran halten, „nicht auf dem Heilsweg, sondern auf dem Holzweg".

Ähnlich ist es, wenn etwas Nebensächliches zur Hauptsache und etwas Unwichtiges zum Wichtigen erklärt wird, wie dies im folgenden Fall geschehen ist: Ein indischer Meister pflegte jeden Morgen mit seinen Schülern auf dem Balkon seines Ashrams zu meditieren. Eines Tages lief ihnen eine kleine Katze zu. Weil das Tierchen offensichtlich haus- und heimatlos war, fand es dort Obdach und Nahrung. Doch jedes Mal, wenn die frommen Männer sich zum Gebet niederließen, lief die Katze herbei und wollte, dass man mit ihr spiele. Das störte die Meditierenden sehr. Nun empfahl der Guru dem jüngsten seiner Chelas, er möge jeweils vor dem Beten die Katze einfangen und anbinden. Dies tat er, und von nun an blieben die Betenden unbehelligt. Als der Lehrer starb, hielten es seine Jünger weiterhin so: Zuerst die Katze anbinden, dann beten. Auch als die Katze starb, konnten die Schüler nicht mehr beten, bis sie eine neue Katze fanden, die sie vor dem Gebet anbinden konnten.

11.2 Wege zur Wahrheit

Wer zur Wahrheit gelangen will, der muss gleichsam einen Berg erklimmen, ähnlich dem „Monte Verità" im Tessin. Mehrere Wege führen zum Gipfel. Von verschiedenen Seiten steigen die Wahrheitssucher bergan, je nach ihrem Ausgangspunkt. Bei der religiösen Wahrheitssuche entspricht die Wahrheitsfindung dem Gipfelerlebnis, die unterschiedlichen Wege dorthin aber sind die Konfessionen. Deshalb gibt es nur eine Religion, aber viele Konfessionen. Wer die Wahrheit sucht, sich nach ihr sehnt und nach ihr strebt, der ist religiös, unabhängig vom konfessionellen Wege, den er wählt. Es wäre wohl verfehlt, behaupten zu wollen, es führe nur ein einziger Aufstiegspfad in die Höhe. Entscheidend allein ist doch, dass wir oben ankommen, auf welcher Route auch immer. Die Vertreter der Konfessionen können uns wohl Weghilfen bereitstellen; sie können sich uns als erfahrene Wegbereiter und Wegbegleiter anbieten, doch den Weg wählen und gehen müssen wir selber, vielleicht sogar im Alleingang.

Was die Menschheit seit Jahrhunderten entzweite und was wir auch heute noch erleben, sind nicht Religionskriege, sondern Konfessionskriege. Die Wahrheit ist auf dem Weg von Krieg, Verfolgung und Ausgrenzung sicher nicht zu finden. Die Religion eint und vereint, die Konfessionen können entzweien. Die Konfession ist partiell, die Religion ist universell. Die Konfessionen erlassen äußere Gebote und Verbote, sie üben sich in Gebeten, Anrufungen und Lobpreisungen und halten diese für gottgefällig. Der Religion aber kommt es allein auf die innere Gesinnung an, die keiner Rituale, Zeremonien und Feiern bedarf. Sie braucht auch keine Lehrentscheidungen und Glaubenssätze, von „oben herab" vorgeschrieben in Dogmen und Dekreten, mit denen der Wahrheitspfad gleichsam mit Leitplanken und Wegmarkierungen gesichert werden soll.

Wir kennen heute eine große Zahl von Konfessionen, von denen jede behauptet, die einzig richtige zu sein. Mit Recht warnte der Schriftsteller *Heinrich Waggerl* davor, das Richtige mit dem Wahren zu verwechseln. (7) Dies hatte *Lessing* bereits vor 250 Jahren versucht deutlich zu machen, als er in seinem Schauspiel „Nathan der Weise" dem Moslem und Sultan Saladin die Frage an den Juden Nathan in den Mund legte, welche der drei großen monotheistischen Glaubensbekenntnisse richtig sei: Das jüdische, das christliche oder das islamische. Der weise Nathan antwortete mit folgender Symbolgeschichte: Ein Mann besaß einen kostbaren Ring, der seit Generationen jeweils vom Vater auf den Lieblingssohn vererbt wurde. Nun aber hatte dieser Mann drei Söhne, die ihm alle gleich lieb waren, so dass er sich nicht entscheiden konnte, welchem er den Ring geben sollte. Da ließ er insgeheim von einem Goldschmied noch zwei weitere Ringe herstellen, die dem Original zum Verwechseln ähnlich waren. Nach dem Tod des Vaters erhielt jeder der drei Söhne einen Ring, und jeder von ihnen war fest überzeugt, den echten Ring bekommen zu haben. (8)

Es lassen sich drei verschiedene Wege zur Wahrheit beschreiben. Der Glaubensweg, der naturwissenschaftliche Weg und der geisteswissenschaftliche Weg. Der *Glaubensweg* folgt der Logik des Herzens. Diese lebt von der inneren Überzeugung, dass etwas so ist und anders nicht sein kann, ohne hierfür Beweise zu verlangen. In diesem Sinne ist für den Gläubigen kein Beweis nötig und für den Ungläubigen ist kein Beweis möglich. Der konfessionelle Glaube hält für wahr, was ihm von kirchlichen Autoritäten auf dem Weg der Tradition als Wahrheit vorgestellt wird, ohne diese infrage zu stellen. So wird der Glaube zur reinen Vertrauenssache. Glaubensgewissheit kann nicht durch Glaubensbeweise erbracht werden. Der religiöse Glaube kann nur durch jene Botschaft begründet werden, an die wir zu glauben bereit sind. „Wie der Liebende, so verfügt auch der Glaubende über keine zwingenden Beweise. Aber wie der Liebende, so kann auch der Glaubende völlig gewiss sein, solange er an seine Liebe glaubt. Und diese Gewissheit ist stärker als alle bewiesene Sicherheit.“ (9) Der religiöse Glaube anerkennt, dass wir nicht alles wissen können. Es bleibt ein Rest von Unerklärbarem und Geheimnisvollem. Dieses nannte *C.G. Jung* das „Numinose“. Numinos ist seiner Meinung nach das, was uns ergreift, was uns ergriffen macht und das wir doch nie ganz begreifen. (10)

Der *geisteswissenschaftliche* Weg ist das Bemühen der Theologie und Philosophie um die Wahrheitsfindung. Die christliche Theologie beruft sich auf biblische Aussagen, die freilich nicht auf ein unmittelbares Diktat Gottes, sondern mittelbar auf Offenbarungen durch medial begabte Menschen beruhen, die wir Propheten nennen. Solche Wahrheiten stammen offenbar aus Eingebungen, die nicht aus dem unbewussten Seelenraum, sondern aus dem überbewussten Bereich der höheren Geisteswelt stammen. Auf diese Weise werden Menschen plötzlich erleuchtet und werden wie von einem Lichtstrahl der Wahrheit erhellt. Die Philosophen dagegen bemühen sich, durch reine Denkprozesse zu klaren und wahren Einsichten zu kommen.

Auf dem *naturwissenschaftlichen* Weg versuchen die Forscher, aus den Wundern der Natur und ihrer Gesetze Antworten zu finden auf die Frage nach dem Ursprung der Welt und nach dem Woher und Wohin des Menschen. Dabei fällt auf, dass heute rund die Hälfte aller Naturwissenschaftler in der westlichen Welt aufgrund ihrer Forschungsergebnisse sich als gottgläubig bezeichnen. Sie haben erfahren, dass die letzten Antworten nicht in ihren Entdeckungen und Erfindungen zu suchen sind, sondern im religiösen Glauben. So versuchen diese, Glaubenswahrheiten mit naturwissenschaftlichen Fakten zu verbinden. Zu ihnen gehört *Albert Einstein* mit seiner Aussage: „Je weniger Kenntnis ein Forscher besitzt, umso ferner fühlt er sich von Gott. Je größer sein Wissen ist, umso mehr nähert er sich ihm. Naturwissenschaft ohne Religion ist lahm; Religion ohne Naturwissenschaft ist blind."

11.3 Quellen der Wahrheit

Mit dem Forschen nach der Wahrheit verhält es sich wie mit der Suche nach Wasser. Graben wir an einem Ort ein Loch in die Erde, stoßen wir auf Wasser. Tun wir dies an einer zweiten Stelle, finden wir Wasser, und versuchen wir das Gleiche an einem dritten Ort, treffen wir wiederum auf Wasser. Es ist stets das gleiche Element Wasser, nur mehr oder weniger verunreinigt. Vollkommen reines Wasser lässt sich nur durch Destillation herstellen, indem wir ihm den natürlichen Mineralgehalt entziehen. Dann wird es aber geschmacklos und fade. Genauso wäre es mit der vollkommenen Wahrheit. Wir könnten sie nicht genießen, weil wir sie nicht denken können. *Thorwald Dethlefsen* schrieb: „Wir können die Einheit nicht denken, solange wir in der Zweiheit sind." (11) Deshalb erkennen wir die ganze Wahrheit immer nur bruchstückhaft. Wir können verschiedene Quellen der Wahrheit auseinanderhalten, nämlich die Träume, die Intuition, die Imagination und die Inspiration.

In den *Träumen* erfahren wir Wahrheiten, die uns als Botschaften aus dem persönlichen, familiären und kollektiven Unbewussten zukommen. Wir tun gut daran, diese Wahr- und Warnträume zu beachten. Nicht selten enthalten sie wichtige Informationen. Als solche können sie uns auf Wahrheiten hinweisen, die uns nicht bewusst sind oder die wir nicht wahrhaben wollen. Sie sind imstande, uns auf Gefahren hinzuweisen, Lösungen von Problemen anzubieten und auf Tatsachen aufmerksam zu machen, auf die wir vom bewussten Denken her nie gekommen wären. Manchmal handelt es sich um Wahrheiten, die uns aus dem jahrtausendealten Erfahrungsschatz der gesamten Menschheit zukommen. Diese nähern sich als symbolische Gestalten in Mythen und Märchen als Engel und Dämonen, als Götter und Geister, als Tiere und Fabelwesen oder auch als Menschen aus unserem Verwandten- und Bekanntenkreis.

Nicht selten geben Träume uns auch Antworten auf Fragen, die wir lange Zeit mit uns herumtragen. Mancher Entdecker oder Erfinder hat das, was ihn später erfolgreich und berühmt gemacht hat, zunächst geträumt. So wird berichtet, dass dem genialen *Edison* die Idee von der Glühbirne im Traum einfiel. *Elias Howe* erfand im Traum die Nähmaschinennadel. *Nils Bohr* entdeckte aufgrund eines Traumes das kreisförmige Atommodell. Im Jahr 1936 erhielt der Pharmakologe *Otto Loewi* für ein chemisches Verfahren, das er während zwei aufeinander folgender Nächte deutlich geträumt hatte, den Nobelpreis. *Carl Duisberg* fand im Traum einen Farbstoff, der den Bayerischen Farbenwerken ein Vermögen einbrachte. Unsere Träume sind also eine wertvolle Quelle von Eingebungen, die uns zur Wahrheit führen können. Daher ermahnte der Chemiker *Friedrich Kékulé* seine Schüler: „Lernen wir träumen, meine Herren, dann finden wir vielleicht die Wahrheit.“ (12)

Bei der *Imagination* (lat. *imago:* Bild, Vorstellung) handelt es sich um eine gedankliche Einbildung, also um ein inneres Gedankenbild. So sagen wir etwa: „Das kann ich mir vorstellen“ oder „ich kann es mir denken“. Demnach können auch Imaginationen als Quellen der Wahrheit infrage kommen. Es handelt sich um innere Seelenbilder, die zur Verwirklichung drängen und Erfolg versprechen. *Arnold Schwarzenegger*, der frühere Gouverneur von Kalifornien, der in jungen Jahren fünfmal zum „Mister Universum“ erkoren wurde, bestätigte: „Mein Wunschgedanke, diesen Titel zu erreichen, führte mich zum Erfolg, weil ich mich in meinen Vorstellungen ganz deutlich als Sieger auf der Bühne sah.“ Bei der *aktiven Imagination*, wie sie von der analytischen Psychologie gelehrt wird (13), handelt es sich um eine Methode des Bewusstmachens unbewusster Seeleninhalte. Im Gegensatz zur passiven Einbildung werden diese absichtlich herbeigeführt. Sie stellen echte Situationsbilder der Seele dar, die uns zu inneren erlebbaren Wahrheiten führen können.

Ähnliches gilt von der *Intuition* (lat. *intuire*: einsehen, anschauen). Sie ist die Fähigkeit, ohne äußeres Erfahrungswissen zu innerer Gewissheit zu kommen. Es handelt sich um ein plötzliches inneres Erkennen, das einem ohne vorherige bewusste Gedankenarbeit zufällt. Diese Gedankeneinfälle stellen sich zumeist im Zustand der Entspannung oder nach erholsamem Schlaf ein. (14) Deshalb heißt es im biblischen „Buch der Psalmen“: „Den Seinen gibt es der Herr im Schlaf.“ (Ps 127,2) Bei der Intuition weiß man etwas gewiss, ohne genau zu wissen, woher man es weiß. Wir sprechen dann von einer Ahnung, von einem Gespür, vom „Bauchgefühl“. Wir nennen es die „innere Stimme“, den „sechsten Sinn“, einen „guten Riecher“ und meinen damit ein untrügliches Fingerspitzengefühl, eine Art Witterungsvermögen oder einen Instinkt, der uns veranlasst, zur rechten Zeit, am richtigen Ort das Richtige zu tun. (15) Oberflächliche Geister reden von Zufall und Glücksfall. Intuitive Menschen sind in der Lage, ihren eigenen Intellekt auszuschalten und ganz auf Empfang zu gehen, um ihrem Unbewussten zuzuhören. Auf einmal weiß man ganz sicher: So ist es, und anders kann es nicht sein. (16)

Wir wissen heute aus der Tiefenpsychologie, dass unser Unbewusstes über Wahrheitsinhalte verfügt, die eine reichhaltige Erkenntnisquelle darstellen, welche seit Jahrtausenden wie ein unaufhörlicher Wissensstrom durch die Geschichte der Menschheit fließt. *C.G. Jung* hat diese Tatsache wunderbar veranschaulicht, als er schrieb: „Könnte man das Unbewusste personifizieren, so wäre es ein kollektiver Mensch, jenseits der geschlechtlichen Besonderheit, jenseits von Jugend und Alter, von Geburt und Tod, der über die annähernd unsterbliche menschliche Erfahrung von ein bis zwei Millionen Jahren verfügt. Dieser Mensch wäre schlechthin erhaben über die Wechselfälle der Zeit. Gegenwart würde ihm ebenso viel bedeuten wie irgendein Jahr im hundertsten Jahrtausend vor Christi Geburt, er wäre ein sekulärer Träumer, und er wäre ein unvergleichlicher Prognosesteller aufgrund unermesslicher Erfahrungen. Denn er hätte das Leben des Einzelnen, der Familien, der Sippen, Stämme und Völker unzählige Male selber durchlebt und besäße den Rhythmus des Werdens, Blühens und Vergehens im lebendigen inneren Gefühl." (17)

Bei der *Inspiration* (lat. *inspirare*: einhauchen, eingeben) handelt es sich um Eingaben aus einer höheren Dimension, aus einer geistigen Welt. Von da kommen uns Gedanken und Ideen zu, die nicht unsere eigenen sind. Es ist, als wenn uns ein fremdes Wesen etwas zuflüstern oder ein Licht anzünden würde, so dass uns plötzlich etwas klar wird und wie ein Blitz unser Bewusstsein erhellt. Deshalb sprechen wir von einem Geistesblitz oder von Erleuchtung. Ähnliches geschieht als Einwirkung einer höheren Welt auch beim Entstehen mancher Kunstwerke, was uns von schöpferischen Menschen immer wieder ahnungsvoll bestätigt wird. So beschreibt der Philosoph *Friedrich Nietzsche* in einem Brief an seinen Freund *Franz Overbeck*: „Mir ist zu Mute, als hätte es geblitzt – ich war eine kurze Spanne Zeit ganz in meinem Elemente und in meinem Licht. Nun ist es vorbei." Über die Lösung eines schwierigen mathematischen Problems äußerte sich *Karl F. Gauß:* „Wie der Blitz einschlägt, so hat sich das Rätsel gelöst." Der japanische Autofabrikant *Sochio Honda* spricht von einem „großen Lichtblitz", von einer neuen Idee, die plötzlich hervorbricht und ihn die mühseligen Stunden harter Arbeit augenblicklich vergessen lässt. Zahlreiche geniale Menschen verdanken ihre Werke den Einflüsterungen aus einer höheren Welt. So lesen wir bei *Goethe*: „Täglich, bei aller Mühe und Arbeit, sehe ich, dass nicht mein Wille, sondern der Wille einer höheren Macht geschieht, deren Gedanken nicht meine Gedanken sind." *William Shakespeare* nannte seinen „Hamlet" ein „reines Geschenk von oben". Der englische Schriftsteller *William Blake* schrieb über ein Vers-Epos: „Ich habe diese Dichtung nach Diktat verfasst, ohne jede Absicht, ja sogar gegen meinen Willen." *Rainer Maria Rilke* bezeichnet das Entstehen seiner *„Sonette an Orpheus"* als das „gehorsamste und rätselhafteste Diktat, das ich je ausgehalten habe". Die Schriftstellerin *Lotte Ingrisch* ist überzeugt: „Vieles von dem, was ich schreibe, übersteigt einfach meinen eigenen Horizont und muss aus anderen Ebenen stammen."

Diese Botschaften stammen möglicherweise von Geistwesen aus einer anderen Welt, von denen angenommen werden darf, dass sie mehr wissen als wir. Über den Wert oder Unwert dieser Durchgaben entscheidet die Sphäre, aus der sie kommen. So kann es geschehen, dass unsere irdische Welt plötzliche Einbrüche aus einer jenseitigen Sphäre erfährt. Diese kommen zustande durch Sinneserweiterung wie beim Hellsehen, durch Erhöhung des Bewusstseins wie bei einer Offenbarung oder durch mediale Vermittlung in Tieftrance. (18) So mag es sich ereignet haben bei den echten Propheten des Altertums, bei den Visionären des Mittelalters und bei den berühmten Sehern der Neuzeit.

Geben wir dem Psychologen *C.G. Jung* Recht: „Wir müssen einfache Worte finden für die großen Wahrheiten; wir müssen versuchen, uns der lebendigen Wahrheit, die hinter den Dingen ist, zu nähern; das ist die älteste Bemühung der Menschheit… Aber ich bin mir wohl bewusst, dass die Wahrheit unaussprechlich und jede Annäherung an sie unvollständig ist.“ (19)

11.4 Polarität der Wahrheit

Auf die Frage, was polar sei, lässt sich sagen: Was zueinander hinstrebt, sich gegenseitig abstößt und doch nie zueinander gehört, das ist polar. Sobald ein Gegensatz aufgehoben wird, entsteht die Einheit, die nicht mehr polar genannt werden kann. Die gesamte geschaffene Welt ist auf dem Grundgesetz der *Polarität* aufgebaut. Alles entsteht und besteht auf der Grundlage von gegenseitiger Anziehung und Abstoßung. Dies gilt vom kleinsten Atom bis zu den fernsten Welten im ganzen Universum und trifft sowohl in der unbelebten wie in der belebten Natur zu. Alles in diesem Spannungsfeld hält sich durch die polaren Gegensätze im natürlichen Gleichgewicht. Auch von der Wahrheit kann gesagt werden, sie sei polar. Wir können der vollen Wahrheit nie ganz gewiss sein. Auch in der Suche nach der Wahrheit schweben wir häufig zwischen wahr und falsch. Der Grund dafür liegt in der Tatsache, dass wir die Einheit nicht denken können, solange wir in der Zweiheit sind. So leben wir tatsächlich im Zweistromland von Tag und Nacht, von Hell und Dunkel, von Kalt und Warm, von Gut und Schlecht, wobei die Übergänge fließend sind. Das Eine ist ohne das Andere nicht denkbar. Was wir begreifen, ist stets bipolar, zweideutig, wahr und falsch zugleich. Jede Aussage wird durch ihr Gegenteil begrenzt, wie das Positive durch das Negative. Deshalb setzt jede

Tugend eine Schwäche voraus, die auf dem Weg der Kompensation überwunden wird. Begriffe, die in unserer Sprache nur in der Einzahl vorkommen, wie Liebe, Güte oder Frieden, lassen sich nur erklären, indem wir feststellen, was auf sie nicht zutrifft.

Wenn wir in einem Zwiegespräch Rede und Gegenrede zu Wort kommen lassen, sprechen wir von Dialog, Diskussion, Diskurs und Dialektik, wobei die aus dem Griechischen abgeleitete Vorsilbe „Di" für „zwei, zwischen" auf die gegensätzlichen Meinungen hinweisen soll. Indem wir uns für eine Seite entscheiden, beziehen wir Stellung zur Gegenseite. Es verhält sich ähnlich, als ob wir auf einem weißen Blatt mit schwarzer Tinte schreiben oder ein Text auf schwarzer Unterlage nur dann lesbar ist, wenn er sich hell davon abhebt. Im eintönig Einfarbigen würden wir nichts unterscheiden. Wenn wir den Farbton einer Aussage auf nur Schwarz und Weiß begrenzen und jede andere Zwischenfarbe ausgrenzen, sprechen wir von Schwarz-Weiß-Malerei. Indem wir aber in einer Mitteilung möglichst nur helle und bunte Farben zulassen, nennen wir dies „Schönfärberei", was die volle Wahrheit eher verschleiert als offenlegt. So erkennen wir auch die Wahrheit nur im Unterscheiden von Richtig und Falsch.

Der Arzt und Philosoph *Walter Hueck* hat sich eingehend mit der Polarität der Wahrheit befasst und schreibt: „Die Wahrheit, in allen ambivalenten Gebieten menschlichen Weltwissens, ist eine Polarität. Sie ist eine Gleichung, deren Lösung man so lange nicht gefunden hat, weil sie zwei Lösungen mit entgegengesetzten Vorzeichen besitzt." (20) Zu vergleichen ist dies mit dem Bemühen der Mathematiker, die lange nach dem Brennpunkt der geometrischen Figur der Ellipse gesucht haben, bis sie schließlich herausfanden, dass diese zwei Brennpunkte hat.

Symbol der polaren Wahrheit ist die chinesische Figur des Yin und Yang. Deren weiße Hälfte enthält einen schwarzen Punkt und die schwarze Hälfte einen weißen Punkt. Damit soll angedeutet werden, dass stets die eine Halbseite in der anderen andeutungsweise enthalten ist: So im Tag die Nacht, in der Nacht der Tag, im Weiblichen das Männliche und im Männlichen das Weibliche, in der Gesundheit die Krankheit und in der Krankheit die Gesundheit. Wir erkennen die eine Hälfte, indem wir sie von deren Gegenteil abheben. Wer nie im Dunkeln saß, weiß nicht, was Licht ist; wer die Tiefe nicht kennt, kann die Höhe nicht ermessen; wer nie in der Kälte war, weiß die Wärme nicht zu schätzen.

Nach dem Philosophen *Karl Popper* gibt es keine Bestätigung der Wahrheit, sondern nur die Widerlegung des Irrtums. Deshalb lässt sich keine Wahrheit als endgültig beweisen, solange nicht endgültig feststeht, dass ihr kein Argument widerspricht. Mit anderen Worten: Eine weiße Krähe muss nur einmal auftauchen, um zu beweisen, dass nicht alle Krähen schwarz sind. Auch wir Menschen sind in zwei Welten zu Hause. Wir stehen auf der Grenze zwischen dem Wollen und Können, zwischen dem Dürfen und Sollen, zwischen der Lust und der Last, zwischen Freiheit und Zwang. Unser Leben zieht sich dahin zwischen Vergangenheit und Zukunft, zwischen Geburt und Tod.

Im Streit zwischen Dafür und Dagegen sollten wir nicht fanatisch an einer Meinung stur festhalten, sondern uns mit Möglichkeiten und Wahrscheinlichkeiten begnügen. Dadurch werden wir tolerant und konziliant. Wer so denkt, der versteift sich nicht in ein „Entweder-Oder-Denken", sondern lässt sich eher auf ein „Sowohl-als-auch" ein. Was als wahr oder unwahr gilt, ist oft eine reine Ermessensfrage, wie folgende Erzählung zeigt: Wie es mit dem alten Fischer ans Sterben ging, versammelte er seine erwachsenen Söhne, die vom Vater das Fischerhandwerk gelernt hatten, um sich und sprach zu ihnen: „Hört, meine Söhne! Bevor ich mich von dieser Erde verabschiede, will ich euch ein Geheimnis verraten. In diesem See, in dem ich mein Lebtag lang gefischt habe, findet sich kein einziger Fisch, der kleiner ist als die Länge meiner Hand." Nun, wie kam der erfahrene Berufsfischer zu dieser Erkenntnis? Er fischte stets mit einem Netz, dessen Maschen so weit waren, dass er bequem mit seiner Hand hindurchgreifen konnte.

So ist es auch mit dem Erkennen der Wahrheit. Wir begreifen in der sinnlich wahrnehmbaren Wirklichkeit immer nur das, was wir durch die Spannweite unserer Sinne erfassen können. Lediglich im gegenstandsfreien Denken können wir die Kluft zwischen der Sinneswelt und der Geisteswelt überwinden. Daher sieht jeder, der behauptet, er glaube nur, was er sehen könne, nur einäugig.

Die Wahrheit lässt sich auch nicht einseitig in ihren extremen Auswüchsen erkennen. Wir finden sie eher auf dem „goldenen Mittelweg" dazwischen und gelangen so zu einem harmonischen Ausgleich, zu einer bestmöglichen Übereinkunft. Dies meint das Wort „Kompromiss“ (lat. *comprimere*: zusammenfügen, übereinstimmen) im Sinne einer ausgleichenden Übereinkunft bei einer Meinungsverschiedenheit, um einen gemeinsamen Nenner zu finden. Freilich gibt es auch „faule Kompromisse“, wo das scheinbare Angleichen gegenteiliger Ansichten nur zum Schein ohne echte Übereinkunft gelingt. In Wahrheit aber lassen diese wegen ihrer Zwei- und Mehrdeutigkeit mancherlei Ausflüchten Tür und Tor offen, wie dies bekanntlich in der Politik häufig der Fall ist. Sicher muss es auch eindeutige Antworten geben, fern aller faden Mittelmäßigkeiten. So unterstützt die christliche Ethik die biblische Weisung: „Euer Ja sei ein Ja, euer Nein ein Nein; alles andere stammt vom Bösen.“ (Mt 7, 37)

Von einer „doppelten Moral“ sprechen wir dort, wo die Wahrheit zum Spielball unterschiedlicher Normen erklärt wird. Schlagworte hierfür sind: „Quod licet Jovi non licet bovi. – Was dem Jupiter erlaubt ist, ist dem Ochsen nicht erlaubt.“ Ähnliches meinte *Goethe* mit seinem Gedicht „Beherzigung“:

Eines schickt sich nicht für alle!
Sehe jeder, wie er‘s treibe,
Sehe jeder, wo er bleibe,
und wer steht, dass er nicht falle.

Ein Beispiel für eine bipolare Ethik zeigt folgende Episode. Ein frommer Kapuzinermönch soll bei seinem Klosterabt angefragt haben, ob es ihm erlaubt sei, während des Betens zu rauchen. Das wurde ihm selbstverständlich nicht zugestanden. Ein schlauer Jesuit aber fragte bei seinem Ordensoberen an, ob er während des Rauchens beten dürfe. „Selbstverständlich!“, wurde ihm erklärt, denn Beten sei bei jeder Gelegenheit eine lobenswerte Tat.

11.5 Fragwürdige Halbwahrheiten

Es wird behauptet: „Alle Wahrheiten sind bloß halbe Wahrheiten; jede Wahrheit ist zur Hälfte falsch.“ (21) Tatsächlich reden wir häufig in *Halbwahrheiten*. Die ganze Wahrheit können wir nicht aussprechen, weil uns hierzu die Worte fehlen. So ist es ratsam, das Unaussprechbare mit Schweigen zu bedecken, um dieses nicht unwürdig zu zerreden. Hier gilt der esoterische Lehrsatz: „Wer spricht, weiß nicht, wer weiß, spricht nicht."

Wir sehen häufig nur die eine Seite des Ganzen, je nach unserem Standpunkt und Gesichtspunkt, je nach unserem Temperament und je nach unserer Denkweise. Wer kennt nicht die Redewendung: „Sie haben schon recht, aber …", um dann einen gegenteiligen Gesichtspunkt zu verteidigen. Zu den typischen Halbwahrheiten gehören die meisten der uns geläufigen Spruchweisheiten und volkstümlichen Sprichwörter. Eine jede dieser Aussagen ist nur halb richtig, weil sich leicht auch das Gegenteil behaupten ließe, ohne groß auf Widerspruch zu stoßen. Nehmen wir ein paar Beispiele:

- Hilf dir selbst, sonst hilft dir niemand.
- Alter schützt vor Torheit nicht.
- Jung gefreit, hat niemand gereut.
- Morgenstund hat Gold im Mund.
- Abwechslung macht das Leben süß.
- Was Hänschen nicht lernt, lernt Hans nimmermehr.
- Früh krümmt sich, was ein Häklein werden will.
- Lügen habe kurze Beine.
- Reden ist Silber, Schweigen ist Gold.
- Das Schöne liegt immer am anderen Ufer.

Im Erleben unserer Lebenswirklichkeiten geht es weniger um ein Entweder-Oder, sondern eher um ein Sowohl-als-auch. Die Wahrheit ist wie eine Türe: Sie kann sowohl nach innen als auch nach außen aufgehen. Auch trägt sie auf der einen Seite die Aufschrift „Eingang", auf der Rückseite den Vermerk „Ausgang". Auf seiner Predigtreise kam *Mohammed* mit seinem Begleiter in eine fremde Stadt. Dort eilte ihm ein Anhänger seiner Glaubenslehre mit bekümmerter Miene entgegen und klagte: „Herr, in dieser Stadt wirst du nichts ausrichten können. Die Leute hier sind allesamt dumm und unbelehrbar." Der Prophet antwortete gelassen: „Du hast recht, so ist es." Kurz darauf kam ein anderer Glaubensbruder daher und berichtete voller Zuversicht: „Herr, in dieser Stadt wirst du offene Herzen finden. Die Menschen hier sind klug und lerneifrig." Erneut entgegnete der Gottesmann freundlich:

„Du hast recht, so ist es." Da wandte sich der Begleiter verunsichert an seinen Lehrer: „Wie soll ich das verstehen? Zu dem einen sagst du, er habe recht, und dem anderen, der dir das genaue Gegenteil erzählt, gabst du ebenso recht. Kann denn etwas zugleich wahr und unwahr sein?" Da erklärte ihm der Prophet: „Jeder Mensch erkennt stets nur eine Hälfte der Wahrheit. Beide Freunde teilten mir eine halbe Wahrheit mit, doch keiner erkannte die ganze Wahrheit. Auch die Bewohner dieser Stadt haben ihre zwei Seiten. Sie sind zum einen Teil klug und verständig, zum anderen Teil sind sie uneinsichtig und unvernünftig. Nun hängt es davon ab, von welcher Seite wir auf sie zugehen wollen.

Manchmal sagen wir nach außen etwas Wahres, in unserem Inneren aber denken wir dessen Gegenteil. Oder wir stimmen einer Halbwahrheit zu, um nicht offen widersprechen zu müssen. So hat es ein junger Pfarrer erlebt, der von seinem Bischof eine neue Gemeinde zugeteilt bekam. Bei seinem Amtsantritt am Sonntag hielt er eine Predigt, mit der offensichtlich alle einverstanden schienen. Am kommenden Sonntag vernahmen die Kirchgänger genau die gleiche Predigt noch einmal. Und auch eine Woche danach bekamen sie das genau gleiche Kanzelwort von ihrem neuen Seelsorger zu hören. So war es auch in den nachfolgenden drei Wochen. Nun fragte der etwas vorlaute Mesner den Prediger: „Herr Pfarrer, warum sagen Sie Sonntag für Sonntag stets das Gleiche?" Dessen einfache Antwort lautete: „Warum leben die Leute in meiner Pfarrei genauso weiter wie vor fünf Wochen, als ich meine Predigt zum ersten Mal hielt? Mir scheint, niemand von den Gläubigen hat zugehört oder verstanden, was ich eigentlich sagen wollte. Und kein Mensch in unserer Pfarrgemeinde lebt danach. Da habe ich mir vorgenommen, dieselbe Predigt so lange zu halten, bis die Leute anfangen, ihr Leben danach einzurichten." (22)

Weil wir nur Halbwahrheiten zu erkennen vermögen, sind auch unsere menschlichen Urteile häufig Vorurteile und Fehlurteile. Deshalb heißt es im Schauspiel „Medea" des römischen Dichters *Seneca*: „Auditur et altera pars – Man sollte auch die andere Seite hören." Im alten Athen mussten die Richter vor ihrem Urteilsspruch schwören: „Ich spreche nie ein Urteil, ehe ich nicht beide Parteien angehört habe." Noch heute steht im Rathaus von Nürnberg der Hinweis aus dem 16. Jahrhundert: „Eins manns red ist eine halbe rede. Man soll sie hören alle bede." Ähnliches kann man in der Vorhalle des „Römers" zu

Frankfurt lesen: „Eyns mans redde is halbe redde. Man soll sie billich verhören bede.“ (23)

Ungewiss können Halbwahrheiten werden, wenn man bei der Wahrheitsfindung nicht weiß, welche Hälfte der Wahrheit stimmt und welche nicht, so dass eine Drittmeinung eingeholt werden muss. Halbwahrheiten können sich auch ergeben, wenn bei einer sprachlichen Übersetzung ein bestimmter Schrifttext durch zwei verschiedene Interpreten zwei unterschiedliche Deutungen erfährt, wie dies bei historisch-kritischen Bearbeitungen von überlieferten Dokumenten vorkommen mag. Daraus kann ein regelrechter Glaubensstreit entstehen, der sich über Jahrhunderte fortsetzt, wie religiöse Glaubenskriege bis zum heutigen Tag beweisen. Dabei wäre so manches einfach zu verstehen, ließe man sich von der hübschen Poesie aus dem „Abendlied“ des Dichters *Matthias Claudius* leiten:

Seht ihr den Mond dort stehn?
Er ist nur halb zu sehn,
Und ist doch rund und schön!
So sind wohl manche Sachen,
Die wir getrost belachen,
Weil unsre Augen sie nicht sehn.

11.6 Zweifelhafte Teilwahrheiten

Klaus Friedler, Sozialpsychologe an der Universität Heidelberg, hat sich als „Lügenprofessor" einen Namen gemacht. Er stellte in ausgedehnten wissenschaftlichen Untersuchungen fest, dass nur 40% unserer alltäglichen Aussagen wirklich wahr sind. In der Mehrzahl der Fälle geht es zwar nicht um krasse Unwahrheiten, sondern eher um *Teilwahrheiten*, die aus Höflichkeit, aus Unkenntnis, aus falscher Bescheidenheit oder aus Verlegenheit ausgesprochen werden. (24) Die ganze, reine Wahrheit ist wie das unsichtbare Sonnenlicht. Erst wenn wir dieses durch ein Prisma leiten und in seine Spektralfarben zerlegen, erkennen wir dessen wahre Vielfalt. Wenn es um höhere Erkenntnis geht, ist unser wahres Wissen bloß Stückwerk (1 Ko, 13,9). Durch unsere Sinneswelt nehmen wir nur bruchstückhaft wahr. Es ist, als wenn sich in einem zerborstenen Spiegel nur Teile des Ganzen erkennen lassen, denn das Ganze ist immer mehr als die Summe seiner Teile. So ist es auch mit unserem Wahrnehmen der Wahrheit. Die ganze Wahrheit begegnet uns in vielen Gesichtern, so wie wir in einer hellen Nacht den einen Mond in tausend Seen, Teichen und Tümpeln sich spiegeln sehen. Oder wie der Zen-Meister *Willigis Jäger* einmal sagte: „Hinter allen Fenstern leuchtet das eine Licht." (25)

Zu Buddha kam einmal einer seiner Schüler und wollte von ihm wissen, wie er die ganze Wahrheit erfahren könne, ohne sich immer nur mit Teilwahrheiten begnügen zu müssen. Der Erhabene hob ein paar Baumblätter vom Waldboden auf, hielt diese dem Fragenden hin und belehrte ihn folgendermaßen: „So wie diese vielen Blätter nicht den ganzen Baum erkennen lassen und ein einzelner Baum nicht den ganzen Wald, ebenso sind die Wahrheiten, die wir wissen und aussprechen, niemals die ganze Wahrheit."

So verhält es sich auch beim Verteidigen von religiösen Glaubenslehren. Auch diese enthalten nie die ganze Wahrheit, weil diese unserem begrenzten Erkennen nicht voll zugänglich sind. Wer aber in diesen Dingen eine Teilwahrheit für die ganze Wahrheit hält, der ist im Irrtum. Er gleicht einem Menschen, der mit dem Messer aus einer Torte für sich ein Stück herausschneidet und dann behauptet, er besitze den ganzen Kuchen. Die solches behaupten, nennen wir Sektierer (lat. *secare*: herausschneiden). Man muss bloß einem fanatischen Sektenprediger zuhören, um von dessen verengtem Röhrenblick überzeugt zu sein.

Typische Teilwahrheiten verdanken wir dem *Reduktionismus* (lat. *reducere*: zurückführen, vereinfachen). Es geht um das vereinfachende Zurückführen von komplexen Zusammenhängen auf etwas Simples oder von etwas Hauptsächlichem auf etwas Nebensächliches. Deshalb spricht man in Frankreich von „terribles simplificateurs". Solche unzulässige Vereinfachungen bedienen sich gerne sprachlicher Formeln wie „Nichts weiter als", „lediglich", „einzig" oder „nur". Hierzu einige Beispiele:

- Die einzige Wirklichkeit ist die Materie. (Ernst Haeckel)
- Das Leben ist nur ein Traum. (Pedro Calderon)
- Gedanken sind nur Erzeugnisse des Gehirns. (Friedrich Nietzsche)
- Der Mensch ist bloß eine Maschine. (Julien de la Mattrie)
- Liebe ist lediglich ein Gefühl. (Peter Lauster)
- Liebe ist nur Hitze im Blut. (Charles Darwin)
- Liebe ist nichts anderes als ein sexuelles Phänomen. (Sigmund Freud)
- Leben ist bloß ein chemischer Prozess. (Ben Moore)
- Der Mensch ist nur eine Hautkrankheit des Erdenballs. (Erich Kästner)
- Der Mensch ist nur ein biochemischer Mechanismus. (Josef Campel)
- Der Mensch ist lediglich ein höher entwickeltes Tier. (Konrad Lorenz)

Eine besondere Art von Teilwahrheiten liefern uns manche *Statistiken,* seien diese geschönt oder geschwärzt. Weder in Zahlenreihen noch in Grafiken und Tabellen lässt sich die ganze Wahrheit darstellen. Man muss diese auch richtig zu lesen und zu deuten wissen. (26) Statistische Umfrage-Ergebnisse können den Gesamteindruck verzerren, wenn sie zu wenig repräsentativ für die Gesamtheit sind. Außerdem sind bestimmte Wahrheiten recht unterschiedlich zu bewerten, je nach der Zeit, aus der sie stammen. Was gestern noch für wahr galt, wird heute für wahrscheinlich erklärt und morgen als unwahr bezeichnet.

Treffende Beispiele finden wir hierfür bei den fehlerhaften Voraussagen von Zukunftsforschern. So haben Wissenschaftler um das Jahr 1900 aufgrund ihrer statistischen Auswertungen berechnet, dass die Stadt Paris in hundert Jahren im Pferdemist ersticken wird, wenn die Zunahme der Pferdedroschken so weitergeht. (27) Wie ganz anders ist es gekommen! Psychologen der Universität Virginia, USA, haben herausgefunden, dass durchschnittlich bei jedem vierten mitmenschlichen Kontakt ein Teil der Wahrheit verschwiegen wird. (28)

Teilwahrheiten finden wir in Kinderlügen, Notlügen, Gefälligkeitslügen, Spaßlügen, Phantasielügen und Komplimentlügen bis hin zum bewussten Betrug. Diese sind je nach ihrer Absicht verschieden zu bewerten. Besonders tragisch sind die sogenannten *Lebenslügen.* Auch diese enthalten verheimlichte Teilwahrheiten, die es erlauben sollen, vor sich selber und vor anderen das Gesicht zu wahren. Sie haben den Zweck, ernsthafte Probleme zu verleugnen, Schwierigkeiten zu verharmlosen, Konflikte zu überspielen, uneingestandene Wünsche und Absichten zu tarnen und verkappte Schuldgefühle auszublenden, um so eine „heile Welt" vorzutäuschen. Dies geschieht meist unbewusst und zum Selbstschutz mittels Verdrängung oder Projektion. Beide gehören in der Tiefenpsychologie zu den Abwehrmechanismen. Bei der *Verdrängung* will man unliebsame Erlebnisse in der eigenen Lebensgeschichte nicht wahrhaben. Daher werden sie ausgeblendet und in das eigene Unbewusste verschoben. Dort bleiben sie allerdings nicht wirkungslos, sondern sie drängen sich unkontrolliert in Träumen oder als Fehlhandlungen wieder ins Bewusstsein und können sich dort durch peinliche Verhaltens- und Leistungsstörungen bemerkbar machen. Bei der *Projektion* neigt der Mensch dazu, andere Menschen für seine eigenen Gedanken, Gefühle, Schwächen und Ängste verantwortlich zu machen.

Zu den Teilwahrheiten gehören auch die zahlreichen *Illusionen*, die man sich im Verlauf des Lebens zugelegt hat. Der Schriftsteller *Allen Wheelis* hat hierzu folgende Parabel vom „Mann ohne Illusionen" verfasst: „Es war einmal ein Mann, der hatte überhaupt keine Illusionen. Schon in der Wiege hatte er begriffen, dass seine Mutter nicht immer gut zu ihm war. Mit drei Jahren glaubte er schon nicht mehr an Feen. Hexen und Zwerge. Mit vier Jahren wusste er bereits, dass Hasen keine Eier legen. Mit fünf verabschiedete er sich in einer kalten Dezembernacht mit einem bitteren Lächeln vom Weihnachtsmann. Mit sechs, als er in die Schule kam, zerstoben seine Illusionen wie Federn im Wind: Er entdeckte, dass sein Vater nicht immer mutig oder wenigstens ehrlich war, dass Politiker kleinkarierte Männer sein können, dass die Lehrerin auch nicht alles wusste. Und als junger Mann erfuhr er, dass auch die großzügigsten Handlungen meist aus Eigeninteresse geschehen und Gedrucktes meist frei erfunden ist. Am Ende seines Lebens erkannte dieser Mann jedoch, dass nur Illusionen uns Trost und Lebenssinn bieten. Wo er früher sagte. ‚Es ist nur eine Illusion', meinte er als alter Mann: ‚Es gibt gar nichts anderes.'" (29)

Je mehr wir zu wissen glauben, desto eher müssen wir erkennen, dass wir eigentlich recht wenig wissen können. Dies gilt ganz besonders für die Welt des Allergrößten im Makrokosmos und für die Welt des Allerkleinsten im Mikrokosmos. Da tappen wir noch weitgehend im Dunkeln. Die ganze Natur und Übernatur ist voller nicht erklärbarer Geheimnisse, und wir erfassen von diesen bestenfalls nur Teilwahrheiten.

11.7 Die heiligen Berge

Hohe Berge sind himmelwärts weisende Wahrzeichen, die uns zu geistigen Wahrheiten führen wollen. In der Meditation und im Gebet kann der Mensch wahre Gipfelerlebnisse und wunderbare Ausweitungen seines spirituellen Bewusstseins erfahren. Deshalb lässt sich der Weg zur Wahrheit mit dem Besteigen eines steilen Berges vergleichen. Auf dessen Gipfel sehen wir über alle Niederungen und Tiefen hinweg und erleben einen großartigen Rundblick zu fernen Horizonten. Die Menschen haben wohl schon immer das Bedürfnis verspürt, zu ihren Bergen empor zu schauen, als käme von ihren Höhen uns Trost und Hilfe zu. „Ich hebe meine Augen auf zu den Bergen, von welchen mir Hilfe kommt", heißt es im 121. Psalm. In der Gnosis ist die Rede vom „goldenen Berg des Geistes". Im Stufengebet der lateinischen Messe wurde früher gebetet: „Herr, sende mir dein Licht und deine Wahrheit, dass sie zu deinem heiligen Berg mich geleiten." *Buddha* und *Jesus* predigten dem Volk auf einem Berg. Heiligtümer wurden schon im Altertum auf Berggipfeln errichtet. Berge wurden als heilig verehrt, weil sie als Sitz der Götter galten. Heilige Berge werden in der Bibel mehrfach als Kultorte erwähnt, so der Gottesberg *Horeb,* wo Moses die Zehn Gebote empfangen haben soll (5 Mo 2), der Berg *Zion* (Ps 2,6), der Berg *Karmel* (1 Kö 18,19), der Berg *Sinai* (2 Mo 2,17) und der Berg *Tabor.* (Jer. 46,18). Auf einem hohen Berg wurde Jesus verklärt (Mt 17,2). Der *Tempelberg* in Jerusalem gilt den großen Konfessionen des Ein-Gott-Glaubens als heilig – dem Judentum, der Christenheit und dem Islam. Nach der griechischen Mythologie werden die Berggipfel von Göttern bewohnt, nämlich dort, wo die Erde in den Himmel hineinragt, wo die Erdgöttin mit dem Himmelsgott sich zur Hochzeit vermählt (30) Nach *Jakob Lorber* muss der Mensch „auf hohe Berge gehen, um der Gottheit Allmachtszüge zu erspähen". (31)

In früheren Zeiten sind zahlreiche Berge in allen vier Kontinenten als heilig verehrt worden. So galten in Griechenland der *Olymp* und der *Parnass* als heilige Götterberge, desgleichen der Berg *Athos* mit seinen berühmten Mönchsklöstern. Auf dem *Monte Cavo* in den italienischen Albanerbergen wurde zur Römerzeit dem Gott Jupiter gehuldigt, ebenso auf dem *Donnersberg* in der Pfalz. *Kailash* und *Annapurna* im Himalaya werden mit hinduistischen und buddhistischen Gottheiten in Verbindung gebracht. Buddhistische Mönche verehren in Myanmar den mythischen Berg *Meru,* der von den Wogen der „Sieben Meere" umgeben ist. Der indische *Arunachala* wird „Berg der Weisheit" genannt. In China berührt der *Tai-Chan* die Schalen des Himmels, aus denen das Wasser des „ewigen Lebens" quillt. An seinem Fuß leben die Seelen der Verstorbenen. Der 3099 Meter hohe *Emei Shan* in der Provinz Sichuan ist einer der vier heiligen Berge in China, der jährlich von 2,5 Millionen Touristen besucht wird. Auf seiner Spitze steht eine achtundvierzig Meter hohe riesige Buddha-Statue, ähnlich der achtundneunzig Meter hohen goldenen Pagode auf dem Berg *Singuttara* in Yangon.

In Japan wurde der *Miwa-yama* bereist in vorgeschichtlicher Zeit für die Wohnung der Götter gehalten. Unter den „hundert heiligen Bergen" Japans ist heute der *Fujiyama* wohl der bekannteste. Als heilig gehalten wird in Sri Lanka der Berg *Sri Pada,* wo ein Fußabdruck Buddhas verehrt wird. Der *Kilimandscharo* in Kenia wird im Sonnenkult des Massai-Stammes als „Haus Gottes" verehrt. Auf Hawaii werden der Göttin *Pele,* die auf dem Vulkan *Kilauea* zu Hause ist, Blumenopfer dargebracht. Nach dem Glauben der Urbevölkerung Mexikos wird der

Popocatépetl von Berggöttern bewohnt. Der *Mount Shasta* war das Heiligtum der indianischen Ureinwohner. Der Berg *Thaloc* galt als Sitz des Regengottes. Der *Mount Graham* war dem Indianerstamm der Apachen heilig. Die Inkas hatten auf dem *Corro Calvario* und die Azteken auf dem *Machu Picchu* ihre Heiligtümer. (32) Das Urvolk der Maori in Neuseeland nennt den Vulkan *Tongarion* ihren „Heiligen Berg", der für sie die Quelle ihrer Macht bedeutet. Einen ähnlichen Rang nehmen heute der *Svata hora* in Tschechien, die *Sacri Monti* in Italien und der *Mont San Michel* in Frankreich ein.

Bis ins späte Mittelalter war es verpönt, vielerorts sogar verboten, die erhabene Bergwelt zu erobern. Die damaligen Menschen empfanden eine heilige Scheu vor den himmelnahen Gipfeln, weil diese den Göttern gehören. Der italienische Dichter *Francesco Petrarca* (1304-1374) war einer der Ersten, der sich in die Bergwelt unserer Alpen wagte und eine Bergbesteigung schilderte, die er unternahm „einzig getrieben von der Begierde, die ungewöhnliche Höhe eines Ortes in unmittelbarer Anschauung kennen zu lernen". (33) Als *C.G. Jung* bei den Pueblo-Indianern in Neu-Mexiko war, stand er eines Tages an einem Fluss und schaute zu den Bergen auf, die sich fast zweitausend Meter hoch über der Ebene erhoben. Auf einmal näherte sich ihm ein alter Indianer und fragte ihn: „Denkst du auch, dass alles Leben vom Berge kommt?" Der Europäer hörte die besondere Gefühlserregung in der Stimme der Rothaut und erwiderte: „Jedermann kann sehen, dass du die Wahrheit sprichst." (34) In Gegenden mit vorwiegend flachem Land hat man in alten Zeiten künstlich hohe Bauten errichtet. Beispiele dafür sind die Pyramiden in Ägypten, die mit ihren aufsteigenden Flanken symbolisch als Stufen des aufwärts strebenden Bewusstseins gelten. Eine symbolische Bedeutung hat im christlichen Volksglauben der Pilgerweg zu einem Wallfahrtsort in den Bergen. Je höher wir steigen, desto mehr ergreift uns das Gefühl, in etwas Größerem aufgehoben zu sein. Wahrheitssucher begeben sich gerne auf hohe Bergzüge, abseits vom lauten Lärm der Straße. Auch die Gipfelkreuze in unserer Bergwelt sind Ausdruck des Gefühls der Gottesnähe.

Die Bergwanderung wird gerne mit dem menschlichen Leben verglichen. Manch einer steigt gemächlich hinan und genießt von Kante und Klippe aus den weiten Blick ins Land. Andere eilen voraus, einige bleiben zurück oder kehren vorzeitig um. Nur wenige unentwegte Gipfelstürmer wählen waghalsige Wege zum Gipfel. *Heinrich Waggerl* veranschaulicht seinen Lebensweg mit einer Bergbesteigung, indem er schreibt: „Dann schaue ich um mich, überblicke gleichsam mein Leben wie von einer Anhöhe herab, die ich langsam und in langer Zeit erstieg und auf der ich jetzt eine Weile verhalten darf, ehe ich mich gegen Abend wenden muss, um in den Schatten hinunter zu wandern. Ich verfolge die Spur meines Daseins hinter mir, und es rührt mich sehr, dass ich einen so wunderlichen und mühsamen Weg gegangen bin, während ich doch meinte, immer geradeaus zu eilen, statt immer aufwärts." (35)

Auch die jenseitige Geisteswelt wird oft mit einem Berg verglichen. So hat *Dante* in seiner Dichtung „Divina Commedia" den „*Berg der Läuterung*" geschildert. (36) *Goethe* hat im 2. Teil seiner Faust-Dichtung einen Jenseitsort als „bewaldeten Berg" beschrieben, dessen Stufen durch verschiedene Grade von Seligen bewohnt sind. Ähnlich hat Pfarrer *J. Fr. Oberlin* die jenseitigen Aufstiegsstufen mit einem hohen Berg umschrieben. (37)

Die großen Mythen um die heiligen Berge wollen uns darauf hinweisen, dass unser Heil nicht in den Niederungen des menschlichen Daseins zu finden ist, sondern in den lichten Sphären des spirituellen Bewusstseins. Mag der Aufstieg zu diesen Höhen auch mühsam sein, wie das Besteigen eines hohen Berges, auf dem Gipfel erfahren wir eine nie geahnte Ausweitung des Denkens in erhabener Klarheit. Wer einmal den Anruf aus einer höheren Welt erfahren hat und sich aufgerufen weiß, den Weg der Wahrheit zu beschreiten, der wird den Tiefen des menschlichen Daseins zunehmend entfliehen. Er muss deswegen der Welt nicht völlig entsagen, aber er spürt, dass in ihr für ihn keine dauerhafte Bleibe ist. Wie von der Höhe eines Berges aus sieht er dem Treiben in der Tiefe wie von weitem zu. Er weiß, dass dies nicht mehr seine Welt ist. Deshalb bleibt er auf dem Höhenweg und sehnt sich nach dem Ort der Wissenden und Eingeweihten.

In ihrem ewigen Schweigen sind die Berge ein Sinnbild der Stille, die uns zur Einkehr einladen und uns nach innen zur Selbsterkenntnis führen. (38) Im weiten Blick vom hohen Berg aus erfahren wir die Größe der Schöpfung, so wie es *Rilke* uns ahnen lässt:

Wie ist doch alles weit ins Bild gerückt,
Wir staunens an und nennen es: das Wahre.
Und wandeln uns mit ihm im Gang der Jahre.
Und doch ist unsichtbar, was uns entzückt.

Drum sorge nicht, ob du etwas verlörest.
Das Herz reicht weiter als die letzte Ferne.
Wenn du die eigne Stimme steigen hörest,
so singt die Welt, so klingen deine Sterne.

12. Sinnerkenntnis als Lebensziel

Ohne Sinnerkenntnis ist das Leben nicht lebenswert. „Sinnlosigkeit verhindert die Fülle des Lebens. Sinn macht vieles, vielleicht alles ertragbar." Diese Erkenntnis gehörte zu den wichtigsten Einsichten des großen Seelenforschers *C.G. Jung.* (1) Wer da glaubt, im Leben zurechtzukommen, ohne die Sinnfrage zu stellen, ohne zu wissen warum und wozu wir hier auf dem Planeten Erde sind, wird am Ende kaum einen Schritt weiter sein als am Anfang. Also hat er umsonst gelebt. Gewiss ist dem Schriftsteller *Antoine de Saint-Exupéry* zuzustimmen: „Es gibt nur ein Problem in der Welt: Dem menschlichen Leben einen geistigen Sinn zu geben, damit die Menschen wieder anfangen, nach geistigen Werten zu suchen, damit einmal wieder so etwas auf sie niedertaut, das einem Gregorianischen Gesange gleicht! Man kann nicht leben von Eiskühlmaschinen, Politik und Kreuzworträtseln, das ist unmöglich." Gleicher Meinung war der französische Philosoph *Jean Guitton*, Mitglied der Académie Française: „Mein Leben lang war mein Denken mit einem Problem beschäftigt, das sich uns allen stellt: Mit dem Sinn des Lebens und des Todes. Im Grunde ist dies die einzige Frage, auf die das höchst entwickelte, einzige denkfähige Lebewesen der Erde von Anfang an stößt." (2)

Nach *Willigis Jäger* ist die Auseinandersetzung des Menschen mit dem Sinn seines Lebens „die wichtigste Aufgabe, die der Menschen zu leisten hat jenseits der Lebensmitte". (3) Ein sinnerfülltes Dasein können wir erreichen auf dem Weg des rechten Denkens, auf der Suche nach der Wahrheit und durch eine wohl durchdachte Lebensweise.

12.1 Achtsamkeit und Gelassenheit

Wir leben meistens in einer Welt voller Betriebsamkeit und Unruhe, was uns nur zum geringen Teil bewusst wird. Sowohl biologisch als auch psychologisch läuft in unserem Inneren Tag und Nacht mehr ab, als in sämtlichen Fernsehsendungen eines Abends. Das meiste davon entgeht uns, weil wir nicht darauf achten. Es fehlt uns an *Achtsamkeit.* Unter Achtsamkeit verstehen wir die gelenkte Aufmerksamkeit. Sie ist die Fähigkeit, uns ohne Ablenkung von einem gegenwärtigen Geschehen beeindrucken zu lassen, um bewusst wahrzunehmen, nachzufühlen, zu erspüren und mitzuerleben, was auf allen Ebenen unseres Seins geschieht. Achtsamkeit ist mehr als Konzentration, welche unser Tun nur auf einen eng begrenzten Punkt lenkt. Achtsamkeit gewährt unserem Denken einen erweiterten Innenraum. Symbol der Achtsamkeit ist die Eule mit ihrem stets offenen, klaren Blick.

Eine einfache Übung zur Achtsamkeit ist das Beobachten des eigenen Atemrhythmus. Indem wir diesem wie von außen zuschauen, erleben wir bei uns selbst, was *Goethe* beschrieb:

> Im Atemholen sind zweierlei Gnaden:
> Die Luft einziehen, sich ihrer entladen,
> jenes bedrängt, dieses erfrischt,
> so wunderbar ist das Leben gemischt.

Wie dies gemeint ist, erklärt uns der buddhistische Mönch *Thich Nhat Hanh.* Er empfiehlt, uns von folgender Meditation begleiten zu lassen, damit wir uns selbst achtsam wahrnehmen:

- Einatmend weiß ich, dass ich einatme. Ausatmend weiß ich, dass ich ausatme.
- Einatmend weiß ich, dass ich alt werde. Ausatmend weiß ich, dass ich sterblich bin.
- Einatmend weiß ich, dass meine Taten mein einziges Eigentum sind. Ausatmend weiß ich, dass ich den Folgen meines Tuns wieder begegnen werde.
- Einatmend bin ich entschlossen, meinen Tagen tiefe Achtsamkeit zu schenken. Ausatmend sehe ich die Freude und den Frieden eines achtsamen Lebens.

- Einatmend spüre ich, dass ich einatme. Ausatmend wird mir bewusst, dass ich ausatme. (4)

Eine weitere vortreffliche Atemübung, um achtsam zu werden, ist die „Kunst des langen Atems“ und die damit verbundene Resonanzübung, wie sie uns *Paramahansa Yogananda* gelehrt hat. Wer sich angewöhnt, langsam und tief zu atmen, um beim Ausatmen zugleich halblaut die Silbe OM oder AUM ertönen zu lassen, der erfährt mit der Zeit eine wunderbare innere Ruhe und Ausgeglichenheit. Achtsam zu sein, ist mehr, als sich in Acht zu nehmen, damit nichts Übles geschieht. Wer achtsam ist, der ist ganz bei dem, was sich gerade ereignet oder was einem geschieht. Wer achtsam ist, geht sorgsam und behutsam mit dem um, was ihm begegnet. Achtsamkeit besteht im verweilenden Wahrnehmen und im empfindsamen Hinschauen und Hinhören in der Begegnung mit einem Gegenüber, in der Hinwendung zum Du. Auch kleinen und unscheinbaren Dingen sollten wir uns gelegentlich achtsam zuwenden. Dies kann eine zarte Blume sein, ein kleines Tierchen, ein leiser Ton oder ein winziger Laut, wie folgendes Beispiel zeigt: Ein Europäer ging mit einem Indianer, der bei ihm zu Gast war, durch die verkehrsreichen Straßen einer großen Stadt. Plötzlich blieb der Fremde stehen und sagte: „Horch! Hörst du diesen feinen Ton?“ „Ich höre nichts anderes als Straßenlärm“, gab sein Begleiter zurück. „Sei still und höre den lieblichen Gesang!“ Umsonst versuchte er, die Achtsamkeit des Weißen zu wecken. Verdrossen meinte dieser erneut: „Ich höre nichts als Motorengeräusche, Stimmengewirr und lauten Lärm.“ Da fasste die Rothaut den Europäer am Arm und führte ihn, dem seltsamen zirpenden Ton folgend, an ein altes Gemäuer heran. Dort saß in einem Mauerloch eine kleine Grille mit ihrem lockenden Ruf. Der Stadtmensch schüttelte verständnislos den Kopf und wunderte sich, dass man wegen einer Grille ein solches Aufheben veranstalten konnte. Wie die beiden nun einen Fußgängerstreifen überqueren wollten, ließ der Indianer ein kleines Geldstück fallen. Sogleich blieb der Europäer stehen und schaute sich nach der Münze um, deren Klang er deutlich vernommen hatte. „Seltsam, mein Freund“, bemerkte der Indianer aus der wilden Prärie, „ihr Europäer seid doch seltsame Leute: Wenn es um klingendes Geld geht, achtet ihr sofort darauf. Wenn es aber um das zarte Lied einer

Grille geht, habt ihr kein Gehör." In der östlichen Meditationstechnik heißt es deshalb: „Die Welt ist Klang." (5)

Achtsamkeitsübungen sind Möglichkeiten zur Selbsterfahrung. Wenn wir uns achtsam nach innen wenden, spüren wir, wie wir uns fühlen, wie es uns wirklich geht. Diese Methode unterscheidet sich von der mehr passiven Meditation durch ihre aktive Selbstbeobachtung. Während im Buddhismus der achtsame Umgang mit den Dingen zum Achtfachen Pfad der Selbstverwirklichung gehört, hat das Achtsamkeitstraining in der heutigen Psychotherapie einen wichtigen Stellenwert im Rahmen der körperorientierten und personenzentrierten Heilverfahren erhalten. Dabei geht es um das Einüben einer einfühlsamen und sorgsamen Körperhaltung und um das Erspüren und Wahrnehmen der eigenen Empfindungen und Gefühle. Dies kann entspannend, beruhigend und harmonisierend auf Körper und Seele wirken und hilft bei Stress, Schlaflosigkeit und rascher Ermüdbarkeit.

Die Achtsamkeit führt uns auch zur inneren *Gelassenheit.* Was wir lassen im Sinn von zulassen, geschehen lassen oder loslassen, macht uns frei. Damit ist nicht die teilnahmslose Gleichgültigkeit der „coolness" gemeint, sondern ein gefasstes Annehmen und Hinnehmen im Vertrauen, dass alles seinen rechten Lauf nimmt. In den antiken Lebensschulen der *Stoiker* galt die gelassene Seelenruhe als eine hohe Tugend. (6) Diese bestand darin, sich durch nichts erschüttern zu lassen: Glück und Unglück mit Gleichmut und in stoischer Ruhe hinzunehmen, um in der Trauer nicht entmutigt und in der Freude nicht übermütig zu werden. Heute ist uns dieses Gelassensein durch die moderne Hetze und Betriebsamkeit weitgehend abhanden gekommen. Neuerdings stellt der Philosoph *Wilhelm Schmid* (*1953), Professor an der Universität Erfurt, vor allem bei der älter werdenden Generation zunehmend eine Sehnsucht nach Gelassenheit fest und widmet diesem Thema ein eigenes Buch. (7)

Der gelassene Mensch betrachtet das Leben wie einen Fluss, der vor ihm ruhig dahinzieht. Dessen Lauf kann er weder hemmen noch beschleunigen. Er kann seinem Fließen nur von Ferne zuschauen und sich von seiner Kraft beeindrucken lassen. In der hektischen Zeit von heute möchten die Macher immer vorschnell zugreifen, dazwischentreten, kontrollierend eingreifen und die Produktion Jahr um Jahr noch steigern. Wo soll dies hinführen? Dass dabei so manches schief läuft und verkehrt herauskommt, beweist ja nur, dass es manchmal besser wäre, den Dingen ihren Lauf und sie geschehen zu lassen, weil so manches ohne unser Dazutun besser gelingt. Indem wir uns bewusst werden, wie wenig im Leben wirklich Bestand hat und was nur von zeitlich begrenzter Bedeutung ist, werden wir den meisten Vorkommnissen des Alltags gegenüber gelassen, indem wir sie lassen. Wenn wir uns überlegen, wie wenige unserer alltäglichen Sorgen und Probleme in fünf oder zehn Jahren für uns noch eine Rolle spielen, regen wir uns umso vieles nicht mehr auf. Wir bewahren dann zu vielen Ereignissen und Geschehnissen eine kluge Distanz, ohne unnahbar zu sein.

Zu den wichtigsten Merkmalen der gelassenen Achtsamkeit gehört sicher auch die *Genügsamkeit.* Ein ausgesprochen gelassener und genügsamer Mensch war der griechische Philosoph *Sokrates.* Wie er eines Tages vom Markt in Athen heimkam zu seiner Frau, gestand er ihr: „Wie glücklich bin ich, dass von den vielen Dingen, die es gibt, ich so wenige brauche." Der Dominikanermönch *Heinrich Seuse* (1295-1366), war der Meinung: „Ein gelassener Mensch soll nicht allzeit danach schauen, wessen er bedürfe, sondern wessen er entbehren könne." (8) Wer seine innere Gelassenheit gefunden hat, der gewinnt eine vertrauensvolle Zuversicht, dass alles gut wird für den, der das Gute will. Dieses Urvertrauen spricht *Rilke* an:

Wie ist das klein, womit wir ringen.
Was mit uns ringt, wie ist das groß!
Ließen wir ähnlicher den Dingen
Uns vom großen Sturm bezwingen,
Wir würden weit und namenlos.
Was wir besiegen, ist das Kleine,
Und der Erfolg selbst macht uns klein.
Das Ewige und Ungemeine
Will nicht von uns gebogen sein.

12.2 Wege nach innen

Ein junger Mann fragte seinen Meister: „Was muss ich tun, um zur Wahrheit zu gelangen?" „Geh in dich!", riet ihm dieser. „Das ist mir zu weit!", antwortete der wissbegierige Jüngling. Tatsächlich kann der

Weg nach innen weit und beschwerlich sein. Er setzt viel Offenheit, Ehrlichkeit und Mut voraus. Dennoch ist er der einzige Weg, um zu sich selber zu kommen. Daher schrieb die bekannte Filmschauspielerin und Buchautorin *Shirley MacLaine*: „Das Wichtigste und Wertvollste, was ich jemals erlebt und unternommen habe, war meine Reise nach innen." (9) Für allzu viele ist der eigene Innenraum immer noch ein weißer Fleck auf der Karte der Seelenlandschaft. Ein jeder Mensch steht früher oder später vor der Frage: Wer bin ich eigentlich? Wer ist das Wesen, das gegenwärtig in meinem Körper wohnt? Antwort erhält er aus seinem Inneren, wenn er sich zutiefst darauf besinnt. Deshalb wusste *C.G. Jung*: „Wer nach außen schaut, der träumt. Wer nach innen blickt, der erwacht."

Gemeint ist nicht ein Rückzug von der Welt, keine Abkehr von der Außenwelt, weder Weltflucht noch Weltverachtung. *Meister Eckhart* sagte es klar: Echte Verinnerlichung kann der heutige Mensch nicht „durch Fliehen lernen, indem er vor den Dingen flüchtet und sich äußerlich in die Einsamkeit zurückzieht; er muss vielmehr eine innere Einsamkeit lernen, wo und wie er auch sei. Er muss lernen, die Dinge zu durchbrechen und seinen Gott darin zu ergreifen." (10) Wichtig ist, aus einer ausgeglichenen Lebenshaltung heraus sowohl die Außenwelt als auch die Innenwelt in den harmonischen Kräfteaustausch zu führen. Jede Einseitigkeit bringt das Lebensschiff in gefährliche Schieflage. Ob wir uns bei unserem Denken und Orientieren mehr nach außen oder mehr nach innen wenden, ist zunächst eine Frage der typenmäßigen Veranlagung. Der *extravertierte* Mensch wendet sich in seinen Neigungen und Interessen vorwiegend der Außenwelt zu. Für den *Introvertierten* ist die inwendige Erlebniswelt maßgebend, die ihn die Außenwelt mindestens zeitweise vergessen lässt.

Wer den Weg nach innen geht, der sollte dies nicht als Weltflucht sehen, sondern als eine Möglichkeit, bei sich selber einzukehren, um dort zur einsichtigen Innensicht zu gelangen. Er wird sich nicht verwirren lassen von den vielen äußeren Dingen in der Welt der vergänglichen Erscheinungen. Nicht wird er sich stören und betören lassen durch die trügerischen Wahrnehmungen unserer Sinne. Wer bei sich selber einkehrt und zu Hause ist, der findet dort die Kraft, um der Außenwelt mit Gelassenheit zu begegnen. Der Indienforscher *Paul Brunton* schreibt in seinem Buch „Der Weg nach Innen": „Sind wir zum innersten Mittelpunkt unseres Bewusstseins vorgedrungen, dann haben wir einen Zustand erreicht, in dem die Gedanken von selbst stille stehen und in uns scheinbar nichts ist, nichts als das glückselige Bewusstsein des Seins." (11) Dort erkennt sich der Mensch und versteht sich als ein geistiges Wesen, dessen ursprüngliche Heimat nicht die Materie, sondern der Geist, nicht die Erde, sondern der Himmel ist, zu dem wir unterwegs sind.

Eigentlich wünschen sich die meisten Menschen ein ruhiges und beschauliches Leben. Aber die wenigsten können sich dieses leisten. Stattdessen rotieren sie geschäftig um sich selbst und empfinden sich wie ein Rad oder Rädchen im großen Getriebe der Welt. Sie lassen sich antreiben und treiben andere an. So kommen sie nicht einmal dazu, von Zeit zu Zeit innezuhalten und sich zu fragen: Wohin renne ich eigentlich? Wahre Ruhe finden wir nur in unserer Inwendigkeit. Außerhalb von uns selber suchen wir sie umsonst. Unser Inneres ist mit dem „Auge" eines tropischen Wirbelsturms zu vergleichen. Dort ist es vollkommen ruhig, während an dessen äußerstem Rand Gewalt und Zerstörung herrschen, wie es der Delphinforscher *John Lilly* (1915-2001) in seinem Buch „Das Zentrum des Zyklons" beschrieben hat. (12) In dieser Verinnerlichung gelangt der gehetzte Mensch zur inneren Ruhe und zur vertieften Einsicht für das, was wichtig und wesentlich ist in seinem Leben.

Darin liegt auch die Gunst und der Vorzug des Älterwerdens, dass wir mit den Jahren vermehrt dazu neigen, uns nach innen zu wenden, weil wir nach außen genug gesehen haben. Nun erleben wir, dass die Türe zur eigenen Inwendigkeit nach innen aufgeht. Vielleicht ergeht es manchem wie *Rilke,* der in seinen späten Lebensjahren erkannte: „Ich lerne sehen. Ich weiß nicht, woran es liegt, es geht alles tiefer in mich ein und bleibt nicht an der Stelle, wo es sonst immer zu Ende war. Ich habe ein Inneres, von dem ich nicht wusste. Alles geht dort hin. Ich weiß nicht, was dort geschieht." (13) Auch die moderne Psychologie empfiehlt den inneren Weg, um zu sich selber zu kommen. (14) Dort finden wir den Einstieg zur Entwicklung und Verwirklichung unserer Möglichkeiten, während wir in der Außenwelt leicht Gefahr laufen, uns selber zu verlieren.

Wem der Weg nach außen erschwert ist, der kann auf dem inneren Weg zu Erfahrungen und Erkenntnissen kommen, die ebenso wertvoll sein können wie Zugänge, die ihm die Sinnesfenster bieten. So vermag der Gehörlose das Unhörbare zu hören und der Blinde das Unsichtbare zu sehen. Daher empfiehlt *Seneca*, „mehr nach innen, statt nach außen zu blicken und sich mehr nach sich selbst als nach anderen zu richten". (15)

Das Licht der Selbsterkenntnis kommt von innen, nicht von außen. Was wir in der Außenwelt wahrnehmen, ist eigentlich nur ein Abglanz, eine Spiegelung unserer Innenwelt. Mit der Innenwendung weitet sich auch nach außen das Feld des Bewusstseins. Sobald wir die Welt von innen her anschauen, erkennen wir, was sie im Innersten zusammenhält, nämlich die geistigen Gesetze höherer Ordnung. Wir erkennen, wie alles mit allem zusammenhängt und übereinstimmt, ohne dass Zufall oder Willkür dabei im Spiel wären. Diese Ein-Sicht begegnet uns in den Worten des *Lao Tse*: „Ohne aus dem Hause zu gehen / kann man die Welt erkennen. Ohne aus dem Fenster zu sehen / kann man das Höchste schauen. / Je weiter einer hinausgeht, desto geringer wird sein Wissen. / Darum erkennt der Weise / ohne fortzugehen. / Er begreift / ohne hinzusehen / und vollendet / ohne zu handeln. / Indem er dem inneren Licht folgt / verliert er nichts bei des Leibes Vergehen." (16)

Nicht nur verstehen wir das Wesen des Menschen besser, wenn wir ihn von seiner Innenseite aus ansehen. Auch die Welt verändert ihr Gesicht, wenn wir sie nicht von ihrer Außenseite, sondern von ihrer Innenseite betrachten. Dieses regt *C.G. Jung* in einem Brief an einen englischen Lord an: „Es ist sehr wohl möglich, dass wir die Welt von der verkehrten Seite anschauen und dass wir die richtige Antwort finden können, wenn wir unseren Standpunkt änderten und sie von der anderen Seite her betrachten, d. h. nicht von außen, sondern von innen." (17) Zu dieser Einsicht kam bereits der chinesische Weise *Po Chü-i* (722-846): „Außen sehe ich die Welt, wie sie uns erscheint. Innen durchbreche ich die Grenzen, welche die Sinne mir setzen. Auf Reisen stoße ich mich nicht am Dorfleben. Zu Hause sehne ich mich nicht nach dem, was die Leute für Besitz und Reichtum halten. Seitdem ich das kann, ist meine Seele ruhig, wo immer ich bin. Ich habe es nicht nötig, die Landschaft zu bewundern, um Ruhe zu finden. Denn mein Weg ist der namenlose, der nach innen führt."

12.3 Stille und Schweigen

Im Herbst des Jahres 1952 hielt der berühmte Forscher und Physiker *Friedrich Dessauer* (1881-1963), Begründer der Tiefentherapie mit Röntgenstrahlen, an der Universität Fribourg seine Abschiedsvorlesung. Ich erinnere mich noch gut seiner Schlussworte, die er damals an uns Studenten richtete, indem er in aller Bescheidenheit den *Goethe-Vers* zitierte: „Alles Gültige ist leise, / alles Laute Schall und Rausch, / Flüstern ist Gottes Weise, / drum Seele schweige und lausch." Es ist beeindruckend, wie große Menschen eine tiefe Beziehung haben zur Stille und Beschaulichkeit. Tiefsinnige Gedanken gedeihen wohl am besten in der Stille. Daher ist es ratsam, sich immer wieder schweigend und still zurückzuziehen, um über sich selber klar zu werden. Wo immer ein Mensch vor einer schwierigen Entscheidung steht und guter Rat teuer ist, vermag das Stillewerden ihn nicht nur vor voreiligen Entschlüssen zu bewahren, sondern es ermöglicht ihm durch reifliches Überlegen, die richtige Lösung zu finden und für höhere Eingaben zugänglich zu werden. Danach sehnte sich der lettländische Dichter *Werner Bergengruen* (1892-1964) mit folgenden Versen:

O komm, Gewalt der Stille
und wandle du die Welt.
Es liegt im Stillesein
die wunderbare Macht der Klärung,
der Sammlung auf das Wesentliche.

Die *Stille* schützt uns vor der wirren Gedankenflut und lässt unser Gemüt ruhig werden. Ein Symbol für diese Seelenruhe ist das Licht einer brennenden Kerze. Die im fahlen Schein sich wiegende Flamme verursacht keinen Lärm. Sie verzehrt sich im ruhigen Leuchten. Deshalb hilft es uns, eine Kerze zu entfachen und sich in ihrem Schein zu entspannen, wenn wir Stille suchen. Wir sollten uns angewöhnen, täglich wenigstens für eine Viertelstunde in die Stille zu gehen, um daraus neue Kraft zu schöpfen für das tätige Leben. Allzu häufig sind wir von einer Geräuschkulisse umgeben und werden ständig von einer Schalldusche berieselt. So ist es heute nicht verwunderlich, dass von Lärm gestresste und ausgebrannte Menschen gelegentlich eine Auszeit nehmen und sich in ein „Haus der Stille" zurückziehen, um innerlich zur Ruhe zu kommen. Im Stillesein gelangen wir von der Oberfläche in die Tiefe, vom Äußeren ins Innere unseres Wesens. „Das Stillehalten ist der Ort, wo alle Dinge ihren Anfang haben und ihr Ende finden", heißt es im chinesischen Buch „I Ging". In der Stille werden uns Einsichten zuteil, die uns der lärmende Alltag vorenthält.

Zu einem Eremiten, der allein in einem stillen Wald hauste, kamen eines Tages einige junge Leute aus der Stadt. Da fragte einer: „Welchen Sinn siehst du in deinem Leben in der Stille?" Da der Befragte gerade damit beschäftigt war, mit einem Eimer aus seiner Zisterne Wasser zu schöpfen, sagte er zu seinen Besuchern: „Schaut in diesen Brunnen! Was seht ihr?" „Wir sehen trübes Wasser, sonst nichts", war die Antwort. Nach einer Weile forderte der Einsiedler die Leute erneut auf, in die Tiefe des Brunnens zu schauen. „Was seht ihr jetzt?" Da blickte einer hinunter und meinte: „Jetzt sehe ich im klaren, ruhig gewordenen Wasser mich selbst." Nun erklärte der Weise: „Als ich vorhin Wasser heraufholte, da sahet ihr alles getrübt und in unruhiger Bewegung. Jetzt, wo alles ruhig geworden ist, könnt ihr euch selber sehen wie in einem klaren Spiegel. Das ist das Geheimnis der Stille, die zur Selbsterkenntnis führt."

Stille ist weit mehr als die Abwesenheit von lautem Lärm. Sie kann erdrückend sein für den, der ihrer nicht gewohnt ist, sie kann aber heilsam sein, wer sich ihr anvertraut. *Goethe* hat es erfahren: „Das Beste ist die Stille, in der ich gegen die Welt lebe und wachse und gewinne, was sie mir mit Feuer und Schwert nicht nehmen kann." Das Stillewerden gleicht dem Atemholen der Seele. Ähnlich dem Fasten reinigt und entlastet es. Deshalb gilt nicht nur der gelegentliche Nahrungsverzicht, sondern auch das Stillewerden zur wohltätigen Übung in allen Klöstern in Ost und West. (18)

Ein bevorzugter Ort der schweigsamen Stille gewährt uns die *Einsamkeit*. Wer sie liebt und lobt, leidet nicht unter Vereinsamung. Sie wird ihm zu Freude und Genuss. Wenn wir still geworden sind, fühlen wir uns nicht einsam, auch wenn wir allein sind, weil wir dann mit allem eins sind. Einsam fühlt sich nur derjenige, der mit sich selber nichts anzufangen weiß. Der Kluge bevorzugt die Stille, in der er sich selber findet. Die Einsamkeit ist die Grundlage großartiger Einsichten.

Sie ist die Bedingung für persönliches Glück und die Voraussetzung für seelische Harmonie.

Ebenso wichtig wie die Stille ist das *Schweigen.* Da so manches mit Worten nicht genügend erkannt und gesagt werden kann, ist das Schweigen die Sprache der Wissenden. Ein altes jüdisches Sprichwort besagt: „Jene, die sprechen, wissen nicht, diejenigen die wissen, sprechen nicht." Diese Wahrheit haben sich zahlreiche Weisheitsschulen und Geheimorden zu eigen gemacht. Ihre Weisung heißt: „Wer weiß, der spricht nicht, wer spricht, der weiß nicht." (19) Das allzuviele Gerede beunruhigt und verwirrt uns. Der indische Meister *Meher Baba* bewahrte vom Jahr 1925 bis zu seinem Tod im Jahr 1969 vierundvierzig Jahre lang ein ununterbrochenes freiwilliges Schweigen. Seinen Schülern, mit denen er sich nur mit Hilfe einer Schreibtafel oder durch Gesten verständigte, wollte er damit zu verstehen geben: „Oft genug habt ihr früher meinen Worten gelauscht. Nun ist es Zeit, danach zu leben." (20) Um keine Ablenkung aufkommen zu lassen, sieht man häufig, wie fromme Hindus und Moslems die Perlen einer Gebetsschnur durch ihre Finger gleiten lassen. Bei den Christen ist es der Rosenkranz, der ihnen bei der Übung des Schweigens helfen soll. Was sie dabei wirklich denken, bleibt ihr Geheimnis. Ein Symbol für das kluge Schweigen sind die drei bronzenen Affen, mit denen wir unbezahlte Rechnungen beschweren. Der eine hält die Augen zu, der zweite verschließt die Ohren und der dritte versperrt sich den Mund. Auf einen einfachen Satz zusammengefasst, können wir sagen: *An den Bäumen des Schweigens wachsen die Früchte des Friedens.* Wenn diese bewährte Weisung doch nur mehr Beachtung fände!

Das Schweigen ist wie das Atemholen der Seele. Unter dem verwirrenden Wildwuchs der Worte kann kaum ein guter Gedanke gedeihen. Wer pausenlos daherredet, gleicht einem Eimer, der nie voll wird, weil sein Boden durchlöchert ist. Freilich ist das Schweigen nicht immer ratsam. In den Weisheitssprüchen der Bibel lesen wir: „Ein Wort geredet zu seiner Zeit ist wie goldene Äpfel auf silberner Schale." Dennoch stehen großen Gedanken meist allzu viele Worte im Wege. *Daniel Hell* misst der Stille und dem Schweigen eine besondere Kraft zu. „Es ist wohl kein Zufall", schreibt er, „dass in allen Kulturen und zu allen Zeiten die Erfahrung von stiller Einsamkeit und des Schweigens als wichtige Voraussetzung der menschlichen Reifung angesehen wurde." (21)

Rilke, der seine letzten Lebensjahre im kleinen Schlösschen Muzot, oberhalb Siders im Wallis, verbrachte, notierte in sein „Stundenbuch“ ein sinnreiches Liebesgedicht, das die Überschrift trägt „Ersehnte Stille“:

Wenn es nur einmal so ganz stille wäre.
Und das Zufällige und Ungefähre
verstummte und das nachbarliche Lachen,
wenn das Geräusch, das meine Sinne machen,
mich nicht so sehr verhinderte am Wachen –:
Dann könnte ich in einem tausendfachen
Gedanken bis an deinen Rand dich denken
und dich besitzen, nur ein Lächeln lang,
um dich an alles Leben zu verschenken
wie einen Dank.

12.4 Muße statt Müßiggang

Die Muße gilt als gelassene Lebenseinstellung, ja als weise Lebenshaltung. Dagegen wird dem Müßiggang nachgesagt, er sei aller Laster Anfang. Muße ist die ungezwungene Hingabe an eine sinnvolle Beschäftigung. Müßiggang ist die erzwungene Untätigkeit zu sinnlosem Tun. In der benediktinischen Klosterregel heißt es: „Müßiggang ist ein Feind der Seele“ und der Volksmund meint: „Ein müßig Gehirn ist des Teufels Werkstatt.“ Von der Muße aber schrieb *Martin Luther*: „Man kann auch Gott dienen durch Muße, ja sogar durch nichts mehr als durch Muße.“ Müßiggang bietet lediglich oberflächlichen Lebensgenuss; die Muße aber schenkt uns wahre Lebensfreude. So konnte der römische Philosoph und Politiker *Cicero* (106-43 v. Chr.) von sich sagen: „Niemals bin ich weniger müßig als in meinen Mußestunden.“

Im klassischen Altertum war die Muße ein zentrales Anliegen der großen Philosophen in Athen und Rom. Die Lateiner kannten für das Wort Muße den Begriff „otium“. Damit meinten sie die Zeit stiller Zurückgezogenheit vom öffentlichen Leben. Noch heute wünscht man einem Menschen, wenn er beruflich in den Ruhestand geht, ein „Otium cum dignitate“, eine wohlverdiente Ruhe und Freizeit im Sinne eines würdevollen und geruhsamen Lebensabends. Das Gegenteil davon ist das „Negotium“, die nutzlosen Betriebsamkeit oder die vergeudete Zeit.

Das griechische Wort für Muße war „scholé“. Von diesem stammt unser deutsches Wort Schule ab. Man verstand darunter die günstige Zeit und den geeigneten Anlass, um sich zu besinnen, nachzudenken und zu lernen. So wird uns klar, dass Muße nicht Zeitvertreib heißt, sondern Lernzeit. Dieser wohnt ebenso ein hoher Bildungswert inne wie dem schulischen Unterricht. Oft erkennen wir darin die berufliche Neigung und Eignung besser als in den erzielten Schulnoten. Daher heißt Muße auch Lieblingsbeschäftigung, die nicht selten auf besondere Talente schließen lässt. Manch hervorragende Begabung genialer Menschen zeigte sich früh in liebevoll gepflegten Mußestunden. Die Hingabe an eine Liebhaberei kann durchaus mit einem erheblichen Aufwand an Zeit und Einsatz verbunden sein, den wir aber freudig und freiwillig leisten. Damit schaffen wir einen wohltuenden Ausgleich zu den Herausforderungen, die täglich an uns herantreten. Wer diese schadlos überstehen will, der braucht einen Zufluchtsort, den er ab und zu aufsuchen kann, um etwas anderes zu tun als das Notwendige. Wer nur berufliche Karriere, Pflichten und materiellen Gewinn im Sinn hat, gerät in Gefahr, vorzeitig verbraucht und ausgebrannt zu sein. In Mußestunden ist es uns erlaubt, uns mit Dingen zu beschäftigen, die uns am Herzen liegen, die uns zufrieden machen und die sonst brachliegende Fähigkeiten und Fertigkeiten beanspruchen.

Muße zu haben, heißt, sich Zeit zu nehmen, um etwas zu tun, was man ohne äußere Verpflichtung mit Liebe, Begeisterung und Hingabe tun kann. In der Muße können wir uns auf eine wichtige Tätigkeit vorbereiten, deren Zeit noch nicht gekommen ist. Mit Recht bezeichnet man die Muße als schöpferische Pause. Von *Archimedes* (287-212 v. Chr.), dem großen Physiker und Techniker des griechischen Altertums, wird erzählt, dass er den lange gesuchten hydrostatischen Lehrsatz fand, als er entspannt im Bade saß. *Aristoteles* soll die Hebelgesetze entdeckt haben, als er über die Mittagszeit seine Siesta hielt. *Albert Einstein* berichtete, dass ihm die besten Ideen einfielen, wenn er sich auf seinem Segelboot im Wasser dahintreiben ließ. Der Physiker *Carl Friedrich von Weizsäcker* bestätigt: „Bei großer Konzentration beobachte ich gelegentlich, wie die Kraft weiterzuarbeiten in einer Weise aufhört wie das Ausbrennen eines Brennstoffes. Wenn danach eine wirkliche Entspannung glückt – sie mag Minuten, Tage oder Monate dauern – so kommt unter Umständen in einem unerwarteten Augenblick, zum Beispiel morgens beim Erwachen, ein Einfall, der grundsätzlich die gestellte Frage beantwortet." (22) So hat auch *Rilke,* der oft jahrelang auf große Eingaben warten musste, sich mit dem Gedanken getröstet: „Ich habe mich oft gefragt, ob nicht gerade die Tage, die wir gezwungen sind, müßig zu sein, diejenigen sind, die wir in tiefster Tätigkeit verbringen? Ob nicht unser Handeln, selbst wenn es spät kommt, nur der letzte Nachklang einer großen Bewegung ist, die in untätigen Tagen uns geschieht? Jedenfalls ist es sehr wichtig, mit Vertrauen müßig zu sein, mit Hingabe, womöglich mit Freude." Und tatsächlich: „Anfang Februar 1921 geschieht ihm das völlig Unerwartete: innerhalb weniger Tage schreibt der Dichter die siebente und achte Elegie, den größten Teil der neunten, und beendet die sechste Elegie und fasst die neunte neu. Ein paar Tage später entsteht die fünfte Elegie, und Ende Februar schließlich eine neue Fassung des Schlusses der siebten Elegie." (23) Die berühmten „Duineser Elegien" haben damit innerhalb weniger Tage ihre endgültige Gestaltung erfahren, während der Dichter vorher Jahre lang auf sie warten musste.

In der Mußezeit können wir lernen, mit unserer Zeit frei und sinnvoll umzugehen, indem wir über unser Dasein nachdenken und über das, was für uns letztendlich gültigen und endgültigen Wert besitzt. Deshalb meint ein chinesisches Sprichwort: „Einen Tag ungestört in Muße zubringen, heißt, einen Tag lang ein Unsterblicher zu sein." Vor allem ältere Menschen hätten Zeit zur Muße, aber sie nützen sie oft nicht. Stattdessen sitzen sie untätig herum und schlagen buchstäblich ihre Zeit tot. Dics kommt wohl daher, weil sie es in jungen Jahren versäumt haben, ihre freie Zeit einer schöpferischen Tätigkeit zu widmen. Wenn man Menschen im Ruhestand immer wieder klagen hört, sie hätten keine Zeit, dann leiden sie vermutlich an der Angst vor dem Älterwerden und fürchten dabei, Wichtiges im Leben zu verpassen.. Weil sie nicht lassen können, was doch längst hinter ihnen liegen müsste, kommen sie nicht zur Weisheit des Alters. Wer rastlos tätig ist, der verursacht „Sinnlosigkeit und die ist ein seelisches Leiden, das unsere Zeit noch nicht in seinem ganzen Umfang und in seiner ganzen Tragweite erfasst hat". (24)

Wer die Muße pflegen will, der suche einen stillen Zufluchtsort auf. Das kann eine Bank im Garten sein, eine Hängematte zwischen zwei Bäumen, ein einsamer Winkel im Haus, ein schattiger Waldweg, eine bunte Bergwiese, jedenfalls eine Möglichkeit, wo er aussteigen kann aus der eintönigen Tretmühle alltäglicher Pflichterfüllung. Der Bauerndichter *Heinrich Waggerl* begnügte sich mit der Feststellung: „Man kann einen seligen, seligsten Tag haben, ohne etwas anderes zu brauchen als ein Stück Himmel und grüne Erde." (25) Auch die Beschäftigung mit dem Schönen kann uns glückliche Mußestunden schenken, so wie *Heinrich von Kleist* es empfahl: „Man müsste wenigstens täglich ein gutes Gedicht lesen, ein schönes Gemälde betrachten, ein sanftes Lied hören oder ein herzliches Wort mit einem Freund wechseln, um auch den schöneren, ich möchte sagen, den menschlicheren Teil unseres Wesens zu bilden." Interessant ist die Erfahrung, die der Atomphysiker *Fridjof Capra* machte, als er an einem freien Nachmittag am Strand von Kalifornien lag. Er beobachtete über sich einen Schwarm tanzender Mücken, hoch oben am Himmel sah er Wolkentürme sich erheben, unter sich spürte er den rieselnden Sand und in sich fühlte er den eigenen Atemstrom fließen. Da wurde es ihm plötzlich bewusst: „Alles in mir und um mich und hoch über mir ist nichts anderes als tanzende, schwingende, vibrierende Energie." Dieses Erlebnis veranlasste ihn zu seinem Buch: „Der tanzende Reigen. Das Tao der Physik". (26)

Der Arzt *Christoph Wilhelm Hufeland* (1762-1836), ein Wegbereiter der modernen Sozialhygiene, fasste seine Gedanken über die Muße wie folgt zusammen:

Muße? Muße ist das Gegenteil von Nichtstun.
Es ist gesteigerte Empfänglichkeit, ein Tun,
das nicht aus dem Zwang der Not kommt,
nicht aus der Gier nach Gewinn,
nicht aus dem Gebot der Pflicht,
sondern allein aus der Liebe und Freiheit.
Es ist die anspruchsvollste aller Beschäftigungen,
weil sie aus dem Kern unseres Wesens hervorgeht
und aus der Freude am Schaffen selbst getan wird.
Es ist vor allem die unvergleichliche Fähigkeit
zum Staunen und zum Ergriffensein.

12.5 Tun im Nicht-Tun

Wir sind es gewohnt, unser Dasein durch rastloses Tätigsein zu bestreiten: Stets auf Draht sein, unentwegt am Ball bleiben, das Heft nie aus der Hand geben, die Zügel nicht locker lassen, keinem den Vortritt lassen: Das sind unsere gängigen Erfolgsrezepte. In einem Brief schrieb mir ein Mann: „Ich habe die Erfahrung gemacht, dass man auf keinen grünen Zweig kommt, wenn man sich nicht ständig wehrt und um sein Glück kämpft. Je netter und nachsichtiger man ist, desto weniger wird man respektiert, desto eher wird man über´s Ohr gehauen."

Die alte chinesische Lehre des *„Wu-Wei"* meint gerade das Gegenteil und lehrt uns: Wir sollten uns nicht hemdsärmelig und mit Fäusten zur Wehr setzen, sondern gelassen bleiben, gewähren lassen und geschehen lassen, was von selber geschieht. Wu-Wei bedeutet ganz bestimmt nicht Trägheit oder Untätigkeit, sondern das Tätigsein ohne zu tun. Gemeint ist damit das *Tun im Nicht-Tun*, das Handeln ohne zu handeln. Von *Lao Tse* stammt die Einsicht: „Der Weise tut nichts, darum misslingt ihm nichts; er reißt nichts an sich, darum verliert er nichts. Er streitet nicht und er weiß sich zu überwinden. Er redet nicht und findet Antwort wie von selbst. Er ruft niemanden herbei, denn man kommt von sich aus zu ihm. Kein größeres Unheil gibt es für ihn als leichtfertiges Eingreifen." (27)

In der äußeren Untätigkeit kann sich das innere Tun vorbereiten. Das ist das Geheimnis der schöpferischen Pause. Wie sehr sich das Untätigsein nach außen mit geistiger Regsamkeit nach innen verbinden kann, bestätigt *K. O. Schmidt* mit den Worten: „Ich wirke im Ruhen und ruhe im Wirken." Ähnliches sagte *Paramahansa Yogananda* von sich: „Ich bin ruhig, wenn ich tätig bin, ich bin tätig, wenn ich ruhig bin." Aus dem Nichthandeln erwächst uns die Möglichkeit, im richtigen Augenblick zu handeln. Es ist ein Zustand innerer Stille und Ruhe, aus dem sich das rechte Tun ohne jede äußere Anstrengung wie von selbst ergibt. Die Schriftstellerin *Gertrud von Le Fort* hat die Erfahrung bestätigt: „Alles, was reifen soll, braucht langes Ruhen. Alles, was zur Tiefe drängt, braucht die Behütung eines guten Abseits."

Die heutige Spaß- und Plauschgesellschaft ist rastlos auf der Suche nach dem großen „Kick" und bleibt dabei in der Verstrickung ihres sinnlosen Tuns hängen. Dies ist bereits vor Jahrzehnten einem Häuptling der Pueoblo-Indianer in Neumexiko aufgefallen, als er gegenüber *C.G. Jung* äußerte: „Wir verstehen die Weißen nicht. Sie wollen immer etwas, sie sind immer unruhig, sie suchen immer etwas. Was suchen sie? Wir wissen es nicht…Wir glauben, sie sind alle verrückt." (28) Nur der naive und primitive Mensch ist dauernd darauf versessen, sich zu behaupten, sich zu rechtfertigen und zu verteidigen, Kränkungen zu rächen und stets das letzte Wort behalten zu wollen. Würde er einsehen, dass der Demütige gar nicht gedemütigt werden kann und dem Ehrenhaften niemand die Ehre abschneiden kann, würde er sich eine Menge Ärger ersparen. Wer sich nicht provozieren und sich nicht zu unüberlegten Handlungen hinreißen lässt, der beweist Reife der Persönlichkeit.

Der Vorgesetzte einer großen Firma erzählte mir, dass einer seiner Angestellten zum Nachteil des Unternehmens „Mist gebaut" hatte. Der Chef beschloss, zunächst abzuwarten und nicht sofort den Arbeiter zur Verantwortung zu ziehen. Drei Tage später meldete sich dieser bei ihm, entschuldigte sich für sein Fehlverhalten und sagte: „Ich habe mir vorgenommen, den entstandenen Schaden mit drei Stunden unbezahlter Überzeit während dreier Wochen wiedergutzumachen." Der Firmenvorsteher lehnte sich in seinem Stuhl zufrieden zurück, lächelte zustimmend und erklärte sich mit einem „Gut so" damit einverstanden. Damit bestätigen sich die Worte *Tolstois*: „Alles wird gut für den, der warten kann."

Es gibt im Leben manche Situationen, in denen das Nichthandeln besser ist als das Handeln. Das gilt auch im heilsamen Bemühen eines Arztes um seinen Patienten. Das Nicht-Eingreifen in einen Krankheitsprozess kann sinnvoller sein als eine sofortige Symptombekämpfung, weil dadurch die Selbstheilungskräfte angeregt werden. Ein Arzt begründete dies so: Erstens „besteht eine Verpflichtung zum Nichttun, wenn aus der Situation heraus das Nichttun für den Patienten die bessere Lösung ist. Zweitens geht es um den Aspekt des Patientenrechts, nach dem der Arzt zum Unterlassen von unnötigem medizinischen Dazutun ebenfalls verpflichtet ist." (29)

Das „Tun im Nicht-Tun" empfiehlt sich auch dem großen Naturgeschehen gegenüber. Wir greifen heute zu sehr in die Natur ein und schädigen sie zu unserem Nachteil. „Enthält man sich jedes naturwidrigen Handelns, dann ist man in Harmonie und alles nimmt seinen guten Lauf" heißt es in einer alten östlichen Weisheitslehre. (30) In diesem Sinne schreibt *Henri Borel* in seiner Deutung des chinesischen Wu-Wei: „Die Menschen wären wahre Menschen, wenn sie nichts täten, als ihr Leben aus sich selber fließen zu lassen, gleich wie eine Blume blüht, in der schlichten Schönheit von TAO." (31) Nicht-Tun ist die Widerstandslosigkeit gegenüber dem, was von selbst geschieht. Deswegen ist es manchmal besser, es der Möwe Jonathan gleichzutun: Sie besiegt den Sturm, indem sie sich ihm überlässt.

Einer, der dieses Nicht-Tun verstanden und befolgt hat, war *C.G. Jung.* In seinem Heim in Küsnacht am Zürichsee stand auf dem Schreibtisch ein antiker Mörser. Er benutzte ihn als Aschenbecher. Seine langjährige Sekretärin *Aniela Jaffé* schreibt hierzu: „Brennende Zündhölzer pflegten darin noch einmal aufzuflammen und alle im Gefäß befindlichen Reste mit zu verbrennen. Wer je beflissen den Brand auszublasen und zu löschen versuchte, wurde spöttisch oder ernsthaft zurechtgewiesen: ‚Don't interfere!' Jung hatte ihn durchschaut, denn das Spiel mit dem brennenden Zündhölzchen war ein von ihm erdachter Test, mit dem er Menschen auf die Probe stellte." (32) In seinen Lebenserinnerungen hält er fest: „Das Geschehenlassen, das Tun im Nichttun, das Sich-Lassen des Meisters *Eckhart* wurde mir zum Schlüssel, mit dem es gelingt, die Türe zu öffnen. Man muss psychisch geschehen lassen können. Das ist für uns eine wahre Kunst, von welcher unzählige Leute nichts verstehen, indem ihr Bewusstsein ständig helfend, korrigierend und negierend dazwischen springt und auf alle Fälle das einfache Werden des psychischen Prozesses nicht in Ruhe lassen kann." (33) An anderer Stelle vergleicht er sich mit einem Menschen, der an einem Strom steht und dem Fließen der Wasser untätig zuschaut. Er erklärt: „Ich bin nicht dieser Strom. Ich bin an dem Strom, aber ich mache nichts. Die anderen Menschen sind an demselben Strom, aber meist finden sie, sie selber müssten es machen. Ich mache nichts. Ich denke nie, ich sei es, der dafür sorgen müsse, dass die Kirschen Stiele bekommen. Ich stehe da, bewundernd, was die Natur vermag." (34)

Lao Tse nennt jenen Menschen weise, „der sich dem stillen Wirken der Natur angleicht in voller Harmonie und vollkommener Güte". (35) Einer, der diese Lehre in unserer Zeit befolgte und der Meinung war, wir sollten die Natur walten lassen ohne allzu sehr in sie eingreifen zu wollen, war *Heinrich Waggerl.* In seinem Buch „Die Kunst des Müßiggangs" schrieb er: „Man kann den Birnbaum nicht mit der Peitsche antreiben, damit er vorzeitig Früchte trägt, oder den Weizen an den Wurzeln kitzeln, dass er schneller wächst. Sollte der Mensch umso viel anders beschaffen sein? Ich glaube es nicht. Auch in ihm wirkt ein ordnendes Gesetz, ihm allein eigen und gemäß. Er kann vieles auf der Welt durcheinanderbringen, zu seinem Vorteil, wie er meint, aber an dieses Gesetz darf er nicht rühren, oder es ist sein Verderben." (36) Auch der Psychotherapeut *Alexander Loewen,* der Begründer der körperzentrierten Bioenergetik, musste im Alter einsehen: „Endlich, endlich habe ich angefangen, die Dinge geschehen zu lassen."

Abschließend eine passende Symbolgeschichte: „Was kann ich tun, um erleuchtet zu werden?", fragte eine junge Frau ihren Weisheitslehrer. „Nichts kannst du tun", war die kurze Antwort. „Warum nicht?", fragte die Wahrheitssucherin weiter. „Weil Erleuchtung von selbst geschieht. Man erreicht sie nicht durch angestrengtes Tun. Vielmehr fällt sie uns zu als reife Frucht vom Baum der geistigen Erkenntnis", erklärte ihr der Lehrer.. „Was kann ich denn tun, um diese Erkenntnis zu gewinnen?" Da vernahm sie erneut: „Nichts sollst du tun. Es ist das Tun im Nicht-Tun, das Wu-Wei, wie die Chinesen es nennen." Wie die junge Frau recht verunsichert dreinschaute, fügte der Meister noch bei: „Es ist so, wie wenn du am Abend einschläfst und am Morgen erwachst. Am besten unternimmst du gar nichts. Lasse es einfach geschehen."

Ich habe oft den Eindruck, dass vor allem junge Leute sich allzu vorschnell für oder gegen etwas entscheiden, bevor sie die innere Reife dazu haben. Zu spät erfahren sie, dass sie sich falsch entschieden haben. Ein Hinweis dafür könnte später der häufige Berufs- und Partnerwechsel sein. Warten, zuwarten und abwarten, bis der rechte Augenblick sich einstellt, könnte uns vor manchen Fehlentscheidungen bewahren. Schließen wir diese Überlegung mit einem kleinen Gedicht von *Christian Morgenstern*:

Alles fügt sich und erfüllt sich,
musst es nur erwarten können,
und dem Werden deines Glückes
Jahr und Felder reichlich gönnen,

bis du eines Tags den vollen Duft
der reifen Körner spürest,
und dich aufmachst, und die Ernte
in die vollen Speicher führest.

12.6 Erkenne dich selbst

Der Mensch ist das einzige Lebewesen hier auf unserer Erde, das imstande ist, über sich selber nachzudenken und seine eigenen Gedanken zum Gegenstand seines Denkens zu machen. Dadurch wird er sich selber bewusst und erkennt sich selbst. Allerdings geschieht dies nur in engen Grenzen; denn ein beachtlicher Teil unseres Selbst kennen wir nicht, weil uns dieser nicht bewusst ist. In der heutigen Psychologie vergleicht man die menschliche Seele mit einem Eisberg, dessen kleiner Teil aus dem Meer herausragt, während der weit größere unter dem Wasser verborgen bleibt. Was uns von uns selber bewusst ist, kann verglichen werden mit einer kleinen Insel, die aus dem riesigen Meer des Unbewussten herausragt. In der Rumpelkammer unserer unbewussten Seele ist manch Vergessenes und Verdrängtes verborgen, an das wir uns lieber nicht erinnern möchten. Deshalb sagte der Schriftsteller *Elias Canetti*: „Wie leicht sich das sagt, sich selber erkennen. Wie sehr man erschrickt, wenn es wirklich geschieht." Das Erkennen seiner selbst gilt seit jeher als wichtige Lebensaufgabe. Die Aufforderung „Erkenne dich selbst!" wird dem griechischen Naturphilosophen *Thales von Milet* (um 640-546 v. Chr.) zugeschrieben, einem der sieben Weisen des Altertums. Seine Worte standen über dem Eingang zum Apollo-Tempel in Delphi im alten Griechenland: „Mensch, erkenne dich selbst, damit du Gott erkennst!" (37)

Wir können drei Ebenen des Selbst-Erkennens unterscheiden: Die niedere Ebene betrifft das, was einer besitzt, gemäß dem Motto „Hast du was, so bist du was." Die mittlere Ebene richtet sich nach dem, was einer darstellt, gemäß seinem Auftreten und seiner Geltung nach außen. Die höhere Ebene entspricht dem, was einer von sich selber zu sein glaubt. Dementsprechend können wir auch drei Arten von „Ich" unterscheiden. Das „*niedere Ich*", auch Ego genannt, stützt sich auf das *Körperbewusstsein* und dessen Bedürfnisse. Dieses „Trieb-Ich" dient dem egoistischen Lust-Prinzip. Es strebt nach egozentrischer

Selbstbehauptung und Selbstdarstellung, wie es bei vielen Alltags-Menschen ein Leben lang vorherrscht. Dessen extremer Auswuchs ist der Narzissmus, die Selbstverliebtheit. Das Symbol hierfür ist der sagenhafte Jüngling *Narkissos*, der laut der griechischen Sage sich in sein Spiegelbild im Wasser verliebte und bei dessen Umarmung hineinfiel und ertrank.

Das *„mittlere Ich“* ist das Zentrum des Bewusstseins und entspricht dem bewussten Selbstbild der Persönlichkeit, der Individuation. Ist dieses *Seelenbewusstsein* zu einem gefestigten Selbstbewusstsein gelangt, ist es fähig, Eigenverantwortung und Selbstbestimmung zu übernehmen. Es steht im Dienst des Realitätsprinzips und ist für die Anpassung an die vorgegebenen Lebensbedingungen verantwortlich. *Leopold Szondi* nennt diese Ichform das „stellungnehmende Ich“, das in der Lage ist, seelische Gegensätze zu überbrücken *(pontifex oppositorum)* und miteinander zu vereinen. (38) In der analytischen Psychologie von *C.G. Jung* bedeutet das „Selbst“ die psychische Ganzheit des Menschen, welche das bewusste und unbewusste Seelenleben umgreift. (39)

Die spirituelle Psychologie kennt das *„höhere Ich“* als das *Geistbewusstsein.* Gemeint ist der geistige Wesenskern des Menschen, der göttliche Funke in uns, der durch alle Erdenleben hindurch erhalten bleibt. In diesem Sinne können wir sagen: Das, was in mir tätig ist und weiß, dass es durch mich tätig ist, das ist mein niederes Ich. Dasjenige aber, das weiß, *warum* und *wozu* es tätig ist, das ist mein höheres Ich oder mein wahres Selbst. Ein Symbol hierfür ist der „Stein der Weisen“, den die Alchemisten suchten (40) oder der geheimnisvolle „Gral“ in der Artus- und Parzival-Sage (41) oder die „blaue Blume“ der Romantiker. Wer sich seiner geistigen Herkunft bewusst wird und danach lebt, kann als spirituell „Erwachter“ bezeichnet werden. Das Geheimnis dieses höheren Bewusstseins offenbart sich im Menschen, sobald er seine egoistischen Ansprüche loslässt und gelernt hat, „göttliche Liebe, Sanftmut und Freundlichkeit walten zu lassen“. (42) Dadurch erkennt sich der Mensch als ein Teil der universellen Ganzheit, in der alles Lebendige mit eingeschlossen ist im Sinne des brahmanischen Weisheitsspruchs aus der altindischen Vedanta-Lehre: „Tat twam asi – Das bist du.“ Diese Aussage weist auf die Einheit und Verwandtschaft mit allen Dingen hin im Sinne von: „Wir *sind* dieses Bewusstsein.“ (43)

Um sich dieses „Geist-Ich“ bewusst zu machen, diesem die erforderliche Aufmerksamkeit zu schenken und gleichzeitig vom niederen „Trieb-Ich“ abzulenken, eignet sich das, was in der indischen Yoga-Lehre ein „Mantra“ genannt wird. Dieses kommt einem christlichen Stoßgebet gleich. Hierzu verhilft uns die Gebetsformel „Om mani padme hum“ in der Übersetzung: „O du Wunderblume im Lotos. Amen.“ Im übertragenen Sinn kann dies auch heißen: „Ich grüße das göttliche Licht in mir / in Dir.“ Dessen Anfangssilbe OM und dessen Endsilbe „HUM“ eignen sich als wertvolle Resonanzübung, mit deren Hilfe beim langen und langsamen Ausatmen die Chakras mit Energie aufgeladen und in Schwingung versetzt werden. (44) Auch der Anfangs- und Schlusslaut des lateinischen Gebetes „**O**mia ad majorem Dei gloria**m** – Alles zur größeren Ehre Gottes“ zeigen hier eine sinnvolle Übereinstimmung. Eine ähnliche Wirkung kann dem „Immerwährenden Herzensgebet“ der Mönche vom Berg Athos zugesprochen werden: „Herr Jesus Christus, erbarme dich meiner.“ Dieses Gebet wirkt, wenn es beim Ausatmen gesprochen wird, wie eine „hohe Festungsmauer“, welche die Seele von allen schädlichen Einflüssen und Anfechtungen von außen schützt. (45) Wir können dieses beim Zug- oder Autofahren, bei Haus- und Gartenarbeiten, beim Spazieren und Wandern, beim erzwungenen Warten oder in einer schlaflosen Nacht anwenden, schlicht bei jeder Tätigkeit, die nicht unsere besondere Aufmerksamkeit erfordert. Es bewahrt uns vor dem gedanklichen Herumschweifen oder Leerlauf bei all unserem Tun und Nicht-Tun und versetzt uns in einen höheren Schwingungszustand. (46)

Für die seelische Gesundheit ist diese Selbsterfahrung und Selbsterkenntnis von wesentlicher Bedeutung, weil davon unser Selbstwertgefühl und unsere Selbstsicherheit abhängen. Es handelt sich um eine der schwierigsten Aufgaben, die der Mensch zu bewältigen hat. Immer noch möchte man dem Schriftsteller *Jeremias Gotthelf* beipflichten: „Der Mensch kennt alle Dinge dieser Welt, nur sich selber kennt er nicht. Da ist er aus lauter Dummheit zusammengesetzt.“ Eher der heutigen Zeit angepasst stellt *C.G. Jung* fest: „Es ist leichter, zum Mars vorzudringen als zu sich selbst.“

Erprobte Methoden, um zu sich selbst zu kommen, sind einerseits verschiedene psychoanalytische Verfahren in einer langwierigen und teuren Therapie, die in krankhaften Fällen oft nicht zu umgehen sind, und andererseits die sogenannte „Selbstanalyse" (47), bei der insbesondere die eigenen Träume, Ängste und Fehlleistungen bewusst gemacht und verarbeitet werden. Um verdrängte Konflikte bewusst zu machen und angestaute Emotionen zur Abfuhr zu bringen, empfehle ich gerne die einfache „Schreibtherapie". Diese besteht darin, dass man sich sämtliche spontanen Gedankeneinfälle ohne kritische Selbstkontrolle, ohne moralische Bedenken und ohne schlechtes Gewissen einfach hemmungslos und bedenkenlos von der Seele schreibt. Rechtschreibung und Wortwahl sollen dabei keine Rolle spielen. Was dabei zählt, ist allein das Loswerden uneingestandener Konflikte, ungelöster Probleme, erlittener Enttäuschungen, seelischer Verletzungen sowie aller Gefühle von Wut, Angst, Ärger, Enttäuschung und Trauer. Es geht um eine Entschlackung und Entrümpelung verborgener Seelenräume, deren Niederschrift niemand anderem mitgeteilt werden soll als dem eigenen Bewusstsein. Diese psychische Selbstreinigung wird zu einer befreienden Erleichterung führen und darf mehrmals wiederholt werden, bis sich eine wohltuende und befreiende Seelenruhe eingestellt hat. Alsdann setze man sich mit der Niederschrift selbstkritisch auseinander und prüfe, was zu ändern und was zu akzeptieren ist. Anschließend kann das Geschriebene im reinigenden Feuer aufgelöst werden. Es ist dies ein Weg, um sich selber zu finden. Der österreichische Schriftsteller *Stefan Zweig* (1889-1942) formulierte es so: „Wer einmal sich selbst gefunden hat, kann nichts mehr auf dieser Welt verlieren. Und wer einmal den Menschen in sich begriffen hat, der begreift alle Menschen." Es geht dabei auch darum, sich selber anzunehmen und zu ertragen, wie man ist.

12.7 Die Goldene Regel

Unter der „Goldenen Regel" ist ein allgemeines Lebensgesetz zu verstehen, welches das Zusammenleben der Menschen ermöglichen und erleichtern soll. Dieses ist nicht an eine bestimmte Philosophie oder Weltanschauung gebunden. Ihm kommt universelle Bedeutung zu, weil es aus dem Erfahrungsschatz der ganzen Menschheit stammt. Nach *Jean-Jacques Rousseau* (1712-1778) gibt es „im Inneren der Seele ein angeborenes Prinzip der Gerechtigkeit und der Tugend, nach dem wir unsere Handlungen und diejenigen anderer als gut oder böse beurteilen, und dieses Prinzip nenne ich das Gewissen". (48)

Die „Goldene Regel", wie sie schon im Altertum allgemein bekannt war, enthält verbindliche Hinweise für das sittliche Verhalten und für die Beachtung der Menschenrechte. Wir finden sie bereits beim chinesischen Philosophen *Konfuzius* (551-479 v. Chr.) in folgendem Wortlaut: „Begegne den Menschen mit der gleichen Höflichkeit, mit der du einen teuren Gast empfängst." Eine der frühesten Regeln stammt vom griechischen Philosophen *Pythagoras* (582-497 v. Chr.) und umfasst unter anderem folgende Empfehlung: „Tue nichts, was später dir oder anderen schadet, denn dies fällt auf dich zurück." (49) Diese allgemeinen Verhaltensnormen lassen sich auf das allgemeine Karma-Gesetz zurückführen und in seinen vier Arten darstellen:

1. Das Gesetz der Entsprechung
Diese früheste Form, die dem primitiven Kampf ums Dasein dienen sollte, verlangt, dass stets Gleiches mit Gleichem zu vergelten sei nach dem Motto: „Wie du mir, so ich dir." Dies kommt zum Ausdruck im mosaischen Gesetz: „Aug um Aug, Zahn um Zahn" (2 Mo 21,24) oder „Blut um Blut" (1 Mo 9,6), das sich bis heute auswirkt im üblen Brauch der Blutrache und in der Forderung nach der Todesstrafe, wie sie bei einigen rückständigen Völkern und Nationen noch heute üblich ist. Diese Entsprechungsform begegnet uns noch heute in folgenden Redewendungen: „Auf einen groben Klotz gehört ein grober Keil" oder „Und willst du nicht mein Bruder sein, so schlag ich dir den Schädel ein."

2. Das Gesetz des Ausgleichs
In der christlichen Bibel finden wir hierzu folgende Textstellen: „Gebet, so wird euch gegeben" (Lk 6,38). Eine buddhistische Weisung aus dem 5. Jahrhundert vor unserer Zeitrechnung lautet: „Was für mich eine unliebsame und unangenehme Sache ist, das ist auch für den anderen eine ungeliebte und widerliche Angelegenheit." Der griechische Philosoph *Pittakos* (um 651-570 v. Chr.) soll gelehrt haben: „Worüber du bei deinem Nächsten unwillig wirst, das tue selbst nicht" und sein Landsmann *Thales von Milet* sagte, dass wir gerecht handeln, wenn wir „das, was wir an anderen tadeln, selbst nicht tun". Im *Parsismus* heißt es: „Gerecht und edel ist nur, wer das, was für ihn selbst nicht gut ist, auch anderen nicht zufügt." Eine Spruchweisheit im Alten Tes-

tament lautet: „Wer Unrecht sät, der wird Unglück ernten" (Spr. 22,8). Wir begegnen einer ähnlichen Weisung in den Worten *Jesu*: „Richtet nicht, damit ihr nicht gerichtet werdet!" Und: „Nach dem Maß, mit dem ihr messt und zuteilt, wird euch zugeteilt werden." (Mt 7,1-2)

3. Das Gesetz der Gegenläufigkeit

In einer altorientalischen Spruchsammlung aus dem 6. Jahrhundert v. Chr. ist zu lesen: „Was dir übel erscheint, tue deinem Mitmenschen nicht an. Was immer du willst, dass es dir die Menschen tun, das tue du allen." *Konfuzius* schrieb: „Was du selbst nicht wünschest, das tue auch anderen nicht an." Sein Schüler *Zi-gong* formulierte es so: „Was man mir nicht tun soll, das will ich auch anderen Menschen nicht antun." Im gleichen Sinne lehrt eine alte Hindu-Schrift: „Man soll niemals einem anderen antun, was man für das eigene Selbst als verletzend betrachtet." Und: „Der Wissende möge alle Wesen so behandeln wie sich selbst." Im mosaischen Gesetz heißt es: „Du sollst deine Nächsten lieben wie dich selbst." (3 Mo 19,18) In der Schrift von *Jesus Sirach* (190-175 v. Chr.) wird die „Goldene Regel" ausdrücklich mit dem Gesetz der Nächstenliebe verbunden: „Sorge für einen Nächsten wie für dich selbst und denke an all das, was auch dir missfällt." Der volkstümliche Reimspruch „Was du nicht willst, dass man dir tu' / das füge auch keinem andern zu" steht bereits im *Tobias-Buch* aus dem ersten vorchristlichen Jahrhundert. Dort findet sich der Satz: „Was dir selbst verhasst ist, das mute auch einem anderen nicht zu." (To 4,14) Diese Forderung erscheint in ähnlicher Form im Evangelium des *Matthäus*: „Alles nun, was ihr wollt, das euch die Leute tun sollen, das tut auch ihnen." (Mt 7,12) Und im Evangelium des *Lukas* steht der Satz: „Alles, was ihr von anderen erwartet, das tut auch ihnen." (Lk 6,31)

Aristoteles fordert, dass wir im Umgang mit anderen so handeln, wie wir von ihnen behandelt werden möchten. Der Stoiker *Zenon* (336-264) verlangt, alle Menschen durch die naturgegebene Zuneigung der Liebe miteinander zu verbinden. Ähnliches empfiehlt *Seneca*: „Um anderen Gutes zu tun, sollte man in der Weise geben, wie man selbst gerne empfange." *Epiktet* rät, mit unseren Mitmenschen so umzugehen, wie wir wünschen, dass sie mit uns umgehen, und er fügt hinzu: „Was du zu leiden vermeidest, das versuche nicht, andere erleiden zu lassen." In der „Clementinischen Homilie" lesen wir. „Was ein jeder sich Gutes wünscht, das soll er auch dem Nächsten wünschen und zu verwirklichen suchen." Auch die heutige Unity-Bewegung befolgt die Regel: „Je weiter wir denken, je mehr Wesen unsere Liebe umfasst, desto mehr Segen strömt nach dem Harmoniegesetz des Lebens zu uns zurück." (50)

4. Das Gesetz von Saat und Ernte

Aus dem Neuen Testament kennen wir die Spruchweisheiten: „Wer nicht sät, kann auch nicht ernten." (2 Ko 9,6) „Wer reichlich sät, wird reichlich ernten" (Gal 6,7) und „Geben ist seliger denn Nehmen" (Apg 20,35). So sieht es auch der Theologe *Johnn Kaspar Lavater* (1741-1801): „Gib, indem du empfängst, und lerne im Geben zu empfangen." In der mittelalterlichen Schrift *„Gesta Romanorum"* aus dem Jahr 1472 heißt es: „Quidquid agis, prudenter agas, et respice finem – Was immer du tust, tue es mit Bedacht und bedenke das Ende." (51) Ähnlich lautet der Vers von *Hans Sachs* (1494-1576): „Mensch, was du tust, bedenk' das End, / das wird die höchste Weisheit gnennt." *Augustinus* (354-430) beschränkte sich auf den einen Satz: „Liebe – und tue, was du willst."

Das Mitgefühl allen Wesen gegenüber zählt nach der jüdischen Lehre des Chassidismus zu den sittlichen Forderungen. (53) Im chinesischen Weisheitsbuch des *„Tschung Yung"* heißt es: „Der Edle bewegt sich stets so, dass sein Auftreten zu jeder Zeit als allgemeine Regel dienen kann. Und er benimmt sich so, dass sein Verhalten zu jeder Zeit als allgemeine Norm gelten kann." (54) Im *Yoga* kennt man den Achtfachen Pfad des „Patanjali" zur Befreiung von allem menschlichen Leiden, nämlich der rechte Glaube, das rechte Denken, das rechte Reden, das rechte Handeln, das rechte Leben, die rechte Absicht, die rechte Gesinnung und das rechte Meditieren. (55) Wer dies befolgt, befreit sich von allem Leiden, lehrte *Buddha.*

Im Altertum hat *Seneca* folgende Regel empfohlen: „Lege dir täglich Rechenschaft ab über dich selbst. Sorge dafür, dass dein Streben immer dem Guten gilt. Gut ist, was dich besser und liebenswerter und die Menschen um dich glücklicher macht. Wer so lebt, der macht sich zum Herrn der Dinge und Geschicke." (56) Für den *Islam* hat der Prophet *Mohammed* (um 570-632) die Weisung erteilt: „Der ist kein wahrhaft Gläubiger, der seinem Bruder nicht das Gleiche zudenkt und erweist, was er sich selber zuliebe täte." In der Sure 24,22 wird festgehalten, dass wir verzeihen sollen, so wie Allah vergibt. (57) Die Grundregel des Islam lautet: „Wünsche den Menschen, was du dir selber wünschest."

Immanuel Kant übernahm diesen Gedanken in seinen „Kategorischen Imperativ" mit der Forderung. „Handele so, dass du die Menschheit sowohl in deiner Person als in der Person eines jeden anderen jederzeit zugleich als Zweck, niemals als Mittel zum Zweck gebrauchst." Eine anderen Version lautet: „Handele so, dass die Maxime deines Willens jederzeit zugleich als Prinzip einer allgemeinen Gesetzgebung gelten könne." (58) *Arthur Schopenhauer* fasste sich kurz: „Verletze niemanden, vielmehr hilf allen, soweit du kannst." Der Schriftsteller *K. O. Schmidt* ergänzt die „Goldene Regel" mit folgenden Worten: „Ich denke von dir, wie ich wünsche, dass du über mich denkst, nämlich offen und ehrlich. Ich spreche von dir, wie ich wünsche, dass du über mich sprichst, nämlich wahr und freundlich. Ich handele dir gegenüber so, wie ich wünsche, dass du es auch mir gegenüber tust, nämlich fair und korrekt." (59) Beenden wir die Sammlung „Goldener Regeln" mit der ersten Strophe aus dem Gedicht „Das Göttliche" von *Goethe:*

Edel sei der Mensch,
Hilfreich und gut!
Denn das allein
Unterscheidet ihn
Von allen Wesen,
Die wir kennen.

Schlussgedanken

Um unserem Leben einen tieferen Sinn zu geben, sollten wir uns bewusst werden, dass wir hier auf dieser Erde sind, um einen Lebensplan, den wir bereits vor unserer Menschwerdung frei gewählt haben, zu verwirklichen. Unsere eigene Freiheit der Selbstbestimmung und Selbstverwirklichung hängt davon ab, inwieweit wir fähig und gewillt sind, in unserem gegenwärtigen Dasein diesem Ziel entsprechend zu leben. So möchte ich einem jeden Menschen empfehlen, nachfolgende Ratschläge zu beachten und zu befolgen, um seinem Leben, Lieben und Leiden einen wahren Sinn zu geben:

1. Denke immer und überall, dass alles, was ist, an sich gut ist. Nur dessen Missbrauch ist schädlich und verwerflich. Glaube deshalb an das Gute im Menschen und in der Welt und versuche, dies zu mehren durch dein eigenes Gutsein.

2. Sage dir immer wieder: „In den Augen der Guten ist auch die Welt gut." Alles wird gut für den, der das Gute will. Bemühe dich darum, stets Gutes zu schaffen und alles Ungute zu vermeiden.

3. Widerfährt dir etwas Unangenehmes, Widerwärtiges und Erschwerendes, frage dich im guten Vertrauen auf die Sinnhaftigkeit jeden Geschehens: „Wer weiß, wozu das gut ist?" Damit ersparst du dir viel Ärger, Aufregung und Ängste.

4. Nimm dir jeden Tag vor, wenigstens einem Wesen in der ganzen Schöpfung eine stille Freude zu bereiten. Dann wirst du beglückt erfahren: Die Freude, die wir geben, kehrt ins eigene Herz zurück. Bemühe dich, täglich so viel Freuden wie möglich und so wenig Leiden wie nötig zu verursachen.

5. Mache dir den Grundsatz zu eigen: „Nicht um mitzuhassen, sondern um mitzulieben bin ich da." Jedes kleinste Licht von Güte, Menschlichkeit und Wohlwollen ist stärker als die größte Finsternis.

6. Bedenke, wo Licht ist, ist immer auch Schatten. Sei bestrebt, möglichst sonnenseitig zu leben. Stelle dich unentwegt auf die Lichtseite des Daseins und bejahe freudig die bevorzugte Stellung, die dir auf diese Weise zukommt.

7. Durch dein Denken schaffst du selber jene Bedingungen, in denen du lebst, denn so wie du denkst, so bist du. Daher bist du selber verantwortlich, ob dir Gutes oder Böses geschieht, denn was zu dir gehört, das kommt dir zu.

8. Sei dankbar für alles, was du bist und hast und nimm dies nicht für zufällig oder selbstverständlich hin. Bedenke: „Wer nicht hat, was er liebt, muss lieben, was er hat." Nur was wir in uns nicht verwirklichen, begegnet uns von außen als Schicksal.

9. Erliege nicht der Illusion, wir wären hier auf diesem Planeten, um es möglichst leicht und schön zu haben. Das Erdenleben ist nicht ein Lustgarten, sondern eine Lernschule. Nur wer sich darin um seinen geistigen Fortschritt bemüht und die gestellten Prüfungen besteht, der kommt voran, sonst muss er die Klasse wiederholen.

10. Bemühe dich um eine positive Einstellung allen Anforderungen deines Lebens gegenüber und befolge die Worte von Bô Yin Râ:

    Nimm das Leben, wie es ist.
    Denke nicht, so könnt' es sein.
    Fluche keinem deiner Tage,
    was du ertragen musst, ertrage!
    Was auch immer dir begegnet,
    segne, und du bist gesegnet.

Anmerkungen

Abkürzungen. gr.: griechisch; lat.: lateinisch; engl.: englisch; o. J.: ohne Erscheinungsjahr.

VORWORT

1. Camus, Albert: Der Mythos des Sisyphos. Rowohlt Verlag, Reinbek bei Hamburg 1959, S. 36.
2. Von Balthasar, Hans Urs: Gesundheit zwischen Wissenschaft und Weisheit. Benziger Verlag, Einsiedeln 1986, S. 83.
3. Havel, Vaclav: Briefe an Olga. Betrachtungen aus dem Gefängnis. Rowohlt Verlag, Reinbek bei Hamburg 1995, S. 308-310.
4. Freeman, John: Interview mit Carl Gustav. In: C.G. Jung im Gespräch. Hrsg. von R. Hinshaw und L. Fischli, L. Daimon Verlag, Zürich 1986, S. 280.
5. Frankl, Viktor: Die Rehumanisierung der Psychotherapie. Herder Verlag, Freiburg i. Br., Basel, Wien 1972, S. 9.
6. Küng, Hans: Vom Sinn des Lebens. In: Elisabeth Lukas: Spirituelle Psychologie. Kösel Verlag, München 1998, S. 21-22.
7. Nuber, Ursula: Privates Glück allein macht nicht glücklich. In: Psychologie Heute, Sonderheft Compact, Nr. 4, 1999, S. 39
8. Hohler, August: Wozu das alles? Auf der Suche nach dem Sinn des Lebens. Ex Libris Zürich, Zürich 1981, S. 7 ff.
9. Lüscher, Max: Das Harmoniegesetz in uns. Ein neuer Weg zu innerem Gleichgewicht und sinnerfülltem Leben. Econ Verlag, Düsseldorf, Wien 1985, S. 19.
10. Imhof, Beat: Woher wir kommen, wohin wir gehen. Aquamarin Verlag, Grafing 2014.
11. Allmend, Peter: Elision. Begegnung mit einer Weisen. Aquamarin Verlag, Grafing, 3. Aufl. 2014, S. 60.

EINLEITUNG

1. Nuber, Ursula: Worin liegt der Sinn des Lebens. In: Psychologie Heute, Nr. 6, 2001, S. 9.
2. Wirtz, Ursula: Hunger nach Sinn. In: Die Suche nach Glück. Hrsg. von Lothar Riedel. Verlag Mandala Media, Rheinfelden 1997, S. 267.
3. Moody, Harry R.: Sinnkrisen in der Mitte des Lebens. Droemer Knaur Verlag, München 1997, S. 413.
4. Institut für Markt- und Kommunikationsforschung Zürich: Umfrage über den Sinn des Lebens. In: Wir Brückenbauer, Nr. 17, 1985, S. 1-4.
5. Lukas, Elisabeth: Auch Dein Leben hat Sinn. Herder Verlag, Freiburg i. Br. 1991, S. 57-59.
6. Köhler, Willy: Wozu leben? Auskünfte über den Sinn des persönlichen Daseins. In: Psychologie Heute, Nr. 10, 1994, S. 28-30.
7. Schaeppi, Werner: Braucht das Leben einen Sinn? Empirische Untersuchungen zu Natur, Funktion und Bedeutung subjektiver Sinntheorien. Dissertation der Universität Zürich. Verlag Rüegger, Zürich, Chur 2004, S. 72-74.

KAPITEL 1

1. Lao Tse: Tao Te King. Das Buch vom Sinn und Leben. Hrsg. von Richard Wilhelm. Ex Libris Verlag Zürich. Zürich 1978, S. 61, 74, 105.
2. Maharshi, Ramana: Gespräche des Weisen vom Berge Arunachala. Ansata Verlag, Interlaken 1984, S. 208.
3. Aurobindo, Sri: Zyklus der menschlichen Entwicklung. Scherz Verlag, Bern, München, Wien 1974, S. 203.
4. Lukas, Elisabeth: Auf der Suche nach dem Sinn. Junfermann Verlag, Paderborn 1990, S. 15.
5. Weischedel, Wilhelm: Über Philosophen. Deutscher Taschenbuch Verlag, München 1975, S. 21-25.
6. Jaffé, Aniela: Erinnerungen, Träume, Gedanken von C.G. Jung. Rascher Verlag, Zürich, Stuttgart, 1963, S. 280.
7. Hesse, Hermann: Siddhartha. Eine indische Dichtung. Buchclub Ex Libris Zürich, Zürich 1950, S. 35.
8. Tillich, Uwe: Mut zum Sein. Steingrüber Verlag, Stuttgart 1954, S. 33.
9. Kutter, Peter: Über den Sinn des Lebens. In: Psychologie Heute, Nr. 10, 1994, S. 29.

10. Gerster, Georg: Interview mit C.G. Jung vom 7. Juni 1960. In: Gespräche mit C.G. Hrsg. von H. und L. Fischli, Daimon Verlag, Zürich 1986, S. 318.
11. Adler, Alfred: Der Sinn des Lebens. Fischer Taschenbuch Verlag, Frankfurt a.M., 22. Aufl. 2002, S. 21 f.
12. Von der Osten, Henning: Über die Welt und Gott. Context Verlag, Bielefeld 1993, S. 194.
13. Gergen, Kenneth: Sinn ist nur als Ergebnis von Beziehungen denkbar. In: Psychologie Heute, Nr. 10, 1994, S. 38.
14. Mühsam, Paul: TAO – Sinn des Lebens. Drei Eichen Verlag, München 1970, S. 31.
15. Jaffé, Aniela: Erinnerungen, Träume, Gedanken von C.G. Jung, Rascher Verlag, Zürich 1963, S. 360.
16. Csikszentmihalyi, Mihaly: Dem Sinn des Lebens eine Zukunft geben. Klett-Cotta Verlag, Stuttgart 1995, S. 13.
17. Waggerl, Heinrich: Die Kunst des Müßiggangs. Arche Verlag, Zürich 1959, S. 52.
18. Jaffé, Aniela: Erinnerungen, Träume, Gedanken von C.G. Jung. Rascher Verlag, Zürich 1963, S. 259-260.
19. Goethe, Johann Wolfgang: Faust. Verlag Birkhäuser, Basel 1944, S, 257.
20. Guitton, Jean: Gott und die Wissenschaft. Artemis Verlag. München 1992, S. 20.
21. Längle, Alfred: Sinnvoll leben. Angewandte Existenzanalyse. Verlag Niederösterreichisches Pressehaus, St. Pölten-Wien, 4. Aufl. 1994, S. 62.
22. Imhof, Beat: Woher wir kommen, wohin wir gehen. Aquamarin Verlag, Grafing 2014.
23. Kant, Immanuel: Deines Lebens Sinn. Diogenes Verlag, Zürich 1987, S. 109.
24. Schopenhauer, Arthur: Die Welt als Wille und Vorstellung. Brockhaus Verlag, Wiesbaden, Ges. W. 1972, Bd. 1, S. 383 und Bd. 2, S. 326.
25. Kierkegaard, Sören: Die Leidenschaft des Religiösen. Ph. Reclam Verlag, Stuttgart 1953, S. 65.
26. Orthbandt, Eberhard: Geschichte der großen Philosophen. Verlag Werner Dausien, Hanau o.J., S. 442-446.
27. Störig, Hans Joachim: Kleine Weltgeschichte der Philosophie. Buchclub Ex Libris Zürich, Zürich 1961, S. 439.
28. König, Traugott: Jean-Paul Sartre. In: J.B. Metzler: Philosophisches Lexikon. Metzlersche Verlagsbuchhandlung, Stuttgart 1989, S. 683-690.

29. Wittgenstein, Ludwig: Tractatus logico-philosophicus. Suhrkamp Verlag, Frankfurt a. M. 1963, S. 54.
30. Aurobindo, Sri: Zyklus der menschlichen Entwicklung. Scherz Verlag, Bern, München, Wien 1974, S. 203.
31. Pascal, Blaise: Gedanken. Verlag Philipp Reclam, Stuttgart 1956, S. 34.
32. Einstein, Albert: Mein Weltbild. Ullstein Verlag, Frankfurt a. M. 1965,, S. 10.
33. Kaminski, Ralf: Interview mit dem Evolutionsbiologen Richard Dawkins. In: Migros Magazin, Nr. 41, 2013, S. 27.
34. Schweitzer, Albert: Vom Sinn des Lebens. Paul Haupt Verlag, Bern, München 1983, S. 23.
35. Teilhard de Chardin, Pierre: Der Mensch im Kosmos. C. H. Beck Verlag, München 1959, S. 262.
36. Eccles, John C.: Gehirn und Geist. Kindler Verlag, Zürich, München 1980, S. 189, 194.
37. Monod, Jean: Zufall und Notwendigkeit. Piper Verlag, München, Zürich 1971, S. 195.
38. Cramer, Friedrich: Fortschritt durch Verzicht. Buchclub Ex Libris Zürich, Zürich 1975, 40.
39. Musard, Jean: Gott und der Zufall. Origo Verlag, Zürich 3. Bd., 1967, S. 9
40. Camus, Albert: Der Mythos des Sisyphos. Rauch Verlag, Düsseldorf 1976, S. 444.
41. Kästner, Erich: Doktor Erich Kästners lyrische Hausapotheke. Atrium Verlag, Zürich 1981, S. 27.
42. Freud, Sigmund: Briefe an Prinzessin Marie Bonaparte. S. Fischer Verlag, Frankfurt a. M., 5. Aufl. 1966-1969.
43. Tiedemann, Paul: Über den Sinn des Lebens. Wissenschaftliche Buchgesellschaft. Darmstadt 1944, S. 5.
44. Adler, Alfred: Der Sinn des Lebens. Fischer Taschenbuch Verlag, Frankfurt a. M. 1973, S. 45, 192.
45. Gerster, Georg: Interview mit C.G. Jung aus dem Jahr 1960. Radio DRS vom 27. 7. 1975 anlässlich des 100. Geburtstags von C.G. Jung.
46. Jaffé, Anjela: Erinnerungen, Träume, Gedanken von C.G. Jung. Rascher Verlag, Zürich 1963, S. 360.
47. Frankl, Viktor: Der Wille zum Sinn. Hans Huber Verlag, Bern 1982, S. 234.
48. Schaeppi, Werner: Braucht das Leben einen Sinn? Verlag Rüegger, Züric h 2004, S. 12-13.

49. Wilber, Ken: Spektrum des Bewusstseins. Scherz Verlag, Bern, München, Wien 1987, S. 235.
50. Grof, Stanislav: Geburt, Tod und Transzendenz. Kösel Verlag, München 1985, S. 177.
51. Meves, Christa: Der Weg zum sinnerfüllten Leben. Herder Verlag, Basel, Wien, Freiburg i. Br. 1980, S. 137-138.
52. Längle, Alfried: Sinnvoll leben. Verlag Niederösterreichisches Pressehaus, St. Pölten, Wien 1994, S. 62.
53. Drewermann, Eugen: … und es geschah so. Die moderne Biologie und die Frage nach Gott. Walter Verlag, Zürich, Düsseldorf 1999, S. 420, 422.
54. Augustinus, Aurelius: Bekenntnisse. Ph. Reclam Verlag, Stuttgart 1977, 29, 105-106.
55. Newman, John Henri: Dem Leben einen Sinn geben. Benziger Verlag, Einsiedeln, Düsseldorf 1997, S. 127.
56. Von Balthasar, Hans-Urs: Der leidende Mensch, Piper Verlag, München 1990, S. 290.
57. Küng, Hans: Ewiges Leben. Piper Verlag, München 1982, S. 225.
58. Gollwitzer, Helmut: Krummes Holz – aufrechter Gang. Zur Frage nach dem Sinn des Lebens. Chr. Kaiser Verlag Verlag, München 1971, S. 17.
59. Sölle, Dorothee: Der Wunsch, ganz zu sein. In: Gedanken zur neuen Religiosität. Hrsg. von I. Riedel, Scherz Verlag, Bern, München, Wien 1976, S. 7-16.
60. Irving, I.A. und Chalmers, R. C. (Hrsg.): Der Sinn des Lebens nach den fünf Weltreligionen. O. W. Barth Verlag, Weilheim 1967, S. 10 ff.
61. Steiner, Rudolf: Die Wirklichkeit der höheren Welten. Buchclub Ex Libris Zürich, Zürich 3. Aufl.1974, S. 290.
62. Wambach, Helen: Leben vor dem Leben. Wilhelm Heyne Verlag, München, 2. Aufl. 1980, S. 44 – 58.
63. Jaffé, Aniela: Erinnerungen, Träume, Gedanken von C.G. Jung. Rascher Verlag, Zürich, Stuttgart 1976, S. 320.
64. Frankl, Viktor: Ärztliche Seelsorge. Fischer Verlag, Frankfurt a. M. 1997, S. 96.
65. Frankl, Viktor: Dem Leben Sinn geben. ORF-Video-Film von Rose Kern und Petrus van der Let. Verlag Styria, Graz 1993.
66. Schmid, Hans: Mein Leben ist mein Sinn. Moderne Verlagsgesellschaft, München 1989, S. 170.

67. Kutter, Peter: Über den Sinn des Lebens. In: Psychologie Heute, Nr. 10, 1994, S. 29.
68. Gergen, Kenneth: Sinn ist nur als Ergebnis von Beziehungen denkbar. In: Psychologie Heute, Nr. 10, 1994, S. 38.
69. Von der Osten, Henning. Über die Welt und über Gott. Context Verlag, Bielefeld 1993, S. 194.
70. Lukas, Elisabeth: Binde deinen Karren an einen Stern. Was uns im Leben weiterbringt. Verlag Neue Stadt, München 2011, S. 25.
71. Heuer, Hanns Manfred: Über des Menschen Pein. In: Esotera Nr. 3, 1975, S. 208.
72. Kaminski, Ralf: Ein Leben ohne Glauben. In: Migros-Magazin, Nr. 36, 2011, S, 26-28.
73. Dethlefsen, Thorwald: Schicksal als Chance. Bertelsmann Verlag, München 1983, S. 266.
74. Szondi, Leopold: Schicksalsanalyse. Schwabe Verlag, Basel, Stuttgart, 3. Aufl. 1965, S. 30.
75 Carnegie, Dale: Sorge dich nicht – lebe! Fischer Taschenbuch Verlag, Frankfurt a. M., 3. Aufl. 2011.
76. Imhof, Beat: Woher wir kommen, wohin wir gehen. Aquamarin Verlag, Grafing 2014, S. 36 f. 50 f.
77. Jaffé, Aniela: Erinnerungen, Träume, Gedanken von C.G.Jung. Rascher Verlag, Zürich, Stuttgart 1963, S.360
78. Gerster, Georg: Interview mit C.G. Jung aus dem Jahr 1960. Sendung von Radio DRS, anlässlich des 100. Geburtstag von C.G. Jung am 27. 7. 1975.
79. Schopenhauer, Arthur: Die Welt als Wille und Vorstellung. Brockhaus Verlag, Wiesbaden, 2. Bd. 1972, S. 326.
80. Imhof, Beat: Gedanken schaffen Tatsachen. Rothus Verlag, Solothurn 1997, S. 114-115.

KAPITEL 2

1. Grom, Bernhard und Schmidt, Josef: Auf der Suche nach dem Sinn des Lebens. Herder Verlag, Basel, Wien, Freiburg i. Br. 1975, S. 52.
2. Hinshaw, H. und Fischli, L.: C.G. Jung im Gespräch. Daimon Verlag, Zürich 1986, S. 280.
3. Beier, Lars-Olav: Warum sind wir hier? In: Der Spiegel. Nr. 30, 2013, S. 117.

4. Jaffé, Aniela: Erinnerungen, Träume, Gedanken von C.G. Jung. Rascher Verlag, Zürich, Stuttgart 1976, S. 320.
5. Frankl, Viktor: Ärztliche Seelsorge. Fischer Verlag, Frankfurt a. M. 1997, S. 96.
6. Gray, Martin: Der Schrei nach Leben. Goldmann Taschenbuch Verlag, München 1992.
7. Huber, Bruno und Louise: Die Lebensuhr im Horoskop. Verlag des astrologisch-psychologischen Instituts API, Adliswil 1990, S. 53 ff.
8. Spitz, René: Die Urhöhle. In: Psyche, Bd. 9, 1956, S. 641.
9. Evans, Richard: Gespräche mit C.G. Jung. Buchclub Ex Libris Zürich, Zürich 1967, S. 51.
10. Stirnimann, Fritz: Psychologie des neugeborenen Kindes. Kindler Verlag, München 1940, S. 96.
11. Kruse, Friedrich: Die Anfänge der individuellen Erfahrungsbildung. In: Graber, H.: Vorgeburtliches Seelenleben. Goldmann Verlag, München 1973, S. 108.
12. Schorege, Hans-Dieter: Und alles hat wieder Sinn. Wege aus der Sinnkrise. Gütersloh Verlagshaus, Gütersloh 1991, S. 59.
13. Zulley, Jürgen und Knab, Barbara: Unsere innere Uhr. Herder Verlag, Freiburg, Basel, Wien 2000, S. 13 ff.
14. Hemleben, Johannes: Teilhard de Chardin. Rowohlt Verlag, Reinbek bei Hamburg 2006, S. 57.
15. Jung, Carl Gustav: Die Ehe als psychologische Beziehung. In: Über die Entwicklung der Persönlichkeit, Walter Verlag, Olten, Freiburg i. Br., Ges. W. Bd. 17, 4. Aufl. 1982, S. 219.
16. Sheehy, Gail: In der Mitte des Lebens. Kindler Verlag, München 1976, S. 16.
17. Pöldinger, Walter: Tiefe Spuren in der Seele. Luzerner Zeitung Nr. 86, 1994, S. 37.
18. Rilke, Rainer Maria: Worte der Verwandlung. Herder Verlag, Freiburg, Basel, Wien 3. Aufl. 1999, S. 150.
18. Rilke, Rainer Maria: Worte, die verwandeln. Herder Verlag, Freiburg i.Br., 3. Aufl. 1999, S. 38.
19. Von Glasenapp, Helmuth: Die fünf Weltreligionen. Heinrich Hugendubel Verlag, Kreuzlingen, München 2005, S. 172.
20. Weischedel, Wilhelm: Die philosophische Hintertreppe. Deutscher Taschenbuch Verlag, München, 15. Aufl. 1987, S. 234-235.

21. Binswanger, Ludwig: Grundformen und Erkenntnis menschlichen Seins. E. Reinhardt Verlag, Basel, Wien, Freiburg i. Br. 5. Aufl., 1953, S. 12.
22. Frankl, Viktor: Der Wille zum Sinn. Piper Verlag, Zürich, München 1991, S. 92.
23. Nietzsche, Friedrich: Also sprach Zarathustra. Verlag Philipp Reclam, Stuttgart 1977, S. 261.
24. Lukas, Elisabeth: Höhenpsychologie. Herder Verlag, Freiburg, Basel, Wien 1983, S. 26.
25. Rezikowski, Christoph: Warum religiöse Menschen gesünder leben. In: Neue Luzerner Zeitung, Nr. 117, 1997, S. 55.
26. Heiko, Ernst: Die unstillbare Neigung nach Sinn. In: Psychologie Heute. Oktober 1994, S. 22.
27. Goethe, Johann Wolfgang: Faust. Birkhäuser Verlag, Basel 1944, S. 103.
28. Frankl, Viktor: Das Leiden am sinnlosen Leben. Herder Verlag, Freiburg, Basel, Wien, 2. Aufl., 1991, S. 20.
29. Uchtenhagen, A. und Zimmer-Höfer, D.: Heroin abhängige und ihre „normalen“ Altersgenossen. H. Huber Verlag, Bern 1985, S. 12 ff.
30. Dethlefsen, Thorwald: Schicksal als Chance. C. Bertelsmann Verlag, München 1979, S. 123.
31. Selye, H.; Stress: Rowohlt Verlag, Reinbek bei Hamburg, 1977, S. 5.
32. Waggerl, Karl Heinrich: Die Kunst des Müßiggangs. Verlag „Die Arche“, Zürich 1959, S. 36.
33. Ortega y Gasset, José: Vom Menschen als utopisches Wesen. Klipper Verlag, Stuttgart 1951, S. 78.
34. Gnos, Hans: Gefangen in einem Teufelskreis. In: Neue Luzerner Zeitung Nr. 239, 2014, S. 20.
35. Kress, Brigitta: Frauen – das gestresste Geschlecht. In: Psychologie Heute, Nr. 4, 1999, S. 15.
36. Nuber, Ursula: Stresskrankheit Depression. In: Psychologie Heute, Nr. 3, 1999, S. 22 f.
37. Lukas, Elisabeth: Höhenpsychologie. Herder Verlag, Freiburg i. Br., 1983, S. 29-30.
38. Imhof, Beat: Wege nach Innen. Bd.1 der Reihe „Wahrheit und Weisheit.“ Symbolgeschichten. Rothus Verlag, Solothurn 2006, S. 76-77.
39. Frankl, Viktor: … trotzdem zum Leben Ja sagen. Ein Psychologe erlebt das Konzentrationslager. Kösel Verlag, München, 5. Aufl. 1981, S. 10.

40. Lukas, Elisabeth: Die magische Frage wozu? Herder Verlag, Freiburg, Wien, Basel 1991, S. 16.
41. Schweitzer, Albert: Vom Sinn des Lebens. Verlag Paul Haupt, Bern, Stuttgart 1983, S. 23
42. Nietzsche, Friedrich. Der Wille zur Macht. Kröner Verlag, Stuttgart, 13. Aufl., 1996, S. 690.
43. Schmidt, Karl Otto: Dynamisierung – der Schlüssel zum Glück. Drei Eichen Verlag, München 1972, S. 114.
44. Schmidt, Karl Otto: Richtig denken – richtig leben. A. T. Frick Verlag, Pforzheim 1976, S. 93.
45 . Mühsam, Paul: Tao – Der Sinn des Lebens. Drei Eichen Verlag, München-Pasing 1968, S. 11.
46. Ramuz, C. F.: Tagebuch 1896-1947. Huber Verlag, Frauenfeld, Stuttgart 1982, S. 431.
47. Hammerskjöld, Dag: Zeichen am Weg. Droemersche Verlagsanstalt, Zürich, Menschen 1965, S. 116.

KAPITEL 3

1. Mitscherlich, Margarete: Die Zukunft ist weiblich. Pendo Verlag, Zürich 1987, S. 83
2. Fromm, Erich: Die Kunst des Liebens. Ullstein Verlag, Berlin, Frankfurt a. M.. 1989, S. 84.
3. Schweitzer, Albert: Vom Sinn des Lebens. Paul Haupt Verlag, Bern, Stuttgart 1983, S. 13.
4. Luyten, Norbert: Mensch-Sein als Aufgabe. Universitätsverlag, Freiburg/ Schweiz 1985, S. 29.
5. Frankl, Viktor: Der Wille zum Sinn. Piper Verlag, München 1991, S. 281.
6. Frankl, Viktor: Der Mensch vor der Frage nach dem Sinn. Piper Verlag, München, Zürich 1985, S. 234.
7. Böschemeyer, Uwe: Sinn für mein Leben finden. SKV-Edition, Lahr / Schwarzwald 1993, S. 7-8.
8. Karbon, Will: Der Preis der Sinn-Autonomie. Psychologie Heute, Nr. 10, 1994, S. 30.
9. Jung, Carl Gustav: Briefe II. Walter Verlag, Olten, Freiburg i. Br. 1972, S. 44-45.

10. Neal, Mary C.: Einmal Himmel und zurück. Allegria Verlag der Ullstein Buchverlage, Berlin, 8. Aufl. 2013, S. 77.
11. Frankl, Viktor: „Trotzdem ja zum Leben sagen". ORF-Interview, Video-Film aus dem Jahr 1994.
12. Ernst, Heiko und Nuber, Ursula: Sich Sinn verschaffen. In: Psychologie Heute, Sonderheft Compact, Nr. 4, 1999, S. 88-94.
13. Lindenberg, Wladimir: Training der positiven Lebenskraft. Verlag R. Schikowski, Berlin 1962, S. 34.
14. Lao Tse: Tao Te King. Das Buch vom Sinn des Lebens. Hrsg. von Richard Wilhelm. Ex Libris Zürich, Zürich 1978, S. 61.
15. Maslow, Alexander: Motivation und Persönlichkeit. Walter Verlag, Olten, Freiburg i. Br. 1977, S. 74 ff.
16. Peale, Normann: So hast du mehr vom Leben. Emil Ösch Verlag, Thalwil o. J., S. 9.
17. Ramuz, Charles-Ferdinand: Tagebuch 1896-1947. Huber Verlag, Frauenfeld, Stuttgart 1982, S. 6.
18. Rilke, Rainer Maria: Gedichte. Insel Verlag, Wiesbaden. Ges. W. Bd. 2, 1957, S. 101
19. Schmidt, Karl Otto: Wie konzentriere ich mich? Drei Eichen Verlag, Engelberg, München 1986, S. 84.
20. Weischedel, Wilhelm: Über Philosophen. Deutscher Taschenbuch Verlag, München 1975, S. 157.
21. Gnos, Lea: Pflichtfach Glück. In: Astrologie & Gesundheit, Nr. 38, 2014, S. 40.
22. Andreas, Peter: Jenseits von Einstein. Econ Verlag, Düsseldorf, Wien 1978, S. 7-8.
23. Ziegler, Madeleine: Die Suche nach dem Glück. In: Ethos, Nr.2, 2004, S. 6-7.
24. Heiko, Ernst: Wer ist glücklich? In: Psychologie Heute, Nr. 3, 1979, S. 23.
25. Weber, Carl Wilhelm: Diogenes. Die Botschaft aus der Tonne. Nymphenburger Verlag, München 1987, S. 55.
26. Imhof, Beat: Wege zum Glück. Symbolgeschichten. Rothus Verlag, 3. Aufl. von „Wahrheit und Weisheit", Solothurn 2006, S. 51.
27. Korrodi, Eduard: Goethe im Gespräch. Manesse Verlag, Zürich 1944, S. 552-553.
28. Schenk, Harrald: Glück und Schicksal. Wie planbar ist unser Leben? C. H. Beck Verlag, München 2000, S. 39.

29. Hesse, Hermann: Über das Glück. Taschenbuch. Suhrkamp Verlag, Frankfurt a. M. 2002, Hörbuch.
30. Csikszentmihalyi, Mihanly: Das Geheimnis des Glücks. Klett-Cotta Verlag, Stuttgart 2000, S. 389.
31. Fischli, L. und Hinshaw, R.: C.G. Jung im Gespräch. Daimon Verlag, Zürich 1986, S. 305.
32. Imhof, Beat: Wie auf Erden, so im Himmel. Aquamarin Verlag, München, 3. Aufl. 2013, S. 423.
33. Szondi, Leopold: Freiheit und Zwang im Schicksal des Einzelenen. Hans Huver Verlag, Bern, Stuttgart 1968, S. 14.
34. Staudinger, Ursula: Blick zurück. In: Psychologie Heute, Nr. 9, 1995, S. 24.
35. Jaffé, Aniela: Erinnerungen, Träume, Gedanken von C.G. Jung. Rscher Verlag, Zürich 1963, S. 359f.
36. Habe, Hans: Ich stelle mich vor. Meine Lebensgeschichte. S.A. herbig verlag, München, Berlin 1986, S. 35.

KAPITEL 4

1. Platon: Das Gastmahl. Hauptwerke. Hrsg. von Wilhelm Nestle, Alfred Kröner Verlag, Stuttgart 1965, S. 113 ff.
2. Jung, Carl Gustav: Zivilisation im Übergang. Ges. W., Walter Verlag, Olten, Freiburg i. Br., Bd. 10, 1974, S. 132.
3. Heiß, Robert: Allgemeine Tiefenpsychologie. Verlag Hans Huber, Bern, Stuttgart 1956, S. 234
4. Ahlheim, Karl-Heinz (Hrsg.): Die Biologie. Dudenverlag, Mannheim, Wien, Zürich, 2. Aufl., 170. 1986, S. 175-176.
5. Jung, Carl Gustav: Von Sexualität und Liebe. Hrsg. von Franz Alt. Walter Verlag, Olten, Freiburg i.Br. 1988, S. 82.
6. Andreas, Peter: Jenseits von Einstein. Econ Verlag, Düsseldorf, Wien 1987, S. 7-8.
7. Wambach, Helen: Leben vor dem Leben. W. Heyne Verlag, München, 2. Aufl. , 1980, S. 75-81.
8. Lawrence, Thomas Eduard: Tagebuch von drüben. Ansata Verlag, Interlaken 1989, S. 122.
9. Wikipedia: Homosexualität. Demografische Häufigkeit. Internet http:/ de.Wikipedia org/wiki/ Homosexualität.
10. Stevenson, Ian: Wiedergeburt – Kinder erinnern sich an frühere Erdenleben. Aquamarin Verlag, Grafing 1991, S. 272.

11. Zahrada, Hella: Ephides Gedichte. Verlag Geistige Loge Zürich, Zürich, 3. Aufl., 1979, S. 23.
12. Platon: Das Gastmahl. Hauptwerke. Hrsg. von Wilhelm Nestle. Alfred Kröner Verlag, Stuttgart 1965, S. 115 f.
13. Furger, Andreas: Das Bild der Seele. Verlag der Neue Zürcher Zeitung, Zürich 1997, S. 96 f.
14. Freud, Sigmund: Jenseits des Lustprinzips. Psychoanalytischer Verlag, Leipzig, Wien, Zürich. Ges. W. Bd. VI. 1925, S. 191.
15. Jung, Carl Gustav: Die Ehe als psychologische Beziehung. In: Über die Entwicklung der Persönlichkeit. Walter Verlag, Olten, Freiburg i.Br., Bd. 17, 4. Aufl., 1982, S. 218.
16. Szondi, Leopold: Lehrbuch der experimentellen Triebdiagnostik. Verlag Hans Huber, Bern, Stuttgart 1960, S. 82-101, 200-225, 238 ff..
17. Hülsemann, Irmgard: Ihm zuliebe? Abschied vom weiblichen Gehorsam. Kreuz Verlag, Stuttgart 1988, S. 110.
18. Bovet, Theodor: Die Ehe. Paul Haupt Verlag, Bern 1948, S. 125.
19. Senger, Gerti und Hoffmann, Walter: Das Prinzip der Zärtlichkeit. In: Natürlich, Nr. 6, 1994, S. 59-63.
20. Nuber, Ursula: Was will das Weib? Interview mit Kirsten von Sydow. In: Psychologie Heute, Nr. 5, 1996, S. 20-25.
21. Fromm, Erich: Die Kunst des Liebens. Ullstein Verlag, Berlin 1989, S. 66.
22. Schellenbaum, Peter: Das Nein in der Liebe. Deutscher Taschenbuch Verlag, München 1993, S. 65.
23. Jung, Carl Gustav: Die Ehe als psychologische Beziehung. In: Über die Entwicklung der Persönlichkeit. Walter Verlag, Olten, Freiburg i.Br., Bd. 17, 4. Aufl., 1982, S. 218.
24. Szondi, Leopold: Ich-Analyse. Verlag Hans Huber, Bern, Stuttgart, 2. Aufl., 1956, S. 377-378.
25. Schneider, Friedrich: Unterricht und Erziehung als Beruf. In: Erziehung als Beruf. Benziger Verlag, Einsiedeln, Köln 1940, S. 52.
26. Kretschmer, Ernst: Geniale Menschen. Berlin 1931, S. 33.
27. Imhof, Beat: Menschliche und fachliche Voraussetzungen für den Lehrberuf. Verlag Eberhard Kalt, Zug 1961, S. 72, 177-178.
28. Silberer, Peter: Der Beruf als psychisches Feld. Verlag des Schweizerischen Verbandes für Berufsberatung. Zürich 1949, S. 25 f.
29. Rilke, Rainer Maria: Zauber der Zuneigung. Herder Verlag, Freiburg, Basel, Wien 1999, S. 28.

30. Craik, Dinah: Friendship. In: Best Loved Poems of the American People. Edition City Books, Garden 1936, S. 43.
31. Koller, Angelika: Starke Frauen. Ars Edition, München 1996, S. 62.
32. Steiger, Sabine: „Ihr kann ich nichts vormachen". Interview mit Verena Kast. In: Neue Luzerner Zeitung. Nr. 136, 2003, S. 44.
33. Schaub, Silvia: Wenn der beste Freund ein Mann ist. In: Zentralschweiz am Sonntag, Nr. 23, 2014, S. 47.
34. Spezzano, Chuck: Wenn alle Menschen Freunde wären. Verlag Via Nova, Petersberg 2010.
35. Rilke, Rainer Maria: Zauber der Zuneigung. Herder Verlag, Freiburg, Basel. Wien 1998, S. 2.
36. Schweitzer, Albert: Vom Sinn des Lebens. Paul Haupt Verlag, Bern, Stuttgart 1983, S. 9.
37. Hausmann, Martin: Liebende leben von der Vergebung. Herder Verlag, Frankfurt a.M. 1953, S. 84.
38. Zahrada, Hella: Ephides-Gedichte. Verlag Geistige Loge Zürich.Zürich 3. Aufl., 1979, S. 27.
39. Johnson, Catherine: Glückliche Ehepaare verraten ihr Geheimnis. In: Das Beste aus Reader's Digest, Nr. 2, 1993, S. 4649.
40. Imhof, Beat: Symbolgeschichten. Bd. II: „Wege zur Weisheit", Rothus Verlag, Solothurn, 3. Aufl. 2006, S. 49.
41. Stettbacher, Konrad J.: Wenn Leiden einen Sinn haben soll. Verlag Hoffmann und Campe. Hamburg, 3. Aufl., 1990, S. 143.

KAPITEL 5

1. Keller, Helen: Geschichte meines Lebens. Alfred Scherz Verlag, Bern 1955, S. 39.
2. Lauster, Peter: Die Liebe. Psychologie eines Phänomens, Econ Verlag, Düsseldorf 1980, S. 12.
3. Fromm, Erich: Die Kunst des Liebens. Ullstein Verlag, Berlin 1989, S. 11 ff.
4. Krishnamurti, Jiddu: Einbruch in die Freiheit. Aquamarin Verlag. Grafing 2011, S. 98.
5. Wigand Petzet, Heinrich: Das Bildnis des Dichters. Societäts Verlag, Frankfurt a.M. 1957, S. 39.

6. Alexander, Eben: Blick in die Ewigkeit. Die faszinierende Nahtoderfahrung eines Neurochirurgen. Ansata Verlag, München, 15. Aufl. 2014, S. 104.
7. Bruce, Davis: Blumen für dich. Falk Verlag, Planegg 1988, S. 14.
8. Imhof, Beat: Die Liebe leben. Verlag Martin Weber, Schutterwald 1998, S. 5.
9. Sanders, Sabine: Charmante Männerlügen. In: Zeitschrift Zuger Länder, Nr. 11, 1986, S. 2.
10. Romin, Anna: Der Eifersucht entkommt keiner. In: Psychologie Heute, Nr. 5, 1997, S. 22.
11. Jung, Carl Gustav: Von Sexualität und Liebe. Hrsg. von Franz Alt. Walter Verlag, Olten 1988, S. 78.
12. Lazarus, Arnold: Fallstricke der Liebe. Verlag Klett-Cotta, Stuttgart 1994, S. 9.
13. Wirthlin, Annette: Blind – aber Liebe auf den ersten Blick. In: Zentralschweiz am Sonntag, Nr. 5, 2014, S. 47.
14. Michel, Peter: Das illustrierte Aura-Buch. Aquamarin Verlag, Aquamarin Verlag, Grafing 2009, S. 25, 37, 41.
15. Tabanyi, Nicole: Das pure Glück auf den ersten Blick. In: Schweizer Familie, Nr. 46, 2013, S. 43-44.
16. Moser, Fanny: Das große Buch des Okkultismus. Walter Verlag, Olten 1974, S. 511-516.
17. Allgeier, Kurt: Niemand stirbt für ewig. Wilhelm Heyne Verlag, München 1994, S. 255-257.
18. Wambach, Helen: Leben vor dem Leben. Wilhelm Heyne Verlag, München 2. Aufl., 1980, S. 94-95.
19. Passian, Rudolf: Wiedergeburt. Ein Leben oder viele Leben? Knaur Taschenbuch. Droemersche Verlagsbuchhandlung, Müchen 1985, S. 149
20. Jaffé, Aniela: Erinnerungen, Träume, Gedanken von C.G. Jung. Rascher Verlag, Zürich, Stuttgart 1963, S. 153-154.
21. Vaughan, Frances: Intuitiver leben. Kösel Verlag, München 1988, S. 155.
22. Lilly, John: Der dydaische Zyklus. In: Das Neue Zeitalter, Juli 1987, S. 5.
23. Bühler, Walther: Hat das Leben einen Sinn? Schicksal und Wiederverkörperung. Verlag des Vereins für erweitertes Heilwesen. Bad Liebenzell, 6. Aufl., 1993, S. 23.
24. Jung, Carl Gustav: Briefe. Walter Verlag, Olten, Freiburg i. Br., Bd. 3, 1973, S. 99.

25. Gall, Christa: Studie: Kaderfrauen immer häufiger ohne Partnerschaft. In: „20 Minuten“, 24. März 2009, S. 7.
26. Tournier, Paul: Geborgenheit – Sehnsucht des Menschen. Rascher Verlag, Zürich 1996, S. 6.
27. Mogel, Hans: Geborgenheit. Springer Verlag, Heidelberg 1995, S. 23 f.
28. Weidner, Gerda: Der Weg zur Geborgenheit. Eigenverlag, Wien 1997, S. 35 ff.
29. Evans, Richard: Gespräche mit C.G. Jung. Buchclub Ex Libris Zürich, Zürich 1967, S. 51.
30. Schmalohr, Ernst: Frühe Mutterentbehrung bei Mensch und Tier. Kindler Verlag, München 1980, S. 127.
31. Rilke, Rainer Maria: Gedichte. Insel Verlag, Wiesbaden, Ges. W., Bd. 2, 1957, S. 101-102.
32. Wieck, Wilfried: Männer lassen lieben. Kreuz Verlag, Stuttgart 1987, S. 11.
33. Haller, Margrit: Geborgenheit in der entwurzelten Welt. In: Natürlich, Nr. 1, 1998, S. 14.
34. Goethe, Johann Wolfgang. Faust II. Verlag Birkhäuser, Basel 1944, S. 353.
35. Drewermann, Eugen: Atem des Lebens. Patmos Verlag, Düssedldorf, 3. Aufl., 2006, S. 627.
36. Hinz, Walther: Geborgenheit. Arthur Brunner Verlag, Zürich, 5. Aufl. 1977, S. 4.
37. Imhof, Beat: Woher wir kommen, wohin wir gehen. Der Himmel ist unsere Heimat. Aquamarin Verlag, Grafig 2014.
38. Benz, Emil: Adam, der Mythos des Urmenschen. Drei Eichen Verlag, München 1955, S. 96.
39. Jung, Carl Gustav: Die Ehe als psychologische Beziehung. In: Über die Entwicklung der Persönlichkeit. Walter Verlag, Olten, Freiburg i.Br., Bd. 17, 4. Aufl. 1982, S. 224.
40. Imhof, Beat: Woher wir kommen, wohin wir gehen. Aquamarin Verlag, Grafing 2014, S. 247 ff.
41. Doucet, Friedrich: Psychoanalytische Begriffe. Wilhelm Heyne Verlag, München 1972, S. 31.
42. Jung, Carl Gustav: Die Archetypen und das kollektive Unbewusste. Walter Verlag, Olten, Freiburg i.Br., Bd. 9/I, 1972, S. 61.
43. Jung, Carl Gustav: Aion. Beiträge zur Symbolik des Selbst. Walter Verlag, Olten, Freiburg i.Br. Bd 9/II, 1976, S. 23.

44. Jacobi, Jolande: Die Psychologie von C.G. Jung. Fischer Taschenbuch Verlag, Frankfurt a. M. 1975, S. 123.
45. Fischli, Lea: C.G. Jung im Gespräch. Daimon Verlag, Zürich 1986, S. 311-312.
46. Michel, Peter: Die Botschaft des Lichtes. Aquamarin Verlag, Forstinnig / München, Bd. I, 1983, S. 146.
47. Imhof, Beat: Wie auf Erden so im Himmel. Aquamarin Verlag, Grafing. 3. Aufl. 2013, S. 413- 416.
48. Dostal, Werner: Lebenssinn. Verlag der Geistchristlichen Gemeinschaft, Zürich 2005, S. 149-150.
49. Dalliard, Alfred: Entstehung der Schöpfung im Geistigen. In: Medium Nr, 6, 1999, S. 5.
50. Dalliard, Alfred: Lexikon der Geistchristlichen Lehre. Verlag Ph. C. W. Schmidt, Neustadt an der Aisch 2010, S. 127-128.
51. Ulrich, Thomas: Dualseelen. Aquamarin Verlag, Grafing 1996, S. 9-10.
52. Platon: Das Gastmahl. In: Hauptwerke. Hrsg. von Wilhelm Nestle. Alfred Kröner Verlag, Stuttgart 1965, S. 115 f.
53. Desmond, Shaw: Die Liebe nach dem Tod. Hans Bauer Verlag, Freiburg i.Br. 1959, S. 293.
54. Sanford, John: Unsere unsichtbaren Partner. Ansata Verlag, Interlaken 1985, S. 27 ff.
55. Zopf, Regina und Peters, Ralph: Seelenpartner. Begegnung im Licht. Weltenhüter Verlag, Scharnhorst 2001, S. 43.
56. Prophet, Elisabeth: Seelenpartner und Zwillingsseelen. Verlag „Die Silberschnur". Melsbach /Neuwied 2013, S. 7 ff.
57. Brunner, Beatrice: Das Jenseits einer Eifersüchtigen. In: Geistige Welt, Nr. 12, 1979, S. 233.
58. Lawrence, Thomas: Tagebuch von drüben. Ansata Verlag, Interlaken 1989, S. 137.
59. Schmidt, Felix: Der Eremit. Erlebnisse in der Schule der „Weißen Bruderschaft" im Himalaya. O. Reichl Verlag, St. Goar 1993, S. 144.
60 Jost, Gerda: Das ungeschliffene Juwel. O. Reichl Verlag, Remagen 1983, S. 81.
61. Schmidt, Karl Otto: Und der Tod wird nicht mehr sein. Drei Eichen Verlag, München 1973, S. 188 f.
62. Sterneder, Hans: Der Sang des Ewigen. Drei Eichen Verlag, München 1959.

KAPITEL 6

1. Szondi, Leopold: Schicksalsanalyse. Wahl in Liebe, Freundschaft, Beruf, Krankheit und Tod. Schwabe Verlag, Basel, Stuttgart, 3. Aufl., 1965, S. 82 f, 132 f, 135, 139 f.
2. Rohrer, Albin: Ein schwieriges Unterfangen. In: Hausapotheke, Nr. 4, 2014, S. 14-16.
3. Dellai-Schöbi, Katharina: Passende Gene – große Liebe? In: Zentralschweiz am Sonntag, Nr. 7, 2011, S. 45.
4. Migros-Magazin Nr. 25, 2014, S. 11.
5. Platon: Hauptwerke. Phaidon, Hrsg. von Wilhelm Nestle. Anfred Kröner Verlag, Stuttgart 1965, S. 67 ff.
6. Jung, Carl Gustav: Über Gefühle und den Schatten. Walter Verlag, Zürich, Düsseldorf 1999. S. 51 f.
7. Kretschmer, Ernst: Die körperlich-seelische Zusammenstimmung in der Ehe. In: Hermann Keyserling: Das Buch der Ehe. Verlag Niels Kampmann, Celle 1925, S. 241.
8. Jung, Carl Gustav: Psychologische Typen. Walter Verlag, Olten, Freiburg i.Br. Ges. W., Bd. 6, 14. Aufl. 1981, S. 162 ff, 360 ff.
9. Tomoika, Ariel: Vom Atem der Liebe. Wege zu höheren Dimensionen der Partnerschaft. Ansata Verlag, Interlaken 1991, S. 123-124.
10. Dellai-Schöbi, Katharina: Passende Gene – große Liebe? In: Zentralschweiz am Sonntag, Nr. 7, 2011, S. 45.
11. Jung, Carl Gustav: Die Bedeutung des Vaters für das Schicksal des Einzelnen. In: Freud und die Psychoanalyse. Walter Verlag, Olten, Freiburg i.Br., Bd. 4, 1971, S. 365.
12. Jung, Carl Gustav: Der Mutterkomplex. In: Die Archetypen und das kollektive Unbewusste. Walter Verlag, Olten, Freiburg i.Br., Bd. 9/I, S. 99.
13. Schottländer, Felix: Die Mutter als Schicksal. Klett Verlag, Stuttgart, 1961, S.49.
14. Jung, Carl Gustav: Psychologische Typen. Rascher Verlag, Zürich 1930, S. 670.
15. Szondi, Leopold: Schicksalsanalyse. Die Wahl in Liebe, Freundschaft, Beruf, Krankheit und Tod. Schwabe Verlag, Basel, Stuttgart 1965, S. 35 f.
16. Thorwald, Jürg: Das Blut der Könige. Sternbücherverlag, Hamburg 1954, S. 24 ff.

17. Gosztonyi, Alexander: Der Mensch und sein Schicksal. Origo Verlag, Zürich 1974, S. 31.
18. Szondi, Leopold: Freiheit und Zwang im Schicksal des Einzelnen. Verlag Hans Huber, Bern, Stuttgart 1968, S. 24 und 45 f.
19. Weber, Evelyn: Große Tiefenpsychologen. Verlag Rolf Kugler, Zug-Oberwil 1984, S. 105.
20. Stapleton, Michael und Serva, Elizabeth: Lexikon der griechischen und römischen Mythologie. Xenos Verlagsgesellschaft, Hamburg 1978, S. 93 und 286.
21. Wlodarski, Istvan: Küsse sind der Schlüssel für eine gute Beziehung. In: Zentralschweiz am Sonntag Nr. 44, 2013, S. 47.
22. Spirig-Zünd, Jolanda: Der Duft der Liebe und Lust. In: Neue Luzerner Zeitung, Nr. 30, 2000, S. 54.
23. Kahlil, Gibran: Der Prophet. Walter Verlag, Olten, Freiburg i.Br. 1977, S. 13.
24. Jung, Carl Gustav: Zivilisation am Übergang., Walter Verlag, Freiburg i.Br., Ges. W., Bd.10, 1974, S. 115.
25. Jung, Carl Gustav: Die Ehe als psychologische Beziehung. In: Über die Entwicklung der Persönlichkeit. Walter Verlag, Olten, Freiburg i.Br., Bd. 17, 4. Aufl., 1982, S. 216.
26. Jung, Carl Gustav: Synchronizität als Prinzip akausaler Zusammenhänge. In: Die Dynamik des Unbewussten. Walter Verlag, Olten, Freiburg i.Br. Bd. 8, 1971, S. 475-541.
27. Bovet, Theodor: Die Ehe. Paul Haupt Verlag, Bern 1948, S. 125.
28. Grabert, Hans: Der kleine Unterschied ganz groß. In: Zentralschweiz am Sonntag, Nr. 44, 2013, S. 48.
29. Retzer, Arnold: Lob der Vernunftehe. Fischer Taschenbuch Verlag, Frankfurt a. M. 2011, S. 22 ff.
30. Nufer, Ursula: Siegeszug der westlichen Liebes-Muster. In: Psychologie Heute, Nr. 12, 1994, S. 32.
31. Ahn Young-Joon: 2500 Paare sagen gleichzeitig „Ja“. In: Neue Luzerner Zeitung. Nr. 36, 2014, S. 29.
32. Drewermann, Eugen: Kleriker. Psychogramm eines Ideals. Walter Verlag, Olten, Freiburg i.Br. 1989, S. 481.
33. Taylor, Samantha: Immer weniger Paare treten vor den Altar. In: Zentralschweiz am Sonntag. Nr. 16, 2014, S. 14.
34. Deschner, Karlheinz: Das Kreuz mit der Kirche. Eine Sexualgeschichte

des Christentums. Econ Verlag, Düssseldorf, Wien 2. Aufl. 1974, S. 312-316.

35. Häring, Bernhard: Das Gesetz Christi. Verlag Erich Wewel, München, 8. Aufl., 1967, Bd. III, S. 311.
36. Drewermann, Eugen: Kleriker. Psychogramm eines Ideals. Walter Verlag, Olten, Freiburg i.Br. 1989, S. 582-583.
37. Imhof, Beat: Woher wir kommen, wohin wir gehen. Aquamarin Verlag, Grafing 2014, S. 330-334.
38. Willi, Jürg: Was hält Paare zusammen? Rowohlt Verlag, Reinbek bei Hamburg, 1991, S. 309.
39. Rilke, Rainer Maria: Brief an einen jungen Dichter. Insel Verlag, Frankfurt a.M., 1958, S. 35.
40. Kitzmann, Arnold: Persönliche Arbeitstechniken und Zeitmanagement. Expert Verlag, Ehningen 1992, S. 16.
41. Fritz, Günter: Die kleinen Tricks der Karriereprofis. Die beste Strategie für den beruflichen Erfolg. Orac Verlag, Wien, München, Zürich 1995, S. 148-150.
42. Von Däniken, Erich: Interview. Schweizer Illustrierte Nr. 38, 1996, S. 95.
43. Craig, A.: Marc Rich. Handelsgenie oder Gesetzesbrecher. Schweizer Verlagshaus, Zürich 1986, S. 235.
44. Jürgenson, Elli: Im Land der Liebe. In: Grüne Reihe Lebens- und Zeitfragen, Heft 3, 1998, S. 57.
45. Suter, Monica: Liebe auf Umwegen. Dreiteiliger Dok-Film, SRF Juni 2014.
46. Huntermann, Hanne und Joschko, Angela: Liebe auf den späten Blick. Rororo Verlag, Reinbek bei Hamburg 2014, S. 5 f.
47. Von Gersdorff, Dagmar: Goethes späte Liebe. Insel Verlag, Frankfurt a. M. 2005.
48. Luban, Boris: Im Altwerden jung bleiben. In: Information. Nr. 2, 1991, S. 57.
49. Sturm, H. und Wigenfeld, M.: Partnerschaft im Alltag. Kösel Verlag, München 1994, S. 165.
50. Finck, Hans: Zärtlichkeit bis zum Ende. In: Psychologie Heute, Nr. 2, 1993, S. 24.
51. Starr, Bernhard und Weiner, Marcella: Anhaltendes starkes Interesse an Sex. In: Psychologie Heute, Nr. 5, 1996, S. 28-29.
52. Schneider, Hans-Dieter: Zärtlichkeit nicht vergessen. In: Senioren-Express, August 1993, S. 62-64.

53. Schmitt, K. und Neysters, P.: Zeiten der Liebe. Kösel Verlag, München 1991, S. 290.
54. Picard, Max: Die Welt des Schweigens. Piper Verlag, München, Zürich 1988, S. 93.
55. Richter, Horst: Der Gotteskomplex. Rowohlt Verlag, Reinbek bei Hamburg 1979, S. 256.
56. Fromm, Erich: Die Kunst des Liebens. Ullstein Verlag, München 1989, S. 37.
57. Ramuz, Charles-Ferdinand: Tagebuch 1896-1947. Huber Verlag, Frauenfeld, Stuttgart 1982, S. 6.
58. Moeller, Michael: Die Liebe ist ein Kind der Freiheit. Rowohlt Verlag, Reinbek bei Hamburg 1974.
59. Gibran, Kahlil: Der Prophet. Walter Verlag, Olten, Freiburg i.Br. 1977, S. 14.

KAPITEL 7

1. Fried, Erich. Warngedichte. C. Hanser Verlag München 1964, S. 120.
2. Michel, Peter: Weltreligion. Aquamarin Verlag, Grafing 2001, S. 170.
3. Nager, Frank: Gesundheit, Krankheit, Heilung. Verlag der Stiftung Akademie 91, Luzern 1997, S. 17.
4. Dalliard, Alfred: Lexikon der Geistchristlichen Lehre. Verlag Ph.C.W. Schmidt, Neustadt / Aisch 2010, S. 347-348.
5. Mohr, Till A.: Kehret zurück, ihr Menschenkinder! Aquamarin Verlag, Grafing 2004, S. 622.
6. Jaffé, Aniela: Aus C.G. Jungs letzten Jahren. Daimon Verlag, Einsiedeln, Zürich 1987, S. 125-126.
7. Welkisch, Carl: Der Mensch zwischen Geist und Welt. Otto Reichl Verlag, Remagen 1976, S. 52-55.
8. Jung, Carl Gustav: Von Sexualität und Liebe. Hrsg. von Franz Alt. Walter Verlag, Olten, Freiburg i.Br. 1988, S. 48.
9. Frankl, Viktor: Das Leiden am sinnlosen Leben. Herder Verlag, Basel, Freiburg i.Br. 1991, S. 34.
10. Scholl, Norbert: Warum denn ich? Hoffnung im Leiden. Kösel Verlag, Stuttgart 1990, S. 129.
11. Jung, Carl Gustav: Über die Entwicklung der Persönlichkeit. Walter Verlag, Olten, Freiburg i.Br., Bd. 17, 1982, S. 95.

12. Lukas, Elisabeth: Auch dein Leiden hat Sinn. Herder Verlag, Basel, Freiburg i. Br., 3. Aufl. 1990, S. 86.
13. Schwartz, Robert: Jede Seele plant ihren Weg. Ansata Verlag, München 2012., S. 12 ff.
14. Taylor, Sabdra A.: Der Karma-Code. Die verborgene Energie früherer Leben. Ansata Verlag, München 2012, S. 9 ff.
15. Schweitzer, Albert: Vom Sinn des Lebens. Paul Haupt Verlag, Bern, Stuttgart 1983, S. 23 und 25.
16. Tolle, Eckhart: Jetzt! Die Kraft der Gegenwart. Ein Leitfaden zum spirituellen Erwachen. J. Kamphausen Verlag, Bielefeld, 15. Aufl. 2006, S. 60.
17. Brückner, Josef: Gespräche mit dem Unbekannten. ITV-Verlag, München 1979, S. 67.
18. Sölle, Dorothee: Leiden. Kreuz Verlag, Stuttgart, Berlin 1973, S. 29 und 37.
19. Imhof, Beat: Woher wir kommen, wohin wir gehen. Aquamarin Verlag, Grafing 2014, S. 36 ff.
20. Hark, Helmut: Vom Sinn der Krankheit. Walter Verlag, Olten, Freiburg i.Br. 1988, S. 16.
21. Frankl, Viktor: Der Wille zum Sinn. Piper Verlag, Zürich, München 1991, S. 240-241.
22. Einstein, Albert: Mein Weltbild. Ullstein Verlag, Frankfurt a. M., 1965, S. 10.
23. Csikszentmihalyi, Mihaly: Dem Sinn des Lebens eine Zukunft geben. Klett-Cotta Verlag, Stuttgart 1995, S. 458.
24. Tiedemann, Paul: Über den Sinn des Lebens. Verlag der Wissenschaftlichen Buchgesellschaft. Darmstadt 1993, S. 5.
25. Coreth, E.: Was ist der Mensch? Tyrolia Verlag, Innsbruck, Wien, München 1973, S, 192-193.
26. Ionescu, Eugène: Tagebuch. Luchterhand Verlag, Darmstadt-Neuwied 1970, S. 145.
27. Imbach, Pascal: Suicidrate inkl. aktive Sterbehilfe pro 100 000 Einwohner. In: Neue Luzerner Zeitung, Nr. 111, 2013, S. 3.
28. Schaeppi, Werner: Braucht das Leben einen Sinn? Verlag Rüegger, Zürich, Chur 2004, S. 2-3.
29. Bühler, Walther: Hat das Leben einen Sinn? Verlag Verein für ein erweitertes Heilwesen. Bad Liebenzell, 6. Aufl., 1993, S. 2.

30. Jaffé, Aniela: Erinnerungen, Träume, Gedanken von C.G. Jung. Rascher Verlag, Zürich, Stuttgart 1963, S. 145 und 343.
31. Frankl, Viktor: Logotherapie und Existenzanalyse. Piper Verlag, München, Zürich 1987, S. 11.
32. Stroeken, Harry: Psychotherapie und der Sinn des Lebens. Verlag Vandenhoeck & Ruprecht, Göttingen 1998, S. 33.
33. Hell, Daniel: Welchen Sinn macht Deperession? Rowohlt Verlag, Reinbek bei Hamburg 1999, S. 203.
34. Fromm, Erich: Psychoanalyse und Zen-Buddhismus. Frankfurt a.M. 1972, S. 111.
35. Schuman, Walter: Steine und Mineralien. Verlag der Buchgilde Gutenberg, Frankfurt a.M., Wien, Zürich 1972, S. 8.
36. Dalke, Rüdiger: Krankheit als Symbol. C. Bertelsmann Verlag, München 1996.
37. Burkert, Walter: Antike Mysterien. C. H. Beck Verlag, München 1990, S. 22-24.
38. Kübler-Ross, Elisabeth: Warum wir hier sind. Verlag „Die Silberschnur", Güllesheim, 3. Aufl. 2000, S. 10.
39. Dethlefsen, Thorwald: Schicksal als Chance. C. Bertelsmann Verlag, München, 3. Aufl. 1989, S. 254.
40. Dethlefsen, Thorwald: Schicksal als Chance. C. Bertelsmann Verlag, München, 3. Aufl. 1989, S. 266.
41. Rieser, Ruth: Ich liebe mein Leben trotz allem. Kunstverlag, Au 1987, S. 21.
42. Jaffé, Aniela: C.G. Jungs letzte Jahre. Daimon Verlag, Einsiedeln, 1. Aufl., 1987, S. 125.
43. Näff, Hansruedi: Krankheit als Lernhilfe. Verlag des Schweizerischen Verbandes für natürliches Leben, Bern o. J., S. 9.
44. Lukas, Elisabeth: Auch dein Leben hat Sinn. Herder Verlag, Freiburg i.Br., 3. Aufl. 1990, S. 87.
45. Hartmann, Otto Julius: Der Mensch als Selbstgestalter seines Schicksals. Verlag Vittorio Klostermann, Frankfurt a.M. 1979, S 27 ff.

KAPITEL 8

1. Gibran, Khalil: Der Prophet. Walter Verlag, Olten, Freiburg i.Br., 8. Aufl. 1977, S. 13.

2. Reich-Ranicki, Marcel: Mein Leben. Deutsche Verlags-Anstalt, Stuttgart 1999, S. 139.
3. Kästner, Erich: Kästner für Erwachsene. Atrium Verlag, Zürich 1966, S. 40.
4. Huber, Bruno und Louise: Die Lebensuhr im Horoskop. Verlag des astrologisch-psychologischen Instituts API, Adliswil 1990, S. 53 ff.
5. Perrig-Chiello: In der Lebensmitte. Verlag Neue Zürcher Zeitung. Zürich 2007. S. 6 ff.
6. Holthuse, Horst: Rainer Maria Rilke. Rowohlt Verlag, Reinbek bei Hamburg 1958, S,. 53.
7. Jung, Carl Gustav: Über die Entwicklung der Persönlichkeit. Walter Verlag, Olten, Freiburg i.Br., Bd. 17, 4. Aufl., 1982, S. 218.
8. Moeller, Michael: Die Wahrheit beginnt zu zweit. Rowohlt Verlag, Reinbek bei Hamburg 1998, S. 35.
9. Körner, Heinz: Meine Eifersucht. Lucy Körner Verlag, Fellenbach, 18. Aufl., 1984, S. 87.
10. Beer, Ulrich: Eifersucht. Regulator oder Wahn? In: Volksgesundheitsmagazin Nr. 10, 1992, S. 16.
11. Michel, Katarina: Was hat sie, was ich nicht habe? Zehn Wege aus der Eifersuchstfalle. Aquamarin Verlag, Grafing 2014.
12. Jung, Carl Gustav: Zivilisation im Übergang. Walter Verlag, Olten, Freiburg i.Br., 10. Bd., 1974, S. 53.
13. Sharp, Daryl: Zur eigenen Tiefe finden. Ansata Verlag, Interlaken 1990, S. 76.
14. Rumi, Manlana Dschalaluddi: Von Allem und vom Einen. Hugendubel Verlag, München 2002.
15. Bodenmann, Cuy: Stress und Partnerschaft. Hans Huber Verlag, Bern, Stuttgart 1994, S. 51 ff.
16. Clement, Ulrich: So erobern Sie die Lust zurück. In: Psychologie Heute, September 1998, S. 21- 25.
17. Maerti, Sonja: Frust statt Lust. In: Saldo, Nr. 7, 2014, S. 43.
18. Spezzano, Chuck: Wenn es verletzt, ist es keine Liebe. Die Gesetzmäßigkeiten erfüllter Partnerschaft. Goldmann Verlag, München 2014, S. 65 ff.
19. Wolf, Werner: Alltagsbelastung und Partnerschaft. Verlag Hans Huber, Bern, Stuttgart 1988, S. 42.
20. Recer, Paul: Im Streit entscheidet sich das Eheglück. In: Neue Luzerner Zeitung, Nr. 52, 2004, S. 2.

21. Mark Aurel: Wege zu sich selbst. In: Natur und Bestimmung des Menschen. Texte aus der Antike. Hrsg. von Walter Rüegg. Artemis Verlag, Zürich 1964, S. 651 ff.
22. Frankl, Viktor: Der Mensch vor der Frage nach dem Sinn. Piper Verlag, München, Zürich, 8. Aufl., 1990, S. 218.
23. Plack, Arno: Ohne Lüge leben. Ex Libris Zürich, Zürich 1979, S. 178.
24. Münerg, Walter: Ehekonflikte. In: Psychologie-Jahrbuch 1955. Rascher Verlag, Zürich 1955, S. 248.
25. Bodenmann, Guy: Stress und Partnerschaft. Verlag Hans Huber, Bern, Stuttgart 1994, S. 12 ff.
26. Zweifel, Meta: Partnerschaft – ganz nüchtern betrachtet. In: Drogistenstern, Nr. 2, 1994, S. 6.
27. Nuber, Ursula: Intimität: Warum sich so viele Paare fremd bleiben. In: Psychologie Heute Nr. 5, 1992, S. 22.
28. Jung, Carl Gustav: Briefe 1906-1945. Walter Verlag, Olten, Freiburg i.Br. 1972, S. 222.
29. Nuber, Ursula: Untreue – und was dann? In: Psychologie Heute. Nr. 2, 1991, S. 20-27.
30. Onken, Julia: Die Kirschen in Nachbars Garten. Bertelsmann Verlag. München 1997, S. 13.
31. Sellner, Judith und James: Zusammenleben will gelernt sein. Ansata Verlag, Interlaken, 2. Aufl., 1988, S. 44.
32. Meier, Peter: Meist macht die Frau Schluss. In: Neue Luzerner Zeitung, Nr. 3, 2014, S. 43.
33. Eichenberger, Ursula und Hämmerli, Thomas: Bis dass die Realität euch scheidet. In: SonntagsZeitung vom 2.8.1998, S. 15.
34. Frisch, Helga: Ehe? Fischer Verlag, Frankfurt a.M. 1983, S. 7.
35. Sellner, Judith und James: Zusammenleben will gelernt sein. Ansata Verlag, Interlaken 1987, S. 20.
36. Willi, Jürg: Was hält Paare zusammen? Rowohlt Verlag, Reinbek bei Hamburg 1991, S. 18.
37. Schöne, Lajos: Heirat verheißt längeres Leben. In: Neue Luzerner Zeitung, Nr. 15, 2014, S. 44.
38. Hamilton, Max: Psychosomatik. In: Lexikon der Psychologie. Hrsg. von Richard Meili, Buchclub Ex Libris Zürich, Zürich 1979, S. 95 ff.
39. Wallerstein, Judith: Gewinner und Verlierer. Frauen, Männer, Kinder nach der Scheidung. Droemer Knaur Verlag, München 1989, S. 36 f.

40. Dalliard, Alfred: Lexikon der Geistchristlichen Lehre. Verlag Ph. C. W. Schmidt, Neustadt a. A. 2010, S. 131-134, 316, 591-599.78.
41. Wunderer, Eva und Schneewind, Klaus: Liebe ein Leben lang? Was Paare zusammenhält. Deutscher Taschenbuch Verlag, München 2008, S. 25 f.
42. Sellner, Judith und James: Zusammenleben will gelernt sein. Ansata Verlag, Interlaken 1987.
43. Obermüller, Klara: Jean Rudolf von Salis. Dem Leben recht geben. Weltwoche Verlag, Zürich 1993, S. 58.
44. Onken, Julia: Auf die Liebe. In: 50PLUS, Nr. 6, 2013, S. 9.
45. Goleman, Daniel: EQ – Emotionale Intelligenz. Hanser Verlag, München 1996, S. 12 f.
46. Kübler-Ross, Elisabeth: Warum wir hier sind. Verlag „Die Silberschnur“, Güllesheim, 3. Aufl. 2000, S. 35.
47. Schweizer Depeschen Agentur: Akademiker: Seltene Liebesbekundungen. In: Neue Luzerner Zeitung, Nr. 209, 2014, S. 32.
48. Haller, Margrit: Geborgenheit in der entwurzelten Welt. In: Natürlich, Nr. 1, 1998, S, 14,
49. Graber, Hans: Die Liebe braucht Pflege. Interview mit Guy Bodenmann. In: Zentralschweiz am Sonntag, Nr. 36, 2010, S. 45.
50. Nuber, Ursula: Intimität. So nah und doch so fern. In: Psychologie Heute, Nr. 5, 1992, S. 22.
51. Spillmann, Hannes: Was hält Paare zusammen. In: Neue Luzerner Zeitung vom 12. 10. 2006, S. 34.
52. Renzikowski, Christoph: Warum religiöse Menschen gesünder leben. In: Neue Luzerner Zeitung, Nr. 117, 1997, S. 55.
53. Achermann, Werner: Ein Weg zum inneren Frieden. In: Monatsheft für positive Lebensgestaltung Nr. 12, 2001, S, 22.
54. Brunner, Beatrice: Kein Mensch muss zu Unrecht leiden. In: Geistige Welt, Nr. 37-38, 1976, S. 291.
55. Waggerl, Karl Heinrich: Alles Wahre ist einfach. Otto Müller Verlag, Salzburg, 2. Aufl., 1979, S. 72.
56. Stolp, Hans: Die erlösende Kraft des Verzeihens. Aquamarin Verlag, Grafing 2011.

KAPITEL 9

1. Frankl, Viktor: Der leidende Mensch. Verlag Hans Huber, Bern 1996, S. 203-206.
2. Frankl. Viktor: Der leidende Mensch. Verlag Hans Huber, Bern1996, S. 241.
3. Lukas, Elisabeth: Auch dein Leiden hat Sinn. Herderbücherei 905, Herder Verlag, Freiburg, Basel 3. Aufl. 1990, S. 25.
4. Mohr, Klaus: Selbstmitleid. In: Reform Rundschau, Nr. 6, 2007, S. 14.
5. Nager, Frank: Krank ist, wer sich krank fühlt." In: Neue Luzerner Zeitung, Nr. 106, 2000, S. 55.
6. Schur, Max: Sigmund Freud. Leben und Sterben. Suhrkamp Verlag, Frankfurt a. M., 1973, S. 592.
7. Dethlefsen, Thorwald: Schicksal als Chance. C. Bertelsmann Verlag, München, 3. Aufl. 1989, S. 206.
8. Michel, Katarina und Peter: 12 Gesetze der Heilung. Aquamarin Verlag, Grafing 2011, S. 59.
9. Voûte, Hans: Pfadfinder Trotz allem. Verlag des Schweizerischen Pfadfinderbundes, Bern 1948.
10. Frankl, Viktor: Im Anfang war der Sinn. Piper Verlag, München, Zürich 2. Aufl., 1991, S. 65 ff.
11. Rieser, Ruth: Ich liebe mein Leben trotz allem. Kunstverlag Au, Wädenswil 1987, S. 11 ff, 22-23, 37, 80-81, 132.
12. Fraberger, Georg: Ohne Leib mit Seele. Ecowin Verlag, Salzburg 2013, S. 12 ff.
13. Kutschera, Thomas: „Ich bin dankbar für vieles". In: Schweizer Illustrierte, Nr. 52, 2013, S. 32-35.
14. Wyss, Liliane: Rosenmeer. Eingeschlossen im eigenen Körper. AKS-Verlag, Luzern 4. Aufl. 2009, S. 94.
15. App, Rolf: Leben trotz Schwarzer Löcher. In: Neue Luzerner Zeitung, Nr. 210, 2013, S. 8.
16. Jaffé, Aniela: Aus C.G. Jungs letzten Jahren. Daimon Verlag, Einsiedeln, 2. Aufl., 1987, S. 126.
17. Erni, Margrit: Leid als Chance. Walter Verlag, Olten, Freiburg i.Br. 1991, S. 67 f
18. Dethlefsen, Thorwald: Schicksal als Chance. C. Bertelsmann Verlag, München 1979, S. 132.

19. Nager, Frank: Der heilkundige Dichter. Goethe und die Medizin. Artemis Verlag, Zürich, München 1990, S. 61.
20. Frankl, Viktor: Der Mensch vor der Frage nach dem Sinn. Piper Verlag, München, Zürich 1985, S. 234.
21. Cyrulnik, Boris: Rette dich, das Leben ruft. Ullstein Verlag, Berlin 2013, S. 96 f.
22. Brülisauer, Peter: „Nicht benachteiligt, sondern privilegiert." In: Neue Zürcher Nachrichten, Nr. 5, 1975, S. 6.
23. Dürrenmatt, Friedrich: Gespräche über die Grenze. Pendo Verlag, Zürich 1950, S. 29.
24. Simonton, Carl O.: Wieder gesund werden. Rowohlt Verlag. Reinbek bei Hamburg, 2. Aufl., 1987, S. 145.
25. Hark, Helmut: Vom Sinn der Krankheit. Walter Verlag, Olten, Freiburg i.Br. 1988, S. 155.
26. Dalliard, Alfred: Lexikon der Geistchristlichen Lehre. Verlag PH. C. W. Schmidt, Neustadt an der Aisch 2010, S. 349.
27. Lembo, Angela: Ein Moment in der Ewigkeit. In: Schweizer Familie, Nr. 10, 2014, S. 76.
28. Colegrave, Sukie: Der Weg durch den Schmerz. Scherz Verlag, Bern 1990, S. 96.
29. Schank, Stefan: Rainer Maria Rilke in der Schweiz. Eulen Verlag, Freiburg i. Br. 2000, S. 64.
30. Dethlefsen, Thorwald: Schicksal als Chance. C. Bertelsmann Verlag. München 1979, S. 123.
31. Jung, Carl Gustav: Briefe 1906-1945. Bd. I. Walter Verlag, Olten, Freiburg i. Br. 1972, S. 276, 299.
32. Alt, Franz: Von Sexualität und Liebe. Walter Verlag, Olten, Freiburg i. Br. 1988, S. 10.
33. Kübler-Ross, Elisabeth: Über den Tod und das Leben danach. Verlag „Die Silberschnur", Neuwied, 2. Aufl., 1983, S. 28.
34. Tomioka, Ariel: Vom Atem der Liebe getragen. Ansata Verlag, Interlaken 1991, S. 337.
35. Erni, Margrit: Leid als Chance. Walter Verlag, Olten 1991, S. 14.
36. Lukas, Elisabeth: Höhenpsychologie. Die andere Seite vom Menschen. Herder Verlag, Freiburg, Basel, Wien 1983, S. 223.
37. Rinpoche, Sogyal: Das tibetische Buch vom Leben und Sterben. Scherz Verlag, Bern, München, Wien, 21. Auflage 1998, S. 371.

38. Mühsam, Paul: Der Sinn des Lebens. Drei Eichen Verlag, München 1968, S. 75.
39. Hoffmeister, Fritz: Der Weg aus der Krankheit. In: Esotera, Nr. 6, 1981, S. 555.
40. Bach, Edward: Blumen, die durch die Seele heilen. Hrsg. von Mechthild Scheffer. Ullstein Verlag, Berlin 2004, S. 46.
41. Haehl, Mathias: „Glaube kann Berge versetzen". In: Paraplegie, Nr. 152, 2014, S. 33.
42 Dethlefsen, Thorwald: Schicksal als Chance. C. Bertelsmann Verlag, München, 3. Aufl., 1987, S. 190.
43. Mörike, Eduard: Elegien und Lieder. Ges. W., Sonderausgabe. Verlag Müller und Kiepenheuer, Bergen o. J., S. 116.
44.Wiederkehr, Kathrin: Wer loslässt, hat die Hände frei. Scherz Verlag, Bern, München, Wien 1997.
45. Karven, Ursula: Loslassen. Arkana Verlag, München 2014, S. 19 f.
46. Zorn, Fritz: Mars. Kindler Verlag, München 1977, S. 132.
47. Imhof, Beat: Wege zur Weisheit. Symbolgeschichten. Bd. 3 von „Wahrheit und Weisheit", Rothus Verlag, Solothurn, 3. Aufl. 2006, S. 39-40.
48. Prater, Donald: Ein klingendes Glas. Das Leben von Rainer Maria Rilke. Hanser Verlag, München 1986, S. 280.
49. Hohler, August: Zärtlichkeit und Treue. In: Ex Libris, Juli 1981, S. 7.
50. Stolzmann, Silvia: Besetzungen. Aquamarin Verlag, Grafing 2014, S. 17.
51. Evans-Wentz, W. Y.: Das Tibetische Totenbuch. Walter Verlag, Olten, Freiburg i. Br., 8. Aufl., 1971, S. 170 f, 234 f.
52. Schiller Friedrich: Die Braut von Messina. Weltbild Verlag, Ges. W., Bd. V, Stuttgart o. J. S. 656.
53. Abend, Matt G.: Leben heißt loslassen. Verlag Via Nova, Petersberg, 2. Aufl., 2012.
54. Freemann, John: Das „Face-to-Face"- Interview mit C.G. Jung. In: Hinshaw/Fischli: C.G. Jung im Gespräch. Daimon Verlag, Zürich 1986, S. 279.
55. Jaffé, Aniela: Erinnerungen, Träume, Gedanken von C.G. Jung. Rascher Verlag, Zürich, Stuttgart 1963, S. 360-361.
56. Korrodi, Eduard (Hrsg.): Goethe im Gespräch. Manesse Verlag, Zürich 1944, S. 573.
57. Schmidt, Karl Otto: Und der Tod wird nicht mehr sein. Drei-Eichen-Verlag, München 1973, S. 48.

KAPITEL 10

1. Schmidt, Karl Otto: Richtig denken – Richtig leben. Verlag Helmut Theodor Frick. Pforzheim 1973, S. 47 und 73.
2. Imhof, Beat: Gedanken schaffen Tatsachen. Rothus Verlag, Solothurn 1997, S. 13 ff.
3. Pascal, Blaise: Gedanken. Ph. Reclam Verlag, Stuttgart 1956, S. 72.
4. Schrödter, Willy: Abenteur mit Gedanken. H. Bauer Verlag, Freiburg i. Br. 1954, S. 47.
5. Imhof, Beat: Woher wir kommen, wohin wir gehen. Aquamarin Verlag, Grafing 2014, S. 323 ff.
6. Keller, Werner: Was gestern noch als Wunder galt. Buchclub Ex Libris Zürich. Zürich 1974, S. 330.
7. Sommer, Andreas: Telepathie zwischen Mond und Erde. In: Wegbegleiter Nr. 5, 1998, S. 203.
8. Gruber, Elmar: Die mentale Beeinflussung der Materie. In: Esotera, Nr. 7, 1998, S. 53-58.
9. Meckelburg, Ernst: Wenn das Bewusstsein mit der Materie kommuniziert. In: ZeitenSchrift Nr. 39, 2003, S. 59-64.
10. Rhine, J. B.: Die Reichweite des menschlichen Geistes. Deutsche Verlags-Anstalt, Stuttgart 1950, S. 25.
11. Holzer, Hans: Fenster zur Vergangenheit. Ariston Verlag, Genf 1969, S. 23 ff..
12. White Eagle: Der Weg zum höheren Selbst. Aquamarin Verlag, Grafing 1989, S. 37.
13. Stolp, Hans: Die ersten drei Tage im Jenseits. Aquamarin Verlag, Grafing 2014, S. 41-42.
14. Schopenhauer, Arthur: Die Welt als Wille und Vorstellung. Diogenes Verlag, 4 Bde, Zürich 2007.
15. Lukas, Elisabeth: Auf der Suche nach Sinn. In: Petzold, H.: Wege zum Menschen. Junfermann Verlag, Paderborn 1990, S. 489.
16. Coué, Emil: Selbstbemeisterung durch bewusste Autosuggestion. Schwabe Verlag, Basel 1972, S. 34 f.
17. Cooper, Diana: Spirituell bewusst leben. Ansata Verlag, München 2009, S. 15.
18. Sundari: Weltreform durch Selbstreform. Humata Verlag, Bern o.J., S. 7.

19. Gruhl, Herbert: Ein Planet wird geplündert. Fischer Taschenbuch Verlag, Frankfurt a. M., 1975, S. 26.
20. Jung, Carl Gustav: Radio-Interview vom 7. 6. 1960. In: C.G. Jung im Gespräch. Daimon Verlag, Zürich 1986, S. 315-316.
21. Merkle, Rolf: Du kannst mehr aus deinem Leben machen. PAL Verlag, Mannheim 1986, S. 91.
22. Birkenbihl, Vera: Erfolgstraining. mvg Verlag, Landsberg a. L., 11. Aufl., 1999, S. 207 f.
23. Schmidt, Karl Otto: Richtig denken – richtig leben! Ein Optimisten-Brevier. Verlag W. T. Frick, Pforzheim 1972, S. 73.
24. Schweitzer, Albert: Vom Sinn des Lebens. Paul Haupt Verlag, Bern, Stuttgart 1983, S. 14.
25. Schmidt, Karl Otto: Richtig denken – richtig leben! Verlag H. T. Frick, Pforzheim 1972, S. 71.
26. Rosenberg, Alfons: Durchbruch zur Zukunft. O. W. Barth Verlag, München-Planegg 1958, S. 8.
27. Nietzsche, Friedrich: Morgenröte. Hanser Verlag. München, Wien. Ges. W. Bd. 2, 1990, S. 1009.
28. Oettinger, Gabriele: Psychologie des Zukunftsdenkens. Hogrefe Verlag, Göttingen 1997, S. 12 ff.
29. Scheich, Günter: Positives Denken macht krank. Eichborn Verlag, Frankfurt a. M. 1997, S. 25 ff.
30. Wallimann, Silvia: Die Umpolung. Vom Materiellen zum Geistigen. H. Bauer Verlag, Freiburg i. Br. 1988, S. 9 ff.
31. Seligman, Martin: Pessimisten küsst man nicht. Optimismus kann man lernen. Droemersche Verlagsbuchhandlung, München 1993.
32. Macdonald, Fiona: Albert Einstein. Die Relativitätstheorie. Georg Bitter Verlag, Recklinghausen 1992, S. 28 f.
33. Jung, Carl Gustav: Die Dynamik des Unbewussten. Walter Verlag, Olten, Freiburg i. Br., Bd. 8, 1971, S. 579 ff.
34. Schock, Rudolf. „Ach, ich hab in meinem Herzen“. Verlag F. A. Herbig, München, Berlin 1986.
35. Dethlefsen, Thorwald. Schicksal als Chance. Bertelsmann Verlag, München 1987, S. 105-106.
36. Gates, Bill: Der Weg nach vorn. Die Zukunft der Informationsgesellschaft. Verlag Hoffmann und Campe, Hamburg 1997, S. 39-41.
37. Jung, Carl Gustav: Ein neuer Mythos, Rascher Verlag, Zürich 1958, S. 7-8.

38. Sterneder, Hans: Das kosmische Weltbild. Verlag Hans Bauer, Freiburg i. Br. 1969, 19 ff.
39. Capra, Fridjof: Wendezeit. Scherz Verlag, Bern, München, Wien 1983, S. 51 ff.
40. Isaac, Stephen: Die Suche nach der Wahrheit. Aquamarin Verlag, Grafing 1985, S. 11-12.

KAPITEL 11

1. Funcke, Friedrich: Geistchristentum. Aquamarin Verlag, Grafing 2013, S. 9.
2. Michel, Peter: Krishnamurti – Ein Mensch der Zukunft. Aquamarin Verlag, Grafing 2007, S. 57.
3. Scapa, Ted: Das Wort hat Herr Bundesrat Ritschard. Benteli Verlag, Bern 1983, S. 30.
4. Evans, Richard: Gespräch mit C.G. Jung. Rhein Verlag, Zürich 1967, S. 53.
5. Lukas, Elisabeth: Höhenpsychologie. Die andere Sicht vom Menschen. Herder Verlag, Freiburg i. Br., Basel, Wien 1983, S. 231.
6. Tarr, Irmgard: Von der Unmöglichkeit, ohne Lügen zu leben." Kreuz Verlag, München 1979, S. 6.
7. Waggerl, Karl Heinrich: Alles Wahre ist einfach. Otto Müller Verlag, Salzburg, 2. Aufl. 1979, S. 67.
8. Kuschel, Karl-Josef: Im Ringen um den wahren Ring. Lessings „Nathan der Weise" – eine Herausforderung an die Religionen. Patmos Verlag, Ostfildern 2011.
9. Küng, Hans: Christ sein. Piper Verlag, München, Zürich 1974, S. 156.
10. Jung, C. G.: Zur Psychologic westlicher und östlicher Religion. Walter Verlag, Olten, Freiburg i. Br. Bd. 11, 2. Aufl. 1973, S. 200, 670.
11. Dethlefsen, Thorwald: Schicksal als Chance. C. Bertelsmann Verlag München 1979, S. 176.
12. Garfield, Patricia: Kreativ träumen. Ansata Verlag, Schwarzenburg 1980, S. 52.
13. Jung, Carl Gustav: Das symbolische Leben. Walter Verlag, Olten, Freiburg i. Br. ,Bd. 18/I, 1981, S. 188.
14. Day, Laura: Praktische Intuition. Deutscher Taschenbuch Verlag, München 1998, S. 129.
15. Faas, Angelika: Intuition – zum rechten Zeitpunkt das Richtige tun. Herder Verlag, Freiburg i. Br. 2000, S. 15.

16. Brückner, Gernot: Gespräche mit dem Unbekannten. Industrie- und Taschenbuch-Verlag, München, Bd. I, 1979, S. 27.
17. Jung, Carl Gustav: Die Dynamik des Unbewussten. Walter Verlag, Olten, Freiburg i. Br. Bd 8, 1971, S. 398-399.
18. Isaac, Stephen: Die Suche nach der Wahrheit. Aquamarin Verlag, Grafing 1985.
19. Hinshaw, Robert und Fischli, Leila: C.G. Jung im Gespräch. Daimon Verlag, Zürich 1986, S. 293 und 295.
20. Hueck, Walter: Die Polarität der Wahrheit. Otto Reichl Verlag, Remagen 1961, S. 26.
21. Helmrich, Hermann (Hrsg.): Kybalion. Eine Studie über die hermetische Philosophie des alten Ägypten und Griechenlands. Arkana Verlag, Heidelberg, 2. Aufl 1980, S. 27.
22. Imhof, Beat: Wege zur Weisheit. Bd. 3 von „Wahrheit und Weisheit". Symbolgeschichten. Rothus Verlag, Solothurn, 3. Aufl., 2006, S. 26
23. Büchner, Georg: Geflügelte Worte. Verlag Haude und Spencer, Berlin 32. Aufl. 1972, S. 610.
24. Bonin, Gabriela: „Nur 40% unserer Äußerungen sind wahr." In: Sonntags-Zeitung, Nr. 1, 1979, S. 67.
25. Bühlmann, Benno: „Hinter allen Fenstern das eine Licht". Interview mit Willigis Jäger. In: Neue Luzerner Zeitung, Nr. 115, 2005, S. 15.
26. Krämer, Walter: So lügt man mit Statistiken. Campus Verlag, Frankfurt a.M. 1991.
27. Affentranger, Bruno: Die Statistik – Lügen mit der Wahrheit. In: Journal der Luzerner Zeitung, Nr. 243, 1996, S. 45.
28. Schilliger, Pirmin: Das Münchhausen-Syndrom. In: Neue Luzerner Zeitung, Nr. 128, 1997, S. 49.
29. Ernst, Heiko: Lebenslügen: Die Psychologie der Selbsttäuschung. In: Psychologie Heute, Nr. 9, 1986, S. 27.
30. Giebel, Marion: Das Geheimnis der Mysterien. Artemis Verlag, Zürich, München 1990, S. 116-117.
31. Lutz, Walter: Die Grundfragen des Lebens. Lorber Verlag, Bietigheim, 3. Aufl. 1979, S. 86.
32. Gratzl, Karl (Hrsg.): Die heiligsten Berge der Welt. Verlag für Sammler, Graz 1990.
33. Petrarca, Francesco: Dichtungen, Briefe, Schriften. Hrsg. H. W. Eppelsheimer. Fischer Verlag, Frankfurt a.M. 1956, S. 80.

34. Jaffé, Aniela: Träume, Erinnerungen, Gedanken von C.G. Jung. Rascher Verlag, Zürich, Stuttgart 1963, S. 254.
35. Waggerl, Karl Heinrich: Alles Wahre ist einfach. Otto Müller Verlag, Salzburg, 2. Aufl., 1979, S. 89.
36. Altomonte, Antonio: Dante. Eine Biographie. Rowohlt Verlag, Reinbek bei Hamburg 1987, S. 367.
37. Rosenberg, Alfons: Die Seelenreise. Turm Verlag, Bietigheim 1971, S. 213.
38. Markides, Kyriacos: Der Berg des Schweigens. Aquamarin Verlag, Grafing 2014, S. 355 ff.

KAPITEL 12

1. Jaffé, Aniela: Träume, Erinnerungen, Gedanken von C.G. Jung. Rascher Verlag, Zürich, Stuttgart 1963, S. 343.
2. Guitton, Jean: Gott und die Wissenschaft. Artemis Verlag, München 1992, S. 20.
3. Jäger, Willigis: Suche nach dem Sinn des Lebens. Verlag Via Nova, Petersberg, 8. Aufl., 2008, S. 26.
4. Hanh, Thich Nhat: Das Wunder der Achtsamkeit. Theseus Verlag, Zürich 1999, S. 35.
5. Berendt, Joachim: Nada Brahma. Die Welt ist Klang. Insel Verlag, Frankfurt a. M. 1983, S. 44.
6. Sommer, Urs Andreas: Die Kunst der Seelenruhe. Anleitung zum stoischen Denken. C. H. Beck Verlag, München 2009, S. 14.
7. Schmid, Wilhelm: Gelassenheit. Insel Verlag, Frankfurt a. M. 2014.
8. Seuse, Heinrich: Deutsche mystische Schriften. Patmos Verlag, Düsseldorf 1986, S. 175.
9. MacLaine, Shirley: Die Reise nach innen. Mein Weg zu spirituellem Bewusstsein. Goldmann Verlag, München 1989, S. 76.
10. Quint, Josef: Meister Eckhart. Deutsche Predigten und Traktate. Hanser Verlag, München 1977, S. 61.
11. Brunton, Paul: Der Weg nach innen. Scherz Verlag, Bern, München, Wien, 8. Aufl. 1978, S. 116.
12. Lilly, John: Das Zentrum des Zyklons. Fischer Taschenbuch Verlag, Frankfurt a. M., 1976.
13. Rilke, Rainer Maria: Zauber der Zuneigung. Herder Verlag. Freiburg, Basel, Wien 1998, S. 16.

14. Wehr, Gerhard: Der innere Weg. Rowohlt Verlag, Reinbek bei Hamburg 1983, S. 32-33.
15. Schmidt, Karl Otto. Seneca. Der Lebensmeister. Drei Eichen Verlag, München 9. Aufl., 1996, S. 92.
16. Wilhelm, Richard (Hrsg.): Lao Tse. Tao Te King. Heinrich Hugendubel Verlag, Kreuzlingen 2000, Vers 47, S. 51.
17. Jung, Carl Gustav: Briefe III 1956-1961. Walter Verlag, Olten, Freiburg i. Br., Bd. III, 1973, S. 327.
18. Brantschen, Nikolaus: Wege der Stille. Orientierung in einer lärmigen Welt. Herder Verlag, Freiburg i. Br. 2004, S. 12.
19. Pole, Wellesley Tudor: Der stille Weg. Aquamarin Verlag, Grafing 2012.
20. Hopkinson, Tom: Viel Schweigen. Meher Baba. Sein Leben und Werk. Sadhana Verlag, Berlin 1981, S. 148.
21. Hell, Daniel: Die Wiederkehr der Seele. Herder Verlag, Freiburg, Basel, Wien 2009, S. 105.
22. Kankelheit, Otto: Das Unbewusste als Keimstätte des Schöpferischen. E. Reinhardt Verlag, Basel, München 1959, S. 114.
23. Schank, Stefan: Rainer Maria Rilke in der Schweiz. Eulen Verlag, Freiburg i. Br. 2000, S. 40.
24. Jung, Carl Gustav: Die Dynamik des Unbewussten. Walter Verlag, Olten, Freiburg i. Br. Bd. 8, 1971, S. 474.
25. Waggerl, Karl Heinrich: Alles Wahre ist einfach. Otto Müller Verlag, Salzburg, 2. Aufl. 1979, S. 60-61.
26. Capra, Fridjof: Der tanzende Reigen. Das Tao der Physik. Neuauflage: Scherz Verlag, Bern, München, Wien 1983, S. 51 f.
27. Lao Tse: Tao Te King. Hrsg. von W. Y. Tonn. Manesse Verlag, Zürich 1959, S. 144, 152, 156.
28. Jung, Carl Gustav: Zivilisation im Übergang. Walter Verlag, Olten, Freiburg i. Br. Bd. X, 1974, S. 106.
29. Graber, Hans: Die beste Medizin kann Nichttun sein. In: Zentralschweiz am Sonntag, Nr. 11, 2014, S. 47.
30. Cooper, J. C.: Der Weg des Tao. Scherz Verlag. Bern, München, Wien 1977, S. 96
31. Borel, Henri: Wu-Wei. Laotse als Wegweiser. Drei Eichen Verlag, München , 8. Aufl., 1948, S. 71.
32. Jaffé, Aniela: Aus Leben und Werkstatt von C.G. Jung. Rascher Verlag, Zürich 1968, S. 110-111.

33. Jung, Carl Gustav: Das Geheimnis der Goldenen Blüte. Walter Verlag, Olten, Freiburg i. Br., 12. Aufl., 1978, S. 13-14.
34. Jaffé, Aniela: Erinnerungen, Träume, Gedanken von C.G. Jung. Rascher Verlag, Zürich, Stuttgart 1963, S. 357.
35. Brunner, Emma: Die Stifter der großen Religionen. Herder Verlag, Freiburg, Basel, Wien 2007, S. 215.
36. Waggerl, Karl Heinrich: Die Kunst des Müßiggangs. Verlag „Die Arche", Zürich 1959, S. 36.
37. Nager, Frank: Mensch, erkenne dich selbst. In: Der weiße Lotos, Nr. 83, 2002, S. 5-7.
38. Szondi, Leopold: Ich-Analyse. Verlag Hans Huber, Bern, Stuttgart 1956, S. 152 f, 156 ff, 263.
39. Jung, Carl Gustav: Aion. Beiträge zur Symbolik des Selbst. Walter Verlag, Olten, Freiburg i. Br., Bd. 9/II, 1976, S. 32-45.
40. Jung, Carl Gustav: Psychologie und Alchemie.Walter Verlag, Olten, Freiburg i. Br. Bd. 12, 1972, S. 100-102, 116.
41. Andreas, Peter und Davies, Rose: Das verheimlichte Wissen. Ansata Verlag, Interlaken 1984, S. 171 f.
42. White Eagle: Der Weg zum höheren Selbst. Aquamarin Verlag, Grafing 1989, S. 61.
43. Leadbeater, Charles W.: Das höhere Selbst. Aquamarin Verlag, Forstinning / München 1982, S. 62.
44. Imhof, Beat: Erfolg ist lernbar. Bd 1: Biodynamik. Rothus Verlag, Solothurn 2001, S. 82.
45. Markides, Kyriacos C.: Der Berg des Schweigens. Aquamarin Verlag, Grafing 2015, S. 93, 308.
46. Jungclaussen, Emanuel: Aufrichtige Erzählungen eines russischen Pilgers. Herder Verlag, Freiburg i. Br. 2000, S. 38.
47. Horney, Karen: Selbstanalyse. Fischer Taschenbuch Verlag, Frankfurt a. M. 1984, S. 5 ff.
48. Weischedel, Wilhelm: Über Philosophie. Deutscher Taschenbuch Verlag, München 1975, S. 166.
49. Riedweg, Christoph: Pythagoras – Leben, Lehre, Nachwirkung. C. H. Beck Verlag, München, 2. Aufl. 2007, S. 99 ff.
50. Schmidt, Karl Otto: Richtig denken – richtig leben. Verlag Helmut Theodor Beck, Pforzheim 1972, S. 111-112.
51. Österley, H.: Gesta Romanorum, Berlin 1872, S. 431.

52. Augustinus, Aurelius: Bekenntnisse. Artemis Verlag, Zürich 1950, S. 105.
53. Michel, Peter: Weltreligion. Aquamarin Verlag, Grafing 2001, S. 238.
54. Von Glasenapp, Helmuth: Die fünf Weltreligionen. Diederichs Verlag, Düsseldorf 1963, S. 411 ff.
55. Lehmann, Johannes: Buddha. Leben und Lehre des Erleuchteten. W. Heyne Verlag, München 1994, S. 11 f, 116, 125.
56. Schmidt, Karl Otto: Seneca. Der Lebensmeister. Drei Eichen Verlag, Hammelburg, 9. Aufl., 1996, S. 12.
57. Mohammed: Der Koran. Die Heilige Schrift des Islam. Orbis Verlag, 1993, S. 282 ff.
58. Orthbandt, Eberhard: Geschichte der großen Philosophen. Verlag Werner Dausien, Hanau o. J., S. 316.
59. Schmidt, Karl Otto: Die goldene Regel. Drei Eichen Verlag, Hammelburg, 10. Aufl. 2007, S. 57.

Danksagung

Ich danke meinem Verleger *Dr. Peter Michel* für die Herausgabe und die vorzügliche Gestaltung meines dritten Buches in seinem Aquamarin Verlag. Meiner Frau *Nelly,* die auch dieses Werk mit ihrem regen Interesse begleitet hat, danke ich herzlich. Durch ihr Mitdenken und ihr technisches Computer-Wissen hat sie es mir ermöglicht, manche Hürde bei dessen Niederschrift zu überwinden. Ihr einfühlsames Verständnis hat mir geholfen, die vorliegende Arbeit zu einem guten Abschluss zu bringen.

Woher wir kommen, wohin wir gehen

Beat Imhof
Wie auf Erden so im Himmel
Wie das Leben als Mensch das Leben im Jenseits bestimmt

Dr. Beat Imhof hat alle greifbaren Quellen der Mystik, der Weltreligionen und der spirituellen Forschung ausgewertet, um zu einer umfassenden Beschreibung der jenseitigen Welten zu kommen. Er schildert die Ankunftssphären, die eine rückkehrende Seele unmittelbar nach dem Ableben ihrer physischen Hülle erwarten, und skizziert ihren Weg durch die Geistigen Welten.

978-3-89427-600-3, HC, 512 S.

Beat Imhof
Woher wir kommen, wohin wir gehen
Der Himmel ist unsere Heimat

Es ist die Tragik der abendländischen Kultur, dass sie vergessen hat, woher das Leben auf Erden wirklich kommt! Diese Leere hat dazu geführt, dass für viele Menschen ein umfassender Lebenssinn verloren gegangen ist, weil mit der Frage nach dem „Woher" auch jene nach dem „Warum" unbeantwortet bleibt. Mit diesem Buch liefert Dr. Imhof Antworten auf die großen Lebensfragen und zeigt den spirituellen Weg auf, den jeder Mensch auf seine je eigene Weise zu beschreiten hat. Es wird, vor allem anhand von Quellen aus der Tradition des Geistchristentums, deutlich, dass jede menschliche Seele einst in einer geistigen Heimat zu Hause war, die sie durch eigenes Verschulden verlassen musste, um nun auf oft mühsamen Pfaden wieder den Weg zurück in die himmlischen Welten zu finden. Wenn der Mensch seine ganze Geschichte kennt, beginnt er zu verstehen, warum er sich in dieser Welt, bei diesen Eltern und in diesem Umfeld erneut inkarniert hat. Er versteht die Gesetze von Sympathie und Antipathie, von Gesundheit und Krankheit und von Glück und Unglück. Es zeigt sich ihm, welcher unendlich weise Sinn in den langen Entwicklungsprozessen des Lebens liegt. Am Ende dieses Weges wird jede Seele wieder in ihrer einstigen geistigen Ursprungswelt angekommen sein. Denn: „Der Himmel ist unsere wahre Heimat!" Ein epochales Werk, das erneut Himmel und Erde, Alpha und Omega verbindet und jenen Sinn stiftet, nach dem die Menschheit so sehnsüchtig verlangt!

978-3-89427-655-3, HC, 688 S.